交通事故痕迹物证鉴定方法研究

李丽莉 著

科学出版社
北京

内 容 简 介

本书遵循"以科学捍卫公正",凸显司法鉴定标准根本依据作用,以交通事故痕迹物证鉴定方法为研究对象,详细介绍了交通事故痕迹物证鉴定的内涵与外延、鉴定程序与审查、具体项目内容及鉴定方法,并对交通事故痕迹物证鉴定方法的现状以及未来进行分析和讨论,希望帮助开展交通事故痕迹物证鉴定业务的司法鉴定机构和鉴定人对鉴定方法有更为深入的理解和认识,不断提升交通事故痕迹物证鉴定质量,为公共法律服务体系现代化建设添砖加瓦。

本书既可以作为司法鉴定本科生、研究生以及交通事故痕迹物证鉴定司法鉴定人的教材,也可以作为法官、检察官、交警、律师以及其他法律工作者学习和研究交通事故痕迹物证鉴定方法的参考书。

图书在版编目(CIP)数据

交通事故痕迹物证鉴定方法研究 / 李丽莉著. —北京:科学出版社,2024.3
ISBN 978-7-03-077873-4

Ⅰ. ①交… Ⅱ. ①李… Ⅲ. ①交通运输事故-痕迹学(法学)-司法鉴定-研究 Ⅳ. ①U491.31②D918.91

中国国家版本馆CIP数据核字(2024)第 009254 号

责任编辑:谭宏宇/责任校对:郑金红
责任印制:黄晓鸣/封面设计:殷 靓

科学出版社 出版
北京东黄城根北街 16 号
邮政编码:100717
http://www.sciencep.com

南京文脉图文设计制作有限公司排版
广东虎彩云印刷有限公司印刷
科学出版社发行 各地新华书店经销

*

2024 年 3 月第 一 版　开本:787×1092　1/16
2025 年 5 月第五次印刷　印张:16 1/2
字数:352 000
定价:150.00 元
(如有印装质量问题,我社负责调换)

本书出版受司法鉴定科学研究院资助

本书出版受司法鉴定科学研究院 2020532 技术标准推进项目的资助

本书是全国司法行政系统理论研究规划课题 23GH2043"公共法律服务体系建设内涵与外延研究——以司法鉴定为视角"的研究结果

作者简介

李丽莉,西南政法大学法学学士,大连理工大学硕士,物证技术方向正高级工程师,自 2003 年起任职于司法鉴定科学研究院道路交通事故鉴定研究室,兼任全国刑事技术标准化委员会委员,上海市司法鉴定协会痕迹鉴定专业委员会副主任,长江经济带、上海、山西等司法鉴定专家库专家,CNAS 授权痕迹专业技术专家。西南政法大学和华东政法大学兼职硕士生导师,西安交通大学兼职教授,上海公安学院本科课程"刑事科学技术与犯罪现场勘查 B"主讲老师。主持中央级科研院所公益研究专项 4 项,负责和参与起草行业标准、技术规范、作业指导书多项,其中作为主要起草人的 GA/T 1087《道路交通事故痕迹鉴定》被交通事故痕迹物证鉴定行业广泛采标应用;参与研究的"数字技术运用于交通事故现场取证及事故再现的理论与实践"于 2014 年获得上海市科学技术奖二等奖。以第一作者或者通讯作者在国内期刊发表 20 余篇学术论文,编著《道路交通事故车体痕迹鉴定》和《道路交通事故者涉案者交通行为方式鉴定》2 部专著,以第一鉴定人出具和复核签发司法鉴定意见书超过 10 000 份。

前 言

2005年2月颁布的《全国人民代表大会常务委员会关于司法鉴定管理问题的决定》(以下简称《决定》),确立了司法鉴定在我国司法制度中的重要地位。《决定》颁布实施以来,全国各级司法行政机关不断完善司法鉴定管理制度体系,加强司法鉴定监督管理,规范执业活动,提高鉴定质量,推动了司法鉴定行业的快速健康可持续发展,司法鉴定制度在保障司法公正、维护人民群众合法权益、促进社会和谐稳定方面发挥了重要作用,为平安中国、法治中国建设贡献了重要力量。

《决定》第1条指出,司法鉴定是指在诉讼活动中鉴定人运用科学技术或者专门知识对诉讼涉及的专门性问题进行鉴别和判断,并提出鉴定意见的活动。这是就鉴定意见的证据运用问题确立了一些规范的表现之一,也是我国法律第一次将《刑事诉讼法》中"鉴定结论"改称为"鉴定意见"。《决定》第2条和第17条,将我国的司法鉴定分为三大类并明确其含义:一是法医类鉴定,包括法医病理鉴定、法医临床鉴定、法医精神病鉴定、法医物证鉴定、法医毒物鉴定;二是物证类鉴定,包括文书鉴定、痕迹鉴定和微量物证鉴定;三是声像资料鉴定,包括对录音带、录像带、磁盘、光盘、图片等载体上记录的声音、图像信息的真实性、完整性及其所反映的情况过程进行的鉴定和对记录的声音、图像中的语言、人体、物体作出种类或者同一认定。根据《最高人民法院、最高人民检察院、司法部关于将环境损害司法鉴定纳入统一登记管理范围的通知》(司发通〔2015〕117号)和《司法部、环境保护部关于规范环境损害司法鉴定管理工作的通知》(司发通〔2015〕118号),对环境损害司法鉴定实行统一登记管理和规范管理环境损害司法鉴定工作作出明确规定。环境损害司法鉴定是《决定》颁布10年来第一个"根据诉讼需要由国务院司法行政部门商最高人民法院、最高人民检察院确定的其他应当对鉴定人和鉴定机构实行登记管理的鉴定事项"。至此,司法鉴定分为法医类、物证类、声像资料类、环境损害司法鉴定四大类。

《中华人民共和国刑事诉讼法》第48条"可以用于证明案件事实的材料,都是证据。证据包括:(一)物证;(二)书证;(三)证人证言;(四)被害人陈述;(五)犯罪嫌疑人、被告人供述和辩解;(六)鉴定意见;(七)勘验、检查、辨认、侦查实验等笔录;(八)视听资料、电子数据。证据必须经过查证属实,才能作为定案的根据。"《中华人民共和国民事诉讼法》第63条及《中华人民共和国行政诉讼法》第33条均将鉴定意见列为证据。证据是诉讼的基石,认定案件事实,必须以证据为根据。根据《司法部关于印发〈物证类司法鉴定执业分类规定〉〈声像资料司法鉴定执业分类规定〉的通知》(司规〔2020〕5号)第三章"痕迹鉴定"第十六条"痕迹鉴定是指鉴定人运用痕迹检验学的理论、方法和专门知识,对痕迹物证进行勘验提取,并对其性质、状况及其形成痕迹的同一性、形成原因、形成过程、相互关系等进行检验检测、分析鉴别和判断并提供鉴定意见的活动。痕迹鉴定包括手印鉴定、潜在手印显现、足迹鉴定、工具痕迹鉴定、整体分离痕迹鉴定、枪弹痕迹鉴定、爆炸痕迹鉴定、火灾痕迹鉴定、人体特殊痕迹鉴定、日用物品损坏痕迹鉴定、交通事故痕迹物证鉴定等"的规定,交通事故痕迹物证鉴定是司法鉴定活动之一。交通事故痕迹物证鉴定作出的鉴定意见是一种证据。证据未经当庭出示、辨认、质证等法庭调查程序查证属实,不能作为定案的根据,鉴定意见应当当庭宣读。

《决定》第12条规定,鉴定人和鉴定机构从事司法鉴定业务,应当遵守法律、法规、遵守职业道德和职业纪律,尊重科学,遵守技术操作规范。《司法鉴定程序通则》(以下简称《通则》)第23条规定"司法鉴定人进行鉴定,应当依下列顺序遵守和采用该专业领域的技术标准、技术规范和技术方法:(一)国家标准;(二)行业标准和技术规范;(三)该专业领域多数专家认可的技术方法。"司法鉴定标准是对诉讼中涉及的专门性问题作出鉴别和判断的根本依据。遵守司法鉴定标准和技术操作规范,是鉴定人和鉴定机构的一项重要义务。标准包括判断标准和操作标准,其中:判断标准是判断依据、作出判断的根据;操作标准是鉴定人在实施鉴定时应遵循的规程,包括操作技术规范和技术方法。根据《标准化法》的规定,标准包括国家标准、行业标准、地方标准和团体标准、企业标准。国家标准分为强制性标准、推荐性标准,行业标准、地方标准是推荐性标准。强制性标准必须执行。国家鼓励采用推荐性标准,并积极鼓励采用国际标准。

对诉讼中的专门性问题进行司法鉴定是一项具有高度技术性的工作。不同的鉴定种类和鉴定项目,都有各自的技术操作规范和操作程序。交通事故痕迹物证鉴定包括车辆安全技术状况鉴定、交通安全设施技术状况鉴定、交通事故痕迹鉴定、车辆速度鉴定、交通事故痕迹物证综合鉴定5个具体的司法鉴定项目,也一定有相应的鉴定方法。鉴定方法或者说技术操作规范对于保证鉴定意见的准确性具有决定性的作用。如果不严格遵守交通事故痕迹物证鉴定的鉴定方法，很难保证作出的鉴定意见科学、准确，从而影响交通事故案件裁决的正确性。根据《人民法院司法鉴定工作暂行规定》第4章"检验与鉴定"第16条第（三）"根据技术规范制定鉴定方案"的规定，对于违反技术操作规范，可能影响鉴定意见准确性的，应当不予以采纳，可以依法补充鉴定或者重新鉴定。《最高人民法院、最高人民检察院、公安部、国家安全部、司法部关于办理死刑案件审查判断证据若干问题的规定》（法发〔2010〕20号）在第2章"证据的分类审查与认定"第5"鉴定意见"第23条"对鉴定意见应当着重审查以下内容：（五）鉴定的程序、方法、分析过程是否符合本专业的检验鉴定规程和技术方法要求"及第24条"鉴定意见具有下列情形之一的，不能作为定案的根据：（三）鉴定程序、方法有错误的；（七）违反有关鉴定特定标准的"进行规定。《证据规定》第85条规定："人民法院应当以证据能够证明的案件事实为根据依法作出裁判。审判人员应当依据法定程序，全面、客观地审核证据，依据法律的规定，遵循法官职业道德，运用逻辑推理和日常生活经验，对证据有无证明力和证明力大小独立进行判断，并公开判断的理由和结果。"该条就确定了证据裁判主义和自由心证。

综上，鉴定意见的科学性、真实性、权威性，在很大程度上不取决于鉴定意见本身，而依赖于鉴定机构和鉴定人的专业资格、鉴定过程和判断能力，对于鉴定方法的适应性、排他性、交叉性理解与掌握是鉴定过程中极端重要的，是决定鉴定意见是否可以作为定案根据的关键因素之一，违背了技术性较强的方法或者违反了特定的鉴定标准，作出的鉴定意见可能被视为非法证据。要切实强化证据审查意识，对于在交通事故案件现场提取的物证等实物证据或其他鉴定材料，经委托受理鉴定等过程，在国家标准、行业标准、技术规范和技术方法引入交通事故痕迹物证鉴定工作之前，鉴定机构应证实能够正确地运用这些鉴定方法并保留证实鉴定方法的记录。鉴定方法发生了变化，鉴定机构应重新进行证实。鉴定机构应确保使用的鉴定方法是最新有效版本，鉴定过程中应选择适宜的鉴定标准或方法，警觉和防范因认知偏差而造成的种种不符合情况，严格按照鉴定标准或方法进行鉴定，得出科学客观的鉴定意见，依法依规出庭，针对质疑作出合理解释，确认鉴定意见的可靠性，发挥定案证据的作用。

在本书撰写和出版过程中，司法鉴定科学研究院道路交通事故鉴定研究室冯浩、潘少猷、赵明辉、张志勇、张培锋、张泽枫、姜镇飞、衡威威、关闯、王礼君、沈永钢、任重、李静、孙佳给予极大的鼓励和支持，恩师陈建国、华东政法大学杜志淳教授、公安部交通管理科学研究所龚标研究员、上海市公安局交通警察总队侯心一主任法医师、北京市公安局公安交通管理局张雷博士、北京警察学院王淳浩教授、交通运输部公路科学研究所司法鉴定中心陈宏云博士和张杰博士团队、中南财经政法大学和湖北军安司法鉴定中心刘国民教授团队、西华大学李平飞教授给予悉心指导和帮助，华东政法大学硕士研究生陈盈超和秦春阳在文献检索方面努力付出，科学出版社上海分社以专业的态度、一丝不苟的精神进行精心设计。在此，一并表示衷心的感谢。

目　录

第一章　交通事故痕迹物证鉴定概述　001

第一节　交通事故痕迹物证鉴定的内涵与外延　002
一、道路交通事故　003
二、交通事故痕迹物证　023
三、交通事故痕迹物证勘查　023
四、交通事故痕迹物证鉴定　031

第二节　交通事故痕迹物证鉴定的具体项目内容　037
一、车辆安全技术状况鉴定　037
二、交通设施安全技术状况鉴定　044
三、交通事故痕迹鉴定　047
四、车辆速度鉴定　054
五、交通事故痕迹物证综合鉴定　067

第三节　交通事故痕迹物证鉴定程序　091
一、鉴定受理程序　091
二、送检材料的接收　093
三、检验鉴定程序　093
四、检验原则和鉴定方法　095
五、结果报告程序　095
六、归档　097

第四节　交通事故痕迹物证鉴定意见的审查　097
一、鉴定程序合法性审查　097
二、鉴定记录规范性审查　098
三、鉴定方法科学性审查　098

第二章　交通事故痕迹物证鉴定方法　101

第一节　车辆安全技术状况鉴定方法　104
一、车辆类型鉴定　105
二、安全技术装置符合性鉴定　107

  三、鉴定标准　108
  四、案例解析　111
第二节 道路交通事故交通设施安全技术状况鉴定方法　131
  一、相关区域鉴定　131
  二、交通安全设施技术状况和符合性鉴定　134
  三、鉴定标准　139
  四、案例解析　139
第三节 交通事故痕迹鉴定方法　154
  一、唯一性鉴定　155
  二、碰撞部位和形态鉴定　157
  三、是否发生过碰撞鉴定　162
  四、鉴定标准　167
  五、案例解析　173
第四节 车辆速度鉴定方法　177
  一、基于现场痕迹和材料的车辆速度鉴定　177
  二、基于视频图像的车辆速度鉴定　181
  三、其他鉴定　185
  四、鉴定标准　189
  五、案例解析　189
第五节 交通事故痕迹物证综合鉴定方法　192
  一、涉案者交通行为方式鉴定　193
  二、交通信号灯指示状态鉴定　196
  三、车辆火灾鉴定　200
  四、轮胎破损原因鉴定　203
  五、鉴定标准　205
  六、案例解析　205

第三章　交通事故痕迹物证鉴定方法思考与展望　211

  一、交通事故痕迹物证鉴定方法现状　212
  二、思考与讨论　213
  三、讨论案例　213

参考文献　249

第一章

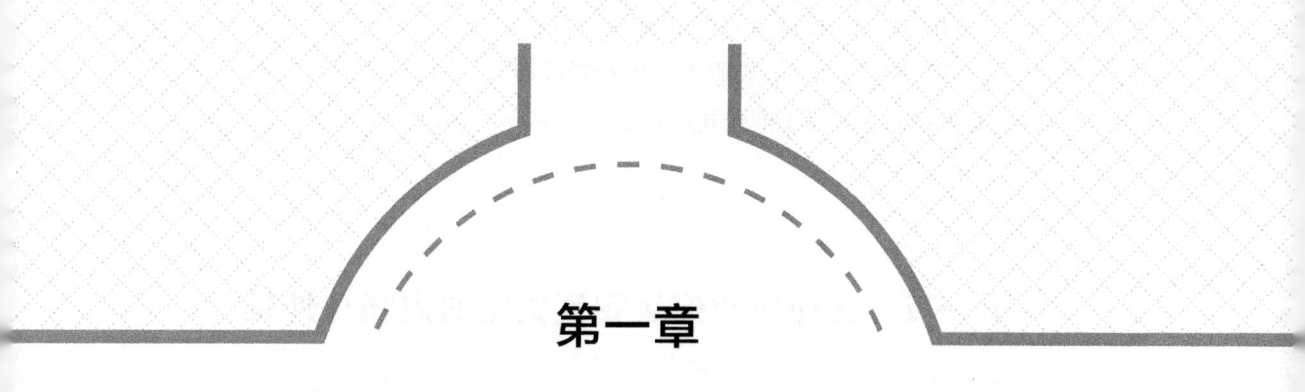

交通事故痕迹物证鉴定概述

物证类司法鉴定是在诉讼活动中鉴定人运用物理学、化学、文件检验学、痕迹检验学、理化检验技术等原理、方法和专门知识，对文书物证、痕迹物证、微量物证等涉及的专门性问题进行鉴别和判断并提供鉴定意见的活动。其中，痕迹司法鉴定是指司法鉴定人运用痕迹学的原理、方法和专门知识，对痕迹物证进行勘验提取，并对其性质、状况及其形成痕迹的同一性、形成过程、相互关系、形成原因等进行勘验检查、分析评判并提供鉴定意见的活动。交通事故痕迹物证鉴定属于痕迹司法鉴定。

第一节　交通事故痕迹物证鉴定的内涵与外延

交通是指借助某种运载工具，实现人或物的空间位置移动的社会活动过程，即各种运输活动的总称。交通方式主要有铁路、道路、水运、航空等基本方式。其中，道路交通方式是载客运量最大、参与人员最多的运输方式。交通事故是指车辆在道路上因过错或者意外造成的人身伤亡或者财产损失的事件。交通事故不仅是由特定的人员违反交通管理法规造成的，也可以是由于意外造成的，如地震、台风、山洪、雷击等不可抗拒的自然灾害造成的。一般情况下构成交通事故需要具备车辆、道路、在运行中、发生状态、造成事态的原因是人为或自然灾害引发的、有损害后果六个要素，缺一不可。

为了维护道路交通秩序，预防和减少交通事故，保护人民安全，保护公民、法人和其他组织的财产安全及其他合法权益，国境内的车辆驾驶人、行人、乘车人以及与道路交通活动有关的单位和个人，应当遵守《道路交通安全法》及其实施条例。发生道路交通事故后，为了规范道路交通事故处理程序，保障公安机关交通管理部门依法履行职责，保护道路交通事故当事人的合法权益，在交通事故调查过程中，需要进行检验、鉴定的，公安机关交通管理部门应当依法依规委托，鉴定机构收到公安机关交通管理部门的检验、鉴定委托书并进行签订确认后，该起道路交通事故进入了委托专业机构开展交通事故痕迹物证鉴定阶段，且检验、鉴定机构应当在约定或者规定的期限内完成检验、鉴定，并出具书面检验、鉴定报告，由检验、鉴定人签名并加盖机构印章。

当事人对公安机关交通管理部门制作交通事故认定书或交通事故损害赔偿调解协议有争议时，当事人可以直接向人民法院提起民事诉讼，请求法院进行裁决。同时，依据《道路交通安全法》，对违反道路交通安全管理法规，发生重大道路交通事故的交通参与人员，在分清事故责任的基础上，对于构成犯罪的，将依照《刑法》第133条的规定进行定罪处罚。这类道路交通事故的处理就由公安机关交通管理部门的行政执法方式转为由检察机关提起刑事诉讼，法院进行诉讼审判的处理方式。一般，由法院启动交通事故痕迹物证鉴定的委托。

一、道路交通事故

同时具备以下六个要素和违法行为可作为判断是否属于交通事故的依据。

(一) 车辆

车辆是道路交通事故的主体要素。无车辆参与的事故,不是道路交通事故。如,造成损害的各当事人中任何一方都未驾驶车辆,行人与行人相撞就不是道路交通事故。《道路交通安全法》第二章"车辆和驾驶人"第一节"机动车、非机动车"及第八章"附则"第119条第二款规定"车辆,是指机动车和非机动车"。

(二) 道路

道路是构成道路交通事故的要件,没有在道路上发生的事故,就不属于公安机关交通管理部门依法管辖处理的道路交通事故。《道路交通安全法》第八章"附则"第119条第一款规定"道路,是指公路、城市道路和虽在单位管辖范围但允许社会机动车通行的地方,包括广场、公共停车场等用于公众通行的场所。"这里所讲的道路,不包括厂区、校园、矿区、庭院的道路。但GBJ 124《道路工程术语标准》中"道路",是指在供各种车辆和行人等通行的工程设施。按其使用特点分为公路、城市道路、厂矿道路、林区道路及乡村道路等。人员和车辆在道路通行,必须严格遵守《道路交通安全法》,接受公安机关交通管理部门的管理。

(三) 在运行中

根据交通事故的定义,车辆必须是在运行过程中车辆之间发生碰撞或与行人、固定物等发生碰撞,才能是交通事故。如,行人碰撞、跌落在处于停止状态的车辆上,乘坐人从静止的车上跳下、跌落造成的伤害就不是交通事故。

(四) 发生状态

发生状态是指发生有碰撞、碾压、翻车、坠车、爆炸、着火、泡水等其中一种情形。如果未发生上述情形,在车上的人员由于其他身体原因等而造成的伤害,则不属于交通事故。

(五) 造成事态的原因是人为或自然灾害引发的

造成事态的原因是指由于事故当事人的违章或过错行为或自然灾害所引发的,且应与事故发生有必然因果关系的违章、过错或意外。

(六) 有损害后果

有损害后果是指要有人、畜伤亡或车、物损坏的后果,没有损害后果的不是交通事故,但也不是所有有损害后果的事件都是交通事故。故意用车碰撞人、畜或者其他客体造成损害后果的,就不能定性为交通事故,而存在主观故意情形。

根据《中华人民共和国刑法》《刑法修正案(八)》《刑法修正案(十一)》有关规定,交通事故案件的罪名一般包括:交通肇事罪、危险驾驶罪、妨碍驾驶罪。交通肇事罪在法条中规定了三种情形:第一,违反交通运输管理法规,因而发生重大事故,致人重伤、死亡或者使公私财物遭受重大损失的,处3年以下有期徒刑或者拘役;第二,交通运输肇事后逃逸,或者有其他特别恶劣情节的,处3年以上7年以下有期徒刑;第三,逃逸致人死亡的,处7年以上有期徒刑。危险驾驶罪是指道路上驾驶机动车追逐竞驶,情节恶劣的,或者在道路上醉酒驾驶机动车等行为。此罪的刑罚包括拘役和罚金,行为方式包括飙车、醉驾、超速超载和运输危险化学品4种。妨碍驾驶罪是指对行驶中的公共交通工具的驾驶人员使用暴力或者抢控驾驶操纵装置,干扰公共交通工具正常行驶,危及公共安全的,处1年以下有期徒刑、拘役或者管制,并处或者单处罚金。还有,驾驶人员在行驶的公共交通工具上擅离职守,与他人互殴或者殴打他人,危及公共安全的,也构成妨碍驾驶罪。

下面,从以下案例思考道路交通事故案件与典型刑事案件的区别,对照上述道路交通事故的必备要素,分析如何排除是交通事故案件,以及证据相互印证。

案例讨论

孟某辉、张某红故意杀人罪一审刑事××××

审理法院:四川省××××
案　　号:(2017)川××刑初49号
裁判日期:2017.12××××
案　　由:刑事/侵犯公民人身权利、民主权利罪/故意杀人罪
公诉机关:四川省广元市人民检察院。

被告人:孟某辉,男,生于1983年5月21日,汉族,户籍所在地:甘肃省陇南市文县,初中文化,无业,住甘肃省文县。2016年10月28日因涉嫌犯故意杀人罪被广元市公安局利某区分局刑事拘留;同年12月1日经广元市利某区人民检察院批准逮捕,次日由广元市公安局利某区分局执行。现羁押于广元市看守所。

辩护人:汪某彦,四川××律师事务所律师。

被告人:张某红,女,生于1982年2月16日,汉族,户籍所在地:甘肃省陇南市文县,初中文化,无业,住甘肃省文县。2016年10月28日因涉嫌犯故意杀人罪被广元市公安局利某区分局刑事拘留;同年12月1日经广元市利某区人民检察院批准逮捕,次日由广元市公安局利某区分局执行。现羁押于广元市看守所。

指定辩护人:苟某嵘,四川××律师事务所律师。

四川省广元市人民检察院以广检公刑诉〔20××〕××号起诉书指控被告人孟某辉、张

某红犯故意杀人罪,于2017年8月28日向本院提起公诉。本院依法组成合议庭,于2017年10月10日公开开庭进行了审理。四川省广元市人民检察院指派检察员梁某、汪某出庭支持公诉,被告人孟某辉及其辩护人汪某彦、被告人张某红及其指定辩护人苟某嵘均到庭参加诉讼,开庭后四川省广元市人民检察院向本院申请延期审理,补充侦查终结后,经本院审判委员会讨论决定,本案现已审理终结。

四川省广元市人民检察院指控:2016年,被告人孟某辉、张某红夫妇因对外欠下大量债务及银行贷款,致使家庭经济陷入困难。同年7月,孟某辉在中国太平洋财产保险股份有限公司广元中心支公司为其所有的川H×××××号轻型普通货车购买第三者责任险、强制三者险等保险,同年8月,孟某辉通过手机查询了解到可以通过制造交通事故方式骗取保险金,遂将该想法告知张某红,张表示反对,并要求孟父母及朋友对孟进行规劝。8月下旬,孟某辉意图将甘肃省一无名乞丐骗至陕西省宁强县,利用过往货车将乞丐撞死后将乞丐身份伪装成其父亲孟某5或其大哥孟某1从而骗取保险金,后在实施诱骗过程中因该无名乞丐拒不配合而未果。

2016年10月中旬,孟某辉再次向张某红提议撞死张外曾祖母张某1骗取保险金,张某红经不住孟某辉反复劝说,遂表示同意。同月23日,孟某辉驾驶其川H×××××号轻型普通货车前往甘肃省文县范坝乡张某1的住处,在张某红配合下,以接张某1外出看病为由将张某1接走。10月23日至26日,孟某辉驾车搭乘张某1前往陕西省宁强县燕子砭镇、大安镇等地伺机作案未果。10月27日上午,孟某辉驾驶其川H×××××号轻型普通货车搭乘张某1从陕西省宁强县燕子砭镇出发,沿国道212线前往四川省广元市。当日10时30分许,行至国道212线761公里+900米附近时,孟某辉以上厕所为由将车停靠路边,张某1下车独自沿路步行,后孟某辉驾车撞击张某1,致其当场死亡。

案发后,经广元市公安局利某区分局物证鉴定室鉴定,张某1系因机动车撞击、碾压至脊髓离断、多脏器破裂死亡。

四川省广元市人民检察院提交了扣押手机、汽车等物证;银行交易记录、车辆登记信息、事故调查报告等书证;张某2、孟某1、谢某等证人的证言;被告人孟某辉、张某红的供述与辩解;机动车司法鉴定、法医学尸体检验鉴定等鉴定意见;现场勘验、人身检查、辨认、侦查实验笔录等证据,认为被告人孟某辉为实现撞死无名乞丐骗取保险金的目的,着手实施诱骗行为,因无名乞丐拒不配合而未果;孟某辉、张某红为骗取保险金,故意驾驶机动车辆撞击被害人张某1致其当场死亡,其二人的行为触犯《中华人民共和国刑法》第二百三十二条,犯罪事实清楚,证据确实充分,应当以故意杀人罪追究被告人孟某辉、张某红刑事责任。在被告人孟某辉、张某红共同故意杀人行为中,孟某辉起主要作用系主犯,张某红起帮助作用,系从犯。案发后,被告人张某红如实供述其犯罪事实,系坦白。

被告人孟某辉辩称,自己构成交通肇事罪而非故意杀人罪;自己欠下的债务并不导致家庭陷入困难,从没有说过要撞人骗保险金,也没有被人劝说过;自己并不是故意撞死张某1。

辩护人汪某彦提出：1.孟某辉欲撞死乞丐骗保的证据不完整；2.孟某辉不能直接取得保险金，其撞人骗保的行为不合常理；3.与张某红因夫妻关系恶化，张某红有陷害孟某辉的可能，其供述不能采信；4.孟某辉系自首，应从轻处理；5.孟某辉构成交通肇事罪。

被告人张某红对起诉指控的犯罪事实及罪名无异议，并当庭认罪。

辩护人苟某嵘提出，被告人张某红故意杀人罪名成立，但具有从轻、减轻处罚情节。表现在：1.张某红系被胁迫参与犯罪；2.未直接参与共同犯罪，只起到了间接的辅助作用；3.如实供述犯罪事实，认罪态度好，属于坦白；4.无犯罪前科，属初犯、偶犯，根据其一贯表现及家庭具体情况，建议张某红在三年以下量刑并宣告缓刑。

经审理查明：2015年7月和2016年7月，被告人孟某辉在中国太平洋财产保险股份有限公司广元中心支公司为其所有的川H×××××号轻型普通货车购买了赔偿限额为50万元的第三者责任险。2016年，被告人孟某辉、张某红夫妇因欠有银行贷款及他人借款无法归还，致使家庭经济困难。同年8月，被告人孟某辉通过手机查询了解交通事故赔偿保险金的相关信息，产生了通过制造交通事故骗取保险金的想法，遂将该想法告知被告人张某红，遭到张某红的反对，张某红将此事告知家人并要求家人对孟某辉予以规劝。但被告人孟某辉并未听从家人的劝阻，同时还将张某红及儿子的户口迁至张某××下。2016年9月，被告人孟某辉向其大哥、父亲借用身份证，意欲将甘肃省一无名乞丐撞死骗取保险金。

2016年10月，孟某辉再次向张某红提议撞死张某红的外曾祖母张某1骗取保险金，张某红表示同意。同月23日，孟某辉驾驶其川H×××××号轻型普通货车前往甘肃省文县范坝乡张某1的住处，以接张某1外出看病为由将张某1从张某红的母亲家接走，张某红的母亲通过电话向张某红进行了核实。10月23日至26日，孟某辉驾车搭乘张某1前往陕西省宁强县燕子砭镇、大安镇等地。10月27日上午，孟某辉驾驶其川H×××××号轻型普通货车搭乘张某1从陕西省宁强县燕子砭镇出发，沿国道212线前往四川省广元市。当日10时30分许，行至国道212线761km+900m附近时，孟某辉以上厕所为由将车停靠路边，张某1下车独自沿路步行，后孟某辉驾车撞击张某1，致其当场死亡。

案发后，经广元市公安局利某区分局物证鉴定室鉴定，张某1系因机动车撞击、碾压至脊髓离断、多脏器破裂死亡。

认定上述事实，有经庭审举证、质证的下列证据证实：

1. 110案件信息、受案登记表、受案回执、立案决定书、接处警经过、被告人到案经过，证实案件的发破案经过，被告人孟某辉案发后曾用其手机拨打过110报警。

2. 拘留证、拘留通知书、变更羁押期限通知书、批准逮捕决定书、逮捕证、逮捕通知书，证实侦查机关对被告人孟某辉、张某红采取强制措施的情况。

3. 户籍证明、常住人口基本信息、文县范坝镇银厂村委会的申请书及证明、范坝镇严家村委会的证明，证实被告人孟某辉、张某红的身份信息，同时证明孟某辉与张某红系夫妻关系，张某1系孟某辉、张某红的外曾祖母。

4. 移送证据清单、扣押清单,证实 2016 年 11 月 3 日交警三大队向利某区公安分局刑侦大队移送川 H×××××机动车及行驶证、孟某辉驾驶证、张某 1 身份证。利某区分局刑警大队 2016 年 10 月 27 日扣押张某红持有的居民户口簿、张某红与孟某辉结婚证、OPPO 手机一部及保险单三页,扣押孟某辉的金色三星 S6 手机一部。

5. 道路交通事故现场图、事故调查报告书、道路交通事故现场勘查笔录、120 急救信息、气象证明、车辆卡口信息、车辆信息及驾驶证、行驶证信息,证实被告人孟某辉 2010 年取得 C1 驾驶证,2016 年 10 月 27 日驾驶其所有的川 H×××××号轻型货车在国道 212 线 761 km+920 m 处将被害人张某 1 撞倒致死的事实及交警现场勘查的情况。其中:

(1) 车辆卡口信息、车辆信息及驾驶证、行驶证信息,证实孟某辉驾驶川 H×××××皮卡车 10 月 23 日至 27 日的活动轨迹,与孟某辉供述相印证,川 H×××××号轻型货车系被告人孟某辉所有,其于 2010 年取得 C1 驾驶证。

(2) 道路交通事故现场图、道路交通事故现场勘查笔录、120 急救信息,证实 2016 年 10 月 27 日,被告人孟某辉驾驶川 H×××××号轻型货车,在国道 212 线 761 km+920 m 处与被害人张某 1 发生碰撞,120 到达现场时张某 1 已死亡。事发地为沥青路面,双向两车道,划设有减速震荡线,通行条件良好,无影响视线或行驶的障碍物。

(3) 广元市公共气象服务中心的气象证明,证实事发当时为多云天气,无降雨,能见度很好(大于 35 km),相对湿度 62%。

(4) 广元市公安局交警三大队的事故调查报告书,证实事故路段系国道三级公路,路面完好、平坦、干燥,无视线遮挡物,事发时天气晴朗,据统计该路段自 2010 年初至今未发生过交通事故。经现场分析认为,该案与交通事故形成特征不符,存在多处疑点,孟某辉有故意碰撞并致人死亡之嫌,案件存在的疑点有:事发地点为直线路段且无视线遮挡物,驾驶人能观察清楚两侧情况,孟某辉陈述未看到张某 1,在临近时张某 1 突然从公路右侧横冲出来,与现场勘查情况不符;死者年事较高,行走需靠手杖辅助,不具有突然横穿公路的行为特征;孟某辉明知张某 1 在前方道路上步行,其驾车追赶时应当会随时观察道路,且该道路视线条件好,故孟某辉称未发现张某 1 与现场勘查情况矛盾;④张某 1 被撞时行走在道路右侧车道内,与孟某辉所述从公路右侧横穿出来相撞不符;⑤孟某辉驾龄六年,但其在与张某 1 碰撞前,未采取任何紧急制动及避让措施,碰撞后车辆方向未改变,并驾车从张某 1 身体上碾压过去;⑥孟某辉称其停车方便有二十分钟,但让其指认地点时却不记得了,与常理不符。

6. 现场勘验工作记录、现场勘验照片、现场平面示意图,证实:

(1) 2016 年 11 月 2 日的现场勘验工作记录,在见证人张某 3、谢某的见证下,广元市公安局利某分局刑警大队技术室对事发现场进行勘验,证实现场位于广元市利某区三堆镇飞凤村国道 212 线 761 km+900 m 至 762 km 路段,该段道路呈东西走向,路面完好,两侧各有宽 35 cm 的水泥路肩,道路南侧为一条东西走向的排水沟,宽 71 cm,距路面深 55 cm,排水沟南侧傍山。在距该里程碑东侧 2 075 cm 处为一弯道,弯道处地面上由西向东铺设有三组强制减速带。道路南侧排水沟内,距该里程碑东侧675 cm处有一根长87 cm的木质拐杖、1 330 cm处发现一处可疑斑迹,该斑迹东侧27 cm处有一只布鞋(左脚),布鞋东侧453 cm处有一条黑色纱巾,纱巾东侧113 cm处发现一处红色可疑斑迹,该斑迹东侧239 cm处有一只布鞋(右脚)……距沥青路面南侧边缘88 cm处有一具女性尸体,尸体下身裤腿卷至膝盖处,双小腿裸露,呈扭曲状,尸体下身黑色长裤裆部破裂,下身黑色长裤臀部表面发现一处轮胎印痕。尸体东侧路面上停放一辆银灰色长城牌风骏5皮卡车,车牌为川H×××××,该车呈熄火状,右大灯后移,前保险杠右侧外壳处有25 cm×39 cm的凹陷变形,变形区域发现可疑斑迹,车辆右大灯下沿前保险杠有弧形裂口,右侧挡泥板发现可疑斑迹,右侧前门下沿裙边、右侧后轮挡泥板、左侧前门下沿裙边、左侧后轮挡泥壳上均发现可疑斑迹。(现勘发现的拐杖、布鞋、纱巾均原物提取,可疑斑迹均照相并棉签转移提取)。

(2)现场勘验照片、现场平面示意图,均证实张某1被撞现场的情况。

7. 尸体检验照片、尸体检验鉴定文书、毒物检验意见书、解剖尸体通知书、鉴定机构资格证书、鉴定意见通知书、机动车司法鉴定意见书,证实:

(1)广××物鉴法医字〔20××〕×××号法医学尸体检验鉴定书及尸体检验照片,经对张某1尸体进行法医学解剖检验,死者张某1死因系机动车撞击、碾压至脊髓离断、多脏器破裂死亡。

(2)广×物鉴毒字〔20××〕×××号检验意见书,经对张某1的心血进行检验,未检出有机磷类等毒(药)物成分及毒鼠强。

(3)川××司鉴所〔20××〕车鉴字第××××号机动车司法鉴定意见书,经对川H×××××涉案轻型货车的转向、制动系统进行安全技术鉴定,其结论为:①该车的转向系在道路试验中存在较为严重的向行驶方向右侧跑偏现象,不符合GB 7258—2012《机动车运行安全技术条件》(现行有效鉴定标准为GB 7258—2017《机动车运行安全技术条件》)的规定。该车转向系其他所检项目,符合GB 7258—2012《机动车运行安全技术条件》(现行有效鉴定标准为GB 7258—2017《机动车运行安全技术条件》)的规定;②该车制动系性能良好,所检项目符合GB 7258—2012《机动车运行安全技术条件》(现行有效鉴定标准为GB 7258—2017《机动车运行安全技术条件》)的规定。

(4)川××司鉴所〔20××〕车鉴字第××××号机动车司法鉴定意见书,四川××机动车司法鉴定所对本案相关技术问题进行实地检验并提供专家分析意见:①通过对案发路段道路特征的分析及实地验证,涉案川H×××××车驾驶员在距离900米路桩122米的弯道上,驾驶员就应该清楚地看见900米路桩附近路面上行走的被撞人;②川H×××××车转向系存在向右跑偏的现象,在不观察道路、适时修正行驶方向情况下,该车不能在弯道后通过约100米的直行路段行驶至案发处;③现场勘验照片、相关资料及对该车制动系的检验结果,反映从与行人发生碰撞前后,直至碾压驶过被撞人身体,未发现川H×××××车驾驶员采取紧急制动措施的相关痕迹和特征。该车在行驶中,其右后轮滚动碾压被撞人。

8. 2016年11月23日利某区公安分局的侦查实验笔录及摄像资料,办案人员邀请张某3、张某5两名经验丰富的驾驶员驾驶该车在案发路段进行侦查实验,证实该路段道路无遮挡物、路面无障碍、目视距离为218米。经制动检测,该车在30公里、50公里、60公里、70公里时速时的制动距离分别为5.6米、9.6米、14.2米、18米。

9. 文县派出所的乞丐证明、利某区刑警大队的情况说明及照相,证实碧口镇新华联超市楼下常住一自称王波的流浪乞讨人员,50岁,有语言障碍。利某区的公安人员进行了现场照相,并对辨认笔录中无无名乞丐详细身份信息作出说明。

10. 宁强县舒家坝宝珠观卫生所的证明、燕子砭派出所的证明,范坝乡中心卫生院关于张某1的病情说明,证实张某1近几年在范坝乡中心卫生院治病,其行动不便。宝珠观卫生所(原沙河子卫生院)辖区无姓杨的医生,也无专治哮喘、水肿病的医生。

11. 范坝派出所的情况说明、严家村委会、银厂村委会的证明,证实2016年8月19日孟某辉申请将其妻张某红、其子孟某2的户口从杨某2处迁往张某××下。

12. 2016年10月27日利某公安分局对被告人孟某辉、张某红的人身检查笔录,在见证人的见证下,从张某红处检查到川H×××××车的保险单一份,白色OPPO手机一部;在孟某辉处当场扣押其三星S6手机一部。

13. 辨认笔录、辨认照片、辨认情况说明,调取证据通知书,其中:

(1) 张某红辨认出7号照片的人是其与孟某辉预谋杀害骗保的甘肃省文县乞丐。

(2) 孟某辉、张某红分别辨认出5号、9号拐杖就是事发当日张某1所持的自制拐杖。

(3) 孟某辉对案发当日张某1的下车地点、自己上厕所的地点、撞击张某1的地点及撞击后停车的地点进行了辨认。

(4) 孟某辉对案发当日在的吃饭地点进行辨认,指出2017年10月27日上午在天天乐饭馆吃饭。

(5) 张某6、李某1分别辨认出2号、8号照片的人是长期流浪在街上的流浪汉。

(6) 张某龙辨认出6号照片的人是其所欠运输费用的"孟某3"(即孟某辉)。

(7) 王某如分别辨认出9号就是2016年10月24日入住宁强大安新民旅社215房间的男子(孟某辉),3号就是同住的老太婆(张某1)。

(8) 潘某英分别辨认出6号就是2016年10月26日入住宁强燕子砭阳光商务宾馆405房间的男子(孟某辉),4号就是同住的老太婆(张某1)。

(9) 公安机关调取的酒店入住记录,证实孟某辉2016年10月23日晚11时54分入住宁强县汉源镇时尚88酒店,10月24日凌晨4时06分退房离开。

14. 张某红的悔过书,其中:

(1) 2016年10月27日张某红写给其子女、父母的悔过书,陈述"是妈妈的错,是妈妈不该听你爸爸的"的内容。

(2) 2017年10月6日张某红书写的悔过书,陈述其因一时贪念让受害人失去了生命,不再为自己的错误行为开脱罪责。

15. 文公（碧）行罚决字〔2013〕38号行政处罚决定书,证实孟某辉因非法采矿、非法储存爆炸物品曾被文县公安局行政拘留五日。

16. 调查取证、协助查询财产通知书、银行凭证、交易明细、信用社证明、孟某辉的欠款凭据,证实被告人负债众多,家庭经济困难。其中：

（1）工商银行凭证,证实孟某辉工行账户余额180.4元。

（2）农业银行卡交易明细,证实孟某辉农行账户余额0.01元;张某红农行账户余额49.07元。

（3）邮政银行卡交易明细,证实孟某辉邮储账户余额为0元。

（4）碧口信用社借款借据,碧口信用社证明,证实2016年5月11日孟某辉在碧口信用社置换贷款23万元,该客户无能力偿还该笔贷款,至2017年1月已欠息9 459.79元,本息共计239 489.79元。

（5）孟某辉的欠款凭据,证实其在甘南迭部县工地、青海门源县及汽修厂均有未归还的债务。

17. 手机信息提取的情况说明、电子证据检查工作记录,证实公安机关通过技术手段恢复了孟某辉、张某红的部分手机短信、微信及上网浏览记录,证实：

（1）利某区公安分局刑侦大队出具的"关于手机信息提取的情况说明",证实经杭州市××科技公司通过技术手段,孟某4、张某红手机被删除的短信、微信及上网浏览记录被部分恢复。

（2）广×公（网）检〔20××〕×××号电子证据检查工作记录,经对张某红银白色OPPO型号A59M手机存储设备及SIM卡进行检查,其手机浏览器查询过"自己的车撞死自己婆婆保险公司要赔吗？"等信息,10月27日收到孟某辉发来的"到水磨了"、"给弄点吃的"、"你说下来看火车来了早上下来的"等微信信息。

经对孟某辉金色三星型号SM-G9280手机存储设备及SIM卡进行检查,9月15日孟某辉向王某1发送过内容为"对不起,我的50万快下来了,不需要差那点钱"的短信；10月15日、19日、21日、27日,孟某辉通过手机百度分别浏览过"车祸致90岁老人死亡赔偿多少钱？"、"80岁老人车祸死亡大概赔多少钱甘肃"、"交通事故保险理赔程序"、"2016年甘肃省交通事故赔偿最新标准"、"80岁老人交通事故当场死亡赔偿金额怎么算？"、"撞死80几岁老人赔多少钱？"、"造成84岁老人死亡保险能赔多少"、"84岁老人被车撞死,车主有买车保险能赔多少"、"我昨天开车撞了一位84岁的奶奶,当时已报了110、120和第三者责任险的保险公司！现在该怎么办？"等网页信息。调取证据通知书、太平洋保险公司的机动车保险单、车险车辆信息表、重大疑难案件询问笔录及预估金额说明,证实孟某辉2015年7月和2016年7月在太平洋保险公司为川H×××××号车投保了交强险、第三者责任险等险种,其第三者险的赔偿限额为50万元,预估赔偿金额为198 671.5元。调取证据通知书、通话记录,证实公安机关依法调取了孟某辉、张某红、王某1（系孟某辉情人）的通话记录,证实：2016年8月21日22时32分孟某辉向孟某1拨打电话持续16分35秒,8月

22日9时50分张某红向孟某1拨打电话,通话7分02秒;10月23日至27日张某红、孟某辉有频繁通话记录。被告人孟某辉的供述与辩解,公安机关共对其进行了十六次讯问,孟某辉均认为自己是交通肇事而非故意驾车撞人。其中:

(1) 2016年10月27日孟某辉的第一次询问笔录,其陈述的事发经过:4天前自己到岳父母家将张某1接到,今天早上(10月27日)8点左右驾车搭乘张某1从碧口出发到广元,目的是带老太出来耍,看下火车,顺便到072医院检查身体,途中在水磨场镇停车吃饭,之后继续驾驶车辆,走了半小时,自己想上厕所就将车停路边,张某1说她腿坐麻了,下车往前走,让自己上完了去追她。自己上厕所用了20多分钟,完了后驾车追张某1,走了一阵都没有发现张某1。事故发生时大概是十点半,事故发生地前是几个弯道,转过弯后就是一条直路,当时自己往左边白龙湖看,等自己转过来的时候,自己就看见张某1在自己驾驶的车辆前方(不到5米),自己踩刹车往公路左边绕行,但车速太快(约70—80公里的时速),没有绕过,也没有刹住(车子的后刹车片薄,刹车效果不好)就撞上了。碰撞后就刹车停住了,自己下车看张某1已经没救了,自己打110报警但没说清楚,是路过车的驾驶员打电话报的警,并叫自己给保险公司打电话,还给自己妻子打电话说了情况。

(2) 2016年10月28日的第二次讯问笔录,孟某辉供述的事发经过与第一次一致。称近期到过广元四次:第一次是五六天前,自己到广元072给二儿子买治感冒发烧的药。第二次是10月23日早上自己开车带张某1去看病,当晚11点多在宁强县城一个88商务酒店开了一间房住了一晚上,24号退房后开车带老太到宁强大安,在兴民招待所开了房让老太休息,然后自己开车去给老太找医生没找到,晚上11点多退房后带老太到广元城里已是25日凌晨2点过,想见网友没见到就从广元走高速回到家。10月25日下午四点多带着老婆和小儿子开车前往宝轮带儿子到医院看病,病没看,在药房买了点药,当晚回碧口。10月26日早上7点过带老太出发到宁强,还是没找到医生,当天晚上在燕子砭镇桥头汽车站一商务宾馆住了一晚上,10月27日早上带老太从燕子砭镇出发经姚渡上212国道往广元走。至于第一次询问说10月27日早上从碧口带张某1出发,是因为当时自己不清醒,不知道该说啥,不该说啥,以第二次说的为准。

10月27日下午1点过自己用手机给张某红微信发信息"你说下来看火车来了早上下来的",意思是想叫张某红给她父母说,自己是10月27日早上出发带老太张某1到广元来看火车的。自己习惯性地要删除老婆和情人的微信记录,手机上百度搜索中有关撞死80多岁的老人如何赔偿、交通事故死亡赔偿标准等内容,是自己两三个月前开始搜索的,是搜起来看起耍的。

(3) 2016年10月28日的第三次讯问笔录,孟某辉辩解是疏忽大意误撞死了张某1,不是故意杀人,自己没有杀人的动机,不是为了钱。自己所欠的债务有信用社贷款和在他人处的借款38万余元,其中张某红帮自己借了5 000元让自己打麻将,想让自己通过打麻将转移注意力把外面的女人忘掉;别人也欠自己有16万余元。家里现在没有一分钱存款,应该还有两三千元的现金,2016年2月份把双桥车卖了3万元,就是今年家里开销的钱。

2015年9月认识了情人王某1,2016年5月结束关系。王某1经常向自己借钱,共计有13 000元左右。

(4) 2016年10月29日的第四次讯问,孟某辉供述2016年10月张某1找孟某辉和张某红拿钱支付医药费,自己向董某借了1 000元,之后让刘某贵带给张某1 300元。之后因要交医疗保险,10月23日孟某辉驾车到范坝丈母娘家拿户口本,并告诉张某1听说陕西宁强燕子砭附近有老中医治老年人哮喘和发肿有效果,问张某1愿不愿意去看病,顺便带她耍两天,随后张某1与孟某辉驾车离开范坝,中午12点过回到碧口的家中,张某红帮孟某辉拿了外套和杯子,随后孟某辉与张某1前往宁强的燕子砭。在燕子砭未找到医生,当晚11时到宁强县住宿,第二天(10月24日)带张某1分别在阳平关镇、大安镇寻找医生未果,开车经宁强县至广元,25日凌晨4时返回碧口。25日上午带妻子及二儿子到广元一药房给二儿子买咳嗽药,之后又经朝天到宁强县(原因是妻子好奇想看一下带张某1去过的地方),又从宁强县走路况不好的省道经燕子砭、阳平关,晚上12时回到碧口。26日11时又开车带上张某1从碧口经燕子砭、阳平关到宁强县,继续给张某1找医生未果,当晚在燕子砭住宿。27日上午7点从燕子砭出发返回碧口,途中因老太想到广元看火车,故从余家湾改道广元,之后发生事故。

另供述20天前还和妻子带二儿子从碧口出发,在余家湾上省道,经燕子砭、阳平关到达大安镇,后原路返回碧口,往返两百公里,花费300元。

孟某辉供述的事发经过与之前一致。

(5) 2016年11月20日的第五次讯问笔录,孟某辉称其在路边上厕所蹲了大概20分钟,但是便秘没有解出来。当时撞到人的时候没有反应过来就没有踩刹车,直到撞完人后才反应过来踩了刹车。其余供述与之前一致。

(6) 孟某辉的第六次至第十四次讯问笔录,其供述内容与前述一致。其中第九次讯问笔录,孟某辉称2016年10月27日早上从燕子砭出发后回碧口,路上张某1同意到广元去治病和看火车,之后在余家湾改道去广元,妻子张某红知道自己带张某1到广元的事情,是27号出发前自己告诉过她的。

(7) 2017年1月11日孟某辉的第十五次讯问笔录,其对毒物鉴定及尸体检验鉴定无异议;对涉案车辆进行的事故成因分析及车辆技术鉴定有异议,认为车辆无向右跑偏现象,刹车不如以前,车辆只有轮胎打空转才会留下痕迹;对公安机关提取的手机搜索记录无异议,认为其搜索撞死老人赔偿的相关信息与后来撞死张某1属于巧合。没有想过撞死碧口乞丐骗取保险金。

(8) 2017年1月12日的第十六次讯问笔录,告知孟某辉其申请重新鉴定不符合规定,决定不予重新鉴定。

18. 被告人张某红的供述,其在公安机关共作了九次供述,除第一次外,其余均为有罪供述。其中:

(1) 2016年10月27日的第一次询问笔录,张某红称10月27日中午11点左右接到广元一号码打的电话,告诉自己说老公孟某辉在广元利某区三堆镇公路上驾车将太太(外曾祖母)张某1撞死了,自己来说明自己知道的情况。我太太张某1身体一直不好,患有多种疾病,昨天晚上自己和丈夫商量决定今天一早由老公带着太太到广元072医院看病,顺便在广元城里转一圈。今早7点钟左右老公起床,太太也跟着起床,之后他们就开车出发了。

老公最近身体很好,排便正常,上厕所就是几分钟时间,他的视力也很好。张某1腿脚不方便,走路需要拿着木棍慢慢移动,听力很差。自己和老公结婚后就是他一个人赚钱养家,前几年搞过汽修厂,经营过双桥车,赚了一些钱,但只够维持家庭基本开支。现在老公在外边还有十多万欠款没收回来。

(2) 2016年10月28日的第二次讯问笔录,张某红供述:10月27号上午老公开车撞死太奶奶张某1的事情是自己和老公早就商量好了准备用故意撞死太奶奶的方式来骗取保险金的。

2016年2月自己发现老公和其他女人的事,自己还在外借了差不多一万元钱给他打牌,想通过这种方式挽救婚姻。现在老公还在银行有二三十万贷款没还,自己家的生活非常困难。2016年7月老公就提出开车撞死张某1来骗取保险金,自己非常反对,还将此事告知了老公的父亲孟某5、自己的母亲张某2和孟某6、张某7。十多天前,孟某辉又提出撞死老太骗保的事,自己依然没答应,后来在孟某辉软磨硬泡之下,自己的态度发生了转变,虽然没有肯定答应他,但他提起这事的时候自己也没有反对,还告诉老公"你要干我也没办法"。10月23号的时候孟某辉告诉自己说要把张某1接到家里住几天并把自己的户口本从妈的家里拿回来,到时候把老太撞死后方便理赔将赔偿金打到自己账户中。他从范坝接到老太准备往碧口走的时候,妈打电话,自己就顺着孟某辉的意思撒谎说要带太奶奶来碧口看病。之后在10月27号早上孟某辉开车把张某1带到三堆镇后用车将她撞死了。之所以选择撞死张某1,是因为张某1年纪大了,撞死后不但可以获得赔偿还可以减少家里负担,另外张某1的户口放在了自己的户口本上,一旦撞死太奶奶骗保成功,自己和太奶奶在一个户口上就可以领到这笔保险赔偿金。

撞死张某1骗保孟某辉之所以要征求自己的意见,是因为太奶奶平时是和自己的妈住在一起的,孟某辉想把太奶奶带出去开车撞死就需要自己配合他编个让太奶奶出门的理由告诉自己妈;自己和太奶奶在一个户口上,需要自己领取保险金;另外征求自己同意后才不会举报他。

(3) 2016年10月28日的第三次讯问笔录:之前接受讯问说的都是实话,但隐瞒了一些细节。十多天前孟某辉再次提出撞死太奶奶骗保的事情后自己是答应了他的,当时孟某辉开车带自己出门到达陕西宁强县一处弯道较多的路段,确定为作案地点后再返回家中;还有孟某辉是10月26日早上10点多开车带太奶奶出门,以带太奶奶到宁强县燕子砭看病的方式骗太奶奶出去,找机会在看好的路上撞死太奶奶,但是当晚孟在燕子砭住宿时候用微信发消息说在那个地方撞死不方便。10月23日孟在自己妈家接到太奶奶时就已经准备实施加害,不知道为什么没做成,10月25号凌晨才带着太奶奶回家中,回来时问孟吃过饭没有,孟称在宁强吃过了。手机中孟某辉发的微信"你说下来看火车来了早上下来的"意思是教自己到广元面对警察要怎么说,帮他隐瞒带太奶奶出门的时间,和他保持一致。

10月10多号的一天晚上,孟某辉说起他想用车撞死太奶奶张某1骗保,当时自己还不同意,孟就说自己要把他逼死,因害怕他离开自己,就劝他说"依你的办就行了"。第二天我们就一起去宁强选了108国道一处弯道多的上坡路段后就开车返回家中。10月23号孟准备到自己妈家接太奶奶,和自己商量以接太奶奶到宁强燕子砭找老医生看病名义将太奶奶接出来,当天接回来后孟带着太奶奶开车到了哪里我不清楚,直到10月25日凌晨才回到家中,26号早上10点多又开车带着太奶奶出门了,晚上住在燕子砭,27号上午在三堆才将太奶奶撞死。

(4)张某红的第四次、第五次供述与前述一致。2016年11月9日的第六次讯问笔录:之前供述隐瞒了部分事实。在上的"讨口子",然后伪装成他的大哥孟某1来骗保险,在他准备实施的时候"讨口子"不愿意上车就没有成功,之后过了两天孟某辉才提出用撞死老太的方式骗保险。在准备撞死讨口子骗保险时,孟某辉告诉我说准备在车多的地方让其他大货车撞死讨口子,将讨口子的身份伪造成大哥孟某1,为此孟某辉还在碧口打电话给孟某1借用他身份证,过了两天我打电话告诉孟某1说孟某辉准备撞死一个讨口子然后冒充他的名义骗保,孟某1听说后就表示不会给孟某辉借用身份证,此后自己还打了两次电话喊孟某1劝一下孟某辉。过了几天孟某辉说撞死讨口子冒充大哥不行,保险会赔给大嫂,又提出冒充父亲孟某5,自己就给公公打电话告知孟某辉准备骗保的事,让他劝一下孟某辉,之后一天自己和孟某辉因钱问题吵架,孟某5到家中来劝,自己让公公劝一下孟某辉,后来不知道劝没劝,过了段时间孟某辉专门去他父亲家中拿来了父亲的身份证和一件衣服,正准备实施撞死讨口子时,公公可能感觉不对就在第二天到我们家中将自己身份证拿回去了。公公走后孟某辉说他还是要干这事,让自己在他撞死讨口子后去找公公要身份证,到时候公公肯定给,自己也是同意了的。过了两天,大概9月10多号,孟某辉就准备实施这件事,一天晚上10点过一个人开车出去,嘱咐自己不要管,把孩子带好就是了,孟某辉前段时间踩过点的,知道每天晚上这个讨口子就在自己家附近工行旁一家华联超市旁家属楼房檐下居住。中途回来一次说外面还有摆摊的人,12点左右他又出去了大概一个小时,回来说讨口子不跟他上车,孟某辉才打消了撞死讨口子的念头。

(5)张某红的第七次供述内容与前述一致。2016年12月13日的第八次讯问笔录:前两次讯问时按照孟某辉教的说法给警察说了假话,之后讯问都是说的实话。10月26号晚上与孟某辉通话过程中,孟告诉自己第二天要开车撞死张某1骗保,并告诉自己警察问时一直哭就可以了,实在不行就对警察说他是在10月27号早上才带张某1从碧口家中出发出门看病的。10月23号之前,自己和孟某辉在家的时候,孟告诉过自己准备去接太奶奶然后带到燕子砭一处国道转弯处,等大车经过时让太奶奶从转弯处窜出来被大车撞死,然后找大货车要赔偿,通过手机搜索信息得知可以赔偿到30万。10月26日晚上11点过孟某辉打电话告诉自己说当天天快黑的时候开车把太奶奶带到燕子砭附近一处国道,好几次想用大车去撞太奶奶,都没有把太奶奶撞上,他准备用他自己的皮卡车撞死张某1并嘱咐自己事发后怎么给警察说假话,还告诉自己他已经咨询过给我们车子卖保险的女的用自己车撞了自家亲人是不是可以得到保险赔偿,那女的说可以赔偿,自己还问孟保险赔多少,孟说二三十万。之后孟告诉自己已经带太奶奶在燕子砭一旅馆住下了。大概过了十来分钟自己心里比较害怕就又给孟打电话问行不行,孟喊不要管,到时候撞死太奶奶会打给自己电话。打完电话后自己想起今年9月份开始经常看见孟某辉使用三星手机搜索过"撞死人,车子保险"等内容,挂掉电话后在10月27日凌晨自己也使用自己的OPPO手机搜索了"用自己车撞死自己奶奶80岁能赔偿多少钱"等内容。

今年5月左右孟某辉到广元072医院检查乙肝情况,门诊一个陈医生通过检查告诉孟某辉已经恢复,还给孟某辉开了一个抽血化验单让他复查,当天缴费后因为时间太晚医生下班了就没有抽血化验,这张抽血化验单一直存放在我们租住房中衣柜上方,现在都还在那个位置。

(6) 2017年1月11日的第九次讯问笔录,其供述的内容与前述一致。

19. 证人证言,其中:

(1) 张某2(张某红的母亲)的两次询问笔录,2016年10月28日的第一次笔录证实:死者张某1是自己的婆婆,张某红和孟某辉前几年家庭条件还过得去,这两年陆续没什么钱了,现在我知道的是他们还在外边欠有账,具体多少不清楚,这两年为了帮助孟某辉做生意,我陆陆续续给了他们9万元左右。

今年8月的一个星期天,女儿张某红、女婿孟某辉带两个儿子到自己家来耍,上午和张某红一起煮饭时,她说建平娃(孟某辉)想用车撞死张某1来挣钱,还让自己找机会劝劝建平。中午正好只有我们三个在饭桌上吃饭,自己就骂建平娃,劝他不要去做这些违法乱纪的事情,他也答应了。自己最后一次见张某1是10月23日,孟某辉到家里来,说要把张某1接到去看病,顺便住几天,自己当时感觉建平娃很高兴,以前都没见过他那么高兴过,自己还给女儿张某红打电话问是不是要把老太接到镇上去看病,春红说是。之后建平娃午饭后就把婆婆张某1接走了。他们以前从来没有单独将老太接到他们家去住过,这是第一次。23号那天建平娃来接老太时老太说不用到碧口去拿药,让建平娃给他拿点钱买吃的就行,当时建平娃专门给自己说让自己劝劝老太到碧口去拿药,顺便耍两天。现在想来建平娃当时的表现太热情了,有点反常。

张某红和孟某辉今年开始闹离婚,原因听女儿说是建平娃在外又找了个女人。

2016年11月9日的第二次笔录证实,今年大概两三个月前,孟某辉和张某红将张某红和孟某2的户口从自己和杨某2的户上迁到张某1的户口上,具体是他们谁去办的不知道。孟某辉2009年至今总共借了自己104 000元一直未还,还欠张某19 000元,听张某红说还欠他两个哥哥钱、张某红幺姑父几千,欠自己儿子3万多,欠自己弟弟13 000元,还欠农村信用社23万没还。

(2) 孟某5(孟某辉的父亲)的询问笔录,其中2016年10月28日的笔录证实:2016年9月份一天早上,三媳妇张某红打电话说孟某辉和她吵架要闹离婚,自己就到碧口邮电局附近他们的租住房去,到了后张某红说孟某辉打牌把钱都输完了,外面欠了不少钱就吵架要离婚,自己就劝了一会。这时张某红说孟某辉想弄点钱,准备开车撞人骗保险。自己当时听了很生气,对孟某辉说你如果要这样做自己就不认你了,当时孟某辉没有说话。10月初和10月20日左右,孟某辉两次回家自己都劝他不要去做违法犯罪的事情,孟某辉不听。

孟某辉08年地震后贷款买了大车,经营的不景气,把大车卖了后开过几年修理铺,但从来不管,一般都是两个兄弟给他管,到现在还欠2万的工资。2015年自己借给他12 000元,听孟某辉说在张某红弟弟那里借了15 000元,欠大儿子孟某1一万多点,欠二儿子孟某军2万多点。

2016年11月29日的询问笔录,证实2016年农历9月份中旬,大儿子孟某1打电话说孟某辉找他借身份证想撞讨口子骗保险金。过了两天孟某辉就给自己打电话,要借自己的身份证和衣服,说要去撞一个讨口子骗取保险金。几天后的一个周末,孟某辉一家在自己家吃饭时,孟某辉又提出此事,自己很气愤还找了一根撬棍准备打他,被自己的妻子何某兰劝住了。身份证和衣服自己一直没借给他。

(3) 2016年12月5日何某兰(孟某辉的母亲)的询问笔录,证实孟某辉最后一次回家是2016年农历9月底的一天,当天孟某辉带着老婆、两个儿子回家吃饭,后来孟某5和孟某辉吵了起来,孟某5还准备打孟某辉,被自己劝住,之后孟某辉带老婆孩子离开。

(4) 2016年11月23日孟某1(孟某辉的大哥)的询问笔录,证实2016年9月底或10月初,孟某辉打电话借自己的身份证,说事情办成了再告诉自己借身份证干什么。第二天张某红打电话问自己孟某辉是不是要借身份证,并让自己不要借给他,他想撞死一个讨口子制造交通事故骗取保险金,要用自己的身份证冒充讨口子骗取保险,张某红说她已经劝过几次孟某辉,孟不听,张某红让自己也劝劝孟某辉。自己担心孟某辉干违法的事情,就给父亲孟某5打电话说了这个事,喊父亲也劝劝孟某辉。

(5) 2016年10月29日张某7(张某红的表姐夫)的询问笔录,证实2016年7月份张某红曾发微信说建平在外有个女人,8月份发过微信说建平最近缺钱,想通过撞人来骗保险金,当时也没说怎么骗,只是让我有空去劝劝建平一下,过了两天我打电话给建平劝他不要干犯法的事。今年10月中旬与建平见面后还劝他开车撞人的路行不通,不要做犯法的事,建平说没有考虑骗保的事了,我以为建平说的是真的就没再劝他了。建平生二儿子的时候向我借了5 000元,去年又向我老婆郑某菊借了3 000元,到现在还没还。

(6) 刘某贵的证言,证实其于2016年10月十几号帮孟某辉带给张某1 300元钱;文县范坝镇严家村村书记马文才证实,张某1由张某2与她的丈夫杨某2赡养并一起住;严家村严家社社长刘某全及邻居杨某贤均证实了张某1与张某2夫妇一起居住。

(7) 张某慧(严家村文书)的证言,证实2016年8月的一天,一自称是杨某2女婿的男子找其办理了将张某红和孟某2的户口从杨某××口迁至银厂村的迁出证明。

（8）2016年10月29日王某1的询问笔录，证实2016年1月微信认识孟某辉，之后发展为情人关系。孟某辉经常发微信说有人找他要钱，已走投无路，叫自己想办法帮忙借钱。大概8月份，孟某辉给自己发短信借钱，自己说真的没有，孟某辉说你先帮我借到，他那50万马上就到手了，但没说具体是什么钱。

（9）张某华询问笔录，证实2016年10月23日中午，张某红打电话说小孩感冒发烧要到广元去看病，找自己借了3 000元。

（10）2016年12月7日宁强县舒家坝镇宝珠观村书记孙某勤询问笔录，证实宝珠观村没有姓杨的赤脚医生，也没有专治哮喘、水肿、老年疾病的医生。

（11）餐旅服务人员的证人证言，其中①王某如（旅社服务员）证实2016年10月24日早上7点左右，一个30岁左右的男子（孟某辉）和一80岁左右的老太（张某1）一起入住过宁强县大安镇新民旅社215房间，那个男子什么时候走的我不知道，因为我24日下午8点来上班的时候人就已经离开了；②潘某英（宾馆服务员）证实，2016年10月26日晚10点多孟某辉和一个大概80多岁的老太婆在宁强县燕子砭阳光商务宾馆开了一间双人房，什么时候离开的不知道；③李某2（餐馆工作人员）证实2016年10月27日9时许一个开皮卡车的中年男子（孟某辉）带一个老年妇女（张某1）在天天乐餐厅吃了碗面。

（12）案发现场路过人员韩某、谢某、蒲某的证人证言，其中：①韩某证实，2016年10月27号早上10点左右驾驶自己面包车走国道212线从沙洲往广元走，11点10多分开到张家嘴一条直路上看见一个老太婆躺在地上，离老太婆10米远的位置有一辆银灰色皮卡车，停的位置在我同方向的车道上，当时没看见有刹车印，一小伙子拦下我的车喊我帮忙报警。后自己帮他给他老婆打了电话；②谢某证实，2016年10月27日上午哥哥蒲某打电话说距自己家前方900米远的公路上发生了车祸，让自己帮忙联系交警报警，之后自己给三堆交警队警察文东打电话报警。驾驶员说他在身后几百米位置上厕所，完了开车来追他婆婆，他婆婆突然从路边冲出来就被他车撞倒了。这段路从我知道的在撞死人位置从来没有发生过车祸，因为这段路相对比较平坦，视野也好；③蒲某证实，当天驾驶一红色奇瑞轿车跟在一面包车后路过案发现场，其证言与谢某、韩某证言一致。

（13）孟某辉债权债务方面的证人证言。其中：①易某证实2013、2014年孟某辉一共在万××修理厂欠了5 975元一直未还；②杨某（张某红弟弟）证实孟某辉和张某红前后几年一共向其借35 000元；③徐某证实2015年孟某辉经营双桥大货车时在其经营的顺通汽修厂欠维修款共8 900元，到现在未归还；④任某秀证实2015年6月份孟某辉到其经营的汽车轮胎专卖店买了8条钢丝轮胎，总共12 400元，后付了3 900元，还欠8 500元一直未还；⑤孟某1（孟某辉大哥）证实孟某辉2009年买双桥车借了3万元，2009年孟某辉开汽修厂叫其帮他修车上班，到2011年2月份欠其工资18 000元，至今没还；⑥高某梅证实张某红2016年8月向其借了2 000元钱；⑦韩元洲证实2012年在孟某辉开的修车店修车欠了8 000多元，到2013年支付了7 000元。2015年孟某辉打电话喊自己想办法帮他找点钱，

2016年年初的时候又打电话喊自己帮他找点钱,2016年6月份打电话喊自己给他找一两千元钱,到2016年10月份的时候孟某辉说这几年经济比较紧张,娃儿吃奶粉的钱都没有,让自己把以前的账结清;⑧杨某证实2016年孟某辉在其经营的手机店赊购两部手机共7 098元,经催要支付了3 300元,还欠3 798元;⑨李某1证实2014年孟某辉在其经营的采砂、挖金的工地上拉货,一共结算了20 900元,支付15 000元,还欠孟某辉5 900元。今年上半年孟某辉打电话要过钱,但资金没到位就没支付给他;⑩张某龙(外号左五娃),其证言内容与李某1一致;⑪贾某(系张某良挖金期间雇佣的会计),证实2012年至2013年张某良在甘南迭部县和青海门源县挖金雇佣孟某辉的双桥车,欠孟某辉运费共8万多元,后张某良陆续支付孟某辉几千元,还欠7万多元。

(14) 保险公司工作人员的证人证言,其中:①2016年11月7日业务员王某2的第一次询问笔录,证实孟某辉在自己这里买了4次车险。2013年、2014年是给他的轻卡车川H××××买车险;2015年重新买了一辆皮卡,所以2015、2016年就给他川H××××皮卡车购买了车险,2015年购买了赔付限额50万元的第三者责任险。2016年10月27日上午10点49分,孟某辉打电话说他出车祸了,把一个老太婆撞了。在车祸的前一天晚上,孟某辉给自己打过三个电话,称其一个朋友购买了新车需买保险,让自己给介绍各个险种及赔付范围,自己主动给他解释了常用的保险种类,孟某辉主动提出三者险要保多少钱的保额,我说一般轿车都是50万左右。

2016年12月14日王某2的第二次询问笔录,证实孟某辉案发前几天也给自己打过一次电话,孟某辉问了两个问题,"撞死一个年龄大的老年人要赔多少钱?买三者险50万元够赔不?"

② 2016年11月14日查勘员蔡某亮的询问笔录,证实2016年10月27日上午11时2分公司接到投保人孟某辉的一起撞死人的车祸报案,公司指派自己到现场查勘。11时30分左右到达事故现场,自己向孟某辉询问,孟某辉说当天准备带老太婆到广元看火车顺便逛逛,开到距事发地六、七百米远时他在路边停车上厕所,老太婆说自己要下车活动,顺便到前面上个厕所,后来孟开车追老太婆,开了几十米没找到就加速去追,结果老太婆一下从路边窜了出来,来不及刹车就将老太婆撞倒并碾压过去了。自己觉得这件事有点奇怪,当天天气不错,视线条件很好,且被撞位置是一条直路,根本不存在司机说的从路边窜出来看不见的情况。

(15) 关于乞讨人员的证人证言,其中:

①李某1的第二次询问笔录,证实碧口街上长年有一流浪汉靠乞讨为生,五六十岁的样子,不是本地人,这个流浪汉一般就在中街工商银行附近;②张某6证实从记事起上就有一个流浪汉,现在差不多60岁的样子,不是本地人,讲普通话,感觉精神有问题,平时都在街上睡觉。

(16) 视听资料,证实公安机关依法收集证据,调查程序合法。

以上证据,被告人张某红无异议。被告人孟某辉及其辩护人提出以下质证意见:

1. 孟某辉所欠债务及电子证据的真实性无异议,但与本案没有关联性,不能证实孟某辉的犯罪动机;张某红与孟某辉关系恶化,不排除她有陷害孟某辉的可能。

2. 交警队的事故调查报告是主观证据,不能反映客观事实;第三者险赔付不到张某红,故孟某辉达不到骗保目的;侦查实验、机动车鉴定意见及专家意见与本案缺乏关联性。

本院认为,关于第一点质证意见,本案有充分的证据能够证实被告人孟某辉负债较多,家庭经济困难的事实。孟某辉实施的借用其父亲、大哥身份证、将张某红及儿子的户口迁往张某1处、使用手机大量查询交通事故撞死老年人的保险赔款信息、案发后用微信授意张某红谎称"你说下来看火车了早上下来的"等行为,与被告人张某红的供述、被告人孟某辉的父母、大哥及保险公司工作人员等多人的证人证言,孟某辉的通话记录及其手机查询网页记录的电子证据等证据相互印证,能够证实被告人孟某辉具有以制造交通事故的方式骗取保险金的犯罪动机,均与本案具有关联性。张某红曾为孟某辉借钱打牌,且在第一次供述中按孟某辉的意思隐瞒事实虚假陈述,孟某辉及辩护人亦未举出能够证实张某红有意陷害孟某辉的证据。故该质证意见不能成立。

关于第二点质证意见,交警队所作的事故报告,反映的案发现场的天气、车辆及道路情况属客观事实,应予采信,其分析的案件存在的疑点虽属主观推断,但与本案客观证据综合认定案件事实并不违反法律规定。被告人孟某辉希望被害人张某1因交通事故死亡,而由张某红得到第三者险赔偿。被告人孟某辉能否达到骗保的目的,并不影响本案对被告人孟某辉所实施犯罪行为的认定。交警队所作的侦查实验由与本案无利害关系的第三人模拟现场情况所作,机动车鉴定意见及专家意见均由具有鉴定资格的第三方依据技术方法所作,故得出的结论与本案有关,具有合法性、真实性,应作为证据使用,且与交警队案发后作出的事故报告能够相互印证。故该质证意见不能成立。

本院认为,被告人孟某辉、张某红夫妇负债较多,家庭经济困难,被告人孟某辉通过手机了解到交通事故保险赔偿有关信息后,遂产生制造交通事故骗取保险金。后被告人孟某辉萌生欲将无名乞丐伪装成其大哥孟某1或父亲孟某5被撞死并骗取保险金无果后,又于2017年10月27日,被告人孟某辉以骗取保险金为目的,故意驾车将独自沿公路步行的张某1故意撞击致死,其行为构成故意杀人罪。被告人张某红明知孟某辉的犯罪意图,仍配合孟某辉谎称带张某1外出看病,将张某1骗出家门,且在公安机关初次询问时作虚假供述,帮助孟某辉隐瞒罪行,其行为构成故意杀人罪的共犯。公诉机关指控被告人孟某辉、张某红犯故意杀人罪的罪名成立,本院予以支持。

关于被告人孟某辉及其辩护人提出的辩解理由和辩护意见,本院评判如下:关于孟某辉欲撞死乞丐骗保的证据不完整的辩护意见。

经查,常年有一无名乞丐属客观事实,孟某辉的父亲、大哥、张某8等人的证言,结合张某红的供述,证据完整、客观,能够证实孟某辉曾向其大哥、父亲借用身份证,具有制造交通事故骗取保险金的犯罪动机。因现有证据只有张某红的供述是由于该无名乞丐拒不配合而未果,故本院在审理查明的事实中未对该情节予以认定,但被告人孟某辉有欲将无名乞丐伪装成其大哥孟某1或父亲孟某5被撞死并骗取保险金的犯意客观存在。故该辩护意见不能成立。关于孟某辉提出的自己欠下的债务并不导致家庭困难的辩解理由和辩护人提出的孟某辉不能直接取得保险金,其撞人骗保的行为不合常理的辩护意见。

经查,本案有充分的证据能够证实孟某辉欠下银行贷款及他人借款,其家庭经济困难属实,故孟某辉的辩解理由不能成立;被告人孟某辉在为实施撞死张某1骗保的行为前,为获取保险金的赔偿,将妻子张某红及儿子的户口迁至张某××下,被告人孟某辉主观上有获取保险金的想法,也是被告人孟某辉对保险金赔偿的理解,被告人孟某辉不能直接取得保险金,这与被告人孟某辉的主观愿望相悖,也是孟某辉个人对获取保险金赔偿的认知能力的体现,但这与认定孟某辉撞人骗保的行为不矛盾,故该辩护意见亦不能成立。关于张某红因夫妻关系恶化,张某红有陷害孟某辉的可能,其供述不能采信的辩护意见。

经查,本案证据能够证实在被告人孟某辉有欲撞死乞丐和张某1骗保的想法时,被告人张某红有规劝的行为,并动员家人规劝,其家人的证言都对被告人孟某辉不利,其证言内容的可信度更高,且在整个犯罪过程中,被告人孟某辉积极、主动;案发后,被告人张某红还按孟某辉的要求在第一次供述时作了虚假供述,目的是帮助孟某辉隐瞒事实,所提该辩护意见也没有证据予以证实,故该辩护意见不能成立。关于被告人孟某辉系自首,应从轻处理的辩护意见。

经查,本案110信息表及孟某辉的供述,能够证实孟某辉案发后虽拨打过110报警电话,但所报警的内容为交通肇事,到案后未如实供述自己故意杀人的犯罪事实,被告人孟某辉是想以自首认可交通肇事的方式来掩盖故意杀人的目的,故被告人孟某辉不具有自首情节,故该辩护意见不能成立。关于被告人及其辩护人提出的孟某辉构成交通肇事罪而非故意杀人罪的辩解理由及辩护意见。

经查,被告人孟某辉驾驶车辆故意撞击被害人张某1并致其死亡,构成故意杀人罪,理由是:

(1)从主观方面分析,第一,孟某辉购买的三者险保额为50万元,保险公司业务员王某2证实孟某辉案发前几天曾电话咨询过撞死一个老年人要赔多少钱及买三者险50万够赔不;第二,王某1证实孟某辉在向其借钱时曾说过你先帮我借到,他那50万马上就到手了;第三,电子证据及被告人供述,证实孟某辉本人曾多次用手机搜索撞死一个84岁老人、撞死自己的亲人保险是否赔款等信息,结合本案被害人张某1死亡时的年龄为84岁,以及同案被告人张某红的供述和张某红在案发前亦通过手机搜索过相关信息等本案其他证据,可以确定孟某辉搜索相关内容具有特定目的,二被告人对撞死张某1骗取保险金事前已有共谋;第四,孟某辉的供述和辩解存在诸多与常理不符之处:其第一次供述谎称当天是从碧口出发,之后又改称从燕子砭出发,其忘记刚发生的事情与常理不合,且案发后孟某辉曾用微信通知张某红配合其说是"下来看火车,早上下来的",与张某红的供述相印证,可以证实孟某辉、张某红相互串通说假话隐瞒事实;第五,孟某辉的供述和辩解前后矛盾,隐瞒事实的意图明显:孟某辉多次供述是10月27日回碧口的路上,提议并经张某1同意后临时在余家湾改道去广元,但又称其妻子张某红知道自己带张某1到广元的事情,是出发前自己告诉过她的。其之前的供述称在撞张某1前曾踩刹车并向左绕行,之后又称撞了张某1后才踩的刹车;第六,孟某辉供述其先后耗时数天带张某1到宁强方向找杨医生,但不知医生的姓名和诊所地址,也未提供找谁人咨询过的相关证据,而现有证据能够证实该地并无孟某辉所述的医生。张某红供述孟某辉带张某1经过的路线其事发前曾带张某红查看过,能够认定被告人孟某辉是在该路线寻找作案机会;第七,结合孟某辉曾计划欲将无名乞丐制造交通事故撞死骗取保险金的事实,可以证实孟某辉想通过制造交通事故骗取保险金的犯罪动机明确。综上,被告人孟某辉主观上具有撞死张某1以骗取保险金的犯罪意图,其作案动机明确。

(2)从客观方面来分析,事故调查报告书、现场勘验工作记录、现场勘验照片,证实案发当天的天气良好,能见度高,事发地点为100余米的直线路段且无视线遮挡物,路段右边为一宽71 cm,距路面深55 cm的排水沟,排水沟南侧傍山。机动车鉴定意见及专家意见、侦查实验记录及摄像资料证实,川H×××××车转向系存在向右跑偏的现象,在不观察道路、适时修正行驶方向情况下,该车不能在弯道后通过约100米的直行路段行驶至案发处;在距离事发处122米的弯道上,驾驶员就能清楚地看见行人;川H×××××车驾驶员未采取过紧急制动措施而直接碾压被害人;该车在行驶速度为70公里时的制动距离为18米。据此,案发现场的撞击地点道路右侧为傍山的排水沟,而张某1行走需用手杖,不可能从路面外突然窜出,也与张某1自身的身体状况不符,故张某1必然行走在道路上,而被告人孟某辉明知张某1在前方道路上步行,其驾车追赶时应当会留意观察道路,其在通过第一个弯道后必然会看到前方100余米且视线良好的直线路段,即使按孟某辉陈述的以60公里的时速行驶,其车辆的制动距离也不会超过18米,而张某1被撞地点距弯道有几十米远。故孟某辉辩称其未看到张某1,张某1系突然横穿公路与现场情况不合,且与常理相悖。同时,孟某辉驾龄6年,且常年驾车,但其在与张某1碰撞前,并未采取任何紧急制动及避让措施,且碰撞后未改变车辆方向,系从张某1身体上碾压过去,孟某辉供述其曾踩刹车并向左绕行与事实不符。且到过的燕子砭每天有90余对火车通过,其中铁路与公路并行长度约18公里,孟某辉无需专程带被害人张某1到广元来看火车。另,孟某辉是带张某1外出看病,晚上11时54分才入住酒店,次日凌晨4时6分就离开酒店的行为亦与常理不合。故孟某辉驾车故意撞击张某1并致其死亡的事实客观存在。

综上所述,本案在卷的大量证据能够相互印证,形成证据锁链,且能排除合理怀疑,足以认定被告人孟某辉主观上具有以制造交通事故的方式撞死被害人张某1骗取保险金的犯罪动机,客观上实施了驾车故意撞击被害人的行为,导致被害人当场死亡,构成故意杀人罪,故该辩解理由及辩护意见不能成立。

1.关于被告人张某红的辩护人所提辩护意见,本院评判如下:关于张某红系被胁迫参与犯罪,其未直接参与共同犯罪,只起到了间接的辅助作用的辩护意见。

经查,张某红在知晓孟某辉欲将张某1骗出以通过制造交通事故的方式骗取保险金的犯罪意图后,当时虽表示反对并告知亲人对其予以规劝,但为家庭子女考虑最终同意孟某辉实施犯罪计划,并配合其将张某1从家中骗出,且在公安机关初次询问时按孟某辉的意思作虚假陈述,是故意杀人罪的共犯,因张某红在共同犯罪中只起了辅助作用,但张某红并未举出系受孟某辉胁迫参与犯罪的相关证据,故张某红系从犯而非胁从犯,对其应依法予以减轻处罚,辩护人的辩护理由部分成立。

2. 关于张某红如实供述犯罪事实,认罪态度好,属于坦白,其无犯罪前科,属初犯、偶犯,根据其一贯表现及家庭具体情况,建议在三年以下量刑并宣告缓刑的辩护意见。

经查,被告人张某红在公安机关及庭审中能够如实供述孟某辉及本人的犯罪事实,属于坦白,其当庭自愿认罪悔罪,依法可以从轻处罚。其无犯罪前科及初犯、偶犯不属于法定或酌定量刑情节,故辩护人的辩护意见部分成立。

综上所述,被告人孟某辉为骗取保险金,谋划并实施了故意驾车撞死妻子外曾祖母的行为,有悖于人伦常理,其犯罪动机卑劣,罪行极其严重,作案手段特别残忍,社会影响恶劣,孟某辉系犯意的提出者,系共同犯罪的主犯,其到案后拒不认罪、悔罪,故应对孟某辉依法予以严惩。被告人张某红因其到案后如实供述犯罪事实,对该案的侦破起了关键作用,且在共同犯罪中只起到帮助、辅助作用,系从犯,当庭认罪悔罪,具有坦白的量刑情节,应当减轻处罚。据此,根据被告人孟某辉、张某红犯罪的事实、犯罪的性质、情节和对于社会的危害程度,依照《中华人民共和国刑法》第二百三十二条、第二十五条第一款、第二十六条第一款、第四款、第二十七条、第四十八条、第五十七条第一款、第六十七条第三款、第六十一条之规定,判决如下:

一、被告人孟某辉犯故意杀人罪,判处死刑,剥夺政治权利终身。

二、被告人张某红犯故意杀人罪,判处有期徒刑五年。

(刑期从判决执行之日起计算。判决前先行羁押的,羁押一日折抵刑期一日,即自2016年10月28日起至2021年10月27日止)。

如不服本判决,可在接到判决书的第二日起十日内,通过本院或直接向四川省高级人民法院提出上诉。书面上诉的,应当提交上诉状正本一份,副本三份。

附:相关法律条文

《中华人民共和国刑法》

第二百三十二条 故意杀人的,处死刑、无期徒刑或者十年以上有期徒刑;情节较轻的,处三年以上十年以下有期徒刑。

第二十五条 共同犯罪是指二人以上共同故意犯罪。

二人以上共同过失犯罪,不以共同犯罪论处;应当负刑事责任的,按照他们所犯的罪分别处罚。

第二十六条 组织、领导犯罪集团进行犯罪活动的或者在共同犯罪中起主要作用的,是主犯。

三人以上为共同实施犯罪而组成的较为固定的犯罪组织,是犯罪集团。

对组织、领导犯罪集团的首要分子,按照集团所犯的全部罪行处罚。

对于第三款规定以外的主犯,应当按照其所参与的或者组织、指挥的全部犯罪处罚。

第二十七条　在共同犯罪中起次要或者辅助作用的,是从犯。

对于从犯,应当从轻、减轻处罚或者免除处罚。

第四十八条　死刑只适用于罪行极其严重的犯罪分子。对于应当判处死刑的犯罪分子,如果不是必须立即执行的,可以判处死刑同时宣告缓期二年执行。

死刑除依法由最高人民法院判决的以外,都应当报请最高人民法院核准。死刑缓期执行的,可以由高级人民法院判决或者核准。

第五十七条　对于被判处死刑、无期徒刑的犯罪分子,应当剥夺政治权利终身。

在死刑缓期执行减为有期徒刑或者无期徒刑减为有期徒刑的时候,应当把附加剥夺政治权利的期限改为三年以上十年以下。

第六十一条　对于犯罪分子决定刑罚的时候,应当根据犯罪的事实、犯罪的性质、情节和对于社会的危害程度,依照本法的有关规定判处。

第六十七条　犯罪以后自动投案,如实供述自己的罪行的,是自首。对于自首的犯罪分子,可以从轻或者减轻处罚。其中,犯罪较轻的,可以免除处罚。

被采取强制措施的犯罪嫌疑人、被告人和正在服刑的罪犯,如实供述司法机关还未掌握的本人其他罪行的,以自首论。

犯罪嫌疑人虽不具有前两款规定的自首情节,但是如实供述自己罪行的,可以从轻处罚;因其如实供述自己罪行,避免特别严重后果发生的,可以减轻处罚。

二、交通事故痕迹物证

交通事故痕迹是指在物体和人体上形成的能够证明道路交通事故事实的印痕或印迹,主要包括地面痕迹、车体痕迹、人体痕迹和其他痕迹。其中,地面痕迹是指车辆、人体或其他相关物体与地面接触,在地面上形成的痕迹,主要包括滚印、压印、拖印、侧滑印、挫划印等;车体痕迹是指车辆与其他物体或人体接触,在车体上形成的痕迹,主要包括车体的变形、破损、表面物质增减或部件整体分离等;人体痕迹是指人体与其他物体或人体接触,在衣着、人体体表等形成的印痕、伤痕;其他痕迹是指在树木、道路交通设施、建筑物、牲畜以及其他物品等表面所形成的痕迹。交通事故物证是指能够证明道路交通事故事实的物品或物质,包括附着物、散落物、遗洒物、抛撒物等。

三、交通事故痕迹物证勘查

现场勘查是一项法定的侦查措施。现场勘查是在刑事案件发生以后,侦查人员为了发现侦查线索,收集犯罪证据,查明犯罪事实,依据相关法律规定,运用一定的策略方法和技术手段,对与犯罪有关的场所、物品、痕迹、人身、尸体以及以虚拟空间为载体的电磁数据信息等进行的勘验、检查,对事主、被害人、知情群众进行的调查访问。现场勘查的方法主要分为策略方法和技术方法。交通事故痕迹物证勘查是指勘查人员发现、固定、提取、保全道路交通事故现场、车辆、人员及道路环境中遗留的与事故有关的痕迹、物证,为案件侦查、过程再现、原因分析和责任认定提供科学证据的活动。取得从事司法鉴定/法庭科学领域中交通事故痕迹物证鉴定资质的鉴定机构在受理交通事故痕迹物证鉴定委托后,开展交通事故痕迹物证鉴定活动,应参照以下要求进行交通事故痕迹物证鉴定过程中的勘查工作。

(一) 一般规定

1. 交通事故痕迹物证勘查工作应遵循合法、安全、及时、客观、规范、全面、科学的原则。现场勘查人员应当严格遵守有关工作要求,不得擅自对外发布与案件有关的信息或者评论,不得泄露国家秘密、商业秘密和个人隐私,不得擅自接受新闻媒体的采访。

2. 勘查工作应由具备道路交通事故处理资格的交通警察或公安机关交通管理部门组织的专业技术人员承担,勘查人员应具备现场勘查的专业知识和专业技能。

3. 勘查时应根据道路交通事故的类型、特点及接触部位的异常现象,确定勘查重点和顺序。现场勘查应当根据现场实际情况,按照先静态后动态、先低处后高处、先重点后一般、先车外后车内、先固定后提取的原则确定勘查顺序。对易改变、损毁、灭失的痕迹、物证等证据应当优先勘查,因地点、气候等原因,现场不具备勘查条件或者遇特殊情形需要撤除现场的,应当先行固定证据,待条件具备后再进行勘查。道路交通事故现场勘查一般采取以下方式:

(1) 现场接触点明确的,从接触点向外勘查;

(2) 车辆行驶轨迹明确的,沿车辆行驶轨迹勘查;

(3) 现场范围较大或者痕迹物证呈区域性分布的,分片分段勘查。

对上述现场勘查方式,鉴定人在复勘现场时可以有所借鉴。

4. 勘查中应采用绘图、照相、录像、录音、笔录、三维扫描等方式,对勘查发现的道路交通事故痕迹、道路交通事故物证的位置、分布、种类、数量、形状、尺寸等进行固定、提取,并在道路交通事故现场勘查笔录中载明。

5. 在抢救伤员、现场抢险过程中需要移动事故车辆、人体或有关物体的,应通过标记、照相、录像等方法固定。

6. 车辆移动后,应对现场痕迹、物证补充勘查。勘查车体痕迹、物证时,应记录车辆的品牌、型号、颜色、核定载人数、核定载质量、号牌、车架号、发动机号、电机号以及改装情况、驱动方式、驾驶方式等。

7. 勘查人体痕迹、物证时,应记录受害人在现场的原始位置、性别、身高、尸长、体型、衣着名称、颜色及穿着顺序等信息。勘查时应按照先衣着后体表的顺序。

8. 勘查道路时,应记录路口或路段类型、车道设置、道路坡度、弯道半径、路面性质及路面沉降、坑洞、凸凹等状况,交通标志、交通标线、交通信号灯、路灯等设施及被遮挡、污损情况,交通信号灯、路灯等设施的工作状态,护栏、警示柱、防撞墩、隔离带等安全防护设施设置情况。

9. 道路交通肇事逃逸事故现场应提取现场遗留的所有可能与事故有关的痕迹、物证。

10. 事故现场周围有监控设备、事故车辆安装有行驶记录仪或车载事件数据记录仪、监控设备等,应及时提取。途经事故现场车辆安装有视频行驶记录装置的,宜提取相关信息。

11. 现场图绘制应符合 GA/T 49《道路交通事故现场图绘制》规定。

12. 现场勘查照相应符合 GA/T 50《道路交通事故现场勘查照相》规定。

13. 法医学物证的勘查、提取、保存应符合 GA/T 169《法医学物证检材的提取、保存与送检》规定。

14. 尸体检验应符合 GA/T 268《道路交通事故尸体检验》规定。

15. 可了解并不限于与以下人员进行交流:

(1) 事故现场指挥人员。指挥人员应当由县级以上公安机关交通管理部门的负责人指定的人员担任,死亡事故或者其他复杂、疑难的伤人事故以及其他重大敏感道路交通事故应当由县级以上公安机关交通管理部门的负责人担任。指挥人员承担以下职责:决定和组织实施现场勘查的紧急措施;汇总上报有关事故信息;制定和实施现场勘查工作方案;对参加现场勘查的人员进行分工;指挥、协调现场勘查工作;确定现场勘查见证人;审核现场勘查工作记录;组织现场分析;决定对现场的处理;其他相关工作。

(2) 事故现场勘查人员。勘查人员应当由具备相应道路交通事故处理资格的交通警察或者公安机关交通管理部门组织的专业技术人员担任,并具备现场勘查的专业知识和专业技能。勘查有尸体的现场,应当有法医参加。勘查人员承担以下职责:实施现场紧急处置;进行现场调查访问;发现、固定和提取现场痕迹、物证;记录现场保护情况、现场原始情况和现场勘查的过程与所见,制作现场勘查工作记录;参与现场分析;提出处理现场的意见;其他现场勘查工作。勘查人员执行现场勘查任务时应当使用相应的个人防护装备,佩戴帽子、手套等。

(3) 事故现场辅助人员。辅助人员可以由交通警察或者警务辅助人员担任,警务辅助人员担任辅助人员的,应当在交通警察的指导或者监督下开展工作。辅助人员承担以下职责:现场安全警戒;指挥疏导过往车辆;维护现场秩序;协助勘查事故现场;保护和清理事故现场;协助控制、看管违法犯罪嫌疑人和交通肇事人;其他现场勘查辅助性工作。

16. 可了解但不限于以下内容:鉴于勘查人员进入现场后,应当向现场执勤的交通警察或者现场知情人、事故报案人、事故发现人、事故当事人、现场保护人和其他有关人员开展以下调查工作,并通过执法记录设备记录调查过程:

(1) 通过走访、询问等方式查找事故当事人、证人,了解当事人是否受伤,查验当事人身份证件,并记录当事人的基本信息、驾驶资格、交通方式、精神状态及联系方式等。对现场发现的交通肇事嫌疑人,应当及时控制,经出示《人民警察证》,可以口头传唤。

(2) 现场有人员伤亡的,应当通过拍照、录像或者标画等方式固定人员的位置和姿势。伤亡人员已被送往医疗机构、殡葬服务单位或者人车分离的,应当及时询问救援人员、当事人或者证人,确认驾驶人。

(3) 使用呼气式酒精测试仪或者唾液试纸等器材,对车辆驾驶人进行酒精含量、国家管制的精神药品或者麻醉药品测试。经测试,发现车辆驾驶人有饮酒或者服用国家管制的精神药品、麻醉药品嫌疑的,应当按照规定及时提取血样或者尿样,及时送交有资质的鉴定机构进行检验。车辆驾驶人当场死亡或者受伤无法接受测试的,应当及时提取血样或者尿样。

(4) 事故受伤人员已被送往医疗机构的,现场勘查结束后,应当立即赶往医疗机构调查。

(5) 对当事人、证人可以进行现场询问,制作询问笔录,不具备制作询问笔录条件的,应当通过录音、录像方式记录询问过程。

(6) 当场死亡两人以上的,应当对尸体编号,逐一拍照,并记录尸体的位置、特征等。对一次死亡三人以上的道路交通事故,还应当进行现场录像。

(7) 根据调查需要,可以对当事人的手机等电子通信设备、微信、短信、电话记录等与事故有关的信息进行采集固定。

(8) 调查了解其他事故有关情况。

通过执法记录仪记录的上述内容,鉴定人在制定鉴定方案时,可以更加充分考虑需要了解的主要内容,从而提升鉴定过程质效,但要防范认知偏差风险,比如先入为主陷阱。在鉴定实践中,国际上有设置质控管理岗位人员独立收集以上材料,经评估后决定鉴定人可知晓材料范围,来防止出现因为鉴定人认知偏差而导致得出错误鉴定意见的情况。

(二) 勘查设备及工具

勘查时应配备以下设备及工具:

1. 发现提取设备及工具。除符合 GA/T 945《道路交通事故现场勘查设备通用技术要求》规定外,还应配备石膏液、石蜡、拓印膜、静电吸迹器、灰尘痕迹固定剂、药勺、指纹提取工具(一体式指纹刷、磁性笔和洗耳球、指纹胶纸和衬纸)、指掌印显现试剂或工具、鲁米诺试剂、印泥、红外光源、紫外光源等。

2. 勘查检测设备。应符合 GA/T 945《道路交通事故现场勘查设备通用技术要求》规定。

3. 勘查照明设备。应符合 GA/T 945《道路交通事故现场勘查设备通用技术要求》规定。

4. 其他设备。应配备执法记录仪等。适应全过程、全要素管理要求。鼓励配备和应用锥筒自动布设回收装置、无人机低空域勘查设备等先进科技装备。

(三) 勘查主要内容

1. 地面痕迹物证

(1) 地面痕迹。地面痕迹应勘查以下内容：

a) 地面轮胎痕迹的种类、形状、方向、长度、宽度和痕迹中的附着物等。

b) 逃逸车辆两侧轮胎痕迹的间距和前后轮胎痕迹止点的间距。

c) 滚印、压印、拖印、侧滑印分段点相对路面边缘的垂直距离，痕迹与道路中心线的夹角，痕迹的滑移量、旋转方向及旋转度数；突变点位置；弧形痕迹弦长、弦高；轮胎跳动引起的间断痕迹及距离。

d) 车体、人体、牲畜以及其他物体留在地面上的挫划印等痕迹的分布、长度、宽度、深度，痕迹中心或起止点、突变点的位置。

(2) 典型地面痕迹类型包括以下几种：

a) 滚印。滚印是指车辆轮胎相对于地面作纯滚动运动时，留在地面上的印迹，制动开始阶段也会留下制动滚印。滚印能清晰反映轮胎胎面花纹形态、花纹组合形态、胎面磨损、机械损伤和行驶方向等特征。

b) 压印。压印是指车辆轮胎受制动力作用，沿行进方向相对于地面作滚动、滑移复合运动时，留在地面上的印迹。压印显示花纹结构加粗和畸变延长的形态。压印是制动拖印的前段，与拖印黑带接连，压印因受制动力影响，印痕形态一般都有纵向滑移，花纹结构拉长变形。

c) 拖印。拖印是指车辆轮胎受制动力作用，沿行进方向相对于地面作滑移运动时，留在地面上的印迹。拖印特征为带状，不显示胎面花纹，宽度与胎面宽度基本一致。拖印方向与车辆行驶方向基本一致，有时也会因制动跑偏或外加力矩的影响而有所偏离。

d) 侧滑印。侧滑印是指车辆轮胎受制动力或碰撞冲击力或转向离心力的作用，偏离原行进方向相对于地面作横向滑移运动时，留在地面上的印迹。侧滑印特征为印迹宽度一般大于或小于轮胎胎面宽度，一般不显示胎面花纹，有时可能出现一组斜向排列的平行短线状印迹。

e) 挫划印。挫划印是指硬物或其突出部分在路面上移动时，对路面造成的滚轧、刮擦印迹或沟槽。

(3) 地面物证。地面物证应勘查以下内容：

a) 地面附着物、散落物、遗洒物、抛撒物、血迹、生物组织等的种类、形状、颜色及其位置关系和分布形态。

b) 附着物、散落物、遗洒物、抛撒物的起始位置、着地方向和终点位置。

c) 脱落的零部件及碎片表面痕迹及断口形态。

2. 车体痕迹物证

车体痕迹、物证应勘查以下内容：

a) 车体上各种痕迹所在的部位及其长度、宽度、凹陷深度；痕迹上、下边缘距离地面的高度，痕迹与车体一侧的距离。

b) 车辆部件的损坏、断裂、变形。

c) 车辆与其他车辆、人体、牲畜、物体第一次接触的部位和受力方向及另一方相应的接触部位。

d) 道路交通事故涉及车辆灯光信号装置时，车辆灯泡或灯丝及其碎片，部件安装、导线连接状况。

e) 车体上遗留的纤维、毛发、血迹、生物组织、牲畜、漆片等附着物的种类、形状、颜色及其分布位置。

f) 车内方向盘、变速杆、驾驶室内外门把手、驾驶位周围、安全气囊和脚踏板等处的附着物及遗留物的种类、形状、颜色及其分布位置。

g) 需要确定车辆驾驶人的，应提取方向盘、变速杆、驾驶室门把手、驾驶位周围、安全气囊和脚踏板等处的手、足痕迹及生物检材，具体方法见 GA/T 944《道路交通事故机动车驾驶人识别调查取证规范》。

h) 其他与道路交通事故有关的车体附着物的种类、形状、颜色及其分布位置。

3. 人体痕迹物证

人体痕迹、物证应勘查以下内容：

a) 衣着上勾挂、撕裂、开缝、脱扣等破损痕迹，油漆、油污等附着物，鞋底痕迹。

b) 衣着上痕迹、附着物的位置、形状、特征，及造成痕迹的作用力方向。

c) 与交通事故致伤物相关的特征性损伤。

d) 体表损伤的部位、类型、形状尺寸，及造成损伤的作用力方向；损伤部位距足跟的距离，损伤部位的附着物。

e) 伤、亡人员的血迹、组织液、毛发、体表上的附着物等。

f) 人体附着物的种类、形状、颜色及其分布位置，以及与人体相关的酒精、毒品等摄入类物证。

4. 其他痕迹物证

其他痕迹、物证应勘查以下内容：

a) 树木、道路交通设施、建筑物等固定物上痕迹的长度、宽度、深度及距离地面的高度，以及造痕体。

b) 牲畜的种类、颜色、大小及其体表痕迹。

（四）勘查方法

1. 痕迹物证发现

痕迹、物证发现方法包括：

a) 观察道路交通事故现场，在道路交通事故现场地面、事故车辆、伤亡人员及其他有关物体的接触部位寻找可疑物;发现留在现场的地面、车体、人体及其他痕迹物证。

b)采用多波段光源、红外光源、紫外光源、便携式电子显微镜等设备及试剂,观察发现痕迹、物证。

c)勘查、确定相应痕迹的造痕体及承痕体,以及造痕体和承痕体的接触部位。对于连续发生多次接触,应分析是否为本次事故所形成,查找造痕体和承痕体第一次接触时的具体部位。

d)痕迹、物证被尘土、散落物等物体、物质覆盖时,在不妨碍其他项目勘查的前提下,可照相、录像固定证据后,清除覆盖物再勘查。

2. 痕迹物证固定

(1)痕迹、物证提取前应采用照相、录像、绘图、笔录和测量等方法固定。在提取之前应将其形状、数量、颜色、所在位置、走向等分别编号记录。

(2)对于平面痕迹,可使用吸附膜、拓印膜、胶带纸等工具贴附于痕迹表面进行固定;对于立体痕迹,可使用石膏液、石蜡液等灌注于痕迹内,待凝固后取出复型。

(3)痕迹、物证测量应符合如下要求:

a)对已确定的交通事故痕迹、物证,应测量和记录其位置、长度、宽度、高度和方向等。

b)轮胎跳动引起的间断痕迹应作为连续痕迹测量。

c)测量记录车辆碰撞损坏变形形状及变形量(长、宽、高或深度)。

d)测量误差:测量目标长度小于 0.5 m 时,最大误差不得超过 0.005 m;测量目标长度为 0.5~10 m 时,最大误差不得超过 1%;测量目标长度大于 10 m 时,最大误差不得超过 0.1 m。

3. 痕迹物证提取

(1)一般要求

提取痕迹、物证应做好保护和记录工作,要求如下:

a)对确认或疑似痕迹、物证,应及时提取,不得破坏提取物。

b)在勘查和提取物证的过程中,应防止所提的物证被污染。需要标注时,应使用粉笔或蜡笔在物证附近标注,不得标注在物证上。提取物证所用的工具、包装物、容器等必须干净,用同一工具提取不同部位的物证时,每提取一次,应将工具擦拭干净。提取油脂、血迹、生物组织等特殊物证,不得重复使用同一工具,不得用手直接接触物证。

c)对固态实物应分别包装,对分离物或脱落物,在包装时应注意其边沿不被损坏;对需化验的物质(如血迹、汽油等),包装时应严防污染或相互混杂。

d)对提取物,应注明名称、提取人、见证人、提取时间、地点、部位、天气、提取方法等情况,宜对提取过程全程录像。

e)对衣着上无法及时提取的痕迹,如车轮花纹痕迹等,应连同衣物一起提取,并防止痕迹被破坏。

(2)直接提取

直接提取痕迹、物证的方法如下:

a) 提取时不得用手直接接触痕迹和物证部位;黏附在车体或其他较大物体表面的固体物质,可根据物质性质,用刀片剥离、棉签吸取、胶带粘取、镊子夹取、剪刀剪取等方法提取。必要时,可采用剪、挖、锯等方法将物证连同部分载体一并提取。

b) 多层结构的物证(如油漆涂料)应保证层次结构的完整,多种成分混合的物证(如织物)或不均匀的物证(如油污)应分部位提取。

c) 提取人体血液时,应符合 GA/T 1556《道路交通执法人体血液采集技术规范》规定。

(3) 间接提取

无法直接提取的痕迹、物证,采取间接提取的方法如下:

a) 用照相或录像法提取。

b) 遗留在光滑路面上的加层轮胎花纹痕迹、物证,可采用静电吸附法等提取。

c) 遗留在路面上的立体痕迹,如泥土路面上的足迹、轮胎花纹痕迹等,可采用石膏灌注法提取;也可使用三维扫描的方式固定提取。

d) 对于具有一定弹性而且不易断裂和破碎物体表面的痕迹,可用硅橡胶加一定量过氧化物的方法固化提取。

e) 对于车辆或物体表面较大面积的痕迹,可用硬塑料提取。

f) 对于手印,可采用粉末、502 胶、茚三酮等显现后照相提取。

g) 黏附在小件物品及易分解车辆零部件表面的量小的物质,可用醋酸纤维素薄膜(AC 纸)等方法提取。

h) 血液、油脂等液体物质,可用滤纸、纱布或脱脂棉擦取。

4. 痕迹物证保全

痕迹、物证保全的操作要求如下:

a) 对不能立即提取的痕迹、物证,应固定后采用纸板、防雨布、透明胶带等保护。

b) 体积较小的物证,固体类物证应采用物证袋等封存,液体类物证应采用塑料管、玻璃瓶等封存;体积较大的物证不能完整封存的,应采用塑料膜等局部包裹封存;体积极小的物证,应采用玻璃培养皿、具塞试管等较小的容器封存后,再装入较大的物证袋内。

c) 提取的分离物应保护断口形态。

d) 提取的衣物应使用具有透气功能的物证盒保存,有血迹和液体物质的应阴干后再保存。

e) 应尽可能避免折叠物证,折叠才能包装和保存的,应确保痕迹、物证不被其他物体接触。

f) 不能立即送检的易挥发性物证,应使用清洁合适的玻璃瓶、塑料瓶或塑料袋密封,并低温保存。

g) 应在物证外包装上对物证名称、来源、提取地点、提取人、时间、保存环境要求等信息进行标识,或在物证的适当部位加贴标签标识。

h) 事故车辆整车应在有人值守的停车场所内停放,并采取防雨、防尘等措施。

5. 分析验证

（1）根据实际情况和鉴定需求，应当对委托方提供现场图、现场勘查笔录、现场照片等是否记录或者反映现场全貌以及是否相互印证、相互补充进行分析验证。

（2）应当通过多种方式，对痕迹物证检验结果的相互印证进行分析验证，比如实验室间比对、参加国内国际能力验证项目、定量定性方法等。

四、交通事故痕迹物证鉴定

交通事故痕迹物证鉴定是指运用痕迹物证的相关理论和方法，结合车辆工程、交通工程、痕迹物证、法医病理学、事故重建等技术，并通过痕迹检验、功能检查、书证审查、理论计算和综合分析，对道路交通事故的过程、状态和成因等案件事实认定所涉及的专门性问题进行鉴别和判断并提供鉴定意见的活动。包括车辆安全技术状况鉴定；交通设施安全技术状况鉴定；交通事故痕迹鉴定；车辆速度鉴定；交通事故痕迹物证综合鉴定等。

（一）执业分类类别

根据司法部2020年6月19日第23次部长办公会议审议通过的《物证类司法鉴定执业分类规定》第三章"痕迹鉴定"第二十七条"交通事故痕迹物证鉴定"之规定，交通事故痕迹物证鉴定应为物证类司法鉴定，属于痕迹鉴定项目之一。

根据司法部2021年5月26日第9次部长办公会议审议通过的《法医类物证类声像资料司法鉴定机构登记评审细则》第三条规定，"物证类司法鉴定评审专业领域分为文书鉴定、痕迹鉴定（不含交通事故痕迹物证鉴定）、交通事故痕迹物证鉴定、微量物证鉴定。"其中附件2-3交通事故痕迹物证鉴定登记评审评分要求体现分领域及项目，分别是021101车辆安全技术状况鉴定、021102交通安全设施安全技术状况鉴定、021103交通事故痕迹鉴定、021104车辆速度鉴定、021105交通事故痕迹物证综合鉴定。

（二）鉴定机构和人员专业能力要求

1. 痕迹（不含交通事故痕迹物证鉴定）鉴定机构和人员专业能力要求

专业领域痕迹鉴定的分领域及项目包括：0201手印鉴定；0202潜在手印显现；0203足迹鉴定；0204工具痕迹鉴定；0205整体分离痕迹鉴定；0206枪弹痕迹鉴定；0207爆炸痕迹鉴定；0208火灾痕迹鉴定；0209人体特殊痕迹鉴定；0210日用物品损坏痕迹鉴定。

（1）人员专业要求（学历、职称、资质及专业背景和从业经历）

申请人应满足如下条件之一，且拟执业机构已经取得或者正在申请痕迹鉴定专业领域《司法鉴定许可证》：具备痕迹鉴定专业有关的高级职称；具备痕迹鉴定专业有关的中级职称或痕迹鉴定相关专业中级以上职称并从事痕迹鉴定工作5年以上；具有高等院校痕迹鉴定专业或相关专业本科以上学历，从事痕迹鉴定工作5年以上（痕迹鉴定专业硕士及以上或相关专业博士及博士后阶段计入);已取得痕迹鉴定专业领域的行业执业资格并从事痕迹鉴定工作5年以上;具备痕迹鉴定专业工作10年以上经历和较强的专业技能。除满足以上条件外,对于0201手印鉴定、0203足迹鉴定、0205整体分离痕迹鉴定,申请机构应至少有1名具备痕迹鉴定专业背景的高级职称的专职鉴定人,或具备痕迹鉴定相关专业的中级以上职称并具备痕迹鉴定专业工作10年以上经历和较强的专业技能的专职鉴定人;对于0202潜在手印显现,申请机构应至少有1名具备痕迹鉴定专业背景的高级职称的专职鉴定人;对0204工具痕迹鉴定,申请机构应至少有2名具备痕迹鉴定专业有关的高级职称的专职鉴定人,且其中至少有1名具备痕迹鉴定专业背景的专职鉴定人;对于0209人体特殊痕迹鉴定,申请机构应至少有2名具备痕迹鉴定专业有关的高级职称的专职鉴定人,且其中至少有1名具备痕迹鉴定专业背景的专职鉴定人;对于0210日用物品损坏痕迹鉴定,申请机构应至少有2名具备痕迹鉴定专业有关的高级职称的专职鉴定人,且其中至少有1名具备痕迹鉴定专业背景的专职鉴定人;对于0206枪弹痕迹鉴定,申请机构应至少有2名具备痕迹鉴定或枪弹类专业背景的高级职称的专职鉴定人;对于0207爆炸痕迹鉴定,申请机构应至少有2名具备痕迹鉴定或爆炸类专业背景的高级职称的专职鉴定人;对于0208火灾痕迹鉴定,申请机构应至少有2名具备痕迹鉴定或火灾类专业背景的高级职称的专职鉴定人。

  a)痕迹鉴定专业包括:司法鉴定(物证技术)痕迹鉴定专业方向和刑事技术(公安技术)痕迹检验专业方向。

  b)痕迹鉴定相关专业包括:司法鉴定(物证技术)文书和微量物证鉴定专业方向;刑事技术(公安技术)文件和理化检验专业方向;工学类与枪弹痕迹和爆炸痕迹相关专业方向(限0206、0207);火灾调查、消防工程、燃烧学、材料学、电气工程学、建筑学、车辆工程等专业相关方向(限0208);物理学;化学;侦查学。

  (2)专业技术能力

  a)申请人应具备根据相关标准对各类痕迹进行处理、分析和判断的能力。具体包括但不限于:熟悉司法鉴定及痕迹鉴定相关的法律法规;熟悉司法鉴定及痕迹鉴定相关的基础知识、原理和有关理论;熟悉痕迹鉴定相关的国家标准、行业标准、技术规范等;熟悉痕迹鉴定设备的原理、维护保养,能够熟练操作痕迹鉴定设备以及相关的痕迹分析软件等;具备根据案情资料、鉴定材料提取分析有关痕迹特征和数据、文献资料,对痕迹鉴定结果进行判断、解释的能力等;对于痕迹鉴定相关专业背景的初次申请的申请人,应有痕迹鉴定专业系统培训经历(累计至少40学时)。

  b)申请机构申请的每个分领域及项目通过评审的鉴定人数量不得少于3人。除了以上技术能力要求以外,对于0202潜在手印显现,申请机构应取得手印鉴定分领域及项目的资质;对于0204工具痕迹鉴定,申请机构应取得整体分离痕迹鉴定分领域及项目的资质;对于0209人体特殊痕迹鉴定,申请机构应取得手印鉴定、足迹鉴定分领域及项目的资质;对于0210日用物品损坏痕迹鉴定,申请机构应取得整体分离痕迹鉴定、工具痕迹鉴定分领域及项目的资质,且申请机构应取得微量物证鉴定中玻璃、纺织、陶瓷、塑料、金属鉴定的资质;对于0206枪弹痕迹鉴定,申请机构应取得整体分离痕迹鉴定、工具痕迹鉴定分领域及项目的资质,且申请机构应取得微量物证鉴定中射击残留物类鉴定的资质;对于0207爆炸痕迹鉴定,申请机构应取得微量物证鉴定中爆炸物类鉴定的资质;对于0208火灾痕迹鉴定,申请机构应取得微量物证鉴定中火灾微量物证鉴定的资质。

2. 交通事故痕迹物证鉴定机构和人员专业能力要求

(1) 人员专业要求(学历、职称、资质及专业背景和从业经历)

A. 021101车辆安全技术状况鉴定的申请人应满足如下条件之一,且拟执业机构已经取得或者正在申请车辆安全技术状况鉴定《司法鉴定许可证》:具备车辆安全技术状况鉴定相关专业的中级以上职称并从事车辆安全技术状况鉴定工作5年以上;具有高等院校相关专业本科以上学历,从事相关检验鉴定工作5年以上(车辆安全技术状况鉴定相关专业硕士及以上及博士后阶段计入);从事车辆安全技术状况鉴定工作10年以上并具有较强的专业技术能力。车辆安全技术状况鉴定相关专业包括:车辆工程、交通工程、汽车服务工程、交通运输工程、交通管理工程,车辆安全技术状况鉴定相关专业还包括上述一级学科或二级学科的下属专业及方向。

B. 021102交通设施安全技术状况鉴定的申请人应满足如下条件之一,且拟执业机构已经取得或者正在申请交通设施安全技术状况鉴定《司法鉴定许可证》:具备交通设施安全技术状况鉴定相关专业的中级以上职称并从事交通设施安全技术状况鉴定工作5年以上;具有高等院校相关专业本科以上学历,从事相关检验鉴定工作5年以上(交通设施安全技术状况鉴定相关专业硕士及以上及博士后阶段计入);从事交通设施安全技术状况鉴定工作10年以上并具有较强的专业技术能力。交通设施安全技术状况鉴定相关专业包括:道路工程、交通工程、交通土建工程、交通运输工程,交通设施安全技术状况鉴定相关专业还包括上述一级学科或二级学科的下属专业及方向。

C. 021103交通事故痕迹鉴定的申请人应满足如下条件之一,且拟执业机构已经取得或者正在申请交事故痕迹鉴定《司法鉴定许可证》:具备交通事故痕迹鉴定相关专业的中级以上职称并从事交通事故痕迹鉴定工作5年以上;具有高等院校相关专业本科以上学历,从事相关工作5年以上(交通事故痕迹鉴定相关专业硕士及以上及博士后阶段计入);已取得交通事故痕迹鉴定相关专业资质并有相关鉴定工作经历5年以上;从事交通事故痕迹鉴定工作10年以上并具有较强的专业技术能力。交通事故痕迹鉴定相关专业包括:

侦查学、法医学、车辆工程、交通工程、刑事科学技术(公安技术)、司法鉴定技术(物证技术)、交通运输工程、汽车服务工程,交通事故痕迹鉴定相关专业还包括上述一级学科或二级学科的下属专业及方向。

D. 021104车辆速度鉴定的申请人应满足如下条件之一,且拟执业机构已经取得或者正在申请车辆速度鉴定《司法鉴定许可证》:具备车辆速度鉴定相关专业的中级以上职称并从事车辆速度鉴定工作5年以上;具有高等院校相关专业本科以上学历,从事相关工作

5年以上(车辆速度鉴定相关专业硕士及以上及博士后阶段计入);已取得车辆速度鉴定相关专业资质并有相关鉴定工作经历5年以上。车辆速度鉴定相关专业包括:交通工程、车辆工程、道路工程、交通运输工程、汽车服务工程、交通管理工程,车辆速度鉴定相关专业还包括上述一级学科或二级学科的下属专业及方向。

E. 021105交通事故痕迹物证综合鉴定的申请人应满足如下条件,且拟执业机构已经取得或者正在申请交通事故痕迹物证综合鉴定《司法鉴定许可证》;已取得021103交通事故痕迹鉴定的执业资质;已取得021101车辆安全技术状况鉴定、021102交通设施安全技术状况鉴定及021104车辆速度鉴定中2项及以上的执业资质。交通事故痕迹物证综合鉴定相关专业包括:包含021101、021102、021103、021104的上述相关专业及方向。

(2) 专业技术能力

A. 021101车辆安全技术状况鉴定的申请人具备根据相关标准对车辆安全技术状况进行检验和判断的能力。具体包括但不限于:熟悉司法鉴定及交通事故痕迹物证相关的法律法规;熟悉车辆及交通事故痕迹物证相关的国家标准、行业标准、技术规范;熟悉车辆工程的基础知识、车辆的基本构造,掌握车辆制动系、转向系、传动系及行驶系的工作原理及常见类型;熟悉车辆机械安全技术状况的检验方法、技术,掌握必备仪器设备的原理、维护保养,能够熟练操作并分析获得的数据;具备根据案情、事故形态,以及相关检测数据和检查结果,对车辆安全技术状况进行判断、解释的能力等;对于车辆安全技术状况鉴定相关专业背景的初次申请的申请人,应有相关系统培训经历(累计至少40学时)。并且,申请机构应满足如下要求:申请机构应取得交通事故痕迹鉴定分领域及项目的资质;申请机构通过评审的鉴定人数量不得少于3人,且至少有1人为具备相关专业高级职称,或具备相关专业中级职称并具备相关专业鉴定工作10年以上经历和较强的专业技能的专职鉴定人。

B. 021102交通设施安全技术状况鉴定的申请人具备根据相关标准对交通设施安全技术状况进行检验和判断的能力。具体包括但不限于:熟悉司法鉴定及交通事故痕迹物证相关的法律法规;熟悉道路交通设施及交通事故痕迹物证相关的国家标准、行业标准、技术规范;熟悉道路工程、桥梁与隧道工程、交通工程等道路相关基础知识,掌握道路安全的基本要素和作用机理;熟悉道路线形测量、路面技术状况及材料强度等检测方法、技术,掌握必备仪器设备的原理、维护保养,能够熟练操作并分析获得的数据;具备根据案情、事故形态,以及相关检测数据和检查结果,对交通设施安全技术状况进行判断、解释的能力等;对于交通设施安全技术状况鉴定相关专业背景的初次申请的申请人,应有相关系统培训经历(累计至少40学时)。并且,申请机构应满足如下要求:申请机构应取得交通事故痕迹鉴定分领域及项目的资质;申请机构通过评审的鉴定人数量不得少于3人,且至少有1人为具备相关专业高级职称,或具备相关专业中级职称并具备相关专业鉴定工作10年以上经历和较强的专业技能的专职鉴定人。

C. 021103交通事故痕迹鉴定的申请人具备根据相关标准对交通事故痕迹鉴定进行检

验和判断的能力。具体包括但不限于：熟悉司法鉴定及交通事故痕迹物证相关的法律法规；熟悉交通事故痕迹物证相关的国家标准、行业标准、技术规范；熟悉车辆的基本构造和运动特征，掌握道路安全的基本因素和作用机理；熟悉交通事故痕迹检验的方法、技术，掌握必备仪器设备的原理、维护保养，能够熟练操作并分析获得的数据；具备根据案情、事故形态，以及相关检查结果和鉴定文书，对交通事故痕迹进行判断、解释的能力等；对于交通事故痕迹鉴定相关专业背景的初次申请的申请人，应有相关系统培训经历（累计至少40学时）。并且，申请机构本分领域及项目通过评审的鉴定人数量不得少于3人，且至少有1人为具备相关专业高级职称，或具备相关专业中级职称并具备相关专业鉴定工作10年以上经历和较强的专业技能的专职鉴定人。

D. 021104 车辆速度鉴定的申请人具备根据相关标准对车辆行驶速度进行计算、分析和判断的能力。具体包括但不限于：熟悉司法鉴定及交通事故痕迹物证相关的法律法规；熟悉车辆速度鉴定（重建）的基础知识、原理和有关理论，掌握车辆的基本构造及运动特征；熟悉车辆速度鉴定相关的国家标准、行业标准、技术规范；掌握基于事故形态、视频图像、汽车事件记录数据等速度鉴定鉴定方法；具备根据案情、事故形态，以及相关检测、检查结果和鉴定文书，对车辆行驶速度进行计算、分析和判断的能力等；对于车辆速度鉴定相关专业背景的初次申请的申请人，应有相关系统培训经历（累计至少40学时）。并且，申请机构应满足如下要求：申请机构应取得交通事故痕迹鉴定分领域及项目的资质；申请机构通过评审的鉴定人数量不得少于3人，且至少有1人为具备相关专业高级职称，或具备相关专业中级职称并具备相关专业鉴定工作10年以上经历和较强的专业技能的专职鉴定人。

E. 021105 交通事故痕迹物证综合鉴定的申请人应具备根据案情、交通事故痕迹物证，结合相关检查结果和鉴定文书，综合判断涉案人员、车辆、设施等交通要素在事故过程中的状态、痕迹物证形成过程及原因的技术能力。并且，申请机构应满足如下要求：申请机构应取得车辆安全技术状况鉴定（或交通设施安全技术状况鉴定）、交通事故痕迹鉴定、车辆速度鉴定项目的资质；申请机构通过评审的鉴定人数量不得少于5人，且至少有2人为具备相关专业高级职称的专职鉴定人。

（三）实验室和仪器设备配置要求

以下所有单位前"1"仅体现单位用，不做数量上的统一要求。

1. 实验室功能区域必备配置有案件受理/预检室1间、痕迹检验室1间、样品保管区（包括样品柜）1个、档案保管室（柜）1间/柜；交通设施安全技术状况检测实验室1间（021102必备）。

2. 通用设备必备配置有照相系统及录像系统（包括微距、翻拍、录像等）1套；卷尺（2 m、5 m、50 m、100 m）1把；塔尺1把；勘查车辆1台；交通事故痕迹物证勘查箱1套，至少包含强光光源、匀光光源、放大镜、便携式显微镜、常用提证工具（如镊子、钳子、剪刀、刀片、采血针、采血卡、医用棉签等）、物证袋（多型号）及物证瓶、防护装备（如防护服、橡胶手套、口罩等)、比例尺、量角器、标签纸、无色透明胶带、彩色粉笔、标志牌、毛刷、生物检材发现工具或试剂。选配设备有激光测距仪 1 把。

3. 车辆安全技术状况鉴定必备配置有游标卡尺 1 把；轮胎气压计 1 件；轮胎花纹深度检测尺 1 件；千斤顶 1 台；6 角套筒(5 mm～32 mm)1 套；扳手(活动扳手 8 mm～24 mm)1 套；钳子(尖嘴钳、斜嘴钳)1 套；车辆制动性能检测仪 1 台；内六角扳手 1 套；螺丝批(一字形、十字形)1 套；万用表 1 台。选配的有内窥镜 1 台；逆反射测量仪 1 台；汽车总线通信设备 1 套；车辆转向系统检测仪 1 台；汽车事件记录系统数据提取系统 1 套；汽车行驶记录仪数据提取系统 1 套；车辆动力学检测设备(五轮仪)1 套；电动两轮车综合性能检测系统 1 套。

4. 交通设施安全技术状况鉴定必备配置有铅锤 1 把；坡度仪(尺)/水平尺 1 件；全站仪 1 台；外径千分尺 1 把；涂层测厚仪 1 台；亮度计 1 把；照度计 1 把；逆反射测量仪 1 台；混凝土碳化深度测量仪 1 台；混凝土回弹仪 1 台；路面摩擦系数检测设备 1 台；金相显微镜 1 台；材料实验机 1 台。选配的有无人机航拍勘查系统 1 套；路面平整度检测设备 1 台；卫星定位装置 1 套；落锤弯沉仪 1 台；激光断面仪 1 台；激光测速仪 1 台；激光三维扫描仪 1 台，可替代坡度仪(尺)/水平尺、全站仪和激光断面仪。

5. 交通事故痕迹鉴定必备配置有显微照相机 1 台；体视显微镜 1 台；比较显微镜 1 台；便携式多波段光源 1 套。选配有近景摄影测量系统 1 套；磁光显现仪 1 台；涂层测厚仪 1 台；色度计 1 台；近景三维扫描系统 1 套。

6. 车辆速度鉴定的必备配置有汽车行驶记录仪数据读取系统 1 套；多功能只读读卡器 1 台；校验码计算工具 1 套；电子数据存储介质只读设备 1 套；电子数据存储介质复制设备 1 套；电子数据存储介质转接接口 1 套；多功能视频图像播放软件 1 套。选配有汽车事件记录系统数据读取系统 1 套；交通事故仿真再现/重建系统 1 套；地面激光三维扫描仪 1 套；无人机航拍勘查系统 1 套；基于视频图像的车辆运动重建系统 1 套。

7. 交通事故痕迹物证综合鉴定应同时满足以上序号 5 和 6 事项必备仪器配置的要求，以及以上序号 3 和 4 事项中任一项目必备仪器配置的要求。

(四) 检验原则和鉴定方法

1. 检验原则

交通事故痕迹物证鉴定应按以下检验原则进行：

a) 进行现场勘验时应采取必要的措施,确保人员安全。

b) 优先检验容易灭失的痕迹物证。

c) 先宏观检验后微观检验。

d) 先无损检验后有损(破坏性)检验。

e) 进行有损检验前应当告知委托方,并征得委托人书面同意。

f) 进行有损检验前应先固定原貌(可采用拍照、扫描等方法),必要时应进行预试验。

g) 进行有损检验时,应选用对检材破坏范围小、破坏程度低、用量少的方法。

2. 鉴定方法

a) 鉴定人应针对鉴定的具体要求，根据现有的鉴定材料、鉴定条件和鉴定方法，确定具体的检验方案，并选择相应的鉴定方法。

b) 鉴定人应首先选择相应的国家标准、行业标准和行业主管部门颁布的技术规范等鉴定方法进行检验。

c) 若无 b)要求的鉴定方法，可选择使用非标准方法。使用非标准方法前应将其文件化，并选择有效的方法进行确认。非标准方法的使用应符合有关法律法规、实验室认可/资质认定的要求，使用前应告知委托方并得到委托方的书面同意。

第二节　交通事故痕迹物证鉴定的具体项目内容

一、车辆安全技术状况鉴定

车辆安全技术状况鉴定是对交通事故车辆安全状况所进行的技术检验、分析和判断。包括判断涉案车辆的类型（如机动车、非机动车）；对车辆安全技术状况进行检验；判断车辆相关技术状况或性能的符合性（如制动系、转向系、行驶系、灯光、信号装置等）。按检验方式分，包括事故车辆静态检验鉴定、动态检验鉴定、零部件失效检验鉴定。按车辆的损坏状况分，包括具有行驶能力的事故车辆安全技术检验鉴定和失去行驶能力的事故车辆安全技术检验鉴定。

其中，被鉴定对象中具有行驶能力的事故车辆是指不改变事故车辆原有安全技术状况即可恢复行驶能力的机动车；失去行驶能力的事故车辆是指事故发生前产生故障导致丧失行驶能力的机动车，以及事故发生过程中造成整车或系统或零部件损坏导致丧失行驶能力的机动车。

而鉴定项目中静态检验鉴定是指事故车辆在静止状态下所进行的技术检验鉴定，包括整车、系统或总成相关技术参数检测、系统或总成工作状态的不解体检验，以及系统或总成和零部件的解体检验和性能检测等。如对事故车辆转向系统部件、制动系统部件、照明系统、轮胎、信号装置、安全装置等所进行的检验鉴定；动态检验鉴定是指事故车辆在行驶状态下所进行的技术检验鉴定，包括整车安全性能的室内检测设备检验、路试实验及现场模拟试验等。如对事故车辆制动性能、侧倾稳定性、照明及信号装置安装和配光性能等的检验；零部件失效检验鉴定是指对影响机动车安全技术状况的零部件的失效形态、失效原因所进行的技术检验鉴定，包括事故车辆转向系统部件、制动系统部件、轮胎等是否在事故发生前或事故中发生失效,车辆照明及信号装置在事故发生时是否处于工作状态等。

(一) 一般要求

1. 检材应符合以下要求:
a) 检材真实、完整,来源合法。
b) 在检材外包装上,对检材名称、来源、提取地点、提取人、时间、保存环境要求等信息进行标识,或在检材的适当部位加贴标签标识。
c) 对于事故车辆整车,采集车辆号牌、车辆识别代号(VIN)和发动机号等信息。
d) 对于断裂的车辆零部件,保护好断口形态。

2. 判定依据包括:
a) GB 7258《机动车运行安全技术条件》、GB 1589《汽车、挂车及汽车列车外廓尺寸、轴荷及质量限值》等机动车国家安全技术标准。
b) 其他相关国家标准或行业标准。
c) 无相关国家标准或行业标准规定的,以该车原厂企业标准、出厂合格证、使用说明书等技术资料。
d) 无相关企业标准等原厂技术资料规定的,可与鉴定委托单位协商制定合理的检验方案开展检验鉴定。

3. 鉴定机构(鉴定人)需勘查交通事故现场和/或检查事故车辆时,鉴定委托单位应予以协助。鉴定机构(鉴定人)不具备拆解提取事故车辆相关零部件条件的,鉴定委托单位应予协调相关生产、销售或维修企业。

(二) 检验鉴定设备及工具

检测设备应进行检定、校准,并在检定、校准有效期内。宜使用以下设备和工具:
a) 通用设备及工具。包括数码相机、摄像机、无人机、长度测量工具、轮胎花纹深度计、照明设备、空气压缩机、举升器、底盘勘查设备、试样切割和抛光设备等。
b) 整车检测仪器设备。路试设备包括道路交通事故车辆状况现场测试仪、转向盘转向力转向角测试仪、轴(轮)重仪、行驶记录仪解读分析仪、便携式逆反射系数测量仪、车辆电子数据读取设备等,室内检测设备包括机动车安全检测线(含制动试验台、车速表检验台、侧滑检验台和前照灯检测仪等)。
c) 零部件检测仪器设备。包括扫描电镜、能谱仪、金相分析仪、硬度计、万能材料试验机、轮胎动平衡仪等。

(三) 检验鉴定项目及流程

1. 检验鉴定项目确定
a) 检验鉴定项目由鉴定委托单位根据事故处理或调查的需要,从 GA/T 642—2020

《道路交通事故车辆安全技术检验鉴定》表1、表2中所列项目选择提出。

b) 检验鉴定机构或鉴定人根据委托要求、事故的基本情况以及事故相关案卷材料,初步确定事故车辆检验鉴定的重点,确定采用静态、动态或零部件失效等检验鉴定的方式。

c) 确定事故车辆检验鉴定项目。从 GA/T 642—2020《道路交通事故车辆安全技术检验鉴定》表1、表2中选定机动车整车,或转向系、制动系、行驶系、传动系、照明信号装置和安全装置等相关项目。

2. 检验鉴定流程

a) 事故车辆安全技术检验鉴定流程包括:接受委托,了解事故情况和初步分析事故原因,制定检验鉴定方案,确定鉴定方式,实施检验鉴定,整理分析检验鉴定结果,编制检验报告或鉴定书,检验报告或鉴定书的审核、批准及签章,提交检验报告或鉴定书。

b) 检验鉴定流程参见 GA/T 642—2020《道路交通事故车辆安全技术检验鉴定》图1。

(四) 鉴定内容及方法

1. 具有行驶能力的事故车辆安全技术状况检验鉴定

具有行驶能力的事故车辆安全技术状况检验鉴定以动态检验鉴定为主,检验鉴定项目、判定依据、方法应符合 GA/T 642—2020《道路交通事故车辆安全技术检验鉴定》表1的规定。如动态检验鉴定无法确定事故原因或需要开展事故车辆零部件的标准符合性检验时,应辅以静态检验鉴定和零部件失效检验鉴定。

动态检验鉴定可采用室内检测设备检验、路试检验或现场模拟试验等。根据对交通事故形成原因的分析及事故调查的需求,确定事故车辆静态检验鉴定的重点部位,或确定重点的零部件进行失效检验鉴定。依据检验结果,结合其他相关因素进行综合分析,得出检验鉴定意见。

道路交通事故汽车行车制动性能路试检验鉴定是指根据鉴定要求,对事故汽车行车制动性能进行路试检测,并依据路试检测结果对汽车行车制动性能相关技术问题进行分析判断的鉴定过程。其中,制动性能动态检测是指在规定的初速度下急踩制动,对制动过程中汽车的行驶速度、减速度、制动距离、制动时间、制动稳定性等运动参数进行的实时检测。路试检测法是指行驶在测试路面上的汽车,当滑行到规定的初速度时实施紧急制动,汽车减速行驶直至停止,信号采集装置采集到的速度、时刻、行驶距离等信号经处理后得到汽车的制动距离、充分发出的平均减速度(MFDD)、制动协调时间等制动性能参数而实现行驶中汽车制动性能的动态检测。

(1) 检验过程

A. 环境

a) 事故汽车行车制动性能路试检验鉴定宜采用路试检测法,在平坦、硬实、清洁、干燥且轮胎与路面间的附着系数大于或等于 0.7 的混凝土或沥青路面上进行制动性能动态检测。

b) 采用路试检测法开展制动性能动态检测的路面纵向坡度一般不宜大于 1%，路面局部不应有明显的破损、凸起和凹陷。汽车制动性能动态检测前，应使用坡度测量仪和水准仪等设备测量路面的纵向坡度。

c) 路面长度及宽度应满足检验需求并预留安全距离，尤其在雾天等能见度降低的环境中应增加预留的安全距离。

d) 在室外开展制动性能动态检测时，风速应大于或等于 5 m/s。

B. 仪器设备

a) 使用的检测设备应通过检定、校准，并在有效期内。

b) 用于汽车制动性能动态检测的便携式制动性能测试仪应符合 GB/T 28945《便携式制动性能测试仪》的规定，其计量性能指标应满足 JJF 1168《便携式制动性能测试仪校准规范》的要求。

c) 用于汽车制动性能动态检测的非接触式速度仪的计量性能应满足 JJF 1193《非接触式汽车速度计校准规范》的要求。

d) 用于汽车制动性能动态检测的全球导航卫星系统（GNSS）检测系统的技术性能应符合 GB/T 18314《全球定位系统（GPS）测量规范》的要求。

C. 车辆状况

a) 事故汽车行车制动性能路试检验鉴定前，应对车辆装载情况进行检查；应采取必要的措施，避免装载物在路试检验鉴定过程中掉落、抛洒或发生影响安全的移位。

b) 各个轮胎应保证结构完整，车辆应能达到规定的初速度行驶；对于采用气压制动的车辆，应在制动气压大于起步气压时进行制动性能动态检测。若发现车辆存在影响制动性能动态检测的情况，应采取必要的措施。

D. 路试检验

a) 按照车型对应要求确定测试车道，检验过程应符合 GB 7258—2017《机动车运行安全技术条件》和 GB 38900《机动车安全技术检验项目和方法》的规定，可按照 GA/T 642《道路交通事故车辆安全技术检验鉴定》的规定进行检验。

b) 根据使用的检验设备，应按照相应的操作规定，在确保安全的状况下进行检验。检验时，对于采用手动变速器的机动车，其变速器换挡装置应位于空挡（"N"挡）；但对于采用自动变速器的机动车或新能源汽车，其变速器换挡装置应位于前进挡（"D"挡）。

c) 根据使用的检测设备，按照 GB/T 36986—2018《汽车制动性能动态检测方法》中检测步骤相关规定，按照设备的使用要求开展行车制动性能路试检测，路试检测的一般步骤如下：将踏板力计或触发器安装在制动踏板上；安装传感器或 GNSS 信号接收装置；设置好车牌号码和车型等参数，操作仪器进入行车制动性能测试状态；车辆起步，沿测试车道的中线加速行驶至高于规定的初速度后，变速器换挡装置位于规定挡位，滑行到规定的初速度时急踩制动踏板，直至车辆停止；记录测得的数据（如 MFDD、制动协调时间、制动初速度和制动距离等）及车辆有无驶出测试车道边线。

d) 使用GNSS技术的检测设备时,应选择开阔、不易受干扰的场地,开启测试系统使其进入运行状态后,GNSS观测卫星应不少于8颗,参与解算卫星应不少于6颗。

e) 若使用的检测设备不具有打印功能,应将存储的测试数据通过具有打印功能的设备完成打印,并按相应管理要求签名留存。若使用的检测设备具有打印功能,应将存储的测试数据打印,并按照相应管理要求签名留存。如打印纸为热敏材料的,应及时复印或拍照记录以便长期保存。

（2）分析评判

制动性能动态检测时的制动初速度与规定的制动初速度之差不宜超过±2 km/h;当制动性能动态检测时的制动初速度与规定的制动初速度之差超过±2 km/h时,可重新进行路试检验,或可按照GB/T 36986—2018《汽车制动性能动态检测方法》中相关规定进行校正。

按照GB 7258—2017《机动车运行安全技术条件》的要求开展的行车制动性能路试,根据路试结果可分析判断车辆行车制动性能是否符合GB 7258—2017《机动车运行安全技术条件》相关条款的规定。

2. 失去行驶能力的事故车辆安全技术状况检验鉴定

失去行驶能力的事故车辆,其安全技术状况的检验鉴定以静态检验鉴定为主,检验鉴定项目、判定依据、方法应符合GA/T 642—2020《道路交通事故车辆安全技术检验鉴定》表2的规定。通过对部分总成的相关技术参数及工作状况进行检测、检验,或通过拆解检验其主要零部件,分析、判断该系统或零部件的基本技术状况,得出检验结果对该系统技术状况或对整车安全技术状况所造成的影响。在不影响检验鉴定项目所涉及的车辆部件原有状态的情况下,可对车辆进行修复,开展动态检验鉴定。

根据事故调查的需求,确定事故车辆静态检验鉴定的重点部位,根据GA/T 642—2020《道路交通事故车辆安全技术检验鉴定》表2选择相关项目进行检验鉴定,或确定重点的零部件进行失效检验鉴定。

如果需要对系统、总成或零部件进一步拆解检验,可参照GA/T 642—2020《道路交通事故车辆安全技术检验鉴定》附录A中的检验项目及判别依据进行检验鉴定。拆解检验中如果发现零部件失效或部分失效对事故发生具有影响,应进行零部件失效检验鉴定。

依据检验结果,结合其他相关因素进行综合分析,得出检验鉴定意见。

3. 道路交通事故非机动车制动系统检验鉴定

（1）设备和工具

道路交通事故非机动车制动系统检验鉴定宜使用的仪器设备和工具包括:钢卷尺、塞尺(最小塞尺片厚度尺寸不大于0.02 mm)、制动器制动力测量装置和拆装工具等。检验鉴定用到的检测仪器和设备应进行检定或校准,并在检定或校准有效期内。

（2）检验方法

A. 外观检验

a) 应检查车辆号牌、品牌和型号、车架钢印号/整车出厂编号、发动机号码/驱动电机号码等信息。

b) 应检查车辆各轮制动系统的配置情况及类型,检查控制装置与制动器的对应关系。

c) 应检查车辆结构及制动系统的损坏情况,制动系统是否因部件干涉存在功能受限。

d) 应检查控制装置、传能装置及制动器各部件之间的连接情况,采用机械传能装置制动系统的车辆,应重点检查制动闸把或踏板、制动拉线(索)及制动摇臂等外部可见零部件是否连接有效;采用液压传能装置制动系统的车辆,应重点检查制动闸把或踏板、制动上下泵、制动管路及其接头等外部可见零部件是否连接完好、有无液压介质泄漏。

e) 道路交通事故非机动车制动系统检验鉴定所涉及的痕迹检验(如制动系统各零部件的损坏痕迹检验),应按照 GA/T 41《道路交通事故现场痕迹物证勘查》、GA/T 1087《道路交通事故痕迹鉴定》相关要求实施。

B. 检验步骤

a) 车辆结构及制动系统外观无异常,车轮转动不受限,可推动车辆,使车轮在转动的同时,操纵控制装置,应检查车轮制动器制动力的变化情况,具体有以下两种情况:

一是经对比,若控制装置充分作用后,车轮制动器制动力显著增大,推车辆时车轮未发生周向角位移(不能转动),则该轮制动系统功能有效;

二是经对比,若控制装置充分作用后,车轮制动器制动力变化不明显,推车辆时车轮存在一定周向角位移,可将车轮离地后,检测车轮在控制装置作用与非作用时,其轮缘切线方向阻力的变化情况,必要时,可测多次,取平均值。若控制装置作用时其轮缘切线方向阻力值大于控制装置不作用时的阻力值,则该轮制动功能尚存;若控制装置作用时其轮缘切线方向阻力值与控制装置不作用时的阻力值相当,则该轮制动功能丧失(或失效)。

b) 车辆结构或车轮变形,致车轮形成一定程度运动干涉、卡滞,但能小幅转动时,若制动系统各部件齐全,且连接有效,可按 a)进行检验。

c) 车辆结构或车轮变形,致车轮卡死,不能转动,若制动系统各部件齐全,且连接有效,可操纵控制装置,检查传能装置、制动器各部件的动作情况,按制动器结构不同,具体有以下两种情况:

一是对于盘(碟)式制动器和钳形闸制动器等摩擦副接触可见的制动器,若制动器连接部件(如制动闸、制动片和闸皮)不动作,则该轮制动功能丧失(或失效);若制动器各部件均动作,可进一步借助塞尺检查制动器摩擦副间隙情况,检验时,在塞尺片厚度小于间隙的前提下,优先选用最薄尺片,检验方法如下:若控制装置充分作用后,塞尺片可轻松抽出,则该轮制动功能丧失(或失效);若控制装置充分作用后,塞尺片受制动器摩擦副夹紧,且力度较大,塞尺片不能抽出,则该轮制动功能有效(或尚存)。

二是对于鼓式制动器和抱闸式制动器等摩擦副接触不可见的制动器,若制动器连接部件(如制动器摇臂)不动作,则该轮制动功能丧失(或失效);若操作控制装置,制动器连接部件动作,必要时,视情况可拆卸制动器检查摩擦副的接触痕迹。

d) 对采用液压传能装置制动系统的车辆,制动系统各部连接有效,制动功能丧失(或失效)时,还应视情况检查制动系统油液情况。

e) 车辆制动系统关键零部件损坏或缺失,致使制动系统不能发挥效用,则该轮制动功能丧失(或失效)。

f) 车辆制动系统动态检验,根据被鉴定车辆类型所对应的相关技术标准要求实施。如电动自行车制动性能动态检验,按照 GB 17761—2018《电动自行车安全技术规范》中 6.1.2、7.2.2 相关要求实施;自行车制动性能动态检验,按照 GB 3565《自行车安全要求》相关要求实施。

(3) 分析评判

a) 应根据 A. 和 B. 检验的结果,结合痕迹检验鉴定(包括车辆痕迹和现场路面制动痕迹)、道路交通事故现场图以及现场监控视频等其他送检材料相关信息,进行分析判断,对车辆制动系统功能状况与事故的关系进行分析。

b) 车辆制动系统功能状况检验结果为有效(或尚存)时,且制动系统零部件存在一定的变形损坏和油液渗漏等,应结合痕迹检验鉴定,分析判断其损坏原因及与事故的关系。

c) 车辆制动系统功能状况检验结果为丧失(或失效)时,可结合制动系统零部件检验痕迹(如变形痕迹、断裂痕迹和油液液面痕迹)及其他送检材料,分析判断制动系统功能是早期失效或突发性失效,还是本次事故中碰撞损坏导致失效。

d) 检验鉴定条件不具备或按照 B. 中的规定进行检验后,仍不能明确判断车辆制动系统功能状况时,应客观如实反映检验结果。

(4) 鉴定意见

应根据检验结果,综合痕迹检验及案事件情况,作出鉴定意见。鉴定意见的表述包括但不限于以下表述:

a) 制动系统功能有效(或尚存),或制动性能符合车辆类型所对应的相关技术标准要求,可排除因制动系统机械突发性故障而导致事故的可能性。

b) 因某零部件陈旧性损坏或制动油液早期缺失,致制动系统功能早期丧失(或失效),存在因制动系统功能丧失(或失效)而导致事故的可能性。

c) 因某零部件损坏或制动油液缺失,致制动系统功能丧失(或失效),本次事故中可以形成。

d) 经检验,现有情况不具备条件判断制动系统事发前的功能状况。

(五) 原始记录表

1. 检验鉴定过程中应及时填写相应的原始记录表,原始记录内容应准确、完整和客观;文字表达规范,计量单位正确,具有原始性、真实性和可溯源性。

2. 应在现场记录检验鉴定日期、检验人及记录人;使用检测设备进行检验的,还应记录所使用设备的名称、规格型号及设备编号,检测环境及检测条件。

3. 检验鉴定项目及原始记录表内容参见 GA/T 642—2020《道路交通事故车辆安全技术检验鉴定》附录 A。可根据需要增减记录表内容。

(六) 检验报告和鉴定意见

1. 检验鉴定应出具书面的检验报告、鉴定意见。检验报告、鉴定意见应明确回应鉴定委托单位提出的鉴定要求,符合证据要求和法律规范。

2. 检验报告、鉴定意见的相关要求如下:

a) 经过检验、检测不能得出事故车辆安全技术状况结论的鉴定事项,出具检验报告,写明检验结果。

b) 经过检验、论证分析及综合判定能明确得出事故车辆安全技术状况意见的鉴定事项,出具鉴定意见书,写明鉴定意见。

二、交通设施安全技术状况鉴定

道路交通事故设施是指包括路线、路基、路面、桥涵、隧道、交通工程及沿线道路附属设施。道路交通设施安全技术状况鉴定是指运用交通设施与物证技术的相关理论和方法,结合道路工程、交通工程、车辆工程、工程测量和材料检测等技术,通过测量、检验、检测、计算和分析,对道路交通设施的位置、几何尺寸、力学性能和功能效果等方面的符合性,以及与事故的因果关系等案件事实认定所涉及的专门性问题进行鉴别和判断并提供鉴定意见的活动。包括对交通事故现场或事故发生地点等相关区域进行勘查、测量;对路基、路面、桥涵、隧道、交通工程及沿线交通附属设施的安全技术状况进行检验(如道路线形、护栏、标志、标线等);判断事故相关区域交通设施的技术状况或性能的符合性(如材料、设置位置、几何尺寸、力学性能等)。

(一) 一般要求

1. 鉴定程序

道路交通设施安全技术状况鉴定的受理程序、送检材料的接收、检验鉴定程序、材料的流转程序、结果报告程序、记录与归档应按照 SF/T 0072—2020《道路交通事故痕迹物证鉴定通用规范》第 4 章～第 9 章相应的要求实施。

2. 收集材料

宜通过委托人获取鉴定对象相关的设计、施工和养护等资料。

3. 明确鉴定要求

(1) 应了解委托人的具体鉴定要求,需要鉴定的道路交通设施的区域范围、内容以及通过鉴定需要证明的具体事项。鉴定的区域范围可以使用百米桩和里程牌进行表示。

(2) 对于鉴定要求不明确或不准确的,应与委托人沟通确认鉴定要求。

(3) 应确认委托人提出的鉴定事项,审查其是否属于道路交通设施安全技术状况鉴定的范围。

(4) 道路交通设施安全技术状况鉴定的范围包括:

a) 对道路交通事故现场或事故发生地点等相关区域进行勘查和测量,如道路线形、横坡、视距和视野等。

b) 对路基、路面、桥涵、隧道、交通工程及沿线交通附属设施的安全技术状况进行检验,如路面平整度、路面粗糙度、线形要素、护栏、标志和标线等。

c) 判断事故相关区域交通设施的技术状况或性能的符合性,如道路状况、道路照明设施、设施位置、几何尺寸、力学性能和功能效果等。

d) 判断道路交通设施安全技术状况与事故的因果关系。

(5) 道路交通设施安全技术状况的鉴定项目包括但不限于:

a) 道路交通设施的设置是否符合相关标准规范。

b) 道路交通设施的状态是否符合相关标准规范。

c) 道路交通设施的设置是否符合相关设计文件。

d) 道路交通设施的几何尺寸是否符合标准规范。

e) 道路交通设施的相关材料是否符合标准规范。

f) 道路交通设施的力学性能是否符合标准规范。

g) 道路交通设施安全技术状况与交通事故的因果关系。

(二) 鉴定方法

1. 现场测量主要是针对鉴定对象及相关区域的测量、定位和固定可参照 GB 50026《工程测量规范》、CH/Z 3017《地面三维激光扫描作业技术规程》、GA/T 41《道路交通事故现场痕迹物证勘查》、GA/T 49《道路交通事故现场图绘制》和 GA/T 50《道路交通事故现场勘查照相》。

2. 鉴定方法的选择

a) 鉴定人应针对鉴定的具体要求,根据现有的鉴定材料、鉴定条件,以及鉴定对象的类型、等级、生产或建设时间及使用状态等,确定具体的检验方案,并选择相应的鉴定方法。

b) 公路交通设施安全技术状况鉴定应根据具体鉴定要求,选择使用的鉴定方法包括但不限于以下标准:GB 5768《道路交通标志和标线》(所有部分)、JTGB 01《公路工程技术标准》、JTGB 05—01《公路护栏安全性能评价标准》、JTGD 20《公路路线设计规范》、JTGD 81《公路交通安全设施设计规范》、JTG/TD 81《公路交通安全设施设计细则》、JTGD 82《公路交通标志和标线设置规范》、JTG 3450《公路路基路面现场测试规程》、JTGF 80/01《公路工程质量检验评定标准第一册土建工程》、JTG 2182《公路工程质量检验评定标准第二册机电工程》、JTGH 10《公路养护技术规范》、JTG/TD 70《公路隧道设计细则》、JTG/TD 70/2—01《公路隧道照明设计细则》、JTG/TD 71《公路隧道交通工程设计规范(附条文说明)》、

JTGH 12《公路隧道养护技术规范》、JTG 5210《公路技术状况评定标准》和 JTGH 30《公路养护安全作业规程》。

c) 城市道路交通设施安全技术状况鉴定应根据具体鉴定要求,选择使用的鉴定方法包括但不限于以下标准:GB 5768《道路交通标志和标线》(所有部分)、GB 50688《城市道路交通设施设计规范》、GB 51038《城市道路交通标志和标线设置规范》、CJJ 36《城镇道路养护技术规范》、CJJ 37《城市道路工程设计规范》和 CJJ 193《城市道路路线设计规范》。

d) 若 b)及 c)中给出的鉴定方法无法满足要求,可选择其他相关标准和技术规范。

e) 若以上鉴定方法无法满足要求,可选择使用该专业领域多数专家认可的技术方法,进行试验或模拟仿真。使用该专业领域多数专家认可的技术方法前应将其文件化,并选择有效的方法进行确认。该专业领域多数专家认可的技术方法的使用应符合有关法律法规、实验室认可或资质认定的要求,使用前应告知委托人并征得委托人的书面同意。

(三) 鉴定意见

1. 鉴定意见的类型

(1) 符合性判断,鉴定意见包括以下三种:

a) 肯定符合。

b) 倾向符合(基本符合)。

c) 否定符合。

(2) 关联性判断,鉴定意见包括以下五种:

a) 肯定关联。

b) 倾向肯定关联。

c) 否定关联。

d) 倾向否定关联。

e) 不能判断。

(3) 检验或试验结果。

2. 鉴定意见的判断依据

(1) 符合性判断意见的依据包括:

a) 肯定符合:鉴定对象所有的检验技术指标、参数和功能均符合相关标准或设计文件。

b) 倾向符合(基本符合):鉴定对象的主要技术指标、参数和功能均符合相关标准或设计文件,且存在的不符合情况均可以得到合理解释。

c) 否定符合:鉴定对象的主要技术指标、参数和功能不符合相关标准或设计文件,且存在的不符合情况不能得到合理解释。

(2) 关联性判断意见,对于不符合情况或缺少符合性判断标准的情况,进一步分析判断其与事故发生之间的关联性（因果关系），依据包括：

a) 肯定关联：相关检验能够支持鉴定对象的技术指标、参数、功能或状态与事故的发生存在直接关联。

b) 倾向肯定关联：相关检验支持鉴定对象的技术指标、参数、功能或状态可能与事故的发生存在关联，且未发现其他否定情况。

c) 否定关联：相关检验均不能够支持鉴定对象的技术指标、参数、功能或状态与事故的发生存在关联，或不具备构成关联的条件。

d) 倾向否定关联：相关检验不能够支持鉴定对象的主要技术指标、参数、功能或状态与事故的发生存在直接关联，但不能达到否定关联的条件。

e) 不能判断：不能准确判断鉴定对象的状态、指标、参数或功能是否与事故的发生存在关联。

（3）检验或试验结果，对于不属于(1)和(2)的其他情况，必要时应如实表述检验、试验或模拟仿真的条件及结果。

3. 鉴定意见的表述

鉴定意见应针对委托事项，根据鉴定对象的类型、范围、鉴定意见的类型及其他情况分别进行表述，鉴定意见的表述应客观、全面、准确且简明扼要。

三、交通事故痕迹鉴定

交通事故痕迹鉴定是指对道路交通事故地面痕迹、车体痕迹、人体痕迹及其他痕迹进行勘查、比对、分析、判断，并作出鉴定意见的活动。包括通过对涉案车辆唯一性检查，对涉案车辆、交通设施、人员及穿戴物等为承痕体、造痕体的痕迹和整体分离痕迹进行检验分析，必要时结合交通事故微量物证鉴定、法医学鉴定等结果，判断痕迹的形成过程和原因（如是否发生过接触碰撞、接触碰撞部位和形态等）。痕迹鉴定种类包括同一性鉴定、种属鉴定、综合鉴定。同一性鉴定包括是否发生过碰撞、碰撞形态、车辆唯一性标识、整体分离痕迹等鉴定；种属鉴定包括痕迹形成工具、痕迹种类等鉴定；综合鉴定包括碰撞点、碰撞位置、痕迹形成方式、痕迹形成过程和原因等鉴定。其中，同一性鉴定意见得出要求极高，鉴定人要高度关注并依据全面、科学，应多关注国际组织 ISO（国际标准化组织）、IEC（国际电工委员会）、ITU（国际电信联盟）及 ENTERPOL 发布实施的有关法庭科学领域的标准，比如 ISO/TC 272。标准区域组织 CEN 和 ENFSI 也可适当了解跟进。

（一）一般要求

交通事故痕迹鉴定的受理程序、送检材料的接收、检验鉴定程序、材料的流转程序、结果报告程序、记录与归档应按照 SF/T 0072—2020《道路交通事故痕迹物证鉴定通用规范》第 4 章～第 9 章相应的要求实施。

道路交通事故痕迹鉴定一般包括准备、检验、分析和作出鉴定意见四个阶段。

1. 准备阶段,应从委托方处获取交通事故发生的基本信息、现场勘查、调查情况及其他相关信息,制定痕迹鉴定计划,并确定痕迹勘查的重点。

2. 检验阶段,应包括以下方面:

a) 现场痕迹物证发现、固定、提取、保全按照 GA/T 41《道路交通事故现场痕迹物证勘查》的有关要求进行。车体痕迹勘验时按照从下向上、从左至右、从外向内逆时针的顺序对痕迹的形态进行描述和记录。人体痕迹的固定、提取应由法医或依据法医意见进行,涉及女性活体痕迹固定、提取的,应由女性鉴定人员进行,涉及未成年女性活体检查的,应由监护人陪同。

b) 提取痕迹物证送检时,应有委托方等法律规定的在场人员见证并确认,并做好相应记录。

c) 现场痕迹物证照相固定按照 GA/T 50《道路交通事故现场勘查照相》的有关要求进行。

d) 涉及驾驶人和其他涉案者交通行为方式确认的,按照 GA/T 268《道路交通事故尸体检验》第 7 章和 SF/T 0162《道路交通事故涉案者交通行为方式鉴定规范》的要求进行。

e) 使用现场图、现场勘查笔录及现场照片记录地面痕迹的,按照 GA/T 49《道路交通事故现场图绘制》和 GA/T 50《道路交通事故现场勘查照相》的有关要求进行。

f) 记录痕迹物证所处部位时,应根据痕迹物证所处部位的特点分别选取合适的定位法进行记录,定位法可选取 GA/T 49《道路交通事故现场图绘制》附录 A 现场定位方法。用于固定、记录道路交通事故痕迹物证所处部位时采用的方法,包括但不限于直角坐标定位法,可表述为"该痕迹距地高××厘米(cm)至××厘米(cm)、距参照物某一边缘××厘米(cm)至××厘米(cm)"。

3. 分析阶段,对固定提取的痕迹物证,应进行分类,确定需要比对的造痕客体和承痕客体对应的基本位置和形态,可制作特征比对表。

4. 作出鉴定意见阶段,鉴定意见的表述应与鉴定事项相对应。

5. 一般应当勘查实物痕迹,对于实物痕迹物证已经失灭,无法再行勘验和检查的,可以视情参考有效的现场勘查记录、声像资料等案件信息。

(二) 检验方法

1. 分别检验

分别检验包括观察法检验、测量检验、模拟实验、理化及生物学检验。轮胎检验可按照 GA/T 1508《法庭科学车辆轮胎痕迹检验技术规范》有关要求进行。

(1) 观察法检验

a) 观察法检验的方式包括宏观检验、放大检验、显微检验。放大检验与显微检验的工具为放大镜及各类显微镜。必要时,使用多波段光源、光谱成像设备、光学影像设备等进行辅助观察。

b) 观察法检验的内容包括有关客体的基本属性、材质、介质、形状以及痕迹种类、新旧程度、位置、形象、几何尺寸、交叉覆盖、形成方向、物质交换，痕迹种类包括变形、损坏、刮擦痕迹、擦痕、划痕、挫划印、减层痕迹、加层痕迹。

（2）测量检验

a) 测量的方式包括工具尺测量、电子尺测量、软件测量、近景摄影测量、三维点云测量。其中近景摄影测量应按照 GB/T 12979《近景摄影测量规范》有关要求进行。

b) 测量的内容包括有关客体、痕迹的位置、几何尺寸、空间分布关系等。

c) 使用相关仪器、设备对除尺寸之外的其他物理属性进行测量，其他物理属性包括但不限于厚度、颜色等。

（3）模拟实验

通过实物模拟、计算机模拟等模拟实验，对痕迹形貌特征、空间位置、物质转移以及形成机理进行检验。

（4）理化及生物学检验

a) 无损检验后，视情况采用物理学、化学方法对物证的特性进行检验，化学特性包括但不限于腐蚀、氧化等。

b) 涉及物证结构成分、生物检材的检验，应结合微量物证、法医物证学的鉴定意见。

2. 比对检验

比对检验包括痕迹特征比对检验和综合比对检验，痕迹特征比对一般有形貌特征比对、位置分布关系比对、物质比对、形成机理比对。比对检验的方式包括特征对照比对、特征重叠比对、特征拼接比对、计算机模拟比对等。

（1）形貌特征比对

痕迹的形貌特征比对，包括痕迹新旧程度、痕迹种类、形象、几何尺寸、形成方向以及整体分离痕迹分离面、线、缘比对。

（2）位置分布关系比对

痕迹的位置分布关系比对，包括痕迹对的位置关系比对、痕迹组的分布关系比对。

（3）物质比对

痕迹的物质比对，包括物质转移、物质交换过程中物质的外观比对，必要时应进行物质结构成分比对。

（4）形成机理比对

痕迹的形成机理比对，包含客体材质、作用力、作用方式、痕迹的种类与造痕客体、承痕客体间相对运动过程的符合性比对。

（5）综合比对

结合现场图、现场照片、人体损伤报告等其他有关材料信息，从事故主体、事故客体、事故过程、事故形成等方面进行综合分析，将分析结果与检出痕迹状态的符合性比对。

(三) 综合评判

1. 内容

综合评判的内容包括符合点分析、差异点分析、综合分析。

(1) 符合点分析包括痕迹对和痕迹组的特征比对、痕迹与某一类属性的符合性比对等。

(2) 差异点分析包括客体因环境条件的改变而形成的差异、客体特征反映体之间的差异等。

(3) 综合分析包括基于痕迹特征及有关信息，综合分析出碰撞时车辆、人体或者其他有关客体在道路上所处的位置、痕迹形成方式、痕迹形成过程和原因等。

2. 要点

(1) 同一性鉴定应以形貌特征、位置分布关系、物质转移、痕迹形成机理为主、综合分析为辅，对痕迹对、痕迹组的符合点和差异点进行综合评判。

(2) 种属鉴定应主要考察形貌特征、痕迹形成机理、综合分析方面，对痕迹特征与某一种属特征的符合点和差异点进行综合评判。

(3) 综合鉴定应先基于痕迹特征比对结果，再结合综合比对结果进行评判。

3. 鉴定意见的种类及综合评判的标准

鉴定意见种类包括认定和否定的确定性鉴定意见、倾向肯定和倾向否定的倾向性鉴定意见、无法判断。

(1) 得出认定的鉴定意见，应满足以下要求：

a) 同一性鉴定，造痕客体与承痕客体间痕迹特征符合点特定性强，能够反映客体间空间对应关系、客体间相对运动关系，并且差异点能够得到合理解释。

b) 种属鉴定，痕迹的特征与某种种属的特征符合点特定性强，并且差异点能够得到合理解释。

c) 综合鉴定，痕迹特征比对结果科学、客观，综合分析符合客观规律。

(2) 得出倾向肯定的鉴定意见，应满足以下要求：

a) 同一性鉴定，造痕客体与承痕客体间痕迹特征符合点特定性强，但部分符合点存在其他可能性。

b) 种属鉴定，痕迹的特征与某种种属的特征符合点特定性弱，但差异点可以合理解释。

(3) 得出否定的鉴定意见，应满足以下要求：

a) 同一性鉴定，造痕客体与承痕客体间痕迹特征没有符合点，或部分符合点特定性弱。

b) 种属鉴定，痕迹的特征与某种种属没有特征符合点，或部分符合点特定性弱。

c) 综合鉴定，痕迹特征比对结果科学、客观，综合分析符合客观规律。

(4) 得出倾向否定的鉴定意见,应满足以下要求:

同一性鉴定,造痕客体与承痕客体间痕迹特征没有符合点,或部分符合点不能得到合理解释。

(5) 不具备鉴定条件,得出无法判断的鉴定意见,并说明原因。

(四) 鉴定意见的表述

根据鉴定事项不同,鉴定意见包括但不限于以下表述(车体痕迹鉴定可参照 GA/T 1450《法庭科学车体痕迹检验规范》有关意见表述):

1. 认定的鉴定意见

(1) 同一性鉴定

a) 某客体的某个部位与某客体的某个部位发生过碰撞可以成立。

b) 某客体与某客体是同一整体所分离。

c) 某痕迹是某客体所遗留或形成。

(2) 种属鉴定

某痕迹具有某种造痕客体所形成的特征。

(3) 综合鉴定

某客体碰撞时位于道路上某处可以成立。

2. 倾向肯定的鉴定意见

(1) 同一性鉴定

a) 倾向认定某客体的某个部位与某客体的某个部位发生过碰撞。

b) 某客体的某个部位与某客体的某个部位发生过碰撞的可能性较大。

c) 不能排除某客体的某个部位与某客体的某个部位发生过碰撞。

d) 倾向认定某客体与某客体是同一整体所分离。

e) 倾向认定某痕迹是某客体所遗留或形成。

(2) 种属鉴定

不能排除某痕迹具有某种造痕客体所形成的特征。

3. 否定的鉴定意见

(1) 同一性鉴定

a) 可以排除某客体与某客体发生过碰撞的可能性。

b) 未检见某客体与某客体存在发生过碰撞的痕迹。

c) 不能认定某客体与某客体发生过碰撞。

d) 某客体与某客体不是同一整体所分离。

e) 某痕迹不是某客体所遗留或形成。

(2) 种属鉴定

某痕迹不具有某种造痕客体所形成的特征。

(3) 综合鉴定

某客体碰撞时位于道路上某处不成立。

4. 倾向否定的鉴定意见

同一性鉴定：

a) 倾向否定某客体的某个部位与某客体的某个部位发生过碰撞。

b) 某客体的某个部位与某客体的某个部位发生过碰撞的可能性较小。

c) 倾向否定某客体与某客体是同一整体所分离。

d) 倾向否定某痕迹是某客体所遗留或形成。

5. 无法判断的鉴定意见

a) 无法判断某客体的某个部位与某客体的某个部位是否发生过碰撞。

b) 无法判断某客体与某客体是否是同一整体所分离。

c) 无法判断某痕迹的形成原因。

d) 无法判断某客体碰撞时是否位于道路上的某处。

e) 无法判断某痕迹是否是某客体所遗留或形成。

（五）整体分离痕迹鉴定

1. 一般要求

(1) 勘查要求

现场勘查包括以下内容：

a) 应以事故现场中心为圆心向各个方向搜索。

b) 对于现场留有被撞击的人体、物体的，要在人体衣物、伤口表面，被撞击的物体表面及内部寻找分离物质。

c) 必要时，可借助设备进行勘验。

(2) 提取要求

提取分离物应符合下列要求：

a) 最大限度保护其原有形态特征，避免二次破坏。

b) 对于现场发现的脱落物应对其原始位置、类型先拍照固定、后提取。

c) 提取微小、易损等物体时，应采用镊子夹取、静电吸附等方法提取。

d) 提取分离物体时，要保持其原有状态，特别要保护好分离缘，防止其继续变形和破损。

e) 对于遗留在现场的所有脱落物都要提取。

(3) 保全要求

保全应符合下列要求：

a) 在运送过程中不得擦碰分离缘，避免出现新的分离痕迹。

b) 对于较小易损物体，应使用专门盛具盛装。

c) 所提物品应登记，并分别包装。

2. 鉴定方法

(1) 确定分离物是否具备构成同一整体的条件

① 对分离物进行仔细观察，确定能否有条件构成一个完整的物体，排除无关的分离物，筛选出可能成为同一整体的分离物。

② 对于一些专业的仪器、设备，还应了解该设备的结构、组合关系，必要时可会同有关专业技术人员进行研究。

(2) 寻找、比对特征

① 寻找特征方法

a) 从分离面、分离线上和断离部位的表面、断离物的材质、组织结构与成分方面寻找。

b) 对于客体的分离面或分离线遭到破坏的，应着重寻找分离物质地、加工方面的固有特征。

② 比对特征方法

a) 对照法

把分离的各部分的一般特征和个别特征直接进行对照。

b) 拼接法

将分离的各部分拼接在一起，以观察其外貌特征是否吻合。

c) 重叠法

将两个痕迹进行重合比对，比对时，要从一般特征到个别特征。必要时，可以借助紫外光源、红外光源、扫描电镜、显微镜进行比对，从宏观检验到微观检验，仔细观察特征的形态、位置及分布关系。

d) 其他方法

必要时，可采用物理方法（光谱分析、电子扫描）、化学方法（定性、定量分析）来确定各部分物体的物质成分、物理性能、3D激光扫描技术等进行分析验证。

③ 比对方法

a) 比对相反的特征，以物体断面上的分离线和凸凹结构，按照与其形状、凸凹形态相反的特征与另一物体进行比对。

b) 分离物体各部分已经变形的，要在不影响特征和不损坏物体的原则下先整理复原，再进行比对。

④ 比对的内容

a) 分离物的固有特征

分离物的本身的成分、组织结构、色泽等特征。

b) 分离物的附加特征

分离物在生产、使用过程中形成的特征，如气孔、砂眼、打磨痕迹、后期撞击、擦划痕迹特征等。

c) 分离时形成的特征

物体分离时形成的分离线或分离面,这也是整体分离痕迹中最直观的特征。

⑤ 固定

采用拍照的方法对拼合部位进行固定。

(3) 综合评判

按下列内容进行评判:

a) 分离线是否相符。

b) 被分离物体断面的凹凸结构、纹路是否相符。

c) 在没有分离线的情况下,物体本身表面和断面上的固有特征是否相符。

d) 在没有分离线的情况下,分离物体的附加痕迹特征及其表面各种细节特征是否相符。

e) 被分离部分外围、边缘及周围关系是否相符。

(4) 鉴定意见

① 肯定

现场脱落物与嫌疑分离物体断缘(面)的种类特征相同,细节特征具有特定性,可以但不限于以下表述:

某某客体与某某客体是同一整体所分离可以成立。

② 否定

A. 单质分离体

质地不同或质地虽然相同,但断缘(面)痕迹存在本质差异,可以但不限于以下表述:

a) 某某客体与某某客体不是同一整体所分离。

b) 可以排除某某客体与某某客体是同一整体所分离的可能性。

B. 异质分离体

分离体接合部位整体特征不符,相应细节特征不符,可以但不限于以下表述:

a) 某某客体与某某客体不是同一整体所分离。

b) 可以排除某某客体与某某客体是同一整体所分离的可能性。

③ 不确定

分离体断缘、面特征不明或发生了变化,不能确定是否是同一整体所分离的,可以但不限于以下表述:

a) 不能排除某某客体与某某客体是或不是同一整体所分离的可能性。

b) 倾向于某某客体与某某客体是或不是同一整体所分离。

四、车辆速度鉴定

车辆速度鉴定运用动力学、运动学、经验公式、模拟实验等方法,根据道路交通事故现场痕迹和资料、视频图像、车辆行驶记录信息等,判断事故瞬间速度(如碰撞、倾覆或坠落等瞬间的速度),采取避险措施时的速度(如采取制动、转向等避险措施时的速度),在某段距离、时间或过程的平均行驶速度及速度变化状态等。道路交通事故车辆速度鉴定是指根据事故形态、现场痕迹、物证等对道路交通事故车辆行驶速度进行分析和计算的过程。道路交通事故瞬间车辆速度是指道路交通事故车辆发生碰撞或倾覆或坠落瞬间的车辆速度。道路交通事故车辆速度是指道路交通事故发生前采取避险措施瞬间的车辆速度。未采取避险措施的,道路交通事故车辆速度为道路交通事故瞬间车辆速度。道路交通事故车辆有效碰撞速度是指道路交通事故车辆碰撞前的瞬间速度和碰撞过程中完成动量交换达到同一速度时的速度变化量。

(一) 一般规定

1. 开展车速鉴定工作宜配备数码相机、测距设备、附着系数测试仪、车身变形测量组件等设备。

2. 开展车速鉴定工作的人员应具备汽车理论、车辆动力学、交通事故分析等专业的基础知识。

3. 车速鉴定应使用适宜的技术手段和方法,鉴定过程中所引用的现场信息、数据及相关参数应能够查证追溯,鉴定分析意见应科学严谨。

(二) 鉴定要求

1. 鉴定委托方应向鉴定机构提供相关检材,如道路交通事故现场图、勘查笔录、现场照片、监控视频等。

2. 车速鉴定过程中引用现场信息、案件信息时,应引用案卷中经查证或列入案卷证据的数据和信息。一旦发现缺少相关信息数据,委托方应补充完善。

3. 检材采集应符合以下要求:

(1) 收集途径合法。

(2) 对送检或送检后再勘验获得的检材,应进行来源、完整性、合法性、合理性的审核。

4. 在进行车速鉴定前,鉴定人应对事故发生过程进行研究分析,了解事故信息,确定事故车辆、当事人的运动状态及轨迹,采取相适应的分析计算方法。

5. 在进行车速鉴定时应注意计算原理、经验计算公式、推荐参数的适用条件。

6. 车速鉴定完成后,应出具车速鉴定报告,报告撰写应遵循以下要求:

(1) 包括委托方、简要案情、受理时间、车辆相关技术参数、损坏状况、鉴定过程、技术依据、鉴定意见、鉴定人签字、鉴定机构盖章等内容。

(2) 明确鉴定过程中应用的计算原理、公式、推论过程,或仿真再现软件的名称、版本号、使用参数、取值依据。

(3) 车速单位为千米每小时(km/h)。

（4）附道路交通事故现场图、补充勘验信息数据。

（三）鉴定方法

1. 依据动力学理论进行车速鉴定的方法

（1）能量守恒定律

可用于进行事故过程中的车速变化计算，在进行车速鉴定时，通常忽略空气阻力等带来的能量损失。

（2）动量和动量矩守恒定律

动量和动量矩守恒定律可用于车辆碰撞作用期间的车速变化计算。

A. 动量守恒定律：如果一个系统不受外力或所受外力的矢量和为零，那么这个系统的总动量保持不变。动量守恒定律关系式见 GB/T 33195—2016《道路交通事故车辆速度鉴定》式(1)。

B. 动量矩守恒定律：如果一个系统不受外力或所受全部外力对某定点或定轴的力矩始终等于零，那么这个系统的动量矩保持不变。动量矩守恒定律关系式见 GB/T 33195—2016《道路交通事故车辆速度鉴定》式(2)。

（3）车辆动力学

车辆动力学可用于进行车辆碰撞脱离后运动过程的车速变化计算。根据车辆动力学理论建立的计算方法主要包括能够实时进行车辆平移、侧偏/侧滑、侧倾/侧翻、俯仰等运动状态解析的车体动力学计算模型，以及能够实时进行车轮与地面之间作用力解析的轮胎地面力学计算模型。

2. 依据运动学理论进行车速鉴定的方法

（1）在事故中车辆运动姿态和方向没有发生急剧改变的情况下，可根据现场遗留的痕迹或物证的空间位置关系，利用运动学进行车速鉴定。

（2）速度与时间的关系式见 GB/T 33195—2016《道路交通事故车辆速度鉴定》式(3)。

3. 依据经验公式进行车速鉴定的方法

可依据碰撞试验数据总结的经验公式进行同类车辆速度鉴定。

4. 依据模拟试验进行车速鉴定的方法

可用事故车辆在事故现场或者类似路段开展模拟试验，基于试验数据进行车速鉴定。试验仪器可用符合 GA/T 1013《道路交通事故车辆状况现场测试仪》的交通事故车辆状况现场测试仪。

5. 依据仿真再现软件进行车速鉴定的方法

（1）仿真再现软件的主要技术内核应是根据 1. 中所列动力学理论建立的车辆碰撞及动力学解析计算模型。

（2）使用仿真再现软件时应明确计算模型中事故痕迹的建立根据，明确模型中主要参数的取值依据。

(3) 仿真再现软件应经过省部级以上相关部门组织的专家验收和认可。

6. 基于视频图像进行车速鉴定的方法

可基于事故视频资料依据 GA/T 1133《基于视频图像的车辆行驶速度技术鉴定》进行车速鉴定,也可依据摄影测量方法进行车速鉴定。对于有多个视角的监控视频,应优先选择与车辆行驶路线垂直方向呈较小角度拍摄的监控视频。

7. 基于车载记录设备信息进行车速鉴定的方法

如事故车辆安装有车载事件数据记录仪、符合 GB/T 19056《汽车行驶记录仪》的汽车行驶记录仪、具有汽车行驶记录功能的车载卫星定位装置等,可根据读取的数据分析和计算事故车辆速度。

(四) 典型事故形态车速鉴定

1. 汽车间碰撞事故

(1) 可利用能量守恒方法、动量和动量矩守恒方法及运动学方法鉴定事故车辆速度及道路交通事故瞬间车辆速度。

(2) 可根据经验公式法计算道路交通事故车辆有效碰撞速度。

(3) 在应用上述方法和公式求解时,应注意所用方法和公式的适用条件。

(4) 轿车与轿车正面碰撞、追尾碰撞,汽车与汽车直角侧面碰撞类型中,道路交通事故瞬间车辆速度的计算可以参见 GB/T 33195—2016《道路交通事故车辆速度鉴定》表 A.1 中序号1、序号2、序号3 的计算方法。

2. 二轮车与汽车碰撞事故

(1) 二轮车(二轮摩托车、二轮电动车及自行车)与汽车碰撞事故形态,包括二轮车正面与汽车侧面碰撞、汽车正面与二轮车侧面质心碰撞、汽车正面与二轮车侧面质心前侧碰撞、汽车追尾碰撞二轮车等。

(2) 可根据能量守恒方法和动量守恒方法求解,分别计算汽车及二轮车事故车辆速度及道路交通事故瞬间车辆速度。

(3) 二轮车与汽车碰撞典型事故形态车速鉴定方法

a) 二轮摩托车撞击汽车侧面且汽车碰撞后侧向运动状态有改变时,道路交通事故瞬间车辆速度计算参见 GB/T 33195—2016《道路交通事故车辆速度鉴定》表 A.1 中序号 4 的计算方法。

b) 摩托车碰撞轿车侧面且摩托车轴距减少时,交通事故瞬间摩托车速度计算参见 GB/T 33195—2016《道路交通事故车辆速度鉴定》表 A.1 中序号 5 的计算方法。

c) 汽车与二轮摩托车或自行车质心的侧面碰撞类型,道路交通事故瞬间车辆速度计算参见 GB/T 33195—2016《道路交通事故车辆速度鉴定》表 A.1 中序号 6 的计算方法。

d) 汽车与二轮摩托车或自行车质心的前侧侧面碰撞类型,道路交通事故瞬间车辆速度计算参见 GB/T 33195—2016《道路交通事故车辆速度鉴定》表 A.1 中序号 7 的计算方法。

e) 汽车与自行车追尾碰撞类型,道路交通事故瞬间汽车速度计算参见 GB/T 33195—2016《道路交通事故车辆速度鉴定》表 A.1 中序号 8 的计算方法。

3. 汽车与行人碰撞事故

可根据运动学方法或者经验公式方法计算汽车碰撞行人时的车速。汽车与行人碰撞,且碰撞后行人被抛出时,道路交通事故瞬间车辆速度计算参见 GB/T 33195—2016《道路交通事故车辆速度鉴定》表 A.1 中序号 9 的计算方法。

4. 单方车辆事故

典型单方车辆事故包括车辆侧翻、坠出路外、碰撞固定障碍物等,可根据运动学方法进行车速鉴定:

a) 汽车在水平路面侧翻的临界速度计算参见 GB/T 33195—2016《道路交通事故车辆速度鉴定》表 A.1 中序号 10 的计算方法。

b) 路外坠车且第一落地点为坡底时,车辆坠落瞬间速度计算可以参见 GB/T 33195—2016《道路交通事故车辆速度鉴定》表 A.1 中序号 11 的计算方法。

c) 轿车碰撞固定物类型,碰撞瞬间车辆速度计算可以参见 GB/T 33195—2016《道路交通事故车辆速度鉴定》表 A.1 中序号 12 的计算方法。

d) 汽车碰撞障碍物后翻车,可根据翻车车身在地面上的滑移距离计算翻车前的瞬间车速,参见 GB/T 33195—2016《道路交通事故车辆速度鉴定》表 A.1 中序号 13 的计算方法。

e) 汽车翻滚或跳跃前的瞬间车速计算可以参见 GB/T 33195—2016《道路交通事故车辆速度鉴定》表 A.1 中序号 14 的计算方法。

(五) 关键检材及信息采集

1. 资料检材的采集

(1) 资料检材主要包括道路交通事故现场图、道路交通事故现场勘查笔录、询问笔录、事故现场照片、机动车行驶证、相关检验鉴定报告、医院诊断书等。

(2) 可以通过复印采集资料检材的纸质版,也可通过拍照、扫描等方式采集资料检材的电子版。

2. 影像检材的采集

(1) 影像检材主要包括监控视频、公安机关交通管理部门在事故现场拍摄的视频等。影像检材可以通过电子移动存储设备拷贝或者刻录光盘等方式采集。

(2) 影像检材采集时应记录采集的时间、地点、采集人、采集设备的品牌型号、像素等信息。

3. 痕迹物证检材的采集

(1) 痕迹物证检材的采集方法见 GA/T 41《道路交通事故现场痕迹物证勘查》。

(2) 制动痕迹测量时应注意制动的滚印和压印,确定制动痕迹的起点。

(3) 侧翻事故应测量圆弧形地面痕迹的弦长、弦高,计算转弯半径。

4. 车载设备检材的采集

如车辆安装有车载事件数据记录仪、符合 GB/T 19056《汽车行驶记录仪》的汽车行驶记录仪、具有汽车行驶记录功能的车载卫星定位装置,宜提取相应装置。

5. 鉴定过程关键参数的采集方法

(1) 滑动附着系数按以下方法依次采集:

a) 有条件进行实车道路测试时,应采用事故车辆在现场路段或类似路面试验测定,或采用相同厂牌型号类似车辆与事故车辆相似的运行状态下,在事故现场或类似路面试验测定。

b) 没有条件进行实车道路测试时,应采用附着系数测试仪器在事故现场路段进行测量,在现场范围内选择三个位置测量,取三次测量平均值。

c) 若上述两种方法不具备实施条件,可根据事故车车型、道路类型、天气状况和车速范围等情况选取参考值(参见 GB/T 33195—2016《道路交通事故车辆速度鉴定》附录 B)。应详细说明路面的材料、路面湿滑情况、车轮载荷、胎压、胎面花纹等。

(2) 附着系数修正值 κ 可根据车辆检验结果测定。全轮制动时 $\kappa=1$;对于四轮汽车,一前轮和一后轮制动时 $\kappa=0.5$。

(3) 车辆的滑移距离 s 为车辆的制动痕迹长度,可用卷尺、激光测距仪或近景摄影等方法测量。

(4) 车辆的滚动阻力系数 f 可在事故现场或者类似路面实验测得,在不具备实验条件的情况下,可参照 GB/T 33195—2016《道路交通事故车辆速度鉴定》表 B.5 选取。

(5) 翻车车身与地面的摩擦系数 μ 可参照 GB/T 33195—2016《道路交通事故车辆速度鉴定》表 B.2 选取。

(6) 路面坡度 i 可用坡度仪在事故现场测定。

(7) 滑移偏向角为车辆碰撞前的行驶方向与碰撞时车辆质心在路面上的投影点和停止时车辆质心在路面上的投影点连线的夹角,可利用勾股定理计算得出。

(六) 基于视频图像的车辆行驶速度鉴定

1. 鉴定要求

(1) 鉴定委托

委托单位应向鉴定机构提供车辆行驶速度鉴定委托书、视频图像、道路交通事故现场图、道路交通事故现场勘查笔录、目标车辆技术信息等材料。视频图像应为原始资料,或虽经处理但帧率、显示时间、图像元素位置均未发生变动的视频图像。鉴定委托书式样参见 GA/T 1133《基于视频图像的车辆行驶速度技术鉴定》附录 A。

(2) 视频图像

A. 视频图像播放流畅,帧率稳定。

B. 视频图像画面清晰，肉眼可以分辨目标车辆外观特征、运动轨迹，能够在图像范围内有效选取或设定参照物。

C. 使用通用播放器或摄录设备附带的专用播放器，能够实现视频图像的逐帧播放和截图功能。

D. 在视频图像关注区域内，应检验视频摄录设备的位置、内外参数是否发生过变动。视频摄录设备的位置、内外参数发生变动的，应保证能够在视频图像范围内有效选取或设定参照物。

（3）模拟实验

A. 当视频图像中无法直接确定参照物或参照距离时，可采用在事发地点进行模拟实验的方法确定参照物或参照距离。

B. 模拟实验时，应保证视频摄录设备的位置、内外参数与原始位置、内外参数一致。

（4）鉴定方法

A. 视频图像的显示时间应校准，以校准后的时间作为计算用时间。

B. 确定目标车辆在视频图像中出现的时间和位置。

C. 逐帧观察并确定目标车辆在视频图像中的运动轨迹，分析和判定目标车辆在视频图像关注区域内的速度变化规律。

D. 在视频图像关注区域内按以下原则选取或设定参照物：

a) 道路环境参照物应尽量选取车行道分界线、人行横道线、路口导向线、路侧电线杆、灯杆、树木等具有明显特征的固定物。

b) 目标车辆参照物应选取目标车辆前后端点、前后轮轮心、前后灯具端点、车窗玻璃前后端点、轮胎与地面接触点等特征位置。

c) 虚拟参照物的设定应便于确定目标车辆通过该空间位置所用的时间，宜将虚拟参照物设定在与目标车辆某一特征点、道路环境参照物某一边缘线或端点重合的位置。

d) 计算结果的区间值较大不能满足鉴定要求时，可以采用在图像关注区域范围内选取不同道路环境参照物或目标车辆参照物的方法进行比对计算，选取区间值较小的作为最终计算结果。

e) 无法有效选取参照物或对参照物有疑问的，应对事发地点或车辆进行勘验。

E. 逐帧播放确定视频图像的帧率和目标车辆通过参照物的帧数，计算目标车辆通过参照物所用时间。采用整帧计数方法不能满足鉴定要求时，对目标车辆在图像关注区域呈匀速直线运动状态的，可以采用帧间差分法精确计算。

F. 根据委托方提供的现场勘查、车辆技术参数等数据，或鉴定机构采用人工测量、摄影测量等方法获得的补充勘测数据，确定参照距离和目标车辆的行驶距离。

G. 当目标车辆的行驶距离能够精确测量时，应按照目标车辆行驶距离计算目标车辆行驶速度；当目标车辆的行驶距离无法精确测量时，应按照参照距离计算目标车辆行驶速度的范围。

2. 固定式视频图像的车辆行驶速度计算方法

(1) 直线行驶的速度

A. 利用道路环境参照距离计算车辆行驶速度

利用道路环境参照距离计算车辆行驶速度的方法如下：

a) 逐帧检测视频图像，观测视频图像的帧率子，计算相邻两帧图像之间的间隔时间。

b) 选取两个道路环境参照物和一个目标车辆特征点。

c) 记录目标车辆特征点或其路面投影位置通过两个道路环境参照物所用图像帧数。

d) 测量视频图像中两个道路环境参照物之间的距离。

e) 确定目标车辆特征点通过两个道路环境参照物时的行驶速度，见 GA/T 1133《基于视频图像的车辆行驶速度技术鉴定》4.1.1 式(1)。

f) 采用摄影测量等技术能够精确测量目标车辆在 N 帧内的行驶距离 S 时，目标车辆的行驶速度见 GA/T 1133《基于视频图像的车辆行驶速度技术鉴定》4.1.1 式(2)。

B. 利用目标车辆参照距离计算车辆行驶速度

利用目标车辆参照距离计算车辆行驶速度的方法如下：

a) 逐帧检测视频图像，观测视频图像的帧率，计算相邻两帧图像之间的间隔时间。

b) 在目标车辆同侧车身表面距地等高位置上选取两个至车辆纵向对称面等距离的特征点。

c) 选取一个道路环境参照物或设定一个虚拟参照物。

d) 记录目标车辆两个特征点通过该参照物所用图像帧数。

e) 测量目标车辆两个特征点之间的距离。

f) 用 GA/T 1133《基于视频图像的车辆行驶速度技术鉴定》4.1.1 式(1)或 GA/T 1133《基于视频图像的车辆行驶速度技术鉴定》4.1.1 式(2)计算目标车辆两个特征点通过该参照物时的行驶速度。

(2) 转弯或沿曲线路行驶的速度

第一，单刚体车辆的行驶速度

A. 两轴汽车的行驶速度

两轴汽车在视频图像中转弯或沿曲线路行驶时的速度计算公式和极限值见 GA/T 1133《基于视频图像的车辆行驶速度技术鉴定》表 1，公式推导参见 GA/T 1133《基于视频图像的车辆行驶速度技术鉴定》附录 B。

B. 多轴汽车的行驶速度

对于多轴汽车的行驶速度，应先将多轴汽车等效为两轴汽车，再按两轴汽车行驶速度计算方法进行计算。等效方法应符合以下原则：

a) 对于只用前桥转向的三轴汽车，用一根与中、后轮轴线等距离的平行线作为与原三轴汽车相当的双轴汽车的后轮轴线，根据目标车辆车轮间的相互位置关系求出目标车辆质心的角速度和转弯半径，参照 GA/T 1133《基于视频图像的车辆行驶速度技术鉴定》附录 B

的方法计算目标车辆的行驶速度。

b) 对于利用第一、第二两车桥转向的四轴汽车,用一根与第三、第四两轴轴线等距离的平行线作为与原四轴汽车相当的双轴汽车的后轮轴线,并以第三、第四两桥轴线之间的中间平行线为基线,根据目标车辆车轮间的相互位置关系求出目标车辆质心的角速度和转弯半径,参照 GA/T 1133《基于视频图像的车辆行驶速度技术鉴定》附录 B 的方法计算目标车辆的行驶速度。

第二,多刚体车辆的行驶速度

对于汽车列车、拖拉机运输机组等多刚体车辆,以牵引车或第一节车体的行驶速度作为目标车辆的行驶速度。

3. 车载式视频图像的车辆行驶速度计算方法

车载式视频图像的车辆行驶速度计算方法参见 GA/T 1133《基于视频图像的车辆行驶速度技术鉴定》附录 C。

4. 鉴定意见的表述

鉴定意见的表述可参照但不限于以下表述:

a) 目标车辆某特征点通过参照物 1 和参照物 2 之间的行驶速度为＿＿＿＿km/h。

b) 目标车辆第一特征点至第二特征点通过某参照物时的行驶速度为＿＿＿＿km/h。

c) 目标车辆在视频图像时刻 1 至时刻 2 之间的行驶速度为＿＿＿＿km/h。

以上带下划线格式的内容应按鉴定实际情况填写。

5. 附图要求

(1) 鉴定意见书中应包含附图,附图示例参见 GA/T 1133《基于视频图像的车辆行驶速度技术鉴定》附录 D。

(2) 所附图片应为视频图像上截取的原始画面,能够反映视频监控的显示时间、拍摄地点、目标车辆、参照物等信息。

(3) 所附图片应标注参照物的文字和图形信息。

(4) 每幅画面应标注视频图像的帧数信息。

(5) 附图应能完整清晰反映出目标车辆通过参照物时的过程。

(七) 基于汽车行驶记录仪的道路交通事故车辆速度鉴定

汽车行驶记录仪是对车辆行驶速度、时间、位置等数据以及音视频数据进行记录、存储,并可通过数据通信实现数据输出的数字式电子记录装置。汽车行驶记录仪数据记录文件是从汽车行驶记录仪中提取的包含行驶状态记录、事故疑点记录、超时驾驶记录、驾驶人信息记录、日志记录等信息的电子数据。

1. 鉴定要求

(1) 检材受理与设备要求

① 开展基于汽车行驶记录仪的道路交通事故车辆速度鉴定(以下简称汽车行驶记录

仪车速鉴定)工作应配备以下设备：

a) 兼容 GB/T 19056《汽车行驶记录仪》规定的通信协议的汽车行驶记录仪数据解读设备，具有行驶数据读取、查询、统计、图表生成、日志管理、结果输出等功能。

b) 输出 8~36 V 电压的稳压直流电源。

c) 照相或录像设备。

d) 电子数据存储介质。

e) 完整性校验工具。

② 检材受理时应符合 GB/T 33195《道路交通事故车辆速度鉴定》的相关要求。宜根据需要获取汽车行驶记录仪产品说明书和汽车驾驶人信息 IC 卡。

③ 检材受理时应要求委托单位提供提取过程记录，保证汽车行驶记录仪数据记录文件(以下简称数据记录文件)、汽车行驶记录仪与事故车辆的对应关系。

④ 提取过程记录宜包含车辆号牌、车辆识别代号、车辆类型、汽车行驶记录仪制造商、执行标准、生产日期、唯一性编号、安装位置、安装数量、通电后显示器、按键等工作状态等。

⑤ 受理的检材来源合法，检材封存前后应拍摄或者录像记录封口或张贴封条处的状况。

(2) 检材提取和固定要求

a) 数据记录文件提取和固定的步骤见 GA/T 1999.1—2022《道路交通事故车辆速度鉴定方法第 1 部分：基于汽车行驶记录仪》附录 A 的 A.1。

b) 提取过程应符合 GA/T 1998—2022《汽车车载电子数据取证技术规范》的相关要求。

2. 鉴定方法

(1) 鉴定方法流程

鉴定方法流程见 GA/T 1999.1—2022《道路交通事故车辆速度鉴定方法第 1 部分：基于汽车行驶记录仪》附录 A 的 A.2。

(2) 数据记录文件解读

使用汽车行驶记录仪数据解读设备对数据记录文件进行分析解读。

(3) 事故时间段确定

根据鉴定委托内容、事故发生的时间、地点等信息确定与事故相关联的时间段。

(4) 记录与日志分析

分析事故时间段内的行驶速度记录/行驶状态记录、事故疑点记录、速度状态日志/日志记录，应选择事故时间段内行驶速度记录/行驶状态记录或事故疑点记录中速度数据分析事故车辆的行驶速度。

(5) 数据来源分析

根据速度状态日志/日志记录中记录速度、参考速度的数据，结合汽车行驶记录仪速度信号接线情况，判断汽车行驶记录仪的车速信号输入源。如汽车行驶记录仪的车速信号输入源基于卫星定位信号应在鉴定报告中标注说明。

（6）数据有效性分析检查是否有证据表明事发前车辆驱动轮抱死、打滑或车辆腾空等情况，若出现这些情况，应结合现场及车辆勘查情况对车辆行驶速度数值有效性进行分析。

（7）车辆行驶速度的确定

对数据解读结果进行分析，通过确定事故时间段、检查行驶速度记录/行驶状态记录或事故疑点记录、分析数据来源、分析数据有效性确定车辆的行驶速度。

（8）检验记录

在检验过程中应做好检验记录，检验记录格式见附录 B。对于检验过程中产生的数据，用录像、截屏、照片、文档等方式存储在电子数据存储介质中。

3. 鉴定意见的表述

鉴定意见的表述应包含鉴定对象、速度对应的时刻（状态）、速度数值和单位。必要时，可通过附图、表等形式进行鉴定意见表述。

示例 1：××车在××时刻至××时刻之间的车辆速度分别为＿＿＿＿＿＿、＿＿＿＿＿＿、＿＿＿＿＿＿、……、＿＿＿＿＿＿ km/h。

示例 2：××车在××时刻的道路交通事故瞬间车辆速度为＿＿＿＿＿＿ km/h。

示例 3：汽车行驶记录仪数据记录文件中未检见事故时间段内对应的车辆速度。

（八）基于汽车事件数据记录系统的道路交通事故车辆速度鉴定

碰撞事件是指达到或超过触发阈值的碰撞或其他物理事件，或者其他任何导致不可逆约束系统展开的事件，以先发生者为准。汽车事件数据记录系统（EDR）由一个或多个车载电子模块构成，具有监测、采集并记录碰撞事件发生前、发生时和发生后车辆和乘员保护系统的数据功能的装置或系统。

1. 鉴定要求

（1）鉴定设备与检材受理要求

① 鉴定机构应按照 GA/T 1998—2022《汽车车载电子数据取证技术规范》中 4.1 的规定配备相关鉴定设备，其中，EDR 数据提取解读仪应为必备的设备。

② EDR 数据提取解读仪应能通过汽车车载诊断接口连接 EDR 或直接连接 EDR 控制器，应具备提取 EDR 原始数据、将 EDR 原始数据导出保存、将 EDR 原始数据转译为 EDR 记录报告等功能。

③ EDR 数据提取解读仪应以只读操作模式对 EDR 进行数据提取，不应具备对 EDR 原始数据变动、删除的功能。

④ 委托鉴定单位应向鉴定机构提供相关检材，例如：待提取 EDR 数据的事故车辆或 EDR 控制器、道路交通事故现场图、勘查笔录、现场照片、车辆勘验照片、机动车行驶证、监控视频等。

⑤ 委托鉴定单位提供 EDR 控制器的，应提供 EDR 控制器的提取记录，以保证 EDR

控制器与事故车辆之间的对应关系。

(2) 环境和固定要求

① 应保证鉴定环境处于鉴定设备的正常工作条件范围内。

② 提取 EDR 数据时,应按照 GA/T 1998—2022《汽车车载电子数据取证技术规范》中 5.7 的规定对 EDR 控制器进行固定。

2. 鉴定步骤与方法

(1) 鉴定准备

① 通过事故车辆提取 EDR 数据的,应对事故车辆以下信息进行检查,并通过拍照等方式记录:

a) 车辆号牌、品牌型号、车辆识别代号。

b) 车辆整体变形和损坏情况。

c) 安全气囊、安全气帘、安全带预紧器等约束系统展开情况。

d) 轮胎型号和损坏状况车辆诊断连接器或数据接口的位置及状况。

e) 其他与事故相关的信息。

② 通过 EDR 控制器提取 EDR 数据的,除对①中的信息进行核查外,还应对 EDR 控制器进行编号,对 EDR 控制器以下信息进行检查,并通过拍照等方式记录:

a) 控制器类型。

b) 外观状态。

c) 接线端口状态。

d) 铭牌信息。

(2) EDR 原始数据提取和解析

① 提取 EDR 原始数据应遵守 GA/T 1998—2022《汽车车载电子数据取证技术规范》的 7.2 规定。

② 通过事故车辆提取 EDR 原始数据时,应至少进行两次提取 EDR 原始数据,并对比提取结果是否一致。如果两次读取 EDR 数据不一致的,应通过 EDR 控制器进行数据提取。

③ 对于提取的 EDR 原始数据,应按照 GA/T 1998—2022《汽车车载电子数据取证技术规范》第 8 章的规定进行完整性校验和保存。

④ 应根据事故车辆的制造年份和 EDR 控制器的型号使用适宜的 EDR 数据提取解读仪软件版本进行数据解析。

⑤ 应完整解析 EDR 原始数据中记录的所有事件信息和 EDR 控制器的状态信息。

⑥ 采用 EDR 数据提取解读仪对提取的 EDR 原始数据按照协议进行数据解析,生成 EDR 记录报告。

⑦ 通过事故车辆提取和解析 EDR 原始数据操作步骤见 GA/T 1999.2—2022《道路交通事故车辆速度鉴定方法第 2 部分:基于汽车事件数据记录系统》附录 A 中的图 A.1。

⑧ 通过 EDR 控制器提取和解析 EDR 原始数据操作步骤见 GA/T 1999.2—2022《道路交通事故车辆速度鉴定方法第 2 部分:基于汽车事件数据记录系统》附录 A 中的图 A.2。

(3) 事件相关性分析

① EDR 记录报告中存在事件记录的,应分析记录的事件与事故的相关性。

② 对于锁定事件,应对 EDR 记录的发出约束系统展开指令情况和事故车辆约束系统实际展开情况进行对比,分析 EDR 记录报告中的事件与事故的相关性。

③ 对于非锁定事件,可通过对比事件触发时 EDR 控制器的上电周期数与提取时上电周期数、事件触发时间与事故发生时间、车辆行驶里程数等方式分析事件与事故的相关性。

④ 对于一次事故中存在多次碰撞事件的,应根据实际碰撞形态、碰撞顺序及时间间隔与 EDR 记录报告中的事件类型、触发顺序及时间间隔的对比,分析事件与事故的相关性。

⑤ 根据事件相关性分析结果,确定需要鉴定的车辆速度所对应的事件及事件触发前车辆的速度。

(4) 数据记录完整性分析

① 确定 EDR 记录报告中与事故相关的事件后,应分析事件数据记录的完整性。

② 可通过核查事件数据记录完整性状态值、时间序列数据的记录完整情况等方式进行完整性分析。

③ 事件触发前车辆速度数据记录不完整时,不得作为速度鉴定的依据。

(5) 数据有效性分析

① 应根据 EDR 记录报告的数据说明确定车辆速度的记录范围、记录方式和记录精度。

② 当 EDR 记录的车辆速度在多个记录时间点均为记录范围的上限值时,应通过发动机转速值等其他参数分析速度数据的有效性。

③ 应核查事故车辆在事发前是否存在车轮抱死、打滑、空转、爆胎或车辆腾空、翻滚等情况。若存在这些情况时,应结合事故现场及车辆勘验情况对 EDR 记录报告中车辆速度数值的有效性进行分析。

(6) 车辆速度的确定

应按照(4)、(5)、(6)的规定开展 EDR 记录报告分析,确认事件相关、记录完整、数据有效后,根据 EDR 记录报告中与事故所对应的事件触发前的车辆速度值得出鉴定结果。

(7) 过程记录

应记录鉴定实施过程,记录格式见 GA/T 1999.2—2022《道路交通事故车辆速度鉴定方法第 2 部分:基于汽车事件数据记录系统》附录 B 中的表 B.1。对于鉴定过程中产生的数据,应通过复制性备份、录像、截图、拍照等方式进行保存。

3. 鉴定意见书

(1) 鉴定意见书内容应符合 GB/T 33195—2016《道路交通事故车辆速度鉴定》中 4.2.6

的相关规定。

（2）应对EDR数据的提取方式及检材状况进行描述。对于通过事故车辆提取EDR原始数据的，应描述车辆识别代号、车辆主要损坏变形情况、车辆约束系统展开情况等信息；对于直接通过EDR控制器提取EDR原始数据的，还应体现EDR控制器的唯一标识、外观和接口状况信息。

（3）应描述所使用的鉴定设备，包括型号和软件版本信息。

（4）应描述提取的EDR原始数据文件完整性校验值、EDR记录报告中事件与事故的相关性、数据记录完整性、数据有效性分析过程和结论。

（5）鉴定意见表述应包含鉴定对象、速度对应的时刻（状态）、速度数值和单位等信息。必要时，可通过附图、附表等形式进行鉴定意见表述。

示例1：×车在×事件触发前×s到触发时刻的车速分别为_____、_____、……、_____ km/h。

示例2：×车在×事件记录时段内驾驶人首次采取行车制动措施时刻的车速为_____ km/h。

示例3：×车汽车事件数据记录系统未记录与事故相关的车辆速度。

五、交通事故痕迹物证综合鉴定

交通事故痕迹物证综合鉴定是指基于以上交通事故痕迹物证鉴定项目的检验鉴定结果，必要时结合交通事故微量物证鉴定、声像资料鉴定、法医学鉴定等结果，综合判断涉案人员、车辆、设施等交通要素在事故过程中的状态、痕迹物证形成过程及原因等，包括交通行为方式、交通信号灯指示状态、事故车辆起火原因、轮胎破损原因等。

（一）道路交通事故涉案者交通行为方式鉴定

道路交通事故涉案者交通行为方式是指发生道路交通事故时涉案者的行为状态，包括：驾驶车辆、乘坐车辆、骑行/骑跨或推行/推扶（动态或静态）车辆以及行人处于直立、蹲踞或倒卧等状态。致伤方式是指人体损伤的形成方式，包括在碰撞、碾压、拖擦、摔跌、挤压或抛甩中所导致或形成。道路交通事故涉案者交通行为方式鉴定是指对以上行为状态作出分析判断的活动。

1. 总体要求

（1）鉴定人应根据案情，对道路交通事故现场、涉案车辆或人员进行勘查、检验后，结合现场调查或相关影像资料情况，依据勘查、检验结果进行综合分析，并对涉案者在事故发生时所处行为状态作出判断并提供书面意见。

（2）交通行为方式鉴定应建立在事故过程分析的基础上，基于多专业知识，依据证据的充分性作出合理判断。在具体案件受理时应评估鉴定条件。

2. 一般要求

（1）鉴定程序

道路交通事故涉案者交通行为方式鉴定受理、送检材料接收、检验鉴定、材料流转、结果报告、记录与归档应按照 SF/T 0072《道路交通事故痕迹物证鉴定通用规范》中相关规定实施。

（2）材料收集

可通过委托人了解基本案情、获取涉案者相关的体表伤情照片、病历、医学影像资料、道路交通事故现场资料（如现场调查和走访材料、音视频材料）和车载电子数据等。

（3）明确鉴定要求

应了解委托人的具体鉴定要求，确认鉴定委托事项，审查其是否符合道路交通事故涉案者交通行为方式的鉴定范围，评估是否具备鉴定条件。

（4）道路交通事故涉案者交通行为方式的鉴定范围包括：

A. 道路交通事故涉案者的驾乘状态（驾驶或乘坐）。

B. 涉案者对自行车、电动自行车和三轮车等车辆的骑推行（骑行/骑跨或推行/推扶）状态。

C. 碰撞时行人体位状态（直立、蹲踞或倒卧等）。

3. 鉴定方法

（1）检验

A. 鉴定人应针对鉴定的具体要求，根据鉴定材料、鉴定条件以及鉴定对象的状态等，确定具体的检验方案，并选择适应的检验方法。

B. 对车辆、道路环境及其他客体物的勘查和检验，选择使用的方法包括但不限于以下文件的相关规定：GA/T 41《道路交通事故现场痕迹物证勘查》、GA/T 1087《道路交通事故痕迹鉴定》和 GA/T 1450《法庭科学车体痕迹检验规范》。

C. 对人体损伤的检验，选择使用的方法包括但不限于以下文件的相关规定：GA/T 147《法医学尸体检验技术总则》、GA/T 150《法医学机械性窒息尸体检验规范》、GA/T 168《法医学机械性损伤尸体检验规范》、GA/T 268—2019《道路交通事故尸体检验》、GA/T 944—2011《道路交通事故机动车驾驶人识别调查取证规范》和 SF/T 0111《法医临床检验规范》。

D. 检验过程中若发现可能作为进一步分析和判断依据的痕迹物证，可对相关检材进行微量物证或法医脱氧核糖核酸（DNA）检验，检材的固定、提取及送检等环节可参照的方法包括但不限于以下文件的相关规定：GB/T 40991《微量物证的提取、包装方法》、GA/T 148《法医学病理检材的提取、固定、取材及保存规范》、GA/T 944—2011《道路交通事故机动车驾驶人识别调查取证规范》、GA/T 1087《道路交通事故痕迹鉴定》、GA/T 1162《法医生物检材的提取、保存、送检规范》、SF/T 0072《道路交通事故痕迹物证鉴定通用规范》和 SF/T 0111《法医临床检验规范》。

(2) 分析

A. 应根据对事故所涉人员、车辆、道路及周围环境等的痕迹物证勘查和检验,分析道路交通事故形态,包括碰撞部位、碰撞过程、碰撞后车辆及人员的运动轨迹等。

B. 应根据事故形态,辨析车辆与人员碰撞形成的痕迹和物质转移,结合相关检材的微量物证或法医DNA检验结果,分析痕迹物证的形成条件和过程,判断事故所涉人员在事发时所处的位置或状态。

C. 应根据人体(活体或尸体)衣着痕迹(包括衣着、鞋、袜、手表、佩戴的饰品及携带物品等)、体表痕迹及特征性损伤,结合车辆和道路等信息,分析致伤物接触面和致伤方式。

D. 交通行为方式鉴定可运用交通事故现场资料、案件调查事实和计算机仿真事故再现技术等进行辅助分析;必要时,可结合对视频图像的检验结果进行分析。

E. 应综合分析道路交通事故过程,判断涉案者事发时的交通行为方式。

(3) 判断

A. 认定性判断

具有认定交通行为方式的典型特征的损伤、痕迹物证和运动轨迹,可以作为交通行为方式判断的关键性依据,且符合有条件成立的,应得出认定性的意见。

B. 有条件成立

在现有鉴定条件下,有关证据可以互相印证,能够确立存在逻辑链关系,应得出有条件成立的意见。

C. 倾向性意见

在现有鉴定条件下,有关证据尚不能满足成立的条件,但可以通过对确立关系进行比较分析,得出倾向性的意见。

D. 排除性判断

有关证据不能相互印证,不存在逻辑链关系,综合分析不符合客观事实的,应得出否定性的意见。

4. 典型交通行为方式的鉴定

(1) 驾驶/乘坐汽车

A. 应根据车内不同位置周围的环境差异,分析事故中涉案人员的受力情况及运动趋势,并结合人员损伤特征及痕迹物证进行分析判断。

B. 根据车窗玻璃的损坏情况及附着痕迹,结合人员衣着痕迹、体表痕迹及损伤特征,分析车窗玻璃相关痕迹物证的形成条件及过程。

C. 根据各座位乘员约束装置(如安全带、安全气囊和气帘等)痕迹物证及状态(如安全带预紧、织带拉伸、安全气囊或气帘起爆等),结合车内人员的衣着痕迹、体表痕迹及损伤特征,分析事发时各座位人员使用约束系统的情况。

D. 将座椅及周围部件(如方向盘、仪表台、扶手、饰板和踏板等)的痕迹及附着物,与人员衣着、鞋底痕迹、体表痕迹及损伤(如方向盘损伤、安全带损伤和脚踏板损伤等)进行比对检验,必要时,应进行微量物证或者生物物证鉴定。

E. 将座椅及周围部件(如方向盘、仪表台、扶手、饰板和换挡杆等)遗留的指纹和掌纹等痕迹,与相关人员进行比对检验,必要时应结合其分布和形态,分析形成条件及过程。

F. 将现场勘查检见的血迹、毛发、人体组织物或人体可能接触部位留有的脱落细胞等生物检材,与人员的体表损伤及痕迹进行比对检验,必要时应进行法医DNA检验;对于血迹,必要时结合其分布和形态,分析血迹的形成条件及过程。

G. 对于座椅周围的遗留物品,必要时应确认其所有人。

H. 根据车辆座椅设置参数,以及座位与加速踏板和制动踏板之间的距离,结合相关人员的身高体型进行分析判断。

I. 根据各车门、车窗的变形、破损和锁闭情况,分析车内人员的撤离或被抛甩的条件;对于已经被抛甩出车外的人员,应结合现场人员和车辆的相对位置分析其被抛甩和摔跌的过程。

J. 车载电子数据信息,如汽车行驶记录仪(VDR)和汽车事件数据记录系统(EDR)等相关数据,可作为分析判断驾乘状态的辅助条件。

K. 应根据上述A~J的分析,结合相关检验鉴定的结果,采用SF/T 0162《道路交通事故涉案者交通行为方式鉴定规范》6.2和6.3的方法进行综合分析及判断。

(2) 驾驶/乘坐两轮摩托车

A. 应根据不同的碰撞对象及碰撞形态,分析事故中涉案车辆与人员的不同受力情况及运动轨迹,并结合不同的人员损伤特征及痕迹物证进行分析判断。

B. 将摩托车前部凸出部件(如仪表盘、车把、后视镜和挡风罩等)的痕迹,与摩托车驾乘人员头颈部、胸腹部、上肢和手的损伤进行比对检验,分析其是否具有摩托车驾驶人的特征性损伤。

C. 将摩托车前后座及周围部件的痕迹,与摩托车驾乘人员会阴部和下肢的损伤特征进行比对检验,分析各人员事发时所处的位置。

D. 将摩托车表面附着物特征与驾乘人员衣着痕迹进行比对检验,必要时进行微量物证检验。

E. 将摩托车上检见的血迹或人体组织等生物检材,与驾乘人员的损伤进行比对检验,必要时应进行法医DNA检验。

F. 将驾乘人员的损伤进行比对检验,分析碰撞时各人员的相互位置关系。

G. 应根据上述A~F的分析,结合相关检验鉴定的结果,采用SF/T 0162《道路交通事故涉案者交通行为方式鉴定规范》6.2和6.3的方法进行综合分析及判断。

H. 涉及驾驶/乘坐电动自行车的鉴定,可结合车辆结构特征,参照上述A~G中的方法进行综合分析及判断。

(3) 自行车骑行(或骑跨)/推行(或推扶)状态(动态或静态)

A. 应根据涉案车辆及人员的检验情况,分析事故形态,并结合车辆及涉案者不同的痕迹形成过程和成伤机制进行分析判断。

B. 将涉案者下肢直接撞击伤距其足底或所着鞋底的高度与其致伤物距地面的高度进行比较,分析碰撞时涉案者下肢所处的状态。

C. 根据涉案者推行/推扶车辆时的习惯,结合车辆痕迹及碰撞形态,分析碰撞时各车辆与涉案者的相对位置关系。

D. 根据涉案者是否具有骑跨状态下形成的特征性损伤,分析其碰撞时的骑行/骑跨或推行/推扶状态。

E. 根据自行车车把和鞍座的偏转情况,以及涉案者鞋底新近形成的挫划痕迹和鞍座两侧新近形成的布纹擦痕等,分析是否具有骑行/骑跨或推行/推扶状态下形成的特征性痕迹。

F. 应根据上述 A～E 的分析,结合其他有关鉴定材料,采用 SF/T 0162《道路交通事故涉案者交通行为方式鉴定规范》6.2 和 6.3 的方法进行综合分析及判断。

G. 涉及电动自行车骑行(或骑跨)/推行(或推扶)状态的鉴定,可结合车辆结构特征,参照上述 A～F 中的方法进行综合分析及判断。

(4) 行人体位状态

A. 根据车体痕迹与涉案行人体表痕迹及损伤的比对检验,结合事故车辆的痕迹高度,分析行人碰撞部位的高度,判断行人所处的状态。

B. 根据涉案行人的损伤部位、类型和形态,分析其致伤方式,结合碰撞、摔跌或拖擦等事故过程,判断行人所处的状态。

C. 根据涉案行人鞋底新近形成的挫划痕迹,分析其是否在下肢承重状态下受到外力作用所形成。

D. 事故现场人、血迹和车的相对位置可作为分析碰撞时涉案行人所处状态的辅助条件。

E. 应根据 A～D 的分析,结合其他有关鉴定材料,采用 SF/T 0162《道路交通事故涉案者交通行为方式鉴定规范》6.2 和 6.3 的方法进行综合分析及判断。

5. 鉴定意见种类和要求

(1) 鉴定意见种类

鉴定意见的种类包括认定、否定、倾向性意见及无法判断。

(2) 鉴定意见要求

应根据鉴定要求,按照鉴定意见的种类及其他情况进行科学客观、准确规范、简明扼要的表述,鉴定意见的参考表述如下。

A. 认定的鉴定意见的参考表述如下:

a) 驾乘状态:事发时,某人是某车辆的驾驶人可以成立。

b) 骑推行(动态或静态)状态:事发时,某人呈推行/推扶(或骑行/骑跨)某车辆的状态可以成立。

c) 行人体位状态：事发时，某人呈直立（或蹲踞、倒卧）状态可以成立。

B. 否定的鉴定意见的参考表述如下：

a) 驾乘状态：事发时，某人不是某车辆的驾驶人可以成立。

b) 骑推行（动态或静态）状态：事发时，某人呈非推行/推扶（或骑行/骑跨）某车辆的状态可以成立。

c) 行人体位状态：事发时，某人呈非直立（或蹲踞、倒卧）状态可以成立。

C. 倾向性鉴定意见的参考表述如下。

a) 驾乘状态：事发时，存在某人是某车辆驾驶人的可能性。

b) 骑推行（动态或静态）状态：事发时，某人符合（或较为符合）推行/推扶（或骑行/骑跨）某车辆的状态。

c) 行人体位状态：事发时，某人在直立（或蹲踞、倒卧）状态下与车辆发生碰撞可以形成其损伤及车辆的痕迹。

D. 无法判断的鉴定意见的参考表述如下：

a) 驾乘状态：根据现有条件，无法判断事发时某人是否为某车辆的驾驶人。

b) 骑推行（动态或静态）状态：根据现有条件，无法判断事发时某人是骑行（或骑跨）还是推行（或推扶）车辆的状态。

c) 行人体位状态：根据现有条件，无法判断事发时某人的体位状态。

（二）车辆火灾痕迹物证鉴定

车辆火灾痕迹物证鉴定是指通过对发生车辆燃烧、受热后所形成的可观测的物理、化学变化的现象的火灾现场痕迹物证进行勘验，并对起火点、起火物、助燃剂、碳化、碳化深度、烟熏、过火面积等涉及起火原因进行分析判断的活动。

1. 总体要求

（1）鉴定人应具备相应的鉴定资质，鉴定机构应具备提取火灾痕迹和物证的设备。

（2）委托方应向鉴定机构提供被鉴定车辆和案件卷宗（含现场和车辆勘查照片）等材料，鉴定委托应符合 SF/T 0072《道路交通事故痕迹物证鉴定通用规范》的规定。

（3）从委托方处获取案件发生的过程及其他相关信息，制定痕迹鉴定计划，确定痕迹勘验的重点。

（4）痕迹鉴定应勘验实物痕迹，对于实物痕迹已经失灭，无法再行勘验和检查的，可视情参考有效的现场勘验记录照片等案件信息。

（5）检验鉴定工作人员认为有必要勘验现场和检查车辆的，委托方应予以协助。

（6）勘查工作应遵循合法、安全、及时、客观、规范、全面和科学的原则。

（7）车体痕迹和现场痕迹的勘验及固定应按照 GA/T 41《道路交通事故现场痕迹物证勘查》规定的方法进行。

（8）事发现场周围有监控设备的，被鉴定车辆安装有行驶记录仪和车载事件数据记录仪等设备的,应及时提取相应视频。对于新能源汽车,宜提取监控平台数据。途经事发现场车辆安装有视频行驶记录装置的,宜提取相关信息。

(9) 现场检验照相应符合 GA/T 50《道路交通事故现场勘查照相》的规定。

2. 车辆火灾鉴定

(1) 车辆火灾分类

从车辆结构系统的角度,车辆火灾主要可分为以下四类:

A. 机械系统导致:车辆制动系统故障、轮胎气压不足或机械润滑系统缺油等部件间摩擦产生高温,从而引起车辆火灾;

B. 电气系统导致:车辆上的电气设备或导线因接触不良、短路或者超过负荷产生高温或电火花,从而引起车辆火灾;

C. 油液系统导致:车辆上使用的可燃油液泄漏并达到燃烧条件,从而引起车辆火灾;

D. 外来因素导致:不是车辆自身所装配物品所引发的车辆火灾。

(2) 检验要求

按照 GA/T 41《道路交通事故现场痕迹物证勘查》和 GA/T 1087《道路交通事故痕迹鉴定》的规定对车辆的痕迹进行检验,着重检验并记录过火痕迹,主要包括碳化深度、灰烬、烟尘、分界线、火灾蔓延和过火面积等痕迹,应记录其所处部位、几何尺寸形态和方向等,如需提取燃烧残余物和烟尘等燃烧产物的,应按照 SF/T 0100《车辆火灾痕迹物证鉴定技术规范》第 6 章的规定进行提取。检验步骤可分为初步检验、细项检验和专项检验三部分。

(3) 鉴定过程

A. 识别车辆

记录车辆号牌、品牌、型号及车辆唯一性标识。

B. 检验步骤

① 初步检验

应在尽量不触动车内、外物体和不变动物体原来位置的情况下进行检验,以确定起火部位和下一步的检验重点。初步检验的主要内容包括:

a) 车辆的变形情况和零部件的移位情况。

b) 不同方向、不同高度和不同位置的燃烧终止线。

c) 不同部位各种物质烧毁情况,同一物体不同方向的烧毁情况。

d) 坍塌的部位、方向和形成坍塌的原因。

e) 物体上形成的燃烧图痕或烟熏痕迹。

f) 不燃材料的变形熔化情况。

g) 火源和热源的位置及状态。

h) 电气控制装置、线路及其位置被烧状态。

② 细项检验

在不破坏物证的原则下,对初步检验中所发现的痕迹和物证,可逐个仔细翻转移动进

行检验和收集,以确定起火点。细项检验的主要内容有:

  a) 可燃物烧毁和烧损的状态,根据燃烧碳化程度或烧损程度,分析燃烧蔓延的过程。

  b) 不燃物或难燃物的损坏情况。

  c) 烟熏痕迹。

  d) 搜集残存的发火物、起火物和发热体的残体。

 ③ 专项检验

对找到的引火源、引火物或起火物,收集证明起火原因的证据。根据需要,对采集的物证进行特定的理化分析。专项检验的主要内容有:

  a) 各种起火物:根据物品特征分析其来源。

  b) 电气线路:有无短路点和过电流现象,根据其特有的痕迹特征,分析短路和过电流的原因。

  c) 电器部件:有无过热现象及内部故障,分析过热和故障的原因。

  d) 机械设备:检查有无摩擦痕迹,分析造成摩擦的原因。

  e) 热表面的温度、发热时间、与可燃物的距离和可燃物的有关特征等。

 ④ 确定起火部位

观察车身燃烧痕迹、玻璃烧损和破碎痕迹、轮胎及底盘燃烧痕迹、汽车内部各部位燃烧痕迹以及现场可燃物燃烧残留的痕迹等,确定火灾蔓延方向,从而确定起火部位。根据汽车的构造,汽车火灾的起火部位可分为:

  a) 汽车外部(含底盘、轮胎和轮毂)。

  b) 发动机舱内。

  c) 驾驶室内。

  d) 后备箱(或货车的货箱)内。

确定起火部位之后,按照烧损程度由轻至重的顺序,对被鉴定车辆进行检验,确定起火点的具体位置。同时有针对性地对火灾涉及的系统进行检验,确定其烧损状态,分析能够引发火灾的可能性。

 ⑤ 起火部位在汽车内部的检验

起火部位若在汽车内部,应按照 XF/T 812—2008 中汽车发动机、涡轮增压器、燃料供给系统、排气净化系统、排气系统、电气系统、传动系统、液压制动系统及附属设备(如空调压缩机、动力转向架、空气泵和真空泵等)发生火灾的危险性,对起火点附近的汽车火灾痕迹进行检验,包括但不限于:

  a) 检验油路的泄漏痕迹。

  b) 检验电路(含驱动电机和动力电池包)的电气故障痕迹。

  c) 检验开关、手柄和操纵杆的位置。

  d) 检验发动机、排气管或排气歧管附近的可燃物或可燃物的碳化痕迹。

  e) 检验汽车内部可能遗留的火种。

f) 检验车内携带的危险品。

⑥ 起火部位在汽车外部的检验

放火、排气管或催化转换器烤燃地表可燃物以及轮胎过热等原因引发汽车火灾后,火灾的起火部位大都在汽车外部。鉴定人员在按照 SF/T 0100《车辆火灾痕迹物证鉴定技术规范》5.3.4 进行检验的基础上,还应进行下列工作,以对车辆火灾进行全面检验。

a) 车外放火:火灾调查人员确定起火点之后,检查是否存在盛装助燃剂的物品,如塑料瓶或棉布等。对起火点附近提取的玻璃烟尘、车身烟尘、碳化残留物及地面泥土等物证进行助燃剂检测,能够有效地确定汽车火灾是否由放火引起。

b) 排气管或催化转化器处起火:检查汽车底盘下地面存在的可燃物及燃烧的情况。

c) 轮胎过热起火:对轮胎部位的燃烧痕迹进行细项检验。

3. 物证提取方法

(1) 鉴定人员应提取有利于解决鉴定委托事项的物证材料,包括但不限于:

a) 烟尘。

b) 碳化物。

c) 外来易燃液体及容器。

d) 车内储存的火灾危险品。

e) 泄漏的油品。

f) 带有熔痕的导线、金属电气件。

g) 电气设备。

h) 失效的零件。

(2) 提取痕迹和物证之前,应采用照相或录像的方法进行固定,量取其位置和尺寸。

(3) 物证的提取应按照 GB/T 20162《火灾技术鉴定物证提取方法》的规定进行。提取后的痕迹和物品应根据特点采取相应的封装方法,粘贴标签。检材盛装袋或容器应保持洁净,不应与检材发生化学反应。不同的检材应单独封装。

(4) 在对电器物证进行取样时,应检查电源是否已经关闭。尽量保持物证的原始状态,将其整体作为物证进行提取,尽量不破坏其整体结构。如果需要拆卸外壳时,不宜破坏其内部部件的结构和位置。提取电气痕迹和物品应按照以下方法和要求进行:

a) 采用非过热切割方法提取检材。

b) 提取金属短路熔痕时注意查找对应点,在距离熔痕 10 cm 处截取。如果导体或金属构件等不足 10 cm 时,整体提取。

c) 提取导体接触不良痕迹时,重点检查电线、电缆接头处、铜铝接头、电气设备、仪表、接线盒和插头等并进行提取。

d) 提取短路迸溅熔痕时采用筛选法和水洗法。提取时注意查看金属构件和导线表面上的熔珠。

e) 提取金属熔融痕迹时对其所在位置和有关情况进行说明。

f) 提取绝缘放电痕迹时将导体和绝缘层一并提取,绝缘已经炭化的尽量完整提取。

（5）提取易燃液体痕迹和物品应在起火点及其周围进行,提取的点数和数量应足够,同时在远离起火点部位提取适量比对检材,按照以下提取方法和要求进行：

a) 提取车厢地板检材采用截取方法。可将留有流淌和爆裂痕迹的部分进行切割,车厢地板各孔洞及接缝处应重点提取。提取地毯等车内织物,要将被烧形成的孔洞内边缘部分剪取。

b) 门窗玻璃、金属物体和顶棚上附着的烟尘,可用脱脂棉直接擦取或铲取。

c) 燃烧残留物和衣物等可直接提取。

4. 鉴定意见

鉴定人根据检见的痕迹,可结合物证分析结果综合分析,对火焰形成过程以及判断是否为起火点等委托要求作出鉴定意见。

（三）道路交通事故重建

道路交通事故重建是指根据道路交通事故现场图、现场照片、痕迹物证、车辆形变、车载信息、视频图像及人体损伤等事故相关材料,通过推演计算,分析交通事故现场元素方位及再现交通事故发生过程的活动。道路交通事故重建一般包含道路交通事故过程重建和道路交通事故现场重建。

1. 总体要求

（1）材料

A. 送检材料应包含道路交通事故现场图、现场照片、视频图像、现场勘查笔录以及涉案车辆技术信息等。现场照片及视频图像应为原始材料,或虽经处理但照片分辨率、视频文件帧率、图像叠加时间以及图像元素位置均未发生变动。

B. 材料的记录、固定和补充等应符合 SF/T 0072《道路交通事故痕迹物证鉴定通用规范》中的相关规定。

（2）图像检验

A. 现场照片

① 现场照片应清晰,能分辨现场照片中需要重建的路面痕迹、散落物及车辆位置等元素信息。

② 采用二维直接线性变换（DLT）进行交通事故现场重建时,现场照片应至少包含4个像方控制点,像方控制点对应的物方控制点应共面但不共线,且与所测元素特征共面。

③ 采用现场点云与现场照片融合进行交通事故现场重建时,现场照片应至少包含4个像方控制点,且像方控制点对应的物方控制点不共面。

④ 现场照片畸变较大时,宜进行畸变校正后再按照 SF/T 0160—2023《基于图像的道路交通事故重建技术规范》4.2.1.2 或 4.2.1.3 的规定检验现场照片,现场照片畸变校正效果可通过以下方法判断：

a) 参与标定相机标定点的平均重投影误差值；

b) 现场照片中扭曲的直线特征在校正后的恢复效果,如路面标线、建筑物及灯杆。

B. 视频图像

① 视频图像应播放流畅,能分辨需要重建目标对象的外观特征和运动轨迹,且能在图像范围内有效设定参照物或选取车辆特征点。

② 采用一维DLT进行交通事故过程重建时,视频图像应至少包含3个像方控制点,且像方控制点对应的物方控制点与所选取车辆特征点共线。

③ 采用二维DLT进行交通事故过程重建时,视频图像应至少包含4个像方控制点,像方控制点对应的物方控制点应共面但不共线,且与所选取车辆特征点共面。

④ 采用现场点云与视频图像融合进行交通事故过程重建时,视频图像应至少包含4个像方控制点,且像方控制点对应的物方控制点不共面。

⑤ 当视频图像中可以选取合适的车辆特征点,但由于阴雨天气或夜间等因素不满足SF/T 0160—2023《基于图像的道路交通事故重建技术规范》4.2.2.3或4.2.2.4时,可在天气良好条件下重新采集视频图像。

⑥ 当视频图像中可以选取合适的车辆特征点,但由于视频图像对应现场条件不满足SF/T 0160—2023《基于图像的道路交通事故重建技术规范》4.2.2.3或4.2.2.4时,可通过现场布设物方控制点重新采集视频图像。

⑦ 采用SF/T 0160—2023《基于图像的道路交通事故重建技术规范》4.2.2.5以及4.2.2.6的情况下,视频摄录设备的内、外参数应保持一致。

⑧ 采用SF/T 0160—2023《基于图像的道路交通事故重建技术规范》4.2.2.6的情况下,现场布设物方控制点的方法可参照GB/T 12979《近景摄影测量规范》的相关规定。

⑨ 视频图像畸变较大时,宜进行畸变校正后再按照SF/T 0160—2023《基于图像的道路交通事故重建技术规范》4.2.2.2、4.2.2.3或4.2.2.4的规定检验,视频图像畸变校正效果可通过以下方法判断:

⑩ 参与标定相机标定点的平均重投影误差值；

⑪ 现场照片中扭曲的直线特征在校正后的恢复效果,如路面标线、建筑物及灯杆。

C. 视频图像帧

利用视频图像帧进行交通事故现场重建的检验应符合SF/T 0160—2023《基于图像的道路交通事故重建技术规范》4.2.1的规定。

2. 参数检验

(1) 时间检验

① 帧率分析

若视频关注时段内图像叠加时间的时间差值与图像播放时刻时间差值一致,应查看图像叠加时间、视频文件帧率和图像播放时刻,同时结合参照物特征或车辆特征点在视频关注时段的车辆特征像素位置变化规律综合分析,计算用帧率值分析如下:

a) 像素位置变化规律无异常的,且视频关注时段的图像叠加时间帧率为恒定值,该恒定值与视频文件帧率相等,取图像叠加时间帧率为计算用帧率值。

b) 像素位置变化规律无异常的,视频关注时段的图像叠加时间帧率与视频文件帧率相差1帧,可取图像叠加时间帧率或视频文件帧率为计算用帧率值。

c) 像素位置变化规律无异常的,视频关注时段的图像叠加时间帧率与视频文件帧率相差大于1帧,但视频文件帧率与连续时段图像叠加时间帧率的平均值近似相等,可取视频文件帧率作为计算用帧率值,也可选取参照帧图像播放时刻的差值直接作为计算用时间。

d) 像素位置变化规律异常的,可根据像素位置变化规律补齐缺失帧或删除重复帧的,取视频文件帧率与增补值之和或视频文件帧率与重复帧数之差作为计算用帧率值。

若视频关注时段内图像叠加时间的时间差值与图像播放时刻时间差值不一致,但呈整数倍关系的,可将图像播放时刻帧间差值放大/缩小相应倍数后,按照 SF/T 0160—2023《基于图像的道路交通事故重建技术规范》5.1.1.1 的方法分析。

② 帧间时间

a) 已知目标车辆通过参照物的图像帧 n_1 和 $n_2(n_1 < n_2)$,其对应的图像播放时刻分别为 n_{1PTS} 和 n_{2PTS},目标车辆通过参照物所用帧间时间 t 可用以下方法计算。

b) 选取图像叠加时间帧率或者视频文件帧率 f 进行计算,算法见式(1):

$$t=(n_2-n_1)/f \tag{1}$$

c) 选取图像播放时刻时间进行计算,算法见式(2):

$$t=n_{2PTS}-n_{1PTS} \tag{2}$$

(2) 空间检验

① 车辆特征点选取

a) 采用参照物重建交通事故过程时,应按照 GA/T 1133—2014《基于视频图像的车辆行驶速度鉴定技术规范》的规定选取或设定参照物。

b) 采用一维 DLT 重建交通事故过程时,车辆特征点可在与车辆行驶方向一致的线状特征上选取,如同侧车轮(规格一致)轮心连线或车窗下沿。

c) 采用二维 DLT 重建交通事故过程时,车辆特征点可在便于获取平面单应性关系的平面中选取,如车轮接地点和车身特征地面投影点。

d) 采用现场点云与视频图像融合重建交通事故过程时,车辆特征点可选取便于准确测量离地高度的位置,如车辆灯具、车辆轮心和车辆牌照。重建交通事故现场时,现场元素特征的选取见 SF/T 0160—2023《基于图像的道路交通事故重建技术规范》5.2.1.3 和 5.2.1.4。

② 像方控制点选取

a) 采用 DLT 重建交通事故过程时,选取的像方控制点所形成的线段或者平面宜包含整个求解区间的车辆特征点位置,以便于车辆特征位置的内插计算。

b) 采用现场点云与视频图像融合重建交通事故过程时,选取的像方控制点在视频图像视野内应尽量均匀布置,且高低错落。重建交通事故现场时,像方控制点的选取见 SF/T 0160—2023《基于图像的道路交通事故重建技术规范》5.2.2.1 和 5.2.2.2。

③ 现场数据采集

a) 尺具测量

使用经过检定或校准的尺具进行测量,测量误差应符合 GA/T 41《道路交通事故现场痕迹物证勘查》的相关规定,若需要坐标信息,应在同一现场坐标系下量取。

b) 仪器测量

可使用三维激光扫描仪、无人机航测系统以及全站仪等仪器设备采集道路交通事故现场尺寸信息,如果需要坐标信息,则应在同一现场坐标系下量取。

采用三维激光扫描仪采集现场数据可参照 CH/Z 3017—2015《地面三维激光扫描作业技术规程》的相关规定。

采用无人机航测系统采集现场数据可参照 GA/T 1382《基于多旋翼无人驾驶航空器的道路交通事故现场勘查系统》及 CH/Z 3001《无人机航摄安全作业基本要求》的相关规定。

使用仪器设备采集现场尺寸后,还应同时使用经检定/校准后的尺具测量至少一段特征尺寸,以校验仪器设备采集的测量误差,测量误差应符合 GA/T 41《道路交通事故现场痕迹物证勘查》中的相关规定。

3. 基于固定式视频图像的道路交通事故过程重建

(1) 基于一维 DLT 的车辆运动过程重建

基于一维 DLT 的车辆运动过程重建的方法如下。

a) 逐帧检测视频图像,观测视频图像的帧率 f,按照 SF/T 0160—2023《基于图像的道路交通事故重建技术规范》5.1.2 中的方法计算两帧图像之间的帧间时间 t。

b) 选取目标车辆特征点和像方控制点,并获取像方控制点对应物方控制点坐标信息,特征点的选取见 SF/T 0160—2023《基于图像的道路交通事故重建技术规范》附录 A.1。

c) 根据像方控制点及其对应的物方控制点,计算一维 DLT 系数,一维 DLT 解法见式(3):

$$x + \frac{l_1 X + l_2}{l_3 X + 1} = 0 \tag{3}$$

式中,$l_i (i=1, 2, 3)$——一维 DLT 系数;

X——物方控制点空间坐标;

x——像方控制点像素坐标。

d) 目标车辆行驶过 N 帧后,重新选取 b)中设定的物方控制点和车辆特征点。

e) 测量同一车辆特征点在 N 帧时间间隔内行驶过的距离 S，更新一维 DLT 系数。

f) 计算车辆特征点运动速度：

$$v=\frac{S}{t}$$

g) 重复 c)~f) 连续获取车辆特征点运动速度。

(2) 基于二维 DLT 的车辆运动过程重建

基于二维 DLT 的车辆运动过程重建的方法如下。

a) 逐帧检测视频图像，观测视频图像的帧率 f，按照 SF/T 0160—2023《基于图像的道路交通事故重建技术规范》5.1.2 中的方法计算两帧图像之间的帧间时间 t。

b) 选取目标车辆特征点和像方控制点，并获取像方控制点对应物方控制点坐标信息，特征点的选取见 SF/T 0160—2023《基于图像的道路交通事故重建技术规范》附录 A.2。

c) 根据像方控制点及其对应的物方控制点，计算二维 DLT 系数，二维 DLT 解法见式(4)：

$$\begin{cases} x=(l_1X+l_2Y+l_3)/(l_7X+l_8Y+1) \\ y=(l_4X+l_5Y+l_6)/(l_7X+l_8Y+1) \end{cases} \quad (4)$$

式中，$l_i(i=1,2,\cdots,8)$——二维 DLT 系数；

(X,Y)——物方控制点空间坐标；

(x,y)——像方控制点像素坐标。

d) 目标车辆行驶过 N 帧后，重新选取 b) 中设定的车辆特征点。

e) 测量同一目标车辆特征点在 N 帧间隔内行驶过的距离 S。

f) 确定目标车辆特征点运动速度：

$$v=\frac{S}{t}$$

g) 重复 d)~f) 连续获取车辆特征点运动速度和车辆特征点运动轨迹。

(3) 基于现场点云与视频图像融合的车辆运动过程重建

基于现场点云与视频图像融合的车辆运动过程重建的方法如下。

a) 逐帧检测视频图像，观测视频图像的帧率 f，按照 SF/T 0160—2023《基于图像的道路交通事故重建技术规范》5.1.2 中的方法计算两帧图像之间的帧间时间 t。

b) 选取目标车辆特征点和像方控制点，并获取像方控制点对应物方控制点坐标信息。

c) 抽取视频图像的某一帧，根据像方控制点与物方控制点对应特征进行点云与图像配准。

d) 目标车辆行驶过 N 帧后，选取同一车辆特征点位置，并利用点云数据获取车辆特征点在点云数据中的位置，计算方法见 SF/T 0160—2023《基于图像的道路交通事故重建技术规范》附录 B。

 e) 测量同一目标车辆特征点在 N 帧间隔内行驶过的距离 S。
 f) 确定目标车辆特征点运动速度：

$$v = \frac{S}{t}$$

 g) 重复 d)~f) 连续获取车辆特征点运动速度和车辆特征点运动轨迹。

4. 基于车载式视频图像的道路交通事故过程重建

(1) 本车运动过程重建

 A. 虚拟接地点

下图给出了安装车载式视频摄录设备车辆的特征点选取示意图，视频图像中车辆上虚拟接地点等效于路面上的一点，当车辆无明显前倾或后仰时，通过二维 DLT 计算的虚拟接地点的速度即为车辆特征点运动速度。

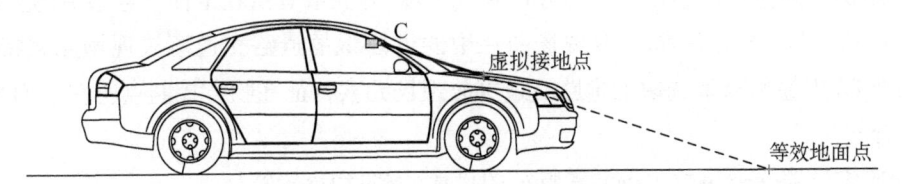

车载摄像下车辆特征点选取示意图

 B. 重建方法

车载式视频摄录设备车辆的运动过程重建的方法如下。

 a) 逐帧检测视频图像，观测视频图像的帧率 f，按照 SF/T 0160—2023《基于图像的道路交通事故重建技术规范》5.1.2 中的方法计算两帧图像之间的帧间时间 t。

 b) 选取目标车辆特征点（虚拟接地点）和像方控制点，并获取像方控制点对应物方控制点坐标信息。

 c) 根据物方控制点及其对应的像方控制点，计算二维 DLT 系数，二维 DLT 解法见式(5)：

$$\begin{cases} x = (l_1 X + l_2 Y + l_3)/(l_7 X + l_8 Y + 1) \\ y = (l_4 X + l_5 Y + l_6)/(l_7 X + l_8 Y + 1) \end{cases} \quad (5)$$

式中，$l_i (i=1, 2, \cdots, 8)$——二维 DLT 系数；

 (X, Y)——物方控制点空间坐标；

 (x, y)——像方控制点像素坐标。

 d) 目标车辆行驶过 N 帧后，重新选取 b) 中物方控制点和车辆特征点。

 e) 测量同一车辆特征点在 N 帧间隔内行驶过的距离 S，更新二维 DLT 系数。

 f) 安装车载式视频摄录设备车辆的运动速度：

$$v=\frac{S}{t}$$

　　g) 重复 c)~f)连续获取车辆特征点运动速度和车辆特征点运动轨迹。

　　h) 当选择的道路平面物方控制点离开视频画面时,应在同一坐标系下选择新的物方控制点。

　　(2) 目标车辆运动过程重建

　　车载式视频图像中拍摄到其他车辆运动过程的重建见 SF/T 0160—2023《基于图像的道路交通事故重建技术规范》7.1.2 的方法。

　　5. 基于现场照片的道路交通事故现场重建

　　(1) 基于二维 DLT 的交通事故现场重建

　　利用二维 DLT 对现场照片中的元素特征进行现场重建的流程如下:

　　a) 根据现场照片中需要定位的元素特征选择合适的像方控制点。

　　b) 现场实测像方控制点对应物方控制点距离,并获取其所在平面坐标系下的坐标值。

　　c) 解析二维 DLT 系数,选取现场图片中的可辨识的道路交通事故现场元素特征,并利用二维 DLT 系数获取选取的道路交通事故现场元素特征在物方控制点所在平面坐标系中的位置。

　　d) 确定道路交通事故现场元素特征的尺寸、方向和位置特征。

　　(2) 基于现场点云与现场照片融合的交通事故现场重建

　　利用现场点云与现场照片融合对现场照片中的元素特征进行现场重建的流程如下:

　　a) 根据现场照片及道路交通事故现场条件,获取现场照片中路段的点云数据。

　　b) 选取现场照片中的像方控制点,并获取其对应物方控制点的坐标信息。

　　c) 利用对应特征的像方控制点和物方控制点进行点云与图像配准。

　　d) 选取现场图片中可辨识的道路交通事故现场元素特征,并利用点云数据获取选取的道路交通事故现场元素特征在点云数据中的位置。

　　e) 确定道路交通事故现场元素特征的尺寸、方向和位置等。

　　6. 道路交通事故的记录和结果

　　基于图像的道路交通事故的记录和结果包含但不限于以下内容:

　　a) 接收及重建所使用的材料。

　　b) 检验过程中产生的视频图像、现场照片以及现场采集数据。

　　c) 目标车辆特征点的运动速度,如果有空间位置信息,还可包含目标车辆特征点的运动轨迹。

　　d) 若采用现场照片重建事故现场,应标注事故现场元素特征的尺寸、方向及位置信息等。

　　e) 若采用现场点云与视频图像/现场照片融合重建,还可包含重建结果的图片或者视频文件。

(四) 轮胎破损原因鉴定

1. 一般要求

（1）道路交通事故机动车轮胎破损原因鉴定应收集道路交通事故现场照片、现场图、勘查笔录、相关视频资料等，并了解事故过程及轮胎使用情况。

（2）检验鉴定过程中应对痕迹物证照相固定，其方法应符合 GB/T 29352《物证检验照相录像规则的要求》。

（3）鉴定中涉及轮胎分类、轮胎部位部件、轮胎胎面花纹、轮辋、轮胎尺寸、轮胎标志、轮胎外观缺陷、轮胎使用、轮胎翻新与修补的术语及定义，应符合 GB/T 6326《轮胎术语及其定义》的要求。

（4）轮胎痕迹检验应符合 GA/T 41《道路交通事故现场痕迹物证勘查》的要求，包括轮辋、轮辐、路面上遗留的痕迹。

（5）鉴定中所引用的现场信息、数据及相关参数应能够查证追溯。

2. 鉴定设备要求

（1）开展鉴定工作应根据实际需要配备数码照相机、放大镜、曲口卡簧钳、便携式显微镜、便携式光源、轮胎花纹深度测量仪等设备。其中，数码照相机、放大镜和便携式显微镜，其技术参数应符合 GA/T 945《道路交通事故现场勘查设备通用技术要求》的要求。

（2）必备设备应符合物证类执业分类规定及评审细则的要求。

3. 检验步骤

（1）了解基本情况

① 在对事故现场勘查信息（重点是地面痕迹、散落物等）和事故调查情况充分掌握并深入了解事故过程的基础上开展。

② 鉴定开始前，应研究鉴定委托方提供的道路交通事故现场照片、现场图、勘查笔录、相关视频资料，掌握事故过程中车辆的行驶轨迹和车辆与其他物体（包括车辆、道路设施等）的碰撞情况，确定事故现场是否遗留有车辆轮胎破损胎体散落物。

③ 应向委托人详细了解事故相关信息，特别是车辆轮胎的使用信息和状态。

（2）检验

① 初步检验

A. 记录轮胎标识信息

a）记录轮胎胎侧标识信息，主要包括轮胎制造商及商标、生产日期、负荷指数、速度符号、有无内胎轮胎标志、胎侧帘线结构和材料、胎面帘线结构和材料、胎面磨耗指数、子午线轮胎标志等。

b）重点确定轮胎的生产日期、有无内胎及胎面、胎侧帘线层数、结构和材料。上述信息应照相固定。

B. 轮胎标记

a) 以轮胎胎肩上"DOT"或气门芯所在位置为检验的起始位置(即钟表面上"12点"),沿顺时针方向每30°进行一个标记。

b) 在"DOT"所在位置对应的另一侧胎肩部位(即轮胎序列号所在位置),沿逆时针方向进行同样标记。

C. 轮胎磨损状况

a) 检验轮胎胎面花纹有无磨耗、花纹磨平、花纹磨光等现象。

b) 以轮胎胎肩上"DOT"所在位置为12点方向,水平方向从生产周期侧起,朝序列号侧,圆周向等距离分成4点测量并记录胎面剩余花纹深度。

c) 轮胎胎冠花纹上的花纹深度应符合GB 7258《机动车运行安全技术条件》中9.1.6的要求。

D. 轮胎老化状况

观察轮胎胎体有无发黏、变脆、龟裂等导致轮胎性能降低的老化现象,并记录胎体老化状况。

E. 轮胎翻新与修补

a) 检验轮胎有无翻新,必要时检验确认翻新方式(预硫化翻新、模型翻新、热贴法胎面翻新)、翻新区域(全翻新、顶翻新、肩翻新、花纹块翻新)等,并检验轮胎有无为消除轮胎损伤而修补的痕迹特征。

b) 轿车翻新轮胎检验可参照GB 14646《轿车翻新轮胎》。

F. 轮辋和轮辐检验

对轮辋和轮辐遭受外力作用产生的损坏痕迹,特别关注与轮胎相邻痕迹的损坏痕迹特征,技术参数可参照GB/T 10823《充气轮胎轮辋实心轮胎规格、尺寸与负荷》、GB/T 3487《乘用车轮辋规格系列》进行检验。

② 分别检验

A. 轮胎胎冠

a) 轮胎各部位包括胎冠、胎肩、胎侧、胎体、胎圈部、内衬层、带束层、缓冲层、油皮胶等。轮胎胎冠有内胎的轮胎的内胎、外胎、垫带;外胎包括胎面(胎冠)、胎肩、防擦线、胎侧、胎圈。其他类型的轮胎如活胎面的轮胎的各部位。

b) 检验轮胎胎冠有无崩花、切割、刺穿、爆破、冲击内裂、裂口、帘线剥离、帘线断裂、钢丝断裂、胎面脱层、带束层脱层、帘布层脱层、缓冲层脱层、气密层脱层等损坏痕迹特征,有无起鼓、超负荷、超气压、零压行驶、钢丝锈蚀、物体进入等使用痕迹特征。

c) 经检验,若存在上述损坏痕迹和使用痕迹,应准确记录其位置、形态、尺寸以及相互间的位置关系,并进行照相固定。

B. 轮胎胎侧

a) 检验轮胎胎侧有无切割、刺穿、撕裂、胎侧脱层、帘布层脱层、气密层脱层、冲击内裂、帘线剥离、帘线断裂等损坏痕迹特征,有无臭氧损伤、颜色变异、鼓包或下陷等使用痕迹。

b) 经检验,若存在上述损坏痕迹和使用痕迹,应准确记录其位置、形态、尺寸以及相互间的位置关系,并进行照相固定。

C. 轮胎胎圈和胎里

a) 检验轮胎胎圈有无切割、胎圈脱层、胎圈钢丝断裂、胎圈包布破损等损伤痕迹特征,有无胎圈露线、胎圈变形、胎圈出边、钢丝圈上抽、磨胎圈、胎圈底部磨损以及胎圈包布打褶、翘起等使用痕迹特征。

b) 经检验,若存在上述损坏痕迹和使用痕迹,应准确记录其位置、形态、尺寸以及相互间的位置关系,并进行照相固定。

D. 车轮总成

a) 观察并记录轮辋上轮辋规格、尺寸、材料及 DOT 号码等信息。

b) 检验轮辋表面有无撞击、擦划、切割、凹陷、缺损等损伤痕迹特征及橡胶附着物。

c) 轮辋痕迹检验应与轮胎痕迹检验结合进行。

d) 经检验,若存在上述损伤痕迹、橡胶附着物,应准确记录其位置、形态、尺寸、颜色,并进行照相固定。

③ 常见轮胎破损特征分析

第一,外力作用以及液体、火等造成的损坏

A. 主要特征

a) 轮胎表面检见碰撞刮擦痕迹。

b) 损坏部位断口存在明显的切割、刺扎切入口,且切入口处断口平整、胎体帘线和带束层钢丝断端整齐,其余部位断口呈撕裂状、胎体帘线断端冗长、带束层钢丝断端散乱等。

c) 损坏部位断口特征与造痕体特征(形状只是一个方面)吻合,或损伤部位断口表面检出的物证(不限于微量物证、生物物证),且与造痕体材质、成分相同。

d) 胎里存在裂口,其形态特征符合冲击内裂损坏特征,如裂纹。

e) 遭受火灾形成的损坏检验,应结合轮胎部位的状态进行检验并记录。

B. 辅助特征

a) 轮辋存在径向变形。

b) 事故现场轮辋碾压路面的痕迹出现在车辆碰撞接触点之后。

第二,爆破

1) 主要特征

A. 轮胎存在超期使用、超极限速度使用、超载重极限使用、超极限温度使用、缺气使用等情形,或胎面磨损程度较大等情况。

B. 轮胎存在脱层现象,存在钢丝断裂、钢丝剥离、帘线断裂、帘线剥离及脱层部位有泥沙等异物附着,带束层钢丝裸露、光滑、有锈蚀,带束层钢丝及胎体帘线断端散乱无序等状况。

C. 胎体断口断面是否凸凹不平、呈撕裂状。

2) 辅助特征

A. 轮辋存在周向碾压变形。

B. 事故现场轮辋碾压路面的痕迹出现在车辆碰撞接触点之前。

第三,泄漏

1) 主要特征

A. 轮胎无明显损伤。

B. 漏气。

a) 轮胎胎侧断裂,严重时内、外胎侧同时断裂,轮辋边缘着地,胎侧断口呈锯齿状,胎体帘线断端冗长、间有熔融现象,胎里无附着物,存在快速漏气碾压形成的可能。

b) 若轮胎胎侧断裂,严重时内、外胎侧同时断裂,轮辋边缘着地,胎侧断口呈锯齿状,胎体帘线断端呈熔融状,胎里有较多均匀分布的附着物,存在缓慢漏气碾压形成的可能。

2) 辅助特征

A. 轮胎与轮辋结合不紧密。

B. 轮胎修补贴、密封胶脱落。

4. 鉴定意见

结合 GA/T 1087《道路交通事故痕迹鉴定》,同时鉴定要解决的问题不是单纯分析轮胎损坏原因,而是要解决与事故发生之间的关系,是否因轮胎损坏而诱发了事故的可能性。鉴定意见一般分为肯定、否定和不确定。

(1) 外力作用或者火灾形成的损坏

① 轮胎受物体切割、刺穿、冲击等作用而形成损伤。鉴定意见可以但不限于以下表述:

A. 肯定

a) 被鉴定车辆的某一(个或组)轮胎的损坏痕迹符合外力作用(注:若造痕客体明确,可以细化为切割、刺穿、冲击等作用)所形成。

b) 被鉴定车辆的某一(个或组)轮胎的损坏痕迹是外力作用所形成可以成立。

B. 否定

a) 被鉴定车辆的某一(个或组)轮胎的损坏痕迹不是外力作用所形成。

b) 可以排除被鉴定车辆的某一(个或组)轮胎的损坏痕迹是外力作用所形成的可能性。

C. 不确定

a) 不排除被鉴定车辆的某一(个或组)轮胎的损坏痕迹是外力作用所形成的可能性。

b) 不排除被鉴定车辆的某一(个或组)轮胎的损坏痕迹不是外力作用所形成的可能性。

② 火灾

轮胎由于燃烧、受热后所形成的可观测的物理、化学变化的现象。对轮胎部位的燃烧痕迹按照 SF/T 0100—2021《车辆火灾痕迹物证鉴定技术规范》进行检验。鉴定意见可以但不限于以下表述：

A. 肯定

a) 被鉴定车辆的某一(个或组)轮胎的损坏痕迹符合燃烧、受热(注：轮胎过热起火或其他外部作用蔓延起火，其他外部作用包括放火、其他相邻部位起火影响等)所形成。

b) 被鉴定车辆的某一(个或组)轮胎的损坏痕迹是燃烧、受热所形成可以成立。

B. 否定

a) 被鉴定车辆的某一(个或组)轮胎的损坏痕迹不是燃烧、受热所形成。

b) 可以排除被鉴定车辆的某一(个或组)轮胎的损坏痕迹是燃烧、受热所形成的可能性。

C. 不确定

a) 不排除被鉴定车辆的某一(个或组)轮胎的损坏痕迹是燃烧、受热所形成的可能性。

b) 不排除被鉴定车辆的某一(个或组)轮胎的损坏痕迹不是燃烧、受热所形成的可能性。

(2) 爆裂

车辆因车速过快、超载、运距过长等使得轮胎胎温过高，或发生脱层等导致轮胎强度不足，导致轮胎爆破而形成损坏。鉴定意见可以但不限于以下表述：

A. 肯定

a) 被鉴定车辆的某一(个或组)轮胎的损坏痕迹符合轮胎爆裂所形成。

b) 被鉴定车辆的某一(个或组)轮胎的损坏痕迹是轮胎爆裂所形成可以成立。

B. 否定

a) 被鉴定车辆的某一(个或组)轮胎的损坏痕迹不是轮胎爆裂所形成。

b) 可以排除被鉴定车辆的某一(个或组)轮胎的损坏痕迹是轮胎爆裂所形成的可能性。

C. 不确定

a) 不排除被鉴定车辆的某一(个或组)轮胎的损坏痕迹是轮胎爆裂所形成的可能性。

b) 不排除被鉴定车辆的某一(个或组)轮胎的损坏痕迹不是轮胎爆裂所形成的可能性。

(3) 泄漏气

车辆轮胎缓慢漏气或气门芯漏气、气门嘴老化、轮辋与轮胎密封不严等，导致轮胎突然失压而形成损坏。鉴定意见可以但不限于以下表述：

A. 肯定

a) 被鉴定车辆的某一(个或组)轮胎的损坏痕迹符合轮胎泄气碾压所形成。

b) 被鉴定车辆的某一(个或组)轮胎的损坏痕迹是轮胎泄气碾压所形成可以成立。

B. 否定

a) 被鉴定车辆的某一(个或组)轮胎的损坏不是轮胎泄气碾压所形成。

b) 可以排除被鉴定车辆的某一(个或组)轮胎的损坏是轮胎泄气碾压所形成的可能性。

C. 不确定

a) 不排除被鉴定车辆的某一(个或组)轮胎的损坏是轮胎泄气碾压所形成的可能性。

b) 不排除被鉴定车辆的某一(个或组)轮胎的损坏不是轮胎泄气碾压所形成的可能性。

对同时具有外力撞击损坏痕迹特征和爆破特征的轮胎,当无法准确分析判断两者的先后顺序或主要作用时,应当在鉴定意见中进行说明。

5. 鉴定方法

轮胎破损原因鉴定可参照但不限于以下现行有效的国家标准、行业标准：GB/T 10823《充气轮胎轮辋实心轮胎规格、尺寸与负荷》、GB 14646《轿车翻新轮胎》、GB/T 18861《汽车轮胎滚动阻力试验方法》、GB/T 2977《载重汽车轮胎规格、尺寸、气压与负荷》、GB/T 2978《轿车轮胎规格、尺寸、气压与负荷》、GB/T 31546《电动自行车轮胎》、GB/T 3487《乘用车轮辋规格系列》、GB/T 4502《轿车轮胎性能室内试验方法》、GB/T 519《充气轮胎物理性能试验方法》、GB/T 521《轮胎外缘尺寸测量方法》、GB/T 6326《轮胎术语及其定义》、GB 7258《机动车安全运行技术条件》、GB 9744《载重汽车轮胎》、GB/T 9768《轮胎使用与保养规程》、GA/T 1087《道路交通事故痕迹鉴定》、GA/T 1508《法庭科学车辆轮胎痕迹检验技术规范》、GA/T 41《道路交通事故现场痕迹物证勘查》、GA/T 642《交通事故车辆安全技术检验鉴定》、SF/T 0072《道路交通事故痕迹物证鉴定通用规范》。

(五) 交通信号灯指示状态鉴定

1. 基本概念

信号灯是由红色、黄色和绿色灯采取不同组合组成的信号装置,用于指挥车辆、行人通行。红灯表示禁止通行,绿灯表示准许通行,黄灯表示警示。道路交通信号控制方式是指应用于道路交通信号控制系统,为控制和调整交通流运行状态,按照交通信号控制方案所执行的特定控制方式。相位是指同时获得通行权的一股或多股交通流所对应信号组的显示状态。周期是指信号灯色按设定的信号相位顺序变化一周所需的时间。交通信号配时是指设计交叉口的相位、相位序列以及周期、绿信比、相位差等参数的过程。信号灯状态是指信号灯在瞬时的灯色。当信号灯正常工作时,若某一瞬时的灯色为无色,则该瞬时信号灯的灯色为其最邻近过往瞬时的灯色。起始位置是指鉴定对象进入事故相关交通管控区域的初始位置(一般为停止线)。起始时刻是指鉴定对象位于起始位置的时间。目标信号灯是指指挥鉴定对象(车辆或行人)通行的信号灯。

2. 鉴定步骤

(1) 准备工作

① 应了解案情,包括事故路口的道路交通信号控制方式、交通信号配时和视频图像录制设备位置等环境情况,并确定事发时路口信号灯是否处于正常工作状态。

② 应了解视频图像的形成过程,视需要可要求委托方提供视频图像的录制设备、播放设备或软件。

③ 应明确鉴定要求,确定鉴定中的起始位置,了解视频图像中鉴定对象的情况,并了解委托方及各方当事人对于与鉴定要求相关的过程等情况的描述。

(2) 视频图像检验

① 应检验视频的文件名、格式、帧率、创建时间、变动时间和哈希值等文件属性信息。

② 当使用通用播放软件及摄录设备附带的专业播放软件播放视频图像,发现不能逐帧播放或不能拖动播放进度条时,可采用下列之一的方法进行视频图像检验,并详细记录操作过程:

a) 采用正常播放、倍速播放和逐帧播放相结合的方法进行检验。

b) 采用播放软件的截图工具,截取整段视频的图像序列。

c) 在不改变视频内容的前提下,对视频图像进行转封装或转码,并检验生成文件的相关文件属性信息。

③ 应使用播放软件播放视频图像,检验视频画面是否清晰,视需要,可采用播放软件附带的功能模块对图像进行增强、降噪等处理。

④ 应观察视频中其他信号灯的工作情况,选取某一信号灯作为参考信号灯。

⑤ 视需要,选取清晰的参考位置作为距离标定点。

⑥ 视需要,计算鉴定对象在视频区域内的速度,其计算方法应符合 GA/T 1133《基于视频图像的车辆行驶速度技术鉴定》的规定要求。

⑦ 视需要,记录各相位交通流的情况。

(3) 现场勘查

① 视需要,选取适当的时间对事故路口进行勘查,了解路口道路交通信号控制方式,记录事故路口情况。可通过绘制现场示意图对现场的平面布置和测量信息进行记录。

② 视需要,测量并记录起始位置截面与参考位置截面间的距离。

③ 视需要,采用帧率稳定的摄录设备记录事故路口信号灯工作情况,以获取事故路口交通信号配时。拍摄范围应包含参考信号灯及目标信号灯。拍摄时长应≥3 个信号灯周期。可通过制作表格的方式记录信号灯配时。

(4) 确定交通信号配时

① 当委托方不能提供交通信号配时时,应进行现场勘查获取交通信号配时。

② 应根据视频中可见相位的信号灯情况,结合委托方提供的交通信号配时,或现场勘查获取的交通信号配时,综合分析事发时交通信号配时。当视频中无可见信号灯情况时,可根据可见相位的交通流情况,再结合委托方提供的交通信号配时,或现场勘查获取的交通信号配时,综合评断后再确定事发时交通信号配时。

3. 鉴定方法

(1) 应根据视频中的起始时刻和其他信号灯状态,结合交通信号配时,通过分析计算,判断起始时刻目标交通信号灯的状态。

（2）应根据视频中鉴定对象处于参考位置的时刻和其他信号灯状态，结合参考位置与起始位置间的距离、鉴定对象在视频区域内的速度和交通信号配时等内容，通过分析计算，判断起始时刻目标交通信号灯的状态。

（3）应根据多个视频中的同一场景，在同一时间轴上建立事件过程。在此基础上，按（1）～（2）规定的方法进一步分析。

（4）应根据行车记录仪拍摄的视频图像或道路卡口监控照片中所示的内容，按（1）～（3）规定的方法进行分析。

4. 记录

（1）应及时、客观并全面地记录与鉴定活动有关的情况，保证鉴定过程的可追溯性。记录的内容应真实、客观、准确、完整和清晰，记录的文本资料和音像资料等应存入鉴定档案。

（2）记录应能反映出检验时间、参加人员、使用工具、鉴定过程和检验结果等信息。

（3）记录可采用文字、绘图、录音、拍照和录像等方式。现场勘查中的拍照记录，应符合 GA/T 50《道路交通事故现场勘查照相》的要求。使用拍照或录像进行记录的，不应对原始图像进行变动。

5. 鉴定意见

鉴定意见可表述为：

a）某车辆（或行人）通过（或到达）道路某位置时，其对应某方向的目标信号灯为某状态（绿灯、黄灯、红灯）；

b）某车辆（或行人）沿某方向通过（或到达）道路某位置时，其对应的目标信号灯为某状态（绿灯、黄灯、红灯）。

6. 鉴定标准

交通信号灯指示状态鉴定可参照但不限于以下现行有效的国家标准、行业标准：GB 14886《道路交通信号灯设置与安装规范》、GB 14887《道路交通信号灯》、GB 20149《道路交通信号灯 200 mm 圆形信号灯的光度特性》、GB/T 31418《道路交通信号控制系统术语》、GA/T 1087《道路交通事故痕迹鉴定》、GA/T 41《道路交通事故现场痕迹物证勘查》、GA/T 508《道路交通信号倒计时显示器》、GA/T 527《城市道路交通信号控制方式适用规范》及 GA/T 527.1《道路交通信号灯控制方式第 1 部分：通用技术条件》、GA/T 851《人行横道信号灯设置规范》、SF/T 0072《道路交通事故痕迹物证鉴定通用规范》、SF/T 0073—2020《基于视频图像的道路交通事故信号灯状态鉴定规范》。

（六）其他综合鉴定

其他综合鉴定项目应根据《司法鉴定程序通则》鉴定标准有关规定，结合实际选择或者委托方指定及协议相应的鉴定标准方法进行鉴定，得出科学客观鉴定意见。

第三节　交通事故痕迹物证鉴定程序

一、鉴定受理程序

（一）总则

1. 鉴定机构应取得从事司法鉴定/法庭科学领域中道路交通事故痕迹物证鉴定的资质。
2. 鉴定机构应指派具备道路交通事故痕迹物证鉴定专业技术知识的人员受理鉴定委托（下称"受理人"）。
3. 受理人应在委托人提供介绍信、委托书等委托材料，并出示能够证明其身份的有效证件的前提下，启动鉴定受理程序。
4. 受理人宜按 SF/T 0072—2020《道路交通事故痕迹物证鉴定通用规范》4.2 中可能的途径了解与鉴定有关的情况，应按 SF/T 0072—2020《道路交通事故痕迹物证鉴定通用规范》4.3 的要求审查送检材料，并按 SF/T 0072—2020《道路交通事故痕迹物证鉴定通用规范》4.4 的要求明确鉴定事项。
5. 鉴定机构应按 SF/T 0072—2020《道路交通事故痕迹物证鉴定通用规范》4.5 的要求决定是否受理鉴定委托，接受委托的应按 SF/T 0072—2020《道路交通事故痕迹物证鉴定通用规范》4.6 的要求进行登记。

（二）了解与鉴定有关的情况

1. 了解与鉴定有关情况的途径，包括但不限于：
（1）委托方对与鉴定相关情况的介绍。
（2）查阅有关的案（事）件卷宗。
（3）已有相关检验鉴定。
（4）实地勘验和调查的条件。
2. 宜了解与鉴定有关的如下情况，包括但不限于：
（1）案（事）件发生的经过、性质、技术需求及其他相关情况。
（2）委托人或送检人对送检材料的形成过程及发现、提取等情况的陈述。
（3）提出鉴定的当事人的诉求，及需要解决的技术问题和提出鉴定的理由。

(4) 非首次鉴定的,了解历次鉴定的情况。

(5) 与鉴定材料相关的其他情况。

(三) 审查鉴定条件

1. 审查送检材料的内容、来源、数量、状态等情况。

2. 审查鉴定需要检验的其他实物类对象的保管条件、状态,如事故车辆、事故现场、路面痕迹等。

3. 审查鉴定需要检查的当事人的状态,如:就医过程、康复状态、尸体保存情况等。

4. 审查其他已经提取的散落物、附着物等痕迹物证的提取、保存和送检情况。

(四) 明确鉴定要求

1. 应了解委托方具体的鉴定要求,以及通过鉴定需要证明的具体事项。

2. 对于鉴定要求不明确或不准确的,应与委托方沟通确认鉴定需求。

3. 应确认委托方提出的鉴定事项,审查其是否属于道路交通事故痕迹物证鉴定的范围。

道路交通事故痕迹物证鉴定的鉴定项目包括:车辆安全技术状况鉴定;交通设施安全技术状况鉴定;交通事故痕迹鉴定;车辆速度鉴定;交通事故痕迹物证综合鉴定等。

(五) 决定是否受理

1. 鉴定机构应评价实验室现有资源是否满足鉴定要求,决定是否受理。若出现以下情况的可不予受理:

(1) 鉴定要求不明确。

(2) 鉴定材料明显不具备鉴定条件。

(3) 委托方故意隐瞒与鉴定相关的重要情况。

(4) 在委托方要求的时限内不能完成鉴定。

(5) 鉴定机构现有资源不能满足鉴定要求。

(6) 经审查鉴定要求不属于道路交通事故痕迹物证鉴定的范围。

(7) 法律法规规定的其他不得受理的情况。

2. 鉴定机构决定受理的,应与委托人签订鉴定委托协议。鉴定委托协议的格式和包含的要素应符合有关法律法规的要求。

3. 鉴定机构决定不受理的,应向委托人说明原因。

4. 不能当场决定是否受理的,可先行接收送检材料,并与委托人办理送检材料交接手续。

(六) 登记

1. 鉴定机构应制定统一的案件登记规则。

2. 案件接受后,应按鉴定机构制定的登记规则进行统一登记。

3. 决定正式受理的案件,应进行唯一性编号,并按第5章的要求对送检材料进行标识。

二、送检材料的接收

(一) 送检材料的记录

1. 应当核对并记录鉴定材料的名称、种类、数量、性状、保存状况、收到时间等。

2. 采取有效的标识方法,确保检材不被混淆,样本能被有效识别,且标识不应影响检材和样本的状态和性质。

(二) 送检材料的固定

1. 采取适当的方法对送检材料中的文件类和电子类原件进行备份,并将原件交还委托方。

2. 根据实物送检材料的类别,采用拍照、录像或三维扫描等方式对其进行固定,应放置唯一性标识和比例尺,以真实反映检材和样本的原貌。

3. 根据实物送检材料的类别、性状,选择适当的方法和环境保存。

(三) 送检材料的补充

1. 鉴定中需补充送检材料的,鉴定人应说明需补充的具体材料及要求。

2. 决定需补充材料的,鉴定人应与委托方联系协商补充材料的要求及时限,并记录有关情况。

3. 补充材料的程序应符合有关法律法规的要求,补充材料所需的时间不计算在鉴定时限内。

三、检验鉴定程序

(一) 鉴定的启动

1. 鉴定受理后,鉴定机构应指定本机构具有与鉴定要求相对应的道路交通事故痕迹物证鉴定执业资质的鉴定人进行鉴定,并按有关法律法规的规定执行鉴定人回避制度。

2. 鉴定机构可根据本机构资源配置的具体情况,设置不同等级的鉴定程序。

3. 鉴定程序可分为普通程序、复杂程序等不同等级,不同鉴定程序中鉴定人的组成应满足 SF/T 0072—2020《道路交通事故痕迹物证鉴定通用规范》6.2 的要求。

4. 鉴定机构应根据受理案件的具体情况选择相应的鉴定程序,组成鉴定组,确定鉴定组的负责人或者"第一鉴定人"。

5. 初次鉴定,且鉴定内容不涉及其他鉴定专业的可采用普通程序;重新鉴定及复杂、疑难或者特殊鉴定事项的鉴定可采用复杂程序。

(二) 鉴定人的要求

1. 普通程序

普通程序中鉴定人应同时满足以下两个条件:

(1) 取得道路交通事故痕迹物证鉴定执业资格的鉴定人2人。

(2) 鉴定人中应至少有1名具备道路交通事故痕迹物证鉴定相关专业中级技术职称(职级)或取得道路交通事故痕迹物证鉴定执业资格后具有1年以上(含1年)本专业鉴定经历的鉴定人。

2. 复杂程序

复杂程序中鉴定人应同时满足以下两个条件:

(1) 取得道路交通事故痕迹物证鉴定执业资格的鉴定人3人以上(含3人)。

(2) 鉴定人中应至少有1名具有道路交通事故痕迹物证鉴定相关专业高级技术职称(职级)。

3. 鉴定与外部信息

(1) 鉴定实行鉴定人负责制,由鉴定人负责控制鉴定时限、协调鉴定流转,确保在委托协议规定的时限内完成鉴定。

(2) 在委托协议规定的时限内不能按时完成鉴定的,鉴定人应及时与委托方联系,商定延长鉴定时限及解决办法,并记录有关情况。

(3) 鉴定中出现意见分歧的,鉴定人有权保留自己的意见,最终鉴定意见的形成应按SF/T 0072—2020《道路交通事故痕迹物证鉴定通用规范》第8章的要求进行。

(4) 当鉴定要求或鉴定内容涉及多专业鉴定技术时,鉴定机构内部其他专业的鉴定人可以共同参与鉴定;也可以采用内部协作的方式,就某些专业技术需求,机构内部委托并出具检验鉴定报告,若须要使用内部委托所产生检验鉴定结果时,应以摘录的形式出现在最终提供给委托方的报告中。

(5) 鉴定需要引用由委托方提供的案情、相关检验鉴定报告及其他信息的,应以摘录的形式出现在最终提供给委托方的报告中。

(6) 鉴定需要其他机构提供部分检测数据时,可以采取分包委托的形式。但分包前应将分包内容告知委托方,在获得委托人书面同意后实施。抽样/取样、鉴定结果的分析和判断不得分包。

(7) 鉴定过程中,涉及复杂、疑难、特殊技术问题的,可以向本机构以外的相关专业领域的专家进行咨询,但最终的鉴定意见应当由本机构的司法鉴定人出具。专家提供咨询意见应当签名,并存入鉴定档案。

(8) 鉴定人及机构间鉴定材料的流转,应按 SF/T 0072—2020《道路交通事故痕迹物证鉴定通用规范》第 7 章的要求进行。

四、检验原则和鉴定方法

(一) 检验原则

道路交通事故痕迹物证鉴定应按以下检验原则进行:
1. 进行现场勘验时应采取必要的措施,确保人员安全。
2. 优先检验容易灭失的痕迹物证。
3. 先宏观检验后微观检验。
4. 先无损检验后有损(破坏性)检验。
5. 进行有损检验前应当告知委托方,并征得委托人书面同意。
6. 进行有损检验前应先固定原貌(可采用拍照、扫描等方法),必要时应进行预试验。
7. 进行有损检验时,应选用对检材破坏范围小、破坏程度低、用量少的方法。

(二) 鉴定方法

1. 鉴定人应针对鉴定的具体要求,根据现有的鉴定材料、鉴定条件和鉴定方法,确定具体的检验方案,并选择相应的鉴定方法。

2. 鉴定人应首先选择相应的国家标准、行业标准和行业主管部门颁布的技术规范等鉴定方法进行检验。

3. 若无 SF/T 0072—2020《道路交通事故痕迹物证鉴定通用规范》6.4.2.2 要求的鉴定方法,可选择使用非标准方法。使用非标准方法前应将其文件化,并选择有效的方法进行确认。非标准方法的使用应符合有关法律法规、实验室认可/资质认定的要求,使用前应告知委托方并得到委托方的书面同意。

(三) 材料的流转程序

1. 委托方与鉴定人之间、鉴定人之间及机构之间移交鉴定材料,应当办理交接记录。
2. 鉴定和移交过程中不应对鉴定材料造成任何污染、损坏或改动。
3. 鉴定人应当妥善保存鉴定材料,防止鉴定材料被污染、损坏或遗失。

五、结果报告程序

(一) 总则

结果报告的程序,应按以下要求进行:

1. 第一鉴定人应负责汇总独立鉴定中各鉴定人的鉴定意见,并组织鉴定人共同鉴定。

2. 经共同鉴定,鉴定意见不一致的,应按 SF/T 0072—2020《道路交通事故痕迹物证鉴定通用规范》8.2 的要求进行处理。

3. 经共同鉴定,鉴定意见一致的,应按 SF/T 0072—2020《道路交通事故痕迹物证鉴定通用规范》8.3 的要求对鉴定意见进行复核,并按 SF/T 0072—2020《道路交通事故痕迹物证鉴定通用规范》8.4 的要求制作鉴定文书。

(二) 鉴定意见分歧的处理

1. 普通鉴定程序中出现意见分歧,应进入复杂鉴定程序。

2. 复杂鉴定程序中出现意见分歧的,可增加鉴定人或聘请外部专家提供技术咨询,再由全体鉴定人共同讨论形成最终鉴定意见。

(三) 鉴定意见的复核

1. 鉴定机构应指定具有相应资质的人员对鉴定程序和鉴定意见进行复核。

2. 复核人应针对鉴定程序、鉴定人的资质,以及鉴定方法、检验过程、鉴定意见的依据及支持鉴定意见的技术性资料等进行全面审核,并签名确认。

(四) 制作鉴定文书

1. 鉴定人应根据有关鉴定文书规范制作鉴定文书。根据道路交通事故痕迹物证鉴定的专业特点,鉴定文书的内容包括但不限于:

(1) 委托人:委托机构(或人)。

(2) 受理日期:受理鉴定的具体日期。

(3) 基本案情:包括案由或与鉴定相关的情况等。

(4) 鉴定材料:包括送检材料,以及其他必要的检验鉴定对象。

(5) 鉴定事项:具体的鉴定要求。

(6) 鉴定日期:实施鉴定的日期。

(7) 鉴定过程:包括鉴定方法、使用的仪器、检验中发现的现象及检验结果等。

(8) 分析说明:对检验过程中发现的现象和检验结果进行综合分析和评断,并阐述作出相应鉴定意见的主要依据。

(9) 鉴定意见:鉴定意见的种类及表述应符合有关鉴定标准、技术规范的要求。

(10) 落款:鉴定人签名并加盖鉴定专用章。

(11) 附件:检材和样本复制件、支持鉴定意见的技术性资料及鉴定人资质证书等。

2. 鉴定人应对鉴定文书进行审核和校对,并签名确认。鉴定机构宜设置专门的人员对鉴定文书进行文字校对。

3. 应将鉴定文书、委托方提供的送检材料等及时返回委托方,并作好交接记录。

六、归档

鉴定机构应指派专门人员负责接收、整理并及时归档管理 SF/T 0072—2020《道路交通事故痕迹物证鉴定通用规范》9.1 中的记录资料和其他与鉴定相关的资料。

归档资料应装订成册,归档资料的内容包括但不限于:
(1) 封面。
(2) 目录。
(3) 与出具的正式鉴定文书内容相同的鉴定文书副本(包括附件)。
(4) SF/T 0072—2020《道路交通事故痕迹物证鉴定通用规范》9.1 中的记录资料。
(5) 鉴定完成后,有关出庭、投诉等情况的记录资料。
(6) 其他与鉴定相关的资料。
(7) 鉴定机构应长期妥善保存鉴定档案,保存期限应符合有关法律法规的要求。

第四节　交通事故痕迹物证鉴定意见的审查

结合交通事故痕迹物证鉴定的特点,介绍交通事故痕迹物证鉴定意见的审查要点及注意事项。

一、鉴定程序合法性审查

程序合法性审查内容主要包括:鉴定人是否存在应当回避而未回避的情形?鉴定机构和鉴定人是否具有合法的资质?鉴定程序是否符合法律及有关规定?检材的来源、取得、保管、送检是否符合法律及有关规定,与相关提取笔录、扣押物品清单等记载的内容是否相符,检材是否充足、可靠?鉴定的程序、方法、分析过程是否符合本专业检验鉴定规程和技术方法要求?鉴定意见的形式要件是否完备,是否注明提起鉴定的事由、鉴定委托人、鉴定机构、鉴定要求、鉴定过程、检验过程、鉴定文书的日期等相关内容,是否由鉴定机构加盖鉴定专用章并由鉴定人签名盖章?鉴定意见是否明确?鉴定意见与案件特征事实有无关联?鉴定意见与其他证据之间是否有矛盾,鉴定意见与检验笔录及相关照片是否有矛盾?鉴定意见是否依法及时告知相关人员,当事人对鉴定意见是否有异议?有无鉴定委托书?鉴定委托书有无委托方(人)签章?简要案情是否清晰写明?简要案情中案发时间、地点和被鉴定对象是否描述以及是否正确?鉴定材料是否为被鉴定车辆或是呈现被鉴定车辆的图像等载体？鉴定委托事项是否明确？鉴定机构及鉴定人是否进行合同评审及确认？鉴定方法是否另行约定？鉴定风险告知书是否签署？完成鉴定是否超过规定时限或委托约定时限？鉴定机构安排的鉴定人是否具有该案委托鉴定范围的资质，是否符合回避规定？是否可以分包及是否存在分包？为本案鉴定提供外部信息的机构是否具备相关资质？鉴定依据是否现行有效且全面、准确？鉴定过程是否符合鉴定方法的有关要求？分析说明是否来自检验所见并相印证？鉴定意见的表述是否符合一般要求且与委托事项相呼应？

二、鉴定记录规范性审查

1. 受理人、鉴定人、复核人应实时记录 SF/T 0072—2020《道路交通事故痕迹物证鉴定通用规范》第 4 章~第 8 章规定的与鉴定活动有关的要求和情况。

2. 记录需要进行变动的，应由原记录人采用适当的方法实时进行变动，确保被变动的原有内容能被辨识。

3. 记录的内容应全面、客观，包括但不限于：

（1）鉴定委托书、委托协议或送检材料接收单及合同评审中的其他情况等。

（2）委托方提供的送检材料。

（3）SF/T 0072—2020《道路交通事故痕迹物证鉴定通用规范》第 6 章检验鉴定程序中要求的，检验鉴定的过程，选择的鉴定方法及相应鉴定方法规定的全部要求的符合情况，以及鉴定时限的协商确认情况等。

（4）SF/T 0072—2020《道路交通事故痕迹物证鉴定通用规范》第 7 章送检材料的流转程序中要求的，委托方与鉴定人之间、鉴定人之间及机构之间鉴定材料的交接记录、鉴定过程中材料的补充确认情况等。

（5）SF/T 0072—2020《道路交通事故痕迹物证鉴定通用规范》第 8 章结果报告程序中要求的，鉴定人分歧意见的处理过程、最终鉴定意见形成过程、鉴定文书草稿及鉴定意见的复核情况等。

（6）记录可采用纸质文件或电子文件的形式。对于纸质文件，鉴定机构应按 SF/T 0072—2020《道路交通事故痕迹物证鉴定通用规范》9.2 的要求及时归档，对于电子文件，鉴定机构应制定措施对其进行有效控制，确保其安全完整。

三、鉴定方法科学性审查

交通事故痕迹物证鉴定属于综合性鉴定项目，包括 5 个具体项目，被鉴定对象多样，同一类鉴定对象在具体委托鉴定项目时可能也各不相同。具体案件不同鉴定委托项目所依据的标准和方法应进行科学性审查，主要包括：是否符合《通则》有关顺序要求的规定；鉴定意见书中使用的术语是否来自依据的鉴定标准？鉴定意见书中的数据是否符合规范要求？

在获取的案件材料与现场勘查不一致时,是否遵循现场勘查优先的原则?对影响交通安全,但没有进行检验的项目是否进行相关说明?通过分析得出的鉴定意见是否有分析说明的过程且对应充分?检验分析过程是否紧扣鉴定委托要求?多种方法勘验获得的痕迹物证信息、分析计算等是否能相互吻合,贯通一致?鉴定意见的表述是否依据鉴定标准的具体规定作出了无歧义的表述?

第二章

交通事故痕迹物证鉴定方法

《标准化法》规定，对保障人身健康和生命财产安全、国家安全、生态环境安全以及满足经济社会管理基本需要的技术要求，应当制定强制性国家标准。国务院有关行政主管部门依据职责负责强制性国家的项目提出、组织起草、征求意见和技术审查。强制性国家标准由国务院批准发布或者授权批准发布；对满足基础通用、与强制性国家标准配套、对各有关行业起引领作用等需要的技术要求，可以制订推荐性国家标准。推荐性国家标准由国务院标准化行政主管部门制定；对没有推荐性国家标准、需要在全国某个行业范围内统一的技术要求，可以制定行业标准；为满足地方自然条件、风俗习惯等特殊技术要求，可以制定地方标准；国家鼓励学会、协会、商会、联合会、产业技术联盟等社会团体协调相关市场主体共同制定满足市场和创新需要的团体标准，由本团体成员约定采用或者按照本团体的规定供社会自愿采用；企业可以根据需要自行制定企业标准，或者与其他企业联合制定企业标准。

《标准化法》规定，国家支持在重要行业、战略性新兴产业、关键共性技术等领域利用自主创新技术制定团体标准、企业标准。推荐性国家标准、行业标准、地方标准、团体标准、企业标准的技术要求不得低于强制性国家标准的相关技术要求。国家鼓励社会团体、企业制定高于推荐性标准相关技术要求的团体标准、企业标准。

根据《决定》第23条规定，司法鉴定人进行鉴定，应当顺序遵守和采用该专业领域的技术标准、技术规范和技术方法，有国家标准的采用国家标准；没有国家标准的采用行业标准和技术规范；没有国家标准、行业标准和技术规范的，采用该专业领域多数专家认可的技术方法。

国家标准由国家标准化主管机构组织制定和批准，分为强制性国标(GB)和推荐性国标(GB/T)。行业标准由国务院有关行政主管部门制定报国务院标准化行政主管部门备案。不同专业鉴定在进行鉴定时，可以采用各行业主管部门制定的行业标准。技术规范主要是指司法部或其他有关部门颁布的司法鉴定技术规范。

鉴定机构和鉴定人对鉴定方法遵守和采用的顺序不能片面或机械性地去理解，遵守该顺序规则的必要前提是国家标准、行业标准和技术规范、技术方法都适用于具体鉴定案件的鉴定条件和要求，在此前提条件成立情况下遵守该顺序规则，其目的是尽可能规避鉴定方法存在的风险问题。当国家标准、行业标准和技术规范、技术方法对具体案例存在适用性差异时，特别是下一级的行业标准、技术规范或技术方法更适宜于具体个案鉴定工作时，选用最适宜的鉴定方法应是首选考虑的，否则鉴定质量就无法保证。对于上述情形，在委托受理时应告知委托人并获得其确认，在鉴定过程中出现该情况的应及时通知委托人并记录沟通结果。

对"多数专家认可"的含义是指本专业领域一定数量的、具有代表性的专家对某项技术方法科学性的确认。实践中，应当由地(市)级以上司法行政、科技、环境等政府相关部门组织或授权行业协会、第三方专业评价机构等按照一定程序，组织技术水准和相关学识等方面具有代表性的专家，对某项技术方法进行论证，并在规定或相应范围内公示后予以确认，以确保技术方法的科学性、可靠性。当鉴定机构只能使用多数专家认可的方法时，应与委托人达成协议并遵守协议内容。鉴定机构在使用该技术方法前应经过适当的确认以证实该方法适用于预期的用途，并保留确认记录。

标准化是为了在既定范围内获得最佳程序,促进共同效益,对现实问题或潜在问题确立共同使用和重复使用的条款以及编制、发布和应用文件的活动。而标准则是通过一系列标准化的活动,按照有关规定的程序要求经过协商一致而制定的,并为各种活动或者其结果提供规则、指南或特性,以供共同使用和重复使用的文件。2022年1月,为贯彻落实中共中央、国务院印发的《国家标准化发展纲要》,中共上海市委上海市人民政府印发《上海市标准化发展行动计划》(以下简称《行动计划》)的通知。《行动计划》强调,标准不仅是经济活动和社会发展的技术支撑,而且是国家基础性制度的重要方面。实施标准化战略是新时代助力高技术创新,促进高水平开放、引领高质量发展的重要保障。2022年2月,司法部、科技部印发《"十四五"司法行政科技创新规划》,该规划指出,紧密围绕司法行政改革需求,研发一批高质量先进技术和装备,构建智能化、精准化鉴定技术,比如痕迹物证量化检测、道路交通事故痕迹物证鉴定关键技术等司法鉴定智能化技术与装备。2020年6月,司法部发布了《物证类司法鉴定执业分类规定》,正式将交通事故痕迹物证鉴定第一次明确归为痕迹鉴定中与其他手印、足迹、工痕、枪弹痕、特痕等痕迹一样地位的子项目。交通事故痕迹物证鉴定的提出,其作为新兴的鉴定类型,需处理好发展初级阶段在司法鉴定改革总体态势下关于执业分类、鉴定人、鉴定机构准入与退出,标准体系框架构建等问题。从2014—2021年报名参加道路交通事故痕迹鉴定能力验证的机构数来看,全国有400多家从事交通事故痕迹物证鉴定的鉴定机构,按照每家至少3名从事该项目司法鉴定人、配比1∶2鉴定助理来计算,约1 200余名司法鉴定人和2 400余名鉴定助理在开展此项活动。

综上,开展交通事故痕迹物证鉴定具体项目内容的标准化活动研究,牢固标准化发展基础,是当前面临形势和对接国家战略的重要举措,也是实现新型鉴定类型长足发展的必然需要。本章将紧紧围绕相对比较疑难复杂的交通事故痕迹物证综合鉴定、专业性较强的交通设施安全技术状况鉴定、比较常见的车辆安全技术状况鉴定、基本每一起交通事故都涉及的交通事故痕迹鉴定,基于视频图像或者地面痕迹等的车辆速度鉴定等鉴定内容或者委托事项展开探究,以期为交通事故痕迹物证鉴定专业化、规范化发展提供一定思路和参考。

交通事故痕迹物证鉴定是指痕迹司法鉴定人运用痕迹学的理论、方法和专门知识,对交通事故痕迹物证进行发现、勘查、固定、提取,并对其性质、状况及其形成交通事故特征性痕迹的同一性、形成过程、相互关系、形成原因等进行勘验检查、分析鉴别和判断并作出鉴定意见的活动。这里的交通事故不限于道路交通事故,水上、轨道、航空等领域发生的交通事故或意外案(事)件均涉及痕迹鉴定内容;被鉴定对象不限于道路车辆,火车、飞机、轮船等交通工具及有关涉案者,发生事故时所处的环境、状态、相关动植物等均可涉及,同传统痕迹鉴定以造痕客体(如手、足、工具、枪弹、唇、牙齿、玻璃、纺织品、轮胎等)为命名依据不同,是以案(事)件性质来命名的一种综合性鉴定类型。交通事故痕迹物证鉴定过程中被鉴定对象存在多样性的特点,鉴定方法或者适用的标准、技术规范也是多而庞杂,并时常因案件需要解决的专门性问题而新增具体鉴定内容。目前，道路交通事故痕迹物证鉴定已经成为较为成熟且成一定体系的鉴定门类。从其外延看，道路交通事故痕迹物证鉴定运用了传统痕迹物证鉴定的相关理论和方法，结合了交通工程、车辆工程、法医学、痕迹物证和事故重建等技术；并通过痕迹检验、功能检查、书证审查、理论计算和综合分析，对道路交通事故的发生状态、过程还原和事故成因等案件事实认定所涉及的专门性问题进行鉴别和判断并提供鉴定意见的活动。主要包括但不限于车辆安全技术状况鉴定、交通设施安全技术状况鉴定、交通事故痕迹鉴定、车辆速度鉴定、交通事故痕迹物证综合鉴定等类别。2021年6月，司法部发布了《法医类物证类声像资料司法鉴定机构登记评审细则》，从人、机、料、法、环等方面对从事交通事故痕迹物证鉴定机构及鉴定人作出规定要求。对于从事交通事故痕迹物证鉴定特别是道路交通事故痕迹物证鉴定的鉴定机构来讲，同时具备法医类、痕迹鉴定、微量物证鉴定、声像资料类司法鉴定等类别及有关专业领域，更能满足这一痕迹司法鉴定鉴定项目的顺利开展，并可切实解决交通事故处理、诉讼等过程中遇到的有关专门性问题。司法鉴定实践中，鉴定方法有相应的管理要求，通过制定、实施和保持鉴定方法管理控制程序，对鉴定标准、技术规范等的选择和验证要求，以及非标准方法的研发、编制和确认要求进行管理控制。鉴定机构和鉴定人应确保使用最新有效版本的鉴定方法，除非不适合或者不可能做到。必要时，应以作业指导书形式补充方法使用的细节，确保其应用的一致性。当委托方未指定所使用的方法时，鉴定机构和鉴定人应选择适合的方法，所选用的鉴定方法应告知委托方。交通事故痕迹物证鉴定所依据的鉴定方法一般采取的是标准方法，包括国家/行业标准方法、技术法规与部颁技术规范，所以选择适宜的标准是高质量开展各个具体鉴定项目的关键，当然也要密切关注改动过的标准方法，并按照规定程序进行方法的确认，方法的确认应尽可能全面，以满足预期用途或者应用领域的需求。

第一节　车辆安全技术状况鉴定方法

道路交通事故中主要的参与人是车辆，而车辆安全技术状况鉴定是指痕迹司法鉴定人对道路交通事故中有关车辆的安全状况（事发时的状况）所进行的技术检验、分析和判断并作出鉴定意见的活动。按检验方式的不同可以分为道路交通事故车辆的静态检验鉴定、动态检验鉴定和某一零部件丧失功能或效能检验鉴定；按涉案车辆的损坏状况情况可以分为尚具有行驶能力的事故车辆安全技术检验鉴定和完全或者部分失去行驶能力的事故车辆安全技术检验鉴定。

在鉴定实践中，主要是分析评判车辆事发时安全技术状况及其与事故发生之间的关系,被鉴定车辆是事发前就存在安全问题、还是事故中遭受碰撞而发生损坏,或者是事故后因牵引、移位、人为等造成损坏,而后解决这些安全问题与本次事故发生之间的关系,是否是诱发事故发生的关键因素,为事故责任认定提供科学证据支持。

一、车辆类型鉴定

(一) 概述

判断涉案车辆的类型(如机动车、非机动车),来源于车辆属性鉴定,亦称为车辆类型鉴定,业内有时简称为机非鉴定。车辆属性鉴定是鉴定人根据相关鉴定依据,通过对涉案车辆的特征、技术参数及其他相关技术条件进行检验、分析,从而作出该涉案车辆的类型是否符合某种车的定义、是否符合某种车辆相关技术标准或者不仅限于以上其中一种的判断。

无论是车辆属性鉴定意见中可能会出现纳入机动车管理范畴的非技术鉴定内容,还是机动车和非机动车的定性涉及《中华人民共和国道路交通安全法》等法律内容,都存在因表述不规范、不明确而影响鉴定意见不被采信的风险。这里需要特别说明的是,《中华人民共和国道路交通安全法》第 119 条定义的机动车,从鉴定角度仅具备技术参数对照相应技术标准的符合性,而非应当纳入机动车管理的法律性界定。

因此,笔者认为,对于车辆属性鉴定,应当遵从对标准的"合标"性检验。从规范的角度来讲,笔者建议此类鉴定委托事项一般表述为"对涉案车辆(被鉴定车辆)类型进行鉴定"。当然,也有一些例外情况,比如:电驱动两轮车某些技术参数不符合 GB 17761—2018《电动自行车安全技术规范》有关条款的规定,委托方要求进行符合性鉴定,这种情况下,委托事项一般表述为"涉案车辆(被鉴定车辆)是否符合电动自行车技术标准",存在一种"超标"的概念,需要具体问题具体分析;送货车(人力三轮车)的车身结构经加装一个电动机或者汽油发动机,增加了原有动力,将人力骑行功能扩展为两种方式,改变了原有的自行车的属性,存在一种"加装"的概念,这种情况下,委托事项一般表述为"涉案车辆(被鉴定车辆)是否存在加装";还有一些非机动车类型(人力驱动车辆、畜力驱动车辆、残疾人机动轮椅车、残疾人电动轮椅车等)、非道路车辆类型(儿童类非道路车辆、轮椅类非道路车辆、动力装置类非道路车辆、人力驱动类非道路车辆、畜力驱动类非道路车辆等),涉及车辆类型的鉴定,可参照 GA 802—2019《道路交通管理机动车类型》。2021 年 12 月,四川省道路交通安全协会发布了 T/SCJA 8—2021《非机动车类型》和 T/SCJA 9—2021《非道路车辆类型》团体标准,对这些车辆进行了定义,团体标准是行业标准的有力补充。综上,此种鉴定中被鉴定车辆的动力多样、式样多,改装或加装时有发生,根据驱动方式,可以分为机动车和非机动车;根据行驶区域(或路权),可以分为道路车辆和非道路车辆,寻找适宜鉴定标准较为复杂。

(二) 案例

1. 委托事项

根据案件调查需要,对未悬挂号牌不知厂牌电驱动四轮车(以下简称被鉴定车辆)是否符合相关标准(GB 7258—2017《机动车运行安全技术条件》、GA 802—2019《道路交通管理机动车类型》)中机动车的定义进行鉴定。

2. 鉴定方法

参照 GB 7258—2017《机动车运行安全技术条件》、GA 802—2019《道路交通管理机动车类型》、GB 12995—2006《机动轮椅车》、GB 12996—2012《电动轮椅车》及 GB 17761—2018《电动自行车安全技术规范》有关条款及检验方法,对被鉴定车辆进行检验,并作出鉴定意见。

3. 检验所见

被鉴定车辆为一辆不带驾驶室的电驱动四轮车,未检见车架钢印号及车辆铭牌,车身后侧检见"北亿"及"16711640000"字样。被鉴定车辆为两轴四轮车辆,其中,前轴车轮为转向轮,后轴车轮为驱动轮,车轮轮胎规格均为 3.00-8。未配备脚踏曲柄装置,不能实现人力骑行。被鉴定车辆右前部地板见制动操纵踏板。被鉴定车辆后部蓄电池仓内检见串联连接四个蓄电池单元。被鉴定车辆后轴安装一台电动机,该电动机钢印号为 YS48/60V1500W221201718LMC60。

经测量,被鉴定车辆外廓尺寸(长×宽×高)约为 199 cm×103 cm×122 cm,其轴距约为 122 cm。

4. 分析说明

根据检验所见,被鉴定车辆不符合 GB 12995—2006《机动轮椅车》中机动轮椅车的相关条款要求;不符合 GB 12996—2012《电动轮椅车》中电动轮椅车的相关条款要求;不符合 GB 17761—2018《电动自行车安全技术规范》中电动自行车的相关条款要求。

根据检验所见,被鉴定车辆符合 GB 7258—2017《机动车运行安全技术条件》3.1 机动车(由动力装置驱动或牵引,上道路行驶的供人员乘用或用于运送物品以及进行工程专项作业的轮式车辆,包括汽车及汽车列车、摩托车、拖拉机运输机组、轮式专用机械车、挂车。)的条款;符合 GA 802—2019《道路交通管理机动车类型》3.1.1 机动车(由动力装置驱动或者牵引,上道路行驶的供人员乘用或者用于运送物品以及进行工程专项作业的轮式车辆,包括汽车及汽车列车、摩托车、轮式专用机械车、挂车、有轨电车、特型机动车和上道路行驶的拖拉机,不包括虽有动力装置但最大设计车速、整备质量、外廓尺寸等指标符合有关国家标准的残疾人机动轮椅车和电动自行车。)的条款。

5. 鉴定意见

未悬挂号牌不知厂牌电驱动四轮车符合 GB 7258—2017《机动车运行安全技术条件》及 GA 802—2019《道路交通管理机动车类型》中机动车的相关定义。

二、安全技术装置符合性鉴定

(一) 概述

对道路交通事故车辆安全技术状况进行检验(可以单独进行),其检验结果可以作为判断道路交通事故车辆相关的技术状况或系统性能的符合性(如制动系、转向系、行驶系、灯光、信号装置等)的基础,从而作出事发时是否符合有关技术要求且与事故发生之间是否存在关系的鉴定意见。这是较为常见的车辆安全技术状况检验、鉴定项目,需要具备车辆工程专业教育背景或者经过相关培训,对车辆制动系、转向系、行驶系、灯光、信号装置等熟悉的司法鉴定人开展相关鉴定,具体对人员、设备等要求,详见《法医类物证类声像资料司法鉴定机构登记评审细则》。对车辆安全技术状况的检验可以表述为符合性检验结果,但是鉴定不是单纯地发现车辆相关技术状况或性能与有关标准有关条款规定的符合或者不符合,关键是要综合评判这种符合性或者不符合性与事故发生之间的关系,一般委托事项表述为"对涉案车辆(或被鉴定车辆)的安全技术状况及其与事故之间的关系进行鉴定"。不同的车辆类型,具有不同的部件,不同的部件在不同的标准中分别作出了规定,虽然全国道路交通管理标准化技术委员会提出并归口 GA/T 642—2020《道路交通事故车辆安全技术检验鉴定》,但是仅适用于道路上或道路外机动车辆安全技术状况检验鉴定。

(二) 案例

1. 鉴定委托事项

根据案件调查需要,对沪E×××××三本牌轻便二轮摩托车(以下简称被鉴定车辆)相关安全装置的功能情况进行鉴定。

2. 鉴定方法

参照 GB 7258—2017《机动车运行安全技术条件》、GB 38900—2020《机动车安全技术检验项目和方法》、GA/T 642—2020《道路交通事故车辆安全技术检验鉴定》、SF/T 0072—2020《道路交通事故痕迹物证鉴定通用规范》、GA/T 41—2019《道路交通事故现场痕迹物证勘查》及 GA/T 1087—2021《道路交通事故痕迹鉴定》有关条款及检验方法,对被鉴定车辆进行静态检验,并对委托事项作出鉴定意见。

3. 检验所见

车架钢印号为×××××××××××××××××××××。

前、后轮制动装置各部连接均未见异常,经分别握紧前、后轮制动握把检查,前、后轮均不能转动。

转向装置各部连接未见异常,经转动车把检查,前轮可以随之转向。

前照灯工作正常,其他相关安全装置未见异常。

4. 分析说明

被鉴定车辆转向装置及前、后轮制动装置均功能有效,前照灯工作正常,其他相关安全装置未见异常。

5. 鉴定意见

沪E×××××三本牌轻便二轮摩托车的转向装置及前、后轮制动装置均功能有效,其他相关安全装置未见异常。

三、鉴定标准

目前常用鉴定方法主要是技术标准。主要是但不限于以下(基本需要选择性适用):一是 GB 7258—2017《机动车安全运行技术条件》、GA/T 642—2020《道路交通事故车辆安全技术检验鉴定》、GA 802—2019《道路交通管理机动车类型》、GB 21670《乘用车制动系统技术要求及试验方法》、GA 666《机动车号牌用反光膜》、GB 4125《汽车安全玻璃抗冲击性试验方法》、GB 4599《汽车用灯丝灯泡前照灯》、GB 7128《汽车空气制动软管和软管组合件》、GB/T 19596《电动汽车术语》、GB/T 5359.1—4《摩托车和轻便摩托车术语第 1—4 部分》、GB 811《摩托车乘员头盔》、GB 3565—2005《自行车安全要求》、GB 14746《儿童自行车安全要求》、GB 17761—2018《电动自行车安全技术规范》、GB/T 24158—2018《电动摩托车和电动轻便摩托车通用技术条件》、GB 38900—2020《机动车安全技术检验项目和方法》、GB/T 22791—2008《自行车照明设备》、GB/T 31887.1—2019《自行车照明和回复反射装置第 1 部分:照明和光信号装置》、GB/T 31887.2—2019《自行车照明和回复反射装置第 2 部分:回复反射装置》、GB/T 31887.3—2019《自行车照明和回复反射装置第 2 部分:照明和回复反射装置的安装和使用》、GB/T 12742—1991《自行车检测设备和器具技术条件》、GA 406—2002《车身反光标识》、GB 1589《道路车辆外廓尺寸、轴荷及质量限值》、GB 11562《汽车驾驶员前方视野要求及测量方法》、GB 11567《汽车及挂车侧面和后下部防护要求》、GB 14166《机动车成年乘员用安全带和约束系统》、GB 17354《汽车前、后端保护装置》、GB 18320《三轮汽车和低速货车安全技术要求》、GB 18565—2016《营运车辆综合性能要求和检验方法》(已被 GB 38900—2020《机动车安全技术检验项目和方法》代替)、GB 20300《道路运输爆炸品和剧毒化学品车辆安全技术条件》、GB/T 21055《肢体残疾人驾驶汽车的操纵辅助装置》、GB 12995《机动轮椅车》、GB/T 14729《轮椅车术语》、GB 12996《电动轮椅车》、GB 3871.1—19《农业拖拉机试验规程第 1—19 部分》、QC/T 51《扫路车》、NY/T 1128《轮式拖拉机转向系转向节》等机动车及非机动安全性能标准。二是 GB 15082《汽车用车速表》、GB/T 19056《汽车行驶记录仪》、GA 297《机动车测速仪通用技术条件》、GA/T 485《便携式制动性能测试仪》等仪器仪表标准。SF/T 0077—2020《汽车电子数据检验技术规范》等涉及电子数据检验技术标准,此标准参照也提请注意超范围执业的风险。三是电动汽车有关标准。包括但不限于以下标准:GB 29303《用于I类和电池供电车辆的可开闭保护接地移动式剩余电流装置》(SPE-PRCD)、GB 50966《电动汽车充电站设计规范》、GB/T 4094.2《电动汽车操纵件、指示器及信号装置的标志》(ISO 2575:2000)、GB/T 18332.1《电动道路车辆用铅酸蓄电池》(IEC61982-1:2006)、GB/T 18332.2《电动道路车辆用金属氢化物镍蓄电池》(IEC61436)、GB/Z 18333.1《电动道路车辆用锂离子蓄电池》、GB/Z 18333.2《电动汽车用锌空气电池》、GB/T 18333.2《电动汽车用锌空气电池》、GB/T 18384.1《电动汽车安全要求第1部分:车载储能单元》、GB/T 18384.1《电动汽车安全要求第1部分:车载可充电储能系统》、(REESS)(MODISO 6469-1:2009)、GB/T 18384.2《电动汽车安全要求第2部分:功能安全和故障防护》、GB/T 18384.2《电动汽车安全要求第2部分:操作安全和故障防护》(MODISO 6469-2:2009)、GB/T 18384.3《电动汽车安全要求第3部分:人员触电防护》、GB/T 18384.3《电动汽车安全要求第3部分:人员触电防护》(MODISO 6469-3:2011)、GB/T 18385《电动汽车动力性能试验方法》(ISO 8715:2001)、GB/T 18386《电动汽车能量消耗率和续驶里程试验方法》(ISO 8714:2002)、GB/T 18387《电动车辆的电磁场发射强度的限值和测量方法带宽 9 kHz~30 MHz》(SAEJ 551-5JAN2004)、GB/T 18388《电动汽车定型试验规程》、GB/T 18487.1《电动车辆传导充电系统第1部分:一般要求》(IEC61851-20)、GB/T 18487.2《电动车辆传导充电系统第2部分:电动车辆与交流/直流电源的连接要求》(IEC61851-21,22)、GB/T 18487.3《电动车辆传导充电系统第3部分:电动车辆交流/直流充电机(站)》(IEC61851-23)、GB/T 18488.1《电动汽车用电机及其控制器技术条件》、GB/T 18488.1《电动汽车用驱动电机系统第1部分:技术条件》、GB/T 18488.2《电动汽车用电机及其控制器试验方法》、GB/T 18488.2《电动汽车用驱动电机系统第2部分:试验方法》、GB/T 19596《电动汽车术语》(ISO 8713:2002)、GB/T 19750《混合动力电动汽车定型试验规程》、GB/T 19751《混合动力电动汽车安全要求》(ECER100)、GB/T 19752《混合动力电动汽车动力性能试验方法》(EN 1821-2、EPATP002)、GB/T 19753《轻型混合动力电动汽车能量消耗量试验方法》(ECER101.01)、GB/T 19754《重型混合动力电动汽车能量消耗量试验方法》、GB/T 19754《重型混合动力电动汽车能量消耗量试验方法》(MODSAEJ2711、ECER101.01)、GB/T 19755《轻型混合动力电动汽车污染物排放测量方法》(ECER83)、GB/T 19836《电动汽车用仪表》、GB/T 20234.1《电动汽车传导充电充电连接装置第1部分:通用要求》(IEC62196-1)、GB/T 20234.2《电动汽车传导充电充电连接装置第2部分:交流充电接口》(IEC62196-2)、GB/T 20234.3《电动汽车传导充电充电连接装置第3部分:直流充电接口》(IEC62196-3)、GB/T 23645《乘用车用燃料电池发电系统测试方法》、GB/T 24347《电动汽车 DC/DC 变换器》、GB/T 24548《燃料电池电动汽车术语》、GB/T 24549《燃料电池电动汽车安全要求》、GB/T 24552《电动汽车风窗玻璃除霜除雾系统的性能要求及试验方法》(IEC784:1984)、GB/T 24554《燃料电池发动机性能试验方法》、GB/T 26779《燃料电池电动汽车加氢口》、GB/T 26990《燃料电池电动汽车车载氢系统技术要求》、GB/T 26991《燃料电池电动汽车最高车速试验方法》(ISO/TR 11954:2008)、GB/T 27930《电动汽车非车载传导式充电机与电池管理系统之间的通信协议》

(IEC62196-24)、GB/T 28183《客车用燃料电池发电系统测试方法》、GB/T 28382《纯电动乘用车技术条件》、GB/T 28569《电动汽车交流充电桩电能计量》、GB/T 29123《示范运行氢燃料电池电动汽车技术规范》、GB/T 29124《氢燃料电池电动汽车示范运行配套设施规范》、GB/T 29126《燃料电池电动汽车车载氢系统试验方法》、GB/T 29307《电动汽车用驱动电机系统可靠性试验方法》、GB/T 29316《电动汽车充换电设施电能质量技术要求》、GB/T 29317《电动汽车充换电设施术语》、GB/T 29318《电动汽车非车载充电机电能计量》、GB/T 29772《电动汽车电池更换站通用技术要求》、GB/T 29781《电动汽车充电站通用要求》、GB/T 31466《电动汽车高压系统电压等级》、GB/T 31467.1《电动汽车用锂离子动力蓄电池包和系统第1部分:高功率应用测试规程》(NEQISO 12405-1:2011)、GB/T 31467.2《电动汽车用锂离子动力蓄电池包和系统第2部分:高能量应用测试规程》(NEQISO 12405-2:2012)、GB/T 31467.3《电动汽车用锂离子动力蓄电池包和系统第3部分:安全性要求与测试方法》、GB/T 31484《电动汽车用动力蓄电池循环寿命要求及试验方法》、GB/T 31485《电动汽车用动力蓄电池安全要求及试验方法》、GB/T 31486《电动汽车用动力蓄电池电性能要求及试验方法》、GB/T 31498《电动汽车碰撞后安全要求》、NB/T 33001《电动汽车非车载传导式充电机技术条件》、NB/T 33002《电动汽车交流充电桩技术条件》、NB/T 33004《电动汽车充换电设施工程施工和竣工验收规范》、NB/T 33005《电动汽车充电站及电池更换站监控系统技术规范》、NB/T 33006《电动汽车电池箱更换设备通用技术要求》、NB/T 33007《电动汽车充电站/电池更换站监控系统与充换电设备通信协议》、NB/T 33008.1《电动汽车充电设备检验试验规范第1部分:非车载充电机》、NB/T 33008.2《电动汽车充电设备检验试验规范第2部分:交流充电桩》、NB/T 33009《电动汽车充换电设施建设技术导则》、NB/T 33017《电动汽车智能充换电服务网络运营监控系统技术规范》、NB/T 33019《电动汽车充换电设施运行管理规范》、NB/T 33022《电动汽车充电站初步设计内容深度规定》、NB/T 33023《电动汽车充换电设施规划导则》、QC/T 741《车用超级电容器》、QC/T 741《车用超级电容器》、QC/T 742《电动汽车用铅酸蓄电池》(IEC61982)、QC/T 743《电动汽车用锂离子蓄电池》(IEC62660)、QC/T 744《电动汽车用金属氢化物镍蓄电池》、QC/T 816《加氢车技术条件》、QC/T 837《混合动力电动汽车类型》、QC/T 838《超级电容电动城市客车》、QC/T 839《超级电容电动城市客车供电系统》、QC/T 840《电动汽车用动力蓄电池产品规格尺寸》(ISO/IECPAS 16898)、QC/T 841《电动汽车传导式充电接口》、QC/T 842《电动汽车电池管理系统和非车载充电机之间的通讯协议》、QC/T 893《电动汽车用驱动电机系统故障分类及判断》、QC/T 894《重型混合动力电动汽车污染物排放车载测量方法》、QC/T 895《电动汽车用传导式车载充电机》、QC/T 896《电动汽车用驱动电机系统接口》、QC/T 897《电动汽车用电池管理系统技术条件》、QC/T 925《超级电容电动城市客车定型试验规程》、QC/T 926《轻型混合动力电动汽车(ISG型)用动力单元可靠性试验方法》、QC/T 989《电动汽车用动力蓄电池箱通用要求》、QC/T 990《电动汽车用锌空气电池》。

四、案例解析

案例一

机动车动态检验鉴定

（一）基本案情

20××年××月××日××时××分许，被鉴定车辆在××路出××路西约150米处发生事故。

（二）鉴定委托事项

根据案件调查需要，对沪BK××××某品牌小型普通客车的安全技术状况及与事故的关系进行鉴定。

（三）鉴定方法

参照 GB 7258—2017《机动车运行安全技术条件》、GA/T 642—2020《道路交通事故车辆安全技术检验鉴定》、GB 38900—2020《机动车安全技术检验项目和方法》、SF/T 0072—2020《道路交通事故痕迹物证鉴定通用规范》及 GA/T 41—2019《道路交通事故现场痕迹物证勘查》有关条款及检验方法，对被鉴定车辆进行检验，鉴定时车辆空载，试验场地为干燥水泥路面，制动试验仪器为 MBK-01(Ⅲ)B 型便携式制动性能测试仪（编号：×××××××）。

（四）检验所见

车辆识别代号为××××××××××××××××××。

左、右前照灯外观均完好，远、近光灯功能均正常。车辆制动装置各部连接未见异常，当初速度为 27.7 km/h 时制动试验，测得制动协调时间为 0.160 s，充分发出的平均减速度为 $6.39 \, m/s^2$，不跑偏。转向及其他安全装置未见异常。

（五）分析说明

被鉴定车辆行车制动性能符合 GB 7258—2017《机动车运行安全技术条件》有关规定，前照灯、转向及其他相关安全装置未见异常，可以排除其因机械原因而诱发事故的可能性。

（六）鉴定意见

可以排除沪BK××××某品牌小型普通客车因机械原因而诱发事故的可能性。

（七）解析与讨论

以上鉴定采用的鉴定方法有 GB 7258—2017《机动车运行安全技术条件》、GA/T 642—2020《道路交通事故车辆安全技术检验鉴定》、GB 38900—2020《机动车安全技术检验项目和方法》、SF/T 0072—2020《道路交通事故痕迹物证鉴定通用规范》、GA/T 41—2019《道路交通事故现场痕迹物证勘查》，下面对为什么要用这些标准、是用"根据"还是"参照"、体现了这些标准里面的什么内容、存在哪些风险或者不足等方面进行分析讨论。

1. 基本案情

基本案情部分关注信息基本原则是对应鉴定委托事项及鉴定方法,鉴定机构及指派的鉴定人应全面了解基本案情,并对基本案情进行深入分析,在合同评审过程中,与委托方进行充分沟通。一般应关注以下方面:应关注案发具体时间,涉及灯光装置是否作为可能影响事故发生的重点技术因素,可能会产生"应检未检"的风险;应关注事故车辆的属性,机动车还是非机动车或者两者均有或者存在非道路车辆或者厂(场)内车辆,要关注不同车辆类型的定义、安全装置及其与事故发生之间的关系;应关注并详细了解发生路口、路段及信号灯等信息,涉及路权、驾驶人操作习惯、转向装置、转向灯及尾灯等灯光装置、后视镜及下视镜(如应有)、护栏、反光标识等可能影响事故发生的重点技术因素;应关注驾驶人及乘车人情况,是否存在车内人员位置有争议情况,副驾驶座乘坐人不符合年龄规定及其他多人乘坐等,后座存在安全座椅使用、车厢内有乘坐人及是否有辅助乘坐工具等情况。

2. 鉴定委托事项

鉴定委托事项部分是鉴定意见发挥证据作用的关键要素,一方面要考虑委托人、当事人等诉讼主体在诉讼过程中对专门技术问题进行评判的需求,即提供鉴定服务;另一方面更要全面考量该鉴定委托事项是否属于交通事故痕迹物证鉴定类别,属于交通事故痕迹物证鉴定中哪一种鉴定项目及内容,有没有相应的鉴定方法可以解决相应的专门技术问题,有没有此类别的鉴定人具备相应的技术能力。委托方对于鉴定委托事项的表述是否规范,有没有可以协商一致的可能性或者科学性、规范性、合理化建议符合有关法规、规范惯例并能解决相应的问题。

3. 鉴定方法

(1) GB 7258—2017《机动车运行安全技术条件》

GB 7258 是我国机动车国家安全技术标准的重要组成部分,是进行注册登记检验和在用机动车检验、机动车查验等机动车运行安全管理及事故车检验最基本的技术标准,同时也是我国机动车新车定型强制性检验、新车出厂检验和进口机动车检验的重要技术依据之一。该标准规定了机动车的整车及主要总成、安全防护装置等有关运行安全的基本技术要求,以及消防车、救护车、工程救险车和警车及残疾人专用汽车的附加要求。该标准适用于在我国道路上行驶的所有机动车,但不适用于有轨电车及并非为在道路上行驶和使用而设计和制造、主要用于封闭道路和场所作业施工的轮式专用机械车。这里,有轨电车是指以电机驱动,架线供电,有轨道承载的道路车辆。不适用情况的说明如下:一是有轨电车属于《中华人民共和国道路交通安全法》规定的机动车(即道路机动车辆),但其结构和技术特性与汽车、轮式专用机械车等其他道路机动车辆有明显的差异,故不适用 GB 7258;二是鉴于轮式专用机械车的种类繁多、功能各异,GB 7258 未对其外廓尺寸、轴荷及质量参数、转向性能、制动性能、外部照明和信号装置及电气设备、车身、安全防护装置等参数和要求作出具体规定;三是叉车不属于道路机动车辆,鉴于其外形和结构的特殊性,不适于在道路上行驶和使用。

GB 7258 是交通事故痕迹物证鉴定具体项目之一车辆安全技术状况鉴定中机动车检验鉴定的重要鉴定方法之一，其规范性引用文件包括：GB 811《摩托车乘员头盔》、GB 1589《汽车、挂车及汽车列车外廓尺寸、轴荷及质量限值》、GB/T 2408—2008《塑料燃烧性能的测定水平法和垂直法》、GB/T 3181《漆膜颜色标准》、GB 4094《汽车操纵件、指示器及信号装置的标志》、GB/T 4094.2《电动汽车操纵件、指示器及信号装置的标志》、GB 4599《汽车用灯丝灯泡前照灯》、GB 4785《汽车及挂车外部照明和光信号装置的安装规定》、GB 5948《摩托车白炽丝光源前照灯配光性能》、GB 7956.1《消防车第 1 部分：通用技术条件》、GB 8108《车用电子警报器》、GB/T 8196《机械安全防护装置固定式和活动式防护装置设计与制造一般要求》、GB 8410《汽车内饰材料的燃烧特性》、GB 9656《汽车安全玻璃》、GB 10396《农林拖拉机和机械、草坪和园艺动力机械安全标志和危险图形总则》、GB 11567《汽车及挂车侧面和后下部防护要求》、GB/T 12428《客车装载质量计算方法》、GB 12676《商用车辆和挂车制动系统技术要求及试验方法》、GB 13057《客车座椅及其车辆固定件的强度》、GB 13365《机动车排气火花熄灭器》、GB 13392《道路运输危险货物车辆标志》、GB 13954《警车、消防车、救护车、工程救险车标志灯具》、GB/T 14172《汽车静侧翻稳定性台架试验方法》、GB 15084《机动车辆间接视野装置性能和安装要求》、GB 15365《摩托车和轻便摩托车操纵件、指示器及信号装置的图形符号》、GB 16735《道路车辆车辆识别代号（VIN）》、GB 17352《摩托车和轻便摩托车后视镜的性能和安装要求》、GB 17578《客车上部结构强度要求及试验方法》、GB/T 17676《天然气汽车和液化石油气汽车标志》、GB 18100.1《摩托车照明和光信号装置的安装规定第 1 部分：两轮摩托车》、GB 18100.2《摩托车照明和光信号装置的安装规定第 2 部分：两轮轻便摩托车》、GB 18100.3《摩托车照明和光信号装置的安装规定第 3 部分：三轮摩托车》、GB/T 18411《道路车辆产品标牌》、GB 18447.1《拖拉机安全要求第 1 部分：轮式拖拉机》、GB 18564.1《道路运输液体危险货物罐式车辆第 1 部分：金属常压罐体技术要求》、GB 18564.2《道路运输液体危险货物罐式车辆第 2 部分：非金属常压罐体技术要求》、GB/T 18697《声学汽车车内噪声测量方法》、GB/T 19056《汽车行驶记录仪》、GB 19151《机动车用三角警告牌》、GB 19152《发射对称近光和/或远光的机动车前照灯》、GB 20074《摩托车和轻便摩托车外部凸出物》、GB 20075《摩托车乘员扶手》、GB 20300《道路运输爆炸品和剧毒化学品车辆安全技术条件》、GB 21259《汽车用气体放电光源前照灯》、GB 21668《危险货物运输车辆结构要求》、GB 23254《货车及挂车车身反光标识》、GB 24315《校车标识》、GB 24406《专用校车学生座椅系统及其车辆固定件的强度》、GB 24407《专用校车安全技术条件》、GB/T 24545《车辆车速限制系统技术要求》、GB/T 25978《道路车辆标牌和标签》、GB 25990《车辆尾部标志板》、GB 25991《汽车用 LED 前照灯》、GB 26511《商用车前下部防护要求》、GB/T 26774《车辆运输车通用技术条件》、GB/T 30036《汽车用自适应前照明系统》、GB 30678《客车用安全标志和信息符号》、GB/T 31883《道路车辆牵引连接件、牵引杆孔、牵引座牵引销、连接钩及环形孔机械连接件使用磨损极限》、GB 34655《客车灭火装备配置要求》、GA 524《2004 式警车汽车类外观制式涂装规范》、

GA 525《2004 式警车摩托车类外观制式涂装规范》、GA 923《公安特警专用车辆外观制式涂装规范》、GA 1264《公共汽车客舱固定灭火系统》63 份文件,覆盖了目前国内与机动车安全运行条件有关的国家标准、行业标准,其中国家标准达到 59 项,强制标准就有 44 项、占比 74.6%;行业标准仅 4 项,且都是强制标准。该标准定义了机动车、汽车、挂车、汽车列车、危险货物运输车辆、摩托车、拖拉机运输机组、轮式专用机械车(轮式自行机械车)、特型机动车,其中:汽车包括载客汽车(乘用车、旅居车、客车、校车),客车包括未设置乘客站立区的客车(公路或长途客车和旅游客车)、未设置乘客站立区的公共汽车、专用客车、设有乘客站立区的客车,校车包括幼儿校车(幼儿校车、小学生校车、中小学生校车、专用校车);载货汽车或者货车(半挂牵引车、低速汽车),低速汽车包括;专项作业车或者专用作业车;气体燃料汽车;两用燃料汽车;双燃料汽车;纯电动汽车;插电式混合动力汽车;燃料电池汽车;教练车;残疾人专用汽车。挂车包括牵引杆挂车或者全挂车、中置轴挂车、半挂车、旅居挂车。汽车列车包括乘用车列车、货车列车(牵引杆挂车列车、全挂拖斗车、全挂汽车列车、中置轴挂车列车)、铰链列车或者半挂汽车列车。摩托车包括普通摩托车(两轮普通摩托车、边三轮摩托车、正三轮摩托车)和轻便摩托车(两轮轻便摩托车、正三轮轻便摩托车)。特别关注,轮式专用机械车不包括叉车。同时,参考文献包括:GB 14166—2013《机动车乘员用安全带、约束系统、儿童约束系统和 ISOFIX 儿童约束系统》、GB/T 18384.1—2015《电动汽车安全要求 第 1 部分:车载可充电储能系统(REESS)》、GB/T 18384.2—2015《电动汽车安全要求 第 2 部分:操作安全和故障防护》、GB/T 18384.3—2015《电动汽车安全要求 第 3 部分:人员触电防护》、GA 802—2014《机动车类型术语和定义》(现行有效规定为 GA 802—2019《道路交通管理机动车类型》)、QC/T 757—2006《乘用车列车通用技术条件》、QC/T 776《旅居车》《中华人民共和国道路交通安全法》《中华人民共和国道路交通安全法实施条例》《国务院关于加强道路交通安全工作的意见》(国发〔2012〕30 号)、欧洲议会和理事会条例(EC)No661/2009《关于汽车、其挂车以及所用系统、部件和独立技术装置的一般安全的型式认证要求》、欧洲议会和欧洲理事会指令 2014/45/EU 机动车及其挂车的定期车辆性能检测和指令 2009/40/EC 的废止、ECE 第 55 号法规《关于汽车列车机械连接元件认证的统一规定》《美国联邦机动车安全法规》(49CFRPart563EDR)、日本《机动车检查独立行政法人审查事物规程》。

　　GB 7258 对整车的标志、外廓尺寸、轴荷和质量参数、核载(质量参数核定、乘用车和旅居车乘坐人数核定、客车乘员核定、其他机动车的乘坐人数核定但不包括摩托车、摩托车乘坐人数核定、特殊规定、比功率)、侧倾稳定性及驻车稳定角、图形和文字标志、外观、漏水检查、漏油检查、车速指示误差但最大设计车速不大于 40 km/h 的机动车除外、行驶轨迹、驾驶人耳旁噪声要求、环保要求、产品使用说明书、乘用车列车的特殊要求、其他要求;发动机和驱动电机;转向系;制动系的基本要求、行车制动、应急制动和剩余制动性能、驻车制动、辅助制动、液压制动的特殊要求、气压制动的特殊要求、储气筒、制动报警装置、路试检验制动性能(基本要求、行车制动性能包括用制动距离检验行车制动性能和用充分发出的平均减速度检验行车制动性能及制动踏板力或制动气压要求、合格判定要求)、驻车制动性能、台式检验制动性能[行车制动性能包括制动力百分比要求以及制动力平衡要求(两轮、边三轮摩托车、前轮距小于等于460 mm的正三轮摩托车和轻便摩托车除外)和制动协调时间要求、车轮阻滞率要求、合格判定要求、驻车制动性能、检验结果的复核];照明、型号装置和其他电气设备的基本要求,照明和信号装置的数量、位置、光色和最小几何可见度,照明和信号装置的一般要求,车身反光标识和车辆尾部标志板、前照灯(基本要求、远光光束发光强度要求、光束照射位置要求、其他电气设备和仪表);行驶系的轮胎、车轮总成、悬架系统、空气悬架、其他要求;传动系的离合器、变速器和分动器、传动轴、驱动桥、超速报警和限速功能、车速受限车辆的特殊要求;车身的基本要求、客车的特殊要求、货运机动车的特殊要求、摩托车的特殊要求、车门和车窗、座椅(卧铺)、内饰材料和隔音隔热材料、号牌板(架)、汽车电子标识安装、其他要求;安全防护装置的汽车安全带、间接视野装置、前风窗玻璃刮水器、应急出口(基本要求、应急门、应急窗和撤离舱口、标志)、燃料系统的安全防护、气体燃料专用装置的安全防护、牵引车和被牵引车的链接装置、货车和专项作业车前下部防护要求、货车和专项作业车及挂车侧面和后下部防护要求、客车的特殊要求、货车的特殊要求、危险货物运输车辆的特殊要求、纯电动汽车和插电式混合动力汽车的特殊要求、三轮汽车和拖拉机运输机组的特殊要求、其他要求;消防车、救护车、工程抢险车和警车的附加要求、残疾人专用汽车的附加要求;标准实施的过渡期要求等。

本次鉴定对被鉴定车辆的标识进行检验,表述为"车辆识别代号为××××××××××××××××",位于"检验所见"部分,一般应与委托方提供的有关材料比如行驶证进行比对,确认被鉴定对象,不一致时应及时与委托方联系核实,是被鉴定对象不正确?还是存在套牌嫌疑?或者行驶证存在疑问?对于车辆识别代号的规定有如下标准:GB 16735《道路车辆车辆识别代号(VIN)》、GBT 16736《道路车辆识别代号(VIN)内容与构成》、GB 16737《世界制造厂识别代号(WMI)》。

对照明装置进行检验,并表述为"左、右前照灯外观均完好,远、近光灯功能均正常",案发时间一般在夜间,需要对照明装置进行检验,主要依据是GB 7258—2017《机动车运行安全技术条件》8.5前照灯有关规定进行检验,主要采取的是观察法,一般满足8.5.1基本要求,而对于8.5.2远光光束发光强度要求和8.5.3光束照射位置要求体现量化指标的,需要借助有关设备完成,但是否需要量化以及达到什么指标要求,在鉴定实践中存在不同观点,一种观点认为进行灯光检验的目的是解决与事故发生之间的关系,而不是单纯地对灯光是否合格、达到鉴定标准有关要求进行检验,所以采用观察法可以达到8.5.1基本要求即可,达到基本要求就初步认为不会因为照明装置因素而诱发事故的可能。一种观点认为既然参照了GB 7258—2017《机动车运行安全技术条件》,就应该严格按照标准有关条款进行检验,包括一般要求、强度要求和位置要求,这是司法鉴定人应有的精益求精的态度,经过这种检验流程,得出的检验结果更加科学可靠,但也存在一定风险,就是有些事故车辆经不起如此精细化的检验,存在不达标的情况,如果不达标或者处于临界状态,要如何分析和把握其与事故发生之间的关系?如何处理日常保养车辆责任、年审检测、司法鉴定、事故处理责任认定之间的关系?从工作质量来讲,第二种观点具有明显优势,但从工作效率来讲,第一种观点占据上风,且产生争议的情况较少,当然这种"少",主要是存在专业度的差异和认知的差异以及经验的不匹配,也就是所谓的门道。从专业提升和行业可持续发展来看,必要的量化指标充分运用到检查类司法鉴定项目中非常有必要。

照明装置检验可参照但不限于以下标准:GB 4785《汽车及挂车外部照明和光信号装置的安装规定》、GB 17509《汽车及挂车转向信号灯配光性能》、GB 18408《汽车及挂车后牌板照明装置配光性能》、GB/T 19119《农用运输车照明与信号装置的安装规定》、GB/T 19123《农用运输车转向信号灯配光性能》、GB/T 20418《土方机械照明、信号和标志灯以及反射器》、GB 22791《自行车照明设备》、GB/T 31887.1《自行车照明和回复反射装置第 1 部分:照明和光信号装置》、GB/T 31887.3《自行车照明和回复反射装置第 3 部分:照明和回复反射装置的安装和使用》、GA/T 488《道路交通事故现场勘查车载照明设备通用技术条件》。

对制动系进行检验,表述为"车辆制动装置各部连接未见异常,当初速度为 27.7 km/h 时制动试验,测得制动协调时间为 0.160 s,充分发出的平均减速度为 6.39 m/s^2,不跑偏。"这里由两部分组成,其中"车辆制动装置各部连接未见异常"这部分表述的得出其实从检验方法上来讲,较为复杂,不仅仅是观察法可以解决的,而且要采用动态检验的方式,来对是否连接未见异常的检验结果负责,总体上是按照 GB 7258—2017《机动车运行安全技术条件》7 制动系中基本要求有关规定进行的检验;而"当初速度为 27.7 km/h 时制动试验,测得制动协调时间为 0.160s,充分发出的平均减速度为 6.39 m/s^2,不跑偏。"是按照 GB 7258—2017《机动车运行安全技术条件》7 制动系中 7.10 路试检验制动性能及有关规定进行的检验。被鉴定车辆属于乘用车,制动初速度应为 50 km/h,空载检验充分发出的平均减速度应大于或者等于 6.2 m/s^2,那么以上检验是否合乎鉴定标准呢?初速度是 27.7 km/h,不是 50 km/h,但充分发出的平均减速度为 6.39 m/s^2,的确是大于或等于 6.2 m/s^2,如何来评价?或者进行质量评查时,如何从专业技术角度提出问题而无可厚非或者说探讨?

而在 GB/T 36986—2018《汽车制动性能动态检测方法》中作出如下要求:汽车制动性能动态检测的技术条件中指出被检车辆的技术条件为:被检车辆空载,应清洁,无明显漏油、漏水、漏气现象,发动机怠速正常;轮胎充气至规定的压力值,误差应不超过±10 kPa;轮胎完好,同轴轮胎花纹样式一致,花纹中无异物,花纹深度应满足 GB 21861—2014《机动车安全技术检验项目和方法》(已被 GB 38900—2020《机动车安全技术检验项目和方法》代替)中 6.4.4.2 的相关要求;气压制动的制动气压:气压的指示气压应不大于 750 kPa;液压制动的制动踏板力:座位数不大于 9 座的载客汽车应不大于 400 N;其他车辆应不大于 450 N。路试检测的技术条件为:测试路面应为硬实、清洁、干燥、平坦的水泥或沥青路面,路面附着系数应不小于 0.7,路面纵向坡度应不大于 1‰,路面局部不得有明显的破损、凸起和凹陷;测试路面长度应不小于 100 m,宽度应不少于 6 m;应画出测试车道边线;检测时风速应不大于 5 m/s;用于汽车制动性能动态检测的便携式制动性能测试仪应符合 GB/T 28945《便携式制动性能测试仪》的规定,其主要计量性能指标应满足 JJF 1168《便携式制动性能测试仪校准规范》的要求;用于汽车制动性能动态检测的非接触式速度仪的主要计量性能应满足 JJF 1193《非接触式汽车速度计校准规范》的要求;用于汽车制动性能动态检测的 GPS 检测系统的主要技术性能应符合 GB/T 18314《全球定位系统(GPS)测量规范》的要求;沿试验道路正反两个方向的检测结果均应满足要求。对路试检测法作出以下规定:路试检测法的主要检测参数分别为:采用便携式制动性能测试仪检测时的主要检测参数为:充分发出的平均减速度、制动协调时间、制动初速度、制动距离、踏板力、制动稳定性。采用非接触式速度仪检测时的主要检测参数为:充分发出的平均减速度、制动初速度、制动距离、速度、踏板力、制动稳定性。采用 GPS 技术检测时的主要检测参数为:充分发出的平均减速度、加/减速度、速度、制动协调时间、制动距离、制动稳定性。

此外,对于制动系的检验,还有以下标准:GB 5763《汽车用制动器衬片》、GB 12676《商用车辆和挂车制动系统技术要求及试验方法》、GB/T 19120《农用运输车制动系统结构、性能和试验方法》、QC/T 564《乘用车行车制动器性能要求及台架试验方法》、GB 20073《摩托车和轻便摩托车制动性能要求及试验方法》、GB 21670《乘用车制动系统技术要求及试验方法》、GB/T 23264《电动自行车用制动衬片总成》、GB/T 34007《道路车辆制动衬片摩擦材料摩擦性能拖曳试验方法》。

还有关于汽车进行路试检验时,汽车处于的状态,在 SF/T 0161—2023《道路交通事故汽车行车制动性能路试检验鉴定技术规范》中规定:"事故汽车行车制动性能路试检验鉴定前,应对车辆装载情况进行检查;应采取必要的措施,避免装载物在路试检验鉴定过程中掉落、抛洒或发生影响安全的移位。各个轮胎应保证结构完整,车辆应能达到规定的初速度行驶;对于采用气压制动的车辆,应在制动气压大于起步气压时进行制动性能动态检测。若发现车辆存在影响制动性能动态检测的情况,应采取必要的措施。"这其中就考虑到被鉴定车辆空载、满载的情况,对应 GB 7258 等标准对路试检验车辆的状态规定,但实际情况是被鉴定车辆会出现空载、满载、超载、半载、三分之一载等多种情况,还有装载货物的位置也不尽相同,而这些情况又是被鉴定车辆事发时的客观情况反映,一般不会主动进行卸载变成空载或者满载,还有装载成为满载,是否会影响最终路试检测的结果呢?其实,首先要讨论对应有关标准的规定这一问题,在合同评审过程中,就应提出鉴定委托事项是对车辆安全技术状况鉴定?还是制动系符合性鉴定?或者转向系、行驶系、传动系等其他系统符合性鉴定?或者被鉴定车辆的安全技术状况及其与事故之间的关系鉴定?一般会根据需要对被鉴定车辆的安全技术状况是否符合 GB 7258 的规定来进行鉴定,那就回避不了空载和满载的问题,当然以上列举的小型普通客车处于空载,完全符合 GB 7258 有关路试检测的规定。但其他车型呢?特别是安全技术状况相对容易出现不符合的货车、汽车列车等其他车辆,发生事故时一般都装载货物,如何来评估装载情况以及测试结果,初速度按照

GB 7258 有关规定进行路试是否存在危险、测试道路条件是否符合等,这是需要关注的重要问题。

综上可见,对于车辆制动系的检验从材料、总成、系统、路试动态或平板式等方面有较为完备的文件支撑,但对于制动系统检验鉴定尚没有针对所有事故车辆车型的鉴定标准,目前,发布实施的 GA/T 642—2020《道路交通事故车辆安全技术检验鉴定》中包括制动系统的检验鉴定,而 SF/T 0159—2023《道路交通事故非机动车制动系统检验鉴定规范》是针对非机动车制动系统的;SF/T 0161—2023《道路交通事故汽车行车制动性能路试检验鉴定技术规范》是针对汽车行车制动性能路试检验鉴定的文件。由此可见,既往没有 SF/T 0161—2023《道路交通事故汽车行车制动性能路试检验鉴定技术规范》的时候,上述鉴定意见书在鉴定方法这方面,一般用"参照",而不是用"根据",但用"参照"是否就可以降低标准?比如前文提及的路试检测初速度不符合 50 km/h 的规定,还是说只要得出的检测结果符合 GB 7258 的有关规定,就可以对初速度不做严格要求?但笔者认为,无论是参照还是根据,既然提及了 GB 7258,就应该严格按照该标准有关规定执行,这也是与鉴定意见在诉讼活动中发挥证据作用的法定规则相切合,决不能似是而非、马马虎虎、得过且过,没有发生过问题不等于没有问题。

以上鉴定案例中表述"转向及其他安全装置未见异常",其中对转向系进行了突出,而后是其他安全装置,覆盖了被鉴定车辆所有安全装置的状况,关于"转向系"在 GB 7258—2017《机动车运行安全技术条件》6 转向系进行规定,"未见异常"的表述实际上是分析式表达,理应在"分析说明"部分呈现,在"检验所见"部分,可以表述为以下符合规定的情况:方向盘设置于左侧;方向盘或方向把转动灵活,无卡滞现象;设置转向限位装置;在任何操作位置上,与其他部件无干涉现象;转向轮转向后有一定回正能力(允许有残余角),使被鉴定车辆具有稳定的直线行驶能力;方向盘的最大自由转动量小于等于 15°;不跑偏,不存在摆振等异常现象;转向节及臂,转向横、直拉杆及球销连接可靠,且无裂纹和损伤,并且转向球销不松旷等。根据以上"检验所见",在"分析说明"中可表述为转向系未见异常。而对于其他安全装置的检验,鉴于安全装置较多且复杂,建议可以采取图表方式表述,清晰、一目了然,也避免出现将"分析说明"当"检验所见"的情形。

转向系鉴定可以参照但不限于以下标准:ISO 4210-5:2014《自行车的安全要求第 5 部分转向试验方法》、GB/T 3871.5《农业拖拉机试验规程第 5 部分:转向圆和通过圆直径》、GB/T 3871.19《农业拖拉机试验规程第 19 部分:轮式拖拉机转向性能》、GB/T 5179《汽车转向系术语和定义》、GB 11557《防止汽车转向机构对驾驶员伤害的规定》、GB 17353《摩托车和轻便摩托车转向锁止防盗装置》、GB 17675《汽车转向系基本要求》、GB/T 18029.5《轮椅车第 5 部分:外形尺寸、质量和转向空间的测定》、GB/T 19040《农业轮式拖拉机转向要求》、GB/T 19121《农用运输车转向系》、GB/T 23930《三轮汽车和低速货车转向器》、GB/T 25619《土方机械滑移转向装载机附属装置的联接》、GB/T 25694《土方机械滑移转向装载机》、JB/T 8582.4《农用运输车转向器》、NY/T 1128《轮式拖拉机转向系转向节》、NY/T

1122《轮式拖拉机转向系球头销》。

(2) GA/T 642—2020《道路交通事故车辆安全技术检验鉴定》

GA/T 642—2020《道路交通事故车辆安全技术检验鉴定》是本次鉴定中针对性最强的鉴定方法。该文件规定了道路交通事故车辆安全技术检验鉴定的要求、设备、项目、流程、方法、原始记录表、检验报告和鉴定意见。该文件适用于对道路交通事故中机动车安全技术状况的检验鉴定。道路以外交通事故中机动车安全技术状况的检验鉴定可参照使用。

GA/T 642—2020《道路交通事故车辆安全技术检验鉴定》的规范性引用文件包括：GB 1589《汽车、挂车及汽车列车外廓尺寸、轴荷及质量限值》；GB 4785《汽车及挂车外部照明和光信号装置的安装规定》；GB 7258《机动车运行安全技术条件》；GB 11567《汽车及挂车侧面和后下部防护装置》；GB 12676《商用车辆和挂车制动系统技术要求及试验方法》；GB/T 13594《机动车和挂车防抱制动性能和试验方法》；GB/T 15746《汽车修理质量检查评定方法》；GB 17675《汽车转向系基本要求》；GB/T 18274《汽车制动系统修理竣工技术规范》；GB/T 18344《汽车维护、检测、诊断技术规范》；GB 18564.1《道路运输液体危险货物罐式车辆第1部分：金属常压罐体技术要求》、GB/T 19056《汽车行驶记录仪》；GB 20300《道路运输爆炸品和剧毒化学品车辆安全技术条件》；GB 21670《乘用车制动系统技术要求及试验方法》；GB 23254《货车及挂车车身反光标识》；GB 24545《车辆车速限制系统技术要求及试验方法》；GB 25900《车辆尾部标志板》；GB 26511《商用车前下部防护要求》；GB 34655《客车灭火装备配置要求》；GB 38900《机动车安全技术检验项目和方法》）。

该标准参考文献包括：GB 4094《汽车操纵件、指示器及信号装置的标志》；GB 4599《汽车前照灯配光性能》；GB/T 5620《道路车辆、汽车和挂车制动名词术语及定义》、GB/T 12549《汽车操纵稳定性术语及其定义》、GB 16735《道路车辆车辆识别代号(VIN)》、GA/T 50《道路交通事故现场勘查照相》、GA/T 1013《道路交通事故车辆状况现场测试仪》《中华人民共和国道路交通安全法》《中华人民共和国道路交通安全法实施条例》《道路交通事故处理程序规定》(公安部令第146号)、《道路交通事故处理工作规范》(公交管〔2018〕149号)、《道路交通事故现场勘查要则》(公交管〔2018〕543号)、《公安机关鉴定规则》(公通字〔2017〕6号)。

该标准对具有行驶能力的事故车辆安全技术检验采用的鉴定方法，是依据不同项目而有所不同，主要包括检视、检测、化学显像法或无损磁探伤法、检测、长度测量工具、轴重仪、汽车故障诊断仪、汽车侧滑检验台、车轮定位仪、轮胎气压表、花纹深度计、动平衡仪、转向盘转向力转向角检测仪、制动试验台、道路交通事故车辆状况现场测试仪、行驶记录仪解读分析仪、前照灯检测仪、车速检验台、声级计、逆反射系数测量仪等；而对于失去行驶能力的事故车辆检验鉴定项目对应的方法就是检视、检测两种。对制动系，气压制动系，转向系，行驶系，电源、照明装置及电控系统，传动系，发动机和驱动电机，车身及附件，专用装置，事故摩托车的检验项目及原始记录采用表格的形式呈现，以符合、不符合、合格、不合格、有效、失效、效能或功能下降、完好、漏油、结合、分离、有、无、一致、不一致、完好、破损、松旷、不松旷、完好、变形、失效、有效、老化、漏气、无油污、有油污等来进行记录。此种记录方式，在不漏项上存在突出优势，且对鉴定人的技术能力提出较高要求，对于如何根据原始记录情况来表述"检验所见"，对鉴定机构和鉴定人应该思考，同时，原始记录上有"判别结论"，要区分"判别结论"与"分析说明"以及"鉴定意见"。该标准没有对"鉴定意见"进行详尽的表述，规定了检验鉴定出具书面文书的类型为检验报告和鉴定意见，至于如何表述，只是提出了要求，即应明确回应鉴定委托单位提出的鉴定要求，并符合证据要求和法律规范，不能得出事故车辆安全技术状况结论的鉴定事项，出具检验报告，写明检验结果；经过检验、论证分析及综合判定能明确得出事故车辆安全技术状况结论的鉴定事项，出具鉴定书，写明鉴定意见。笔者认为，这正是车辆安全技术状况检验鉴定的复杂性决定的，同时，也基于车辆本身存在转向系、制动系、行车系等等机械运行的基本构成，无法穷尽得出鉴定意见的表述。

(3) GB 38900—2020《机动车安全技术检验项目和方法》

参照 GB 38900—2020《机动车安全技术检验项目和方法》，主要是因为开展车辆安全技术状况鉴定必然涉及检验项目、方法，对于上述案例来讲，被鉴定车辆属于机动车，更符合该文件所规定的项目和方法。而该文件规定了机动车安全技术检验的检验项目、检验方法、检验要求，以及检验结果判定、处置和资料存档。该文件适用于具备检验检测资质的机构对机动车进行安全技术检验。本标准也适用于从事进口机动车检验检测的机构对入境机动车进行安全技术检验。经批准进行实际道路试验的机动车和临时入境的机动车，可参照该文件进行安全技术检验。但该文件不适用于拖拉机运输机组等上道路行驶的拖拉机的安全技术检验。

该文件或者标准规范性引用文件包括：GB 1589《汽车、挂车和汽车列车外廓尺寸、轴荷及质量限值》、GB/T 3730.2《道路车辆质量词汇和代码》、GB 4785《汽车及挂车外部照明和光信号装置的安装规定》、GB 7258《机动车运行安全技术条件》、GB 7258—2017《机动车运行安全技术条件》、GB 11567《汽车及挂车侧面和后下部防护要求》、GB 13094《客车结构安全要求》、GB 13392《道路运输危险货物车辆标志》、GB 16735《道路车辆车辆识别代号(VIN)》、GB/T 17676《天然气汽车和液化石油气汽车标志》、GB/T 18284《快速响应矩阵码》、GB 18564.1《道路运输液体危险货物罐式车辆第 1 部分：金属常压罐体技术要求》、GB 18564.2《道路运输液体危险货物罐式车辆第 2 部分：非金属常压罐体技术要求》、GB/T 19056《汽车行驶记录仪》、GB 19151《机动车用三角警告牌》、GB 20300《道路运输爆炸品和剧毒化学品车辆安全技术条件》、GB 23254《货车及挂车车身反光标识》、GB 24315《校车标识》、GB 24407《专用校车安全技术条件》、GB 25990《车辆尾部标志板》、GB/T 26765《机动车安全技术检验业务信息系统及联网规范》、GB 34655《客车灭火装备配置要求》、GA 36《中华人民共和国机动车号牌》、GA 802《道路交通管理机动车类型》、GA 804《机动车号牌专用固封装置》、GA 1186《机动车安全技术检验监管系统通用技术条件》。

该标准对注册登记安全检验(对申请注册登记的机动车进行的安全技术检验)、在用机动车安全检验(对已注册登记的机动车进行的安全技术检验)、车辆唯一性检查(对机动车的号牌号码和分类、车辆品牌和型号、车辆识别代号或整车出厂编号、发动机号码/驱动电机号码、车身颜色和车辆外形等特征进行检查,以确认送检机动车的唯一性。其中,发动机号码/驱动电机号码包括发动机/驱动电机的型号和出厂编号)、车辆特征参数检查(对机动车的外廓尺寸、整备质量/空车质量、核定载人数等车辆主要特征和技术参数进行检查,确认与机动车国家安全技术标准、机动车产品公告、机动车出厂合格证、机动车行驶证等技术凭证资料的符合性)、底盘动态检验(在行驶状态下,定性地判断机动车的转向、传动、制动、仪表和指示器是否符合运行安全要求)等内容进行了详细表述。同时,也对缩略语进行了定义,主要包括:ABS即防抱制动系统(Anti-lock Braking System);EBS即电控制动系统(Electronic Braking System);ECU即电子控制单元(Electronic Control Unit);EDR即事件数据记录系统(Event Data Recorder);EPS即电动助力转向系统(Electric Power Steering);MFDD即充分发出的平均减速度(Mean Fully Developed Deceleration);PDA即智能终端(Personal Digital Assistant);RESS即可充电储能系统(Rechargeable Energy Storage System);VIN即车辆识别代码(Vehicle Identification Number)。

该标准规定了机动车,而事故车辆中必然有机动车类型,例如上述案例就是机动车中的一种,根据鉴定委托事项的需要,选定可参照的鉴定标准,事故车辆实际适用于在用机动车即对已注册登记的机动车进行的安全技术检验,与上述(1)GB 7258—2017《机动车运行安全技术条件》和(2)GA/T 642—2020《道路交通事故车辆安全技术检验鉴定a》存在很强的补充作用,比如针对制动系部件、转向系部件等不同检验项目均有相对应的检验方法,从而得出合格、不合格、符合、不符合等判断。附录G提出《机动车安全技术检验报告(式样)》等可以作为司法鉴定意见书的有效参考,同时也再次印证,如果没有完备的原始记录,在鉴定意见书的"检验所见"部分表述为"未见异常"是不够科学严谨的。

(4) SF/T 0072—2020《道路交通事故痕迹物证鉴定通用规范》

SF/T 0072—2020《道路交通事故痕迹物证鉴定通用规范》是属于管理标准,主要是对交通事故痕迹物证鉴定程序进行规定。该文件规定了道路交通事故痕迹物证鉴定受理程序、送检材料的接收、检验鉴定程序、材料的流转程序、结果报告程序及证实方法。该文件适用于道路交通事故痕迹物证鉴定,道路以外的交通事故和涉及车辆碰撞案件的鉴定可参照执行。

该标准规范性引用文件包括:GB 7258《机动车运行安全技术条件》、GB 21861《机动车安全技术检验项目和方法》(已被GB 38900—2020《机动车安全技术检验项目和方法》代替)、GB/T 33195《道路交通事故车辆速度鉴定》、GA/T 41《道路交通事故现场痕迹物证勘查》、GA/T 268《道路交通事故尸体检验》、GA/T 642《交通事故车辆安全技术检验鉴定》、GA/T 944《道路交通事故机动车驾驶人识别调查取证规范》、GA/T 1087《道路交通事故痕迹鉴定》、SF/ZJD0101001《道路交通事故涉案者交通行为方式鉴定》(现行有效版本为SF/T 0162—2023《道路交通事故涉案者交通行为方式鉴定》)、《司法部关于印发司法鉴定文书格式的通知》(司发通〔2016〕112号)。

  该标准的参考文献包括：GB/T 27020《合格评定各类检验机构的运作要求》、GB/T 27025《检测和校准实验室能力的通用要求》、RB/T 219《检验检测机构资质认定能力评价 司法鉴定机构要求》、CNASRL01:2018《实验室认可规则》、CNASCL08:2018《司法鉴定/法庭科学机构能力认可准则》《全国人大常委会关于司法鉴定管理问题的决定》(2005年2月28日第十届全国人民代表大会常务委员会第十四次会议通过)、《司法鉴定程序通则》(中华人民共和国司法部令第132号)、《检验检测机构资质认定管理办法》(国家质量监督检验检疫总局令第163号)。

  本鉴定是对被鉴定的小型普通客车安全技术状况及与事故的关系进行鉴定，车辆安全技术状况鉴定是SF/T 0072—2020《道路交通事故痕迹物证鉴定通用规范》中包括的一种具体鉴定项目，并对该项目有关受理程序、送检材料的接收、检验鉴定程序、材料的流转程序、结果报告程序及证实方法进行规定，具有管理要求特点，并且无论是交通事故痕迹物证鉴定五个具体项目中的哪一种都可以遵照该标准有关规定进行。但也可以发现，该标准因为与司法部发布《物证类执业分类规定》有时间差，且来源也有区别，在部分鉴定项目的表述上存在一定差异，但不存在绝对冲突，不影响在开展交通事故痕迹物证鉴定过程中采标的全面性、运用的准确性、对应的科学性。那么是否所有的交通事故痕迹物证鉴定具体项目均需要参照SF/T 0072《道路交通事故痕迹物证鉴定通用规范》呢，笔者认为应从以下几点进行考虑：一是程序的合法性。无论是送检材料的接收、检验鉴定程序，还是材料的流转程序、结果报告程序等，都是交通事故痕迹物证鉴定中无法避开的实际，从这点来看，并根据《司法鉴定程序通则》第二条司法鉴定程序是指司法鉴定机构和司法鉴定人进行司法鉴定应当遵循的方式、方法、步骤以及相关的规则和标准，参照执行并作为具体鉴定项目的鉴定方法可以成立。二是证据的可靠性。一般认为：书面证据比口头证据可靠；外部证据比内部证据可靠；法律主体自己获得的证据比被其他方提供的证据可靠；内部控制较好的内部证据比内部控制较差的内部证据可靠等等。鉴定意见是证据之一，那么形成司法鉴定意见的过程必然对可靠性进行审查，每一个环节均会影响到最终证据力的发挥。三是技术的科学性。作为司法鉴定，就是在诉讼活动中鉴定人运用科学技术或者专门指示对诉讼涉及的专门性问题进行鉴别和判断并提供鉴定意见的活动。作为交通事故痕迹物证鉴定项目，在最高人民法院关于诉讼证据的若干规定中，均要求应当对委托鉴定的材料、鉴定的依据及使用的科学技术手段、对鉴定过程的说明、明确的鉴定结论等进行审查；在人民检察院鉴定规则中，也明确规定鉴定应当严格执行技术标准和操作规程。所以采用的适宜性鉴定标准，是对于开展交通事故痕迹物证鉴定至关重要的，虽然一般来讲，参照或根据技术标准为先，但是从鉴定技术的科学性来讲，要充分考量采用鉴定标准的全面、准确。

  综上所述，上述鉴定项目参照SF/T 0072—2020《道路交通事故痕迹物证鉴定通用规范》是适宜的，只是鉴定机构和鉴定人应注意该标准包括的内容广泛，要深入研究对应某一项鉴定项目时该标准的具体规定，决不能盲目放在"鉴定方法"这部分就结束了。该标准覆盖了交通事故痕迹物证鉴定程序的各个关键环节和方面。

(5) GA/T 41—2019《道路交通事故现场痕迹物证勘查》

GA/T 41—2019《道路交通事故现场痕迹物证勘查》主要是从现场勘查方面提供鉴定方法支持。该文件规定了道路交通事故现场痕迹、物证勘查的一般要求、勘查设备及工具、勘查内容和勘查方法。该文件适用于公安机关交通管理部门或由公安机关交通管理部门组织的专业技术人员对道路交通事故现场痕迹、物证的勘查。

该标准的规范性引用文件包括：GA/T 49《道路交通事故现场图绘制》、GA/T 50《道路交通事故现场勘查照相》、GA/T 169《法医学物证检材的提取、保存与送检》、GA/T 268《道路交通事故尸体检验》、GA/T 944《道路交通事故机动车驾驶人识别调查取证规范》、GA/T 945《道路交通事故现场勘查设备通用技术要求》、GA/T 1556《道路交通执法人体血液采集技术规范》。

该标准的参考文献包括：GB/T 19056《汽车行驶记录仪》、GA 40《道路交通事故案卷文书》、GA/T 1013《道路交通事故车辆状况现场测试仪》、GA/T 1045《道路交通事故现场防护服》《道路交通事故处理程序规定》(公安部令第 146 号)、《道路交通事故处理工作规范》(公交管〔2018〕149 号)、《道路交通事故现场勘查要则》(公交管〔2018〕543 号)、邓水泉《道路交通事故痕迹论——涉车痕迹图文集》(上海交通大学出版社.2013)。参考文献中这本图文集提供的是附录 A(资料性附录)典型地面痕迹类型中轮胎印痕的图文,在现实案件中这种印痕肯定存在,但能收集保存齐全实属难得,想用现场实验的方式重现或者采集滚印、压印、拖印、侧滑印、挫划印存在一定的难度,关键要保障特征点清晰、具有明显辨识度。

犯罪现场勘查学是基于犯罪现场的内涵阐释,进而确定犯罪现场勘查的内容和目标体系的一门应用科学,它主要的任务是调查犯罪、犯罪活动;查明与犯罪相关的案件事实情况;查找、保全、固定相关的证据并对证据的诉讼价值作出判断。作为交通事故痕迹物证鉴定人,一定要有现场的概念、思维,应当具备现场勘查的能力,要充分认识到勘查的重要性和不可替代作用,鉴定中现场勘查的主要任务是协助办案机关调查现场情况及涉案人现场活动;在查明交通事故案件事实情况方面提供技术支持;在查找、保全、固定相关的证据并对证据的诉讼价值作出判断的过程中对物证(交通事故案件中发现、提取的有效客体)进行检验分析,提出鉴定意见,发挥证据作用。GA/T 41—2019《道路交通事故现场痕迹物证勘查》是以标准文件的形式对《道路交通事故现场勘查要则》(公交管〔2018〕543 号)的呈现,对于公安机关有关办案人员的工作作出规定,为交通事故痕迹物证鉴定人提供重要参考。

上述案例中,对被鉴定的小型普通客车的安全技术状况及与事故的关系进行鉴定,现场勘查所获得的信息是第一手可靠资料来源,对于从事交通事故现场痕迹物证鉴定人来讲,一定树牢对被鉴定对象实物进行勘查理念,选优配强、积极培育具有各类准驾车型的专业技术人员,不以道路条件、钥匙、委托方要求等等为借口,要想尽办法坚持现场勘查、实物检验,特殊情况下,一般是实物失灭的极少数情况,为了解决诉讼活动中的专门性问题,才可以对图文资料进行审查,满足鉴定条件的,对委托事项作出鉴定意见。具有行车动态测试条件的,坚决进行动态测试(当然也可以采取台式等其他检测方式),得出量化指标参数,与规定的鉴定标准进行比对,进行符合性分析,得出符合性(包括符合与不符合)或者与事故发生之间关系的鉴定意见,充分体现专业度和科学性。

案例二

非机动车静态检验鉴定

(一) 基本案情

20××年××月××日××时××分许,被鉴定车辆在××大桥出×方向零公里东约500米处发生事故。

(二) 鉴定委托事项

根据案件调查需要,对悬挂××两轮电动自行车号牌某某牌电驱动两轮车相关安全装置的功能情况进行鉴定。

(三) 鉴定方法

参照 GA/T 1087—2021《道路交通事故痕迹鉴定》、GA/T 41—2019《道路交通事故现场痕迹物证勘查》、GB 17761—2018《电动自行车安全技术规范》、GB 17761—1999《电动自行车通用技术条件》、SF/T 0072—2020《道路交通事故痕迹物证鉴定通用规范》及 GA/T 642—2020《道路交通事故车辆安全技术检验鉴定》有关条款及检验方法,对被鉴定车辆进行静态检验。

(四) 检验所见

车架钢印号为×××××××××××××××××××。

前照灯外观完好,线路连接未见异常。该车车把宽74 cm;后书报(包)架上侧装载一块长方形木板,该木板长68 cm、宽53 cm、厚1 cm;该木板上方放置一黑色无盖泡沫箱,该泡沫箱长67 cm、宽53 cm。

车辆前、后轮制动装置各部连接均正常,经握紧前、后轮闸把检查,前、后轮均不能转动。

转向装置各部连接正常,经转动车把检查,前轮可以随之偏转。其他安全装置未见异常。

(五) 分析说明

被鉴定车辆前、后轮制动装置功能正常,转向装置功能正常,其他安全装置未见异常。

(六) 鉴定意见

悬挂××两轮电动自行车号牌某某牌电驱动两轮车相关安全装置未见异常。

(七) 解析与讨论

以上鉴定采用的鉴定方法有 GA/T 1087—2021《道路交通事故痕迹鉴定》、GA/T 41—2019《道路交通事故现场痕迹物证勘查》、GB 17761—2018《电动自行车安全技术规范》、GB 17761—1999《电动自行车通用技术条件》、SF/T 0072—2020《道路交通事故痕迹物证鉴定通用规范》及 GA/T 642—2020《道路交通事故车辆安全技术检验鉴定》下面对与案例（一）相同的鉴定方法重复的部分不再赘述，特别提出差异点，对于与案例（一）不同的鉴定方法的适宜性、科学性等方面进行分析讨论。

1. 基本案情

与案例（一）的考虑基本相同，只是车型存在差异，汽车与电动自行车，作为交通事故参与的交通工具，本质上是一致的。只是机动车与非机动车在法律规定上有一定区分，同时在技术改进和提升上也可能存在一定不同发展路径。当然，本鉴定中涉及的被鉴定对象，按照有关标准，对照技术参数分析，是电动自行车还是电动两轮轻便摩托车或者电动两轮普通摩托车，还不得而知，所以也不一定绝对是非机动车。

2. 鉴定委托事项

本案例的鉴定事项表述为"根据案件调查需要，对悬挂××两轮电动自行车号牌某某牌电驱动两轮车相关安全装置的功能情况进行鉴定。"这也是有一个发展修正提升的过程的。常见的鉴定事项表述还有：对被鉴定车辆的安全技术状况进行鉴定、对被鉴定车辆的安全技术状况进行检验（适宜于检验报告，不适用鉴定意见书）、对被鉴定车辆的制动装置（或者转向装置、信号装置、照明装置等）进行检验或鉴定、对被鉴定车辆的安全技术状况与事故的关系进行鉴定等等。哪一种表述正确或者错误、规范或者不规范的讨论，一直是业界讨论比较激烈的话题之一。笔者认为，应从以下方面进行考虑：一是找准要解决的专门性技术问题，确定这个技术问题要梳理来源，来源包括当事人的陈述、案件办理的需要、证人证言等多个方面，关键还是与事故之间的关系，比如鸣号装置，在自行车行驶过程中存在重要意义，那么适用交通事故场景中，鸣号装置理应成为检验的关键安全技术装置。二是鉴定机构具备的鉴定资质及鉴定人具备的执业资格、鉴定能力，底线是不能超范围执业，鉴定人的鉴定能力是否达到完成鉴定委托事项任务，合同评审过程非常重要，常见问题是合同评审中协议对被鉴定车辆的安全技术状况进行鉴定，但提供的司法鉴定意见书中鉴定委托事项是相关安全装置进行鉴定、安全技术状况进行检验等等，得出的鉴定意见也五花八门，比如：符合 GB 17761—2018《电动自行车安全技术规范》或者有关规定、相关安全装置未见异常、制动性能符合有关标准等等。鉴定机构及鉴定人要充分评估执业范围及鉴定能力，在合同评审过程中，准确表述鉴定委托事项并达成一致，鉴定意见严格与鉴定委托事项相对应。三是鉴定意见的证据属性。从证据表现形式上来看，鉴定意见与书证具有相似之处。鉴定机构提供的鉴定意见一般表现为鉴定人制作并提交的书面意见，且鉴定意见是以其所记载的内容和思想来证明案件事实，这都与书证所具有的书面载体性相似。同时，2012 年《中华人民共和国刑事诉讼法》也强调，法院对鉴定意见有疑问的，可以通知鉴定人出庭作证，那么，鉴定人所提供的口头陈述也就具有言词证据的属性，但鉴定意见与证人证言也存在区别，具有不同的特征。所以，在法院传召鉴定人出庭的情况下，鉴定人当庭所作出的口头陈述（口头形式）与书面鉴定意见（书面形式）组成了不可分割整体，应属于鉴定意见的有机组成部分。那么,鉴定人必须严谨对待鉴定委托事项,决定着书面鉴定意见与口头陈述的证明力和证据能力。

3. 鉴定标准

(1) GA/T 1087—2021《道路交通事故痕迹鉴定》

GA/T 1087《道路交通事故痕迹鉴定》的首次提出是在2013年,笔者是主要起草人,是笔者主持的科研项目重要成果之一,也是交通事故痕迹物证鉴定最早形成的一项以"鉴定"命名的技术标准。目前,现行有效版本为2021年版,该文件规定了道路交通事故痕迹鉴定的总体原则和要求、鉴定过程和意见的表述。该文件适用于道路交通事故痕迹鉴定,其他相关案事件痕迹鉴定可参照执行。也就是说无论是道路上发生的交通事故,还是海洋(船舶)、空中(飞机等飞行器)、轨道(地铁、火车)等涉及的交通工具为参与主体的交通事故在痕迹鉴定方面,都有了可以参照执行的痕迹鉴定方法。

该标准规范性引用文件包括:GA/T 41《道路交通事故现场痕迹物证勘查》、GA/T 49—2019《道路交通事故现场图绘制》、GA/T 50《道路交通事故现场勘查照相》、GA/T 268《道路交通事故尸体检验》、GA/T 944《道路交通事故机动车驾驶人识别调查取证规范》、GA/T 952《法庭科学机动车发动机号码和车架号码检验规程》、GA/T 1497《法庭科学整体分离痕迹检验术语》、GA/T 1508《法庭科学车辆轮胎痕迹检验技术规范》、SF/T 0072《道路交通事故痕迹物证鉴定通用规范》、SF/ZJD0101001《道路交通事故涉案者交通行为方式鉴定》(现行有效版本应为 SF/T 0162—2023《道路交通事故涉案者交通行为方式鉴定》)、《司法部关于印发司法鉴定文书格式的通知》(司发通〔2016〕112号)、《公安部关于发布〈公安机关鉴定规则〉和鉴定文书式样的通知》(公通字〔2017〕6号)。也有观点认为,《司法部关于印发司法鉴定文书格式的通知》(司发通〔2016〕112号)和《公安部关于发布〈公安机关鉴定规则〉和鉴定文书式样的通知》(公通字〔2017〕6号)不应该作为规范性引用文件,可以放在参考文献中,在评审过程中,笔者主要是鉴于这两份文件在标准主体内容中的地位,并具有很强的指导作用。

该标准的参考文献包括:GB/T 12979《近景摄影测量规范》、GB/T 37234—2018《文件鉴定通用规范》、GA/T 1450《法庭科学车体痕迹检验规范》《道路交通事故现场勘查要则》(公交管〔2018〕543号)。

笔者及编制团队,对于该标准修订最初的想法实际是想对交通事故中不同车型的部件可能产生的特征性痕迹进行补正,也查阅和收集了国内外有关标准,比如:GB 3564—1993《自行车部件分类、名称和主要术语》、GBT 4780—2020《汽车车身术语》、GB/T 15367—2008《摩托车和轻便摩托车两轮车和三轮车零部件名称》、ISO 9876:2015《航海气象图传真接收机》、ISO 6042:2015《钢质单扇风雨密门》、ISO 17939:2015《油舱口盖》、ISO 17940:2015《铰链式水密门》、ISO 17941:2015《液压式防火密门》、ISO/NP 24409—1《船舶安全标志安全相关标志安全提示和安全标牌的设计、布置和要求》等。但考虑到车辆类型的复杂性,以及对于标准编制的通用要求,团队达成统一共识,在以后建立交通事故痕迹鉴定标准体系,逐一实现不同车辆类型部件特征性痕迹鉴定的规范。

但其实对于上述电驱动两轮车的相关安全装置鉴定的案例,是否需要参照 GA/T 1087—2021《道路交通事故痕迹鉴定》需要进一步思考,并且从"检验所见"部分来看,可能"观察法"和"测量法"的使用是鉴定人的重要考量,司法鉴定意见书中表述为"车架钢印号为××××××××××××××××。前照灯外观完好,线路连接未见异常。该车车把宽 74 cm;后书报(包)架上侧装载一块长方形木板,该木板长 68 cm、宽 53 cm、厚 1 cm;该木板上方放置一黑色无盖泡沫箱,该泡沫箱长 67 cm、宽 53 cm。"

(2) GA/T 41—2019《道路交通事故现场痕迹物证勘查》

此处不再赘述。

(3) GB 17761—2018《电动自行车安全技术规范》和 GB 17761—1999《电动自行车通用技术条件》

这里出现 GB 17761—2018《电动自行车安全技术规范》和 GB 17761—1999《电动自行车通用技术条件》两个类似的标准,且是修订与作废的关系,这是过渡期进行鉴定活动的产物,同时也是本次鉴定关键的鉴定方法。对于被鉴定车辆而言,生产日期在 GB 17761—2018《电动自行车安全技术规范》发布或正式实施之前,也有交通事故案件发生日期在 GB 17761—2018《电动自行车安全技术规范》发布或正式实施之前,或者委托方与鉴定机构协商一致,采用 GB 17761—2018《电动自行车安全技术规范》和 GB 17761—1999《电动自行车通用技术条件》两个鉴定方法对被鉴定车辆进行鉴定。

GB 17761—2018《电动自行车安全技术规范》规定了电动自行车的整车安全、机械安全、电气安全、防火性能、阻燃性能、无线电骚扰特性和使用说明书的主要技术要求及相应试验方法。该文件适用于电动自行车。该文件规范性引用文件包括:GB/T 755—2008《旋转电机定额和性能》(IEC60034-1:2004,IDT)、GB 3565—2005《自行车安全要求》(ISO 4210:1996,IDT)、GB/T 4208—2017《外壳防护等级(IP 代码)》(IEC60529:2013,IDT)、GB/T 5169.11《电工电子产品着火危险实验第 11 部分:灼热丝/热丝基本试验方法成品的灼热丝可燃性试验方法(GWEPT)(GA/T 5169.11—2017),IEC60695-2-11:2014,IDT)、GB/T 5169.16《电工电子产品着火危险试验第 16 部分:试验火焰 50W 水平与垂直火焰试验方法》(GB/T 5169.16—2017,IEC60695-11-10:2013,IDT)、GB/T 5296.1《消费品使用说明第 1 部分:总则》(GB/T 5296.1—2012,ISO/IEC 指南 37:1995,MOD)、GB 8410—2006《汽车内饰材料的燃烧特性》、GB/T 12742《自行车检测设备和器具技术条件》、GB 14023《车辆、船和内燃机无线电骚扰特性用于保护车外接收机的限值和测量方法》(GB 14023—2011,IEC/CISPR12:2009,IDT)、GB/T 16842—2016《外壳对人和设备的防护检验用试具》(IEC61032:1997,IDT)、GB/T 22791《自行车照明设备》(GB/T 22791—2008,ISO 6742-1:1987,IDT)、GB/T 31887《自行车发射装置》(GB/T 31887—2015,ISO 6742-2:1985,IDT)、QB/T 1880《自行车车架》。

电动自行车应当符合下列要求:具有脚踏骑行能力;具有电驱动或/和电助动功能;电

驱动行驶时,最高设计车速不超过25 km/h;电动车行驶时,车速超过25 km/h,电动机不得提供动力输出;装配完整的电动自行车的整车质量小于或等于55 kg;蓄电池标称电压小于或等于48 V;电动机额定连续输出功率小于或等于400W。该标准在6安全要求中对整车安全(车速限值、制动性能、整车质量、脚踏骑行能力、尺寸限值、结构、淋水涉水性能);机械安全[车架/前叉组合件,把立管和鞍管(适用时)、发射器、照明和鸣号装置];电气安全(电气装置、控制系统、充电器与蓄电池、防火性能、阻燃性能、无线电骚扰特性、使用说明书)进行规定。在GB 17761—2018《电动自行车安全技术规范》6.1.2制动性能表述为"电动自行车制动性能应当符合表1规定,在相应的制动距离内平稳安全地停住",是一种动态检测方法。

GB 17761—1999《电动自行车通用技术条件》适用于以蓄电池作为辅助能源,具有两个车轮,能实现人力骑行、电动或电助动功能的特种自行车。该标准规定了电动自行车的定义、产品分类、技术要求、试验方法和检验规则等。该标准的技术内容包括整车的主要技术性能要求、整车安全要求、整车装配要求、整车外观要求、整车道路行驶要求和说明书的要求。该标准技术要求中的5.1.1最高车速、5.2.1制动性能、5.2.2车架/前叉组合件强度为强制性条款;其余各技术要求均为推荐性条款。该标准的规范性引用文件(存在现行有效版本不同,请自行甄别)包括:GB 3565—1993《自行车安全要求》(现行有效版本为GB 3565—2005)、GB/T 3566—1993《自行车装配要求》、GB/T 12742—1991《自行车检测设备和器具技术条件》、QB/T 1217—1991《自行车电镀技术条件》、QB/T 1218—1991《自行车油漆技术条件》、QB 1714—1993《自行车命名和型号编制方法》、QB 1880—1993《自行车车架》、QB/T 2184—1995《自行车铝合金件阳极氧化技术条件》、QB 2191—1995《自行车反射器》。

在"检验所见"部分对被鉴定车辆的照明装置进行检验的结果表述为"前照灯外观完好,线路连接未见异常。"采用"观察法"或者检视,未体现功能且未提及后灯,以及在"分析说明"部分未对其亮度值是否符合GB/T 22791《自行车照明设备》(GB/T 22791—2008, ISO 6742-1:1987,IDT)进行分析评判。对被鉴定车辆制动装置进行检验的结果表述为"车辆前、后轮制动装置各部连接均正常,经握紧前、后轮闸把检查,前、后轮均不能转动。"总体采用的是检视的方法,属于静态检验。对被鉴定车辆转向装置进行检验的结果表述为"转向装置各部连接正常,经转动车把检查,前轮可以随之偏转。"采用检视与动态检验相结合。对被鉴定车辆的其他安全装置的检验结果表述为"其他安全装置未见异常。"也是采用检视的方法? 无从知晓,因为也是分析评判性表述。

上述案例是在SF/T 0159—2023《道路交通事故非机动车制动系统检验鉴定规范》尚未出台并正式实施开展的鉴定,所以在制动系统检验鉴定方面可能存在不符合的情况。SF/T 0159—2023《道路交通事故非机动车制动系统检验鉴定规范》规定了道路交通事故非机动车制动系统检验鉴定的一般要求、设备和工具、检验方法、分析判断以及检验鉴定意见。该文件适用于道路交通事故非机动车制动系统的检验鉴定。事件中所涉及的未合法登记且不能明确机动车或非机动车类别的三轮(含)以下车辆、四轮轮椅类车辆的制动系统检验鉴定参照执行。

综上所述，笔者认为要考虑以下方面：一是鉴定方法所要求的技术性指标应在"检验所见"部分予以呈现，至少应在原始记录中进行记载；二是"未见异常"的表述具有分析评判性倾向，如何与"分析说明"甚至"鉴定意见"进行区分；三是仅突出照明装置、制动装置、转向装置是否合理？对于与事故之间的关系是否是鉴定的主要任务？这都是应该深入探讨的问题，可能会带来对鉴定意见证据力较大的挑战。如果根据 SF/T 0159—2023《道路交通事故非机动车制动系统检验鉴定规范》8 检验鉴定意见的有关规定，鉴于制动系统功能有效(或尚存)，上述案例(制动系统)的鉴定意见可参照以下表述：可排除因制动系统机械突发性故障而诱发事故的可能性。

(4) SF/T 0072—2020《道路交通事故痕迹物证鉴定通用规范》

此处不再赘述。

(5) GA/T 642—2020《道路交通事故车辆安全技术检验鉴定》

此处不再赘述。

案例三

机动车安全装置鉴定

(一)简要案情

20××年××月××日00时20分许，皖C×××××江淮牌重型半挂牵引车及其拖挂的皖CR×××挂鑫万荣牌重型低平板半挂车在××一路600号路段处发生道路交通事故。

(二)鉴定委托事项

根据事故调查需要，对皖C×××××江淮牌重型半挂牵引车及其拖挂的皖CR×××挂鑫万荣牌重型低平板半挂车(以下简称被鉴定车辆)后下部防护装置安装情况及后部灯光信号装置情况进行鉴定。

(三)鉴定方法

参照 SF/T 0072—2020《道路交通事故痕迹物证鉴定通用规范》、GA/T 1087—2021《道路交通事故痕迹鉴定》、GA/T 41—2019《道路交通事故现场痕迹物证勘查》、GB 7258—2017《机动车运行安全技术条件》、GA/T 642—2020《道路交通事故车辆安全技术检验鉴定》及 GB 38900—2020《机动车安全技术检验项目和方法》、GB 11567—2017《汽车及挂车侧面和后下部防护要求》有关条款及检验方法，对被鉴定车辆进行检验。

(四)检验所见

牵引车车架钢印号为×××××××××××××××××××××，半挂车车架钢印号为×××××××××××××××××××××。

后下部防护装置右部向前弯折变形。

被鉴定车辆挂车最后一轴两侧车轮最外端横向水平距离约250 cm。被鉴定车辆挂车后下部防护装置为固定焊接安装，位置不能调整，车辆空载状态下，其宽度方向上的最长构件为后防护横梁（横向构件），经测量，其长度约为239 cm，截面高度约为14.5 cm，后防护装置下缘距地高度约为45.5 cm（左部未变形）。

半挂车后位灯及制动灯均工作正常，半挂车后侧左部危险警告信号灯工作正常，右部危险警告信号灯不能点亮。半挂车后侧右部灯具未见撞击刮擦痕迹。

牵引车驾驶室后侧粘贴11条完整较新的红白相间反光膜、8条陈旧性红白反光标识，规格均为30 cm×5 cm。半挂车底板后侧粘贴5条完整的红白相间反光膜，规格为30 cm×5 cm，后下部防护装置横梁左部、右部各见设置一块红黄相间的尾部标志板，规格均为55 cm×19 cm。

（五）分析说明

根据被鉴定车辆后下部防护装置的测量数据，其后下部防护装置（不考虑变形）的安装位置及尺寸符合GB 11567—2017《汽车及挂车侧面和后下部防护要求》的相关要求。

被鉴定车辆半挂车右部危险警告信号灯不能点亮，不符合GB 7258—2017《机动车运行安全技术条件》的相关要求。

被鉴定车辆后侧所粘贴的反光标识情况，可以体现被鉴定车辆后部的高度、宽度轮廓情况，符合GB 7258—2017《机动车运行安全技术条件》的相关要求。

（六）鉴定意见

皖C×××××江淮牌重型半挂牵引车及其拖挂的皖CR×××挂鑫万荣牌重型低平板半挂车后下部防护装置（不考虑变形）符合GB 11567—2017《汽车及挂车侧面和后下部防护要求》的相关要求。皖CR502挂鑫万荣牌重型低平板半挂车右部危险警告信号灯不能点亮，不符合GB 7258—2017《机动车运行安全技术条件》的相关要求。皖C×××××江淮牌重型半挂牵引车及其拖挂的皖CR×××挂鑫万荣牌重型低平板半挂车后侧所粘贴的反光标识情况，可以体现被鉴定车辆后部的高度、宽度轮廓情况，符合GB 7258—2017《机动车运行安全技术条件》的相关要求。

（七）讨论

本案例中，鉴定方法部分参照SF/T 0072—2020《道路交通事故痕迹物证鉴定通用规范》、GA/T 1087—2021《道路交通事故痕迹鉴定》、GA/T 41—2019《道路交通事故现场痕迹物证勘查》、GB 7258—2017《机动车运行安全技术条件》、GA/T 642—2020《道路交通事故车辆安全技术检验鉴定》及GB 38900—2020《机动车安全技术检验项目和方法》、GB 11567—2017《汽车及挂车侧面和后下部防护要求》，其中GB 11567—2017《汽车及挂车侧面和后下部防护要求》是对应委托事项后下部防护装置（不考虑变形）最为明确的鉴定方法，而危险警告信号灯、反光标识是在GB 7258—2017《机动车运行安全技术条件》的8照明和信号装置的一般要求中有相应的规定，鉴定人应按照其有关规定进行检验并分析评判。鉴定意见部分既有危险警告信号灯不符合GB 7258—2017《机动车运行安全技术条件》的相关要求的鉴定意见,也有后下部防护装置(不考虑变形)符合 GB 11567—2017《汽车及挂车侧面和后下部防护要求》的相关要求和反光标识符合 GB 7258—2017《机动车运行安全技术条件》的相关要求的鉴定意见,采用"观察法"和"测量法",或者在有关鉴定方法中表述为"检视、测量",在鉴定实践中,可能认为得出符合的鉴定意见与得出不符合的鉴定意见在检验阶段付出的工作量存在一定差异,一般较大,更加要求全面、准确,但从规范性来讲,都应严格按照鉴定标准的有关规定执行。

第二节　道路交通事故交通设施安全技术状况鉴定方法

　　道路交通事故交通设施安全技术状况鉴定是指痕迹司法鉴定人对道路交通事故现场或事故发生地点相关区域的交通设施安全状况所进行的技术检验、分析判断并作出鉴定意见的活动。具体包括对道路交通事故现场或事故发生地点等相关区域进行勘验、检查、测量;对路面、路基、隧道、桥涵、交通工程及沿线交通附属设施的安全技术状况进行检验(如道路线形、标志、护栏、标线等);判断事故相关区域的交通设施技术状况或性能的符合性(如材料、几何尺寸、设置位置、力学性能等)。在此鉴定实践中,需要解决交通事故现场或事故发生地点相关区域的交通设施的安全技术状况是否符合有关标准条款规定,是不是诱发事故发生的关键因素之一,一般鉴定委托事项表述为"对交通事故现场或事故发生地点相关区域的交通设施安全技术状况及其与事故之间的关系进行鉴定"。在事故多发路段,有关部门会组织进行事故现场分析,对交通设施的安全状况进行评价,以期消除因交通设施而诱发的交通安全隐患。

一、相关区域鉴定

(一) 概述

　　对交通事故现场或事故发生地点等相关区域进行勘查、测量,实质上是一种检验,其勘查的结果和测量的数据均为检验结果的一种体现形式,形成一种量化指标,与有关标准条款规定进行符合性比对,从而为案件办理需要提供技术支持,也会成为一种证据。

(二) 案例

1. 委托事项

对事故地点所处路段的护栏设置情况和标线施划情况是否符合设计文件和相关标准

规范的要求及其与事故之间的因果关系进行鉴定。

2. 鉴定材料

(1) 道路交通事故现场图。

(2) 道路交通事故照片。

(3) 事故现场的航拍资料。

(4) ××市公路管理局"关于葛湖一级公路及12.2事故路段基本情况的说明"。

(5) 湖北省交通规划设计院"××市葛店至梁子湖公路设计情况说明"。

(6) ××市葛店至梁子湖一级公路(K0+173.023～K22+357.501)两阶段施工图设计。

(7) ××市葛店至梁子湖一级公路(K3+219.23～K3+880)两阶段施工图(变更设计)。

(8) ××市葛店至梁子湖一级公路(K3+880.000～K4+340.576)两阶段施工图(变更设计)。

(9) 葛湖线12.2重大交通事故地点情况说明。

(10) 笔录。

3. 检验过程

根据鉴定材料(2)和鉴定材料(3):事故地点道路中央未设置双黄实线,行车道之间未设置车道分界线白色虚线,行车道与路肩之间未设置车道边缘线白色实线,事故地点道路东侧未设置波形梁钢护栏。

根据鉴定材料1,事故地点路段路面距离水面的高度为4.35 m。

根据鉴定材料4～8:××市葛店至梁子湖一级公路(K0+173.023～K22+357.501)两阶段施工图设计时间为2009年7月。安全设施工程设计为,路中设置双黄实线、行车道之间设置车道分界线白色虚线、行车道与路肩之间设置车道边缘线白色实线,K3+420～K4+060左侧设置波形梁钢护栏。2011年6月,根据建设单位要求,湖北省交通规划设计院将原设计K3+219.23～K4+340.576段平面线形进行了变更。变更后安全设施工程设计为,路中设置双黄实线、行车道之间设置车道分界线白色虚线、行车道与路肩之间设置车道边缘线白色实线,K3+420～K4+060左侧设置波形梁钢护栏。

根据鉴定材料9:经检验,事故地点路基边坡坡率为1:1.5,空缺双黄线长度为300 m,空缺车道分割线长度为267 m,水面高程为15.9 m,平均水深为2.46 m。

根据鉴定材料10:鄂A×××××号小型普通客车驾驶员的讯问笔录中记载"……今天早上雾很大,我的车子开了双闪,我前面有一台面包车在行驶,那台面包车也开了双闪,当我的车子开到栈咀驾校旁转弯的地方时,前面的面包车停了下来,我踩了一下重刹车,然后前面的面包车又往前开,我就跟着往前走,这时对面来了一辆车,那台车的车灯斜射向我的车子方向,我怕自己的车子跟那台车相撞,我就把车子方向盘往右打,我的车继续往前行驶,行驶了几米远,我的车就往右边的坡滚下去,下去之后,车子里就不停灌水,……"

4. 分析说明

第一，对事故地点所处路段的护栏设置情况是否符合设计文件和相关标准规范的要求进行鉴定。

××市葛店至梁子湖一级公路(K0+173.023～K22+357.501)两阶段施工图安全设施工程设计中，K3+420～K4+060左侧设置波形梁钢护栏；××市葛店至梁子湖一级公路(K0+173.023～K22+357.501)两阶段施工图安全设施工程变更设计中，K3+420～K4+060左侧设置波形梁钢护栏。通过对事故地点进行勘验，事故地点所处路段未设置波形梁钢护栏。事故地点所处路段的护栏设置情况不符合设计文件的要求。

根据鉴定材料7～鉴定材料9，××市葛店至梁子湖一级公路(K0+173.023～K22+357.501)两阶段施工图设计的时间为2009年7月，××市葛店至梁子湖一级公路(K0+173.023～K22+357.501)两阶段施工图变更设计的时间为2011年6月，事故地点的道路工程适用中华人民共和国行业标准《公路交通安全设施设计规范》(JTGD 81—2006)。

根据《公路交通安全设施设计规范》(JTGD 81—2006)第4.2.1条的规定：(1)车辆驶出路外有可能造成二次特大事故的路段必须设置路侧护栏。(2)凡符合下列情况之一、车辆驶出路外有可能造成单车特大事故或二次重大事故的路段必须设置路侧护栏：①……②路侧有江、河、湖、海、沼泽、航道等水域的路段。事故地点属于路侧有江、河、湖、海、沼泽、航道等水域的路段，车辆驶出后即掉入河中，无法自行驶回公路，会产生严重事故。根据上述分析，事故地点的情况符合《公路交通安全设施设计规范》(JTGD 81—2006)第4.2.1条第(1)款和第(2)款中第②项的情形，按照规范要求，必须设置路侧护栏。通过对事故地点进行勘验，事故地点所处路段未设置波形梁钢护栏，事故地点所处路段的护栏设置情况不符合《公路交通安全设施设计规范》(JTGD 81—2006)的相关要求。

第二，对事故地点所处路段的标线施划情况是否符合设计文件和相关标准规范的要求进行鉴定。

××市葛店至梁子湖一级公路(K0+173.023～K22+357.501)两阶段施工图安全设施工程设计中，路中设置双黄实线、行车道之间设置车道分界线白色虚线、行车道与路肩之间设置车道边缘线白色实线；××市葛店至梁子湖一级公路(K0+173.023～K22+357.501)两阶段施工图安全设施工程变更设计中，路中设置双黄实线、行车道之间设置车道分界线白色虚线、行车道与路肩之间设置车道边缘线白色实线。通过对事故地点进行勘验，事故地点所处路段空缺双黄线长度为300 m，空缺车道分割线长度为267 m，行车道与路肩之间未设置车道边缘线白色实线。事故地点所处路段的标线施划情况不符合设计文件的要求。

根据鉴定材料7～鉴定材料9，××市葛店至梁子湖一级公路(K0+173.023～K22+357.501)两阶段施工图设计的时间为2009年7月，××市葛店至梁子湖一级公路(K0+173.023～K22+357.501)两阶段施工图变更设计的时间为2011年6月，事故地点的道路交通标线适用中华人民共和国国家标准《道路交通标志和标线第3部分：道路交通标线》

(GB 5768.3—2009)、交通行业标准《公路工程技术标准》(JTGB 01—2003)和《公路交通标志和标线设置规范》(JTGD 82—2009)。

《道路交通标志和标线第 3 部分:道路交通标线》(GB 5768.3—2009)第 4.5.2 条规定,双向四车道及以上道路除出入口、交叉口及允许路边停车的特殊路段外,所有车行道边缘上应设置车行道边缘白色实线。《公路工程技术标准》(JTGB 01—2003)第 9.0.4 条规定,一级干线公路应配置完善的标志、标线、视线诱导标。《公路交通标志和标线设置规范》(JTGD 82—2009)第 8.3.1 条规定,当同一行驶方向有两条或两条以上的车行道时,应设置同向车行道分界线;第 8.5.1 条规定,高速公路、一级公路应设置车行道边缘线。通过对事故地点进行勘验,事故地点所处路段行车道与路肩之间未设置车行道分界线和车道边缘线白色实线,事故地点所处路段的标线施划情况不符合国家标准《道路交通标志和标线第 3 部分:道路交通标线》(GB 5768.3—2009)、交通行业标准《公路工程技术标准》(JTGB 01—2003)和《公路交通标志和标线设置规范》(JTGD 82—2009)的相关要求。

第三,对事故地点所处路段的护栏设置情况和标线施划情况与事故之间的因果关系进行鉴定。

公路上设置的路侧护栏,应实现阻止车辆驶出路外、使车辆恢复到正常的行驶方向和诱导驾驶人视线的功能。公路上设置的交通标线,在为公路使用者提供出行诱导和信息服务方面具有非常重要的作用。

本案中,事故发生时为大雾天气,鄂 A×××××号小型普通客车行驶时,在向右避让对向行驶的车辆的过程中冲出路外。通过对事故地点进行勘验,事故地点所处路段行车道之间未设置车道分界线白色虚线,行车道与路肩之间未设置车道边缘线白色实线。在大雾天气因路面未设置相应的标线,不能给车辆驾驶人提供相应的参照和视线诱导,是导致本次交通事故发生的原因之一。本案中,车辆在冲出路外的过程中,因路侧未设置护栏,导致车辆驶出道路时无法被护栏阻挡而冲入道路所临水域中,加重了本次事故后果的严重程度。

5. 鉴定意见

根据上述分析,得出如下鉴定意见:事故地点所处路段的护栏设置情况不符合设计文件和相关标准规范的要求;事故地点所处路段的标线施划情况不符合设计文件和相关标准规范的要求;事故地点所处路段未施划相应的标线是导致本次交通事故发生的原因之一;事故地点所处路段未设置护栏加重了本次事故后果的严重程度。

二、交通安全设施技术状况和符合性鉴定

(一)概述

交通安全设施对于行车安全、减少潜在事故发生起着重要作用。而且良好的安全设施

系统应具有安全防护、交通诱导、隔离封闭、防止眩光等多种功能。道路交通安全设施包括：交通标志、路面标线、道路护栏、隔离栅、视线诱导标、防眩设施等。对路面、路基、隧道、桥涵、交通工程及沿线交通附属设施的安全技术状况进行检验(如道路线形、护栏、标线、标志等)；分析判断事故相关区域交通设施的技术状况或性能的符合性(如材料、力学性能、几何尺寸、设置位置等)。在检验鉴定过程中，具体到道路线形、护栏、标志、标线等，还有路基、路面、桥涵、隧道等，与相应的标准有关条款规定技术参数进行比对，以发现并提出是否本来就有一定的设计缺陷，或是施工过程中对设计有关关键技术参数发生的改变等，这类鉴定的特点就是在于需要不断地复盘，剖析出内在的关联性，深挖交通设施技术关键点与事故发生之间是否存在关系。

(二) 案例

1. 鉴定委托事项

(1) 对桂B×××××(赣E××××挂)号重型半挂列车撞击中央分隔护栏时该车与护栏的夹角进行鉴定。

(2) 对桂B×××××(赣E××××挂)号重型半挂列车撞击中央分隔护栏的能量进行鉴定。

(3) 对事故路段中央分隔带道路设施状况与事故的因果关系进行鉴定。

2. 鉴定材料

(1) 道路交通事故现场图。

(2) 道路交通事故现场勘查笔录。

(3) 道路交通事故现场补充勘查笔录(二)。

(4) 交通事故照片。

(5) 桂B×××××(赣E××××挂)号重型半挂列车车辆信息。

(6) 潭邵高速公路建设设计验收图纸。

3. 基本案情

根据鉴定材料1～鉴定材料3：20××年××月××日，在沪昆高速公路1 075 km+423 m处，桂B×××××(赣E××××挂)号重型半挂列车突然从行车道向左冲向中央隔离护栏，与同向快速车道行驶的湘B×××××号轻型厢式货车发生碰撞后，同时冲过中央隔离护栏，又与对向行驶的湘E×××××号大型普通客车和湘E×××××号小型轿车发生撞击，造成人员伤亡、车辆损坏、路产损失。

4. 检验过程

根据鉴定材料1～鉴定材料6，事故地点所处路段的设计时间为1999年，交工验收时间为2002年，该路段为高速公路，双向四车道，中央隔离带设有波形梁钢护栏。桂B×××××(赣E××××挂)号重型半挂列车在现场留有左后轮侧滑印L3，长度为1 065 cm，起点位于东向西方向快速车道与行车道分道线南侧，距离分道线130 cm，止点位于快速车道与行车道分道线南侧左后轮下,距离分道线 1 030 cm;该车在现场留有右后轮侧滑印 s,长度为 1 930 cm,起点位于东向西方向快速车道与行车道分道线上,止点位于快速车道与行车道分道线南侧右后轮下,距离分道线 840 cm。

中央隔离带底部有堆土层并铺有草皮,事故中心现场中央隔离带堆土层被肇事车辆碾压后宽 308 cm,与路面水平延长线垂直高度为 12 cm。经测量,事故中心现场中央隔离带堆土层外边缘距中央分隔带护栏板外立面约为 50 cm。

根据鉴定材料 3 和鉴定材料 4,桂 B×××××号重型半挂列车牵引车为乘龙牌 LZ4230QCA 型号,外廓尺寸为 7 110 mm×2 495 mm×3 700 mm,整备质量为 6 800 kg;经查,该车前悬为 1 525 mm。赣 E××××挂号半挂车登记车辆类型为重型低平板半挂车,外廓尺寸为 17 500 mm×3 000 mm×3 250 mm,总质量 39 700 kg,核定载质量 25 000 kg;经实际勘验,该车外廓尺寸为 33 190 mm×3 800 mm×3 250 mm,重 20 250 kg,且平板上加装了两层货架。事故发生时桂 B×××××(赣 E××××挂)号重型半挂列车为空载,车上共有 2 名驾乘人员。

5. 分析说明

(1) 桂 B×××××(赣 E××××挂)号重型半挂列车撞击中央分隔护栏时该车与护栏的夹角事故现场遗留的车辆轮胎痕迹能够反映车辆的行驶轨迹,是判断事故发生时车辆的运动状态的重要依据之一。

桂 B×××××(赣 E××××挂)号重型半挂列车在现场留有右后轮侧滑印,长度为 1 930 cm,起点位于东向西方向快速车道与行车道分道线上,止点位于快速车道与行车道分道线南侧右后轮下,距离分道线 840 cm。

桂 B×××××(赣 E××××挂)号重型半挂列车在与中央分隔护栏发生接触时车辆处于向左偏转状态,结合前轮转向的结构和功能特征,设该车撞击中央分隔护栏时该车与护栏的夹角为 θ,则

$$\sin\theta > \frac{840 \text{ cm}}{1\,930 \text{ cm}}$$

经计算,θ 大于 25.8°。

(2) 桂 B×××××(赣 E××××挂)号重型半挂列车撞击中央分隔护栏的能量因事故地点所处路段的设计时间为 1999 年,交工验收时间为 2002 年,该路段护栏防撞能力适用的技术标准为《高速公路交通设施设计及施工技术规范》(JTJ 074—94)。根据《高速公路交通设施设计及施工技术规范》(JTJ 074—94)条文说明第 3.1.1 条,桂 B×××××(赣 E××××挂)号重型半挂列车垂直作用于事故地点中央分隔带护栏的碰撞能量

$$E = 9\,180 \cdot \frac{1}{2g} W \cdot V^2 \sin^2\theta$$

式中,E——垂直作用于护栏的碰撞能量,J;

g——重力加速度,9.81 m/s²;
W——汽车质量,t;
V——碰撞速度,m/s;
θ——碰撞角度,(°)。

桂B×××××号重型半挂列车牵引车的整备质量为6 800 kg,赣E××××挂号半挂车的质量为20 250 kg,事故发生时车上共有2名驾乘人员,则W——汽车质量为27.18 t。

桂B×××××(赣E××××挂)号重型半挂列车在现场留有右后轮侧滑印s的长度为1 930 cm,考虑该车与其他三辆事故车及护栏碰撞损失的能量,该车的行驶速度:

$$V > \sqrt{2g\mu s}$$

其中,根据中华人民共和国公共安全行业标准《典型交通事故形态车辆行驶速度技术鉴定》(GA/T 643—2006)(当时,GB/T 33195—2016《道路交通事故车辆速度鉴定》尚未发布实施,其中6典型事故形态车速鉴定;附录A典型事故形态道路交通事故瞬间车辆速度计算方法)的相关规定,附着系数μ取0.662。经计算,V大于15.83 m/s。

经计算,E大于60.2×10^4 J。

根据《高速公路交通设施设计及施工技术规范》(JTJ 074—94)条文说明第3.1.1条,我国高速公路中央分隔带Am级护栏设计条件中垂直作用于该类护栏的能量最大为9.3×10^4 J。桂B×××××(赣E××××挂)号重型半挂列车垂直作用于事故地点中央分隔带护栏的碰撞能量大于60.2×10^4 J,高于我国交通行业标准规范对该类护栏设计的最大能量规定的6倍。

(3)事故路段中央分隔带道路设施状况与事故的因果关系。

根据交通安全研究理论和相关事故统计,引发交通事故的原因包括人的不当驾驶行为、车辆因素、道路因素和环境因素四个方面。

根据中华人民共和国交通运输行业标准《机动车驾驶员安全驾驶技能培训要求》(JT/T 915—2014)的规定及安全驾驶的要求,机动车驾驶员应具备的安全驾驶技能包括紧急情况处置能力,应掌握前方出现紧急情况时的应急处置原则:a)沉着冷静,观察车辆前方和两侧的交通情况;b)立即减速,同时握稳转向盘,控制行驶方向;c)待充分减速后,采取避重就轻措施,操控车辆向道路情况简单或人员、障碍物较少的一侧避让。机动车驾驶人应根据道路条件、道路环境、天气条件、车辆技术性能、车辆载质量等,合理控制行驶速度和安全距离,行驶速度不应超过限速要求。本案中驾驶人的不当驾驶行为与事故因果关系分析:首先,桂B×××××(赣E××××挂)号重型半挂列车驾驶人在事故发生前未做到及时观察车辆前方和两侧的交通情况,驾驶车辆与同向快速车道行驶的湘B×××××号轻型厢式货车发生碰撞,桂B×××××(赣E××××挂)号重型半挂列车驾驶人存在观察不当的驾驶行为。其次,桂B×××××(赣E××××挂)号重型半挂列车在事故现场遗留的轮胎痕迹为侧滑痕迹,不是制动拖印,该车驾驶人在事故发生前未采取有效减速措施,存在制动操作不当的驾驶行为。

(4) 桂B×××××(赣E××××挂)号重型半挂列车突然从行车道冲向中央分隔护栏,该车驾驶人在事故发生前未能控制行驶方向,存在转向操作不当的驾驶行为。

桂B×××××(赣E××××挂)号重型半挂列车存在非法改装情况。赣E××××挂号半挂车登记的外廓尺寸为17 500 mm×3 000 mm×3 250 mm,但实际的外廓尺寸为33 190 mm×3 800 mm×3 250 mm,进行了加长和加宽,加长达15 690 mm,加宽达800 mm。赣E××××挂号半挂车总质量39 700 kg,核定载质量25 000 kg,则其整备质量应为14 700 kg,但实际的质量为20 250 kg,相差5 550 kg。对于机动车的设计和生产有严格的要求,机动车的制动系统、转向系统等安全技术状况与车辆的质量、外廓尺寸呈对应关系,桂B×××××(赣E××××挂)号重型半挂列车进行加长、加宽、加重的非法改装行为,破坏了机动车原有的安全技术状态,增加了车辆的制动距离,降低了车辆的操控稳定性。桂B×××××(赣E××××挂)号重型半挂列车的非法改装情况与事故之间存在因果关系。

本案道路因素与事故因果关系分析:第一,桂B×××××(赣E××××挂)号重型半挂列车在与中央分隔护栏接触前即已失控,中央分隔带护栏设施不是导致该起事故发生的原因。第二,桂B×××××(赣E××××挂)号重型半挂列车前悬为1 525 mm,而事故中心现场中央隔离带堆土层外边缘距中央分隔带护栏板外立面约为50 cm,以该车撞击中央分隔护栏时该车与护栏的夹角θ为25.8°进行计算,该车左前部与护栏接触时,左前轮轮胎与路面接触位置距离中央分隔带护栏板外立面约为664 mm,大于50 cm,前轮轮胎仍在路面上,未被抬高。第三,经加长、加宽、加重非法改装后失控的桂B×××××(赣E××××挂)号重型半挂列车垂直作用于事故地点中央分隔带护栏的碰撞能量大于$60.2×10^4$ J,高于我国交通行业标准规范对该类护栏设计的最大能量规定的6倍,中央分隔护栏技术状况不是加重事故后果的因素。第四,根据桂B×××××(赣E××××挂)号重型半挂列车的参数信息设置模拟碰撞试验条件(大型货车,车辆总质量27.18 t,碰撞速度15.83 m/s,碰撞角度25.8°),建立符合标准规定的护栏模型和符合事故路段中央分隔护栏技术状况的护栏模型(中分带填土部分延伸至路缘带边缘,波形梁板外侧平面下堆土高度约20 cm;个别防阻块、紧固件未紧固),采用LS-DYNA程序进行车辆碰撞仿真,桂B×××××(赣E××××挂)号重型半挂列车车辆模型均冲破中央分隔护栏。

综上,本案中,事故路段中央分隔带道路设施状况,不是造成事故发生的原因。

本案环境因素与事故因果关系分析:20××年××月××日发生事故时,事故路段的天气为阴,不存在雨、雪、雾、冰等不利环境因素。环境因素不是造成事故发生的原因。

综上分析,桂B×××××(赣E××××挂)号重型半挂列车驾驶人不当驾驶行为和该车加长、加宽、加重的非法改装构成事故的原因;事故路段中央分隔带道路设施状况和环境因素不是造成事故发生的原因。

6. 鉴定意见

根据上述分析,得出如下鉴定意见:

(1) 桂B×××××(赣E××××挂)号重型半挂列车撞击中央分隔护栏时该车与护栏的夹角大于25.8°。

(2) 桂B×××××(赣E××××挂)号重型半挂列车垂直作用于事故地点中央分隔带护栏的碰撞能量大于$60.2×10^4$ J,高于我国交通行业标准规范对该类护栏设计的最大能量规定的6倍。

(3) 桂B×××××(赣E××××挂)号重型半挂列车驾驶人不当驾驶行为和该车加长、加宽、加重的非法改装构成事故的原因;事故路段中央分隔带道路设施状况和环境因素不是造成事故发生的原因。

三、鉴定标准

目前常用鉴定方法主要是技术标准。主要是但不限于以下(基本需要选择性适用):SF/T 0099—2021《道路交通设施安全技术状况鉴定规范》、JTGB 01《公路工程技术标准》、JTG-D81《公路交通安全设施设计规范》、JTG/TD 81《公路交通安全设施设计细则》/JTGD 20《公路路线设计规范》、GB 50688《城市道路交通设施设计规范》、GB 5768.1—3《道路交通标志和标线第1—3部分》、GB/T 11797《道路交通事故现场图形符号》、JTJ 073.1《公路水泥混凝土路面养护技术规范》、JTJ 073.2《公路沥青路面养护技术规范》、GA/T 580《太阳能道路交通标志》、GB/T 22040《公路沿线设施塑料制品耐候性要求及测试方法》、AQ8004《城市轨道交通安全预评价细则》、AQ8005《城市轨道交通安全验收评价细则》、GB/T 714《桥梁用结构钢》、GB/T 917《公路路线标识规则和国道编号》、GB 4623《环形预应力混凝土电杆》、GB 9468《道路照明灯具光度测试》、GB/T 1822《高速公路交通工程钢构件防腐技术条件》、GB/T 18833《公路交通标志反光膜》、GB/T 23828《高速公路LED可变信息标志》、JT/T 4《公路桥梁板式橡胶支座》、JT 71《悬挂式公路桥梁工作架》、JT/T 279《公路交通标志板》、JT/T 281《公路波形梁钢护栏》、JT/T 429《公路临时性交通标志技术条件》、JT/T 432《高速公路LED可变限速标志技术条件》、GA 17.9《道路交通事故现场信息代码第9部分:道路照明条件代码》、JT/T 367《公路照明技术条件》、JT/T 609《公路隧道照明灯具》、GB 7000.5《道路与街道照明灯具的安全要求》、JTJ 026.1《公路隧道通风照明设计规范》、GB 9468《道路照明灯具光度测试》等。以"鉴定"为名的目前仅有SF/T 0099—2021《道路交通设施安全技术状况鉴定规范》。

四、案例解析

(一) 事故调查报告

《安阳市林州"3.2"重大道路交通事故调查报告》(发布人:admin2;来源:河南省安全监

管局;时间:2015-11-30 16:51:04,摘选)

2015年3月2日23时许,安阳市林州境内226省道45公里加700米处发生一起重大道路交通事故,造成20人死亡,13人受伤,直接经济损失1 200.8万元。

按照《生产安全事故报告和调查处理条例》(国务院令第493号)等有关法律法规规定,并报请省政府批准,省安全监管局、监察厅、公安厅、交通运输厅、文化厅、总工会和安阳市、郑州市人民政府等派出有关人员,于2015年3月4日成立省政府安阳林州"3·2"重大道路交通事故调查组(以下简称事故调查组)。事故调查组邀请省检察院派员参加,并委托车辆技术、公路工程检测鉴定机构对事故车辆和路段进行了鉴定。

事故调查组按照"科学严谨、依法依规、实事求是、注重实效"的原则,通过现场勘查、检验测试、技术鉴定、调查取证、综合分析,查明了事故发生的经过、原因、应急处置、人员伤亡和直接经济损失情况,认定了事故性质和责任,提出了对有关责任人员及责任单位的处理建议和事故防范措施建议,形成了事故调查报告。现将有关情况报告如下:

1. 基本情况

(1) 事故车辆及驾驶员情况

1) 事故车辆情况

豫AL××××灰色宇通牌大型普通客车(ZK6798H),车辆识别代码×××××××××××××-×××××,发动机号×××××××-20G08YC××××××,使用性质营转非,出厂日期2005年11月30日,初次登记日期为2006年1月11日,检验有效期为2016年1月30日,保险终止日期为2015年12月4日,强制报废期为2021年1月11日。该车于2006年1月11日在陕西省榆林市注册登记,登记车号为陕K×××××,车辆所有人为榆林市汽车运输公司第十一客运分公司,使用性质为客运。后该车多次办理转移登记。2012年8月10日,车辆所有人由河南外事旅游汽车有限公司变更为河南商鼎汽车服务有限公司,使用性质为客运。2013年1月9日,车辆所有人变更为李某乐,车辆使用性质由客运转为非营运。最后审验日期为2014年12月4日,检验有效期至2016年1月31日,审验结果合格。承检单位为郑州浩磊机动车检测有限公司。事故发生时,该车核载35人,实载33人,车辆状态正常。田某伟假冒送文化下乡车辆,在车体上喷有"送文化下乡专用车"字样。

2) 驾驶人情况

豫AL××××车驾驶人宋某申,男,56岁,户籍登记地址:××,身份证号××,未取得机动车驾驶证。肇事驾驶人宋某申曾三次驾驶豫AL××××车:2014年8月18日,宋某申第一次驾驶豫AL××××车由新密市白寨镇至洛阳嵩县;2015年2月5日,宋某申第二次驾驶豫AL××××车由新密市白寨镇至漯河市。事故发生时,宋某申持有其兄宋某根的驾驶证。

宋某根,男,身份证号××,现住址××,准驾车型A1/A2/D,有效期2013年3月21日至2023年3月21日,当前状态正常,审验有效期至2015年3月21日。1976年3月21日,宋某根初次领证,准驾车型 B,1985 年 9 月 19 日,通过考试,由 B 证增为 A 证。

2011 年 6 月至 2014 年 8 月,驾驶人宋某申持宋某根驾驶证,以替班司机的身份,在郑州市驾驶 519 路公交车。

(2) 事故单位情况

1) 演出团队基本情况

2014 年 7 月,田某伟组建演出团队,属于私人拼凑演出团队。团队有乐队、电工、服装等固定人员 13 人,临时人员近 20 人。现有车辆 3 部,1 辆东风货车,1 辆豫 A×××××白色三菱轿车,1 辆豫 AL××××大型客车。团队驻地设在新密市白寨镇韦沟村文化广场戏楼,用于排练和没有演出任务时演员居住。团队没有固定的名字,冒用过"郑州豫剧一团""河北春燕豫剧团""驻马店豫剧团"等。没有办理工商营业执照、营业性演出许可证和演出活动许可,个体演员未办理工商营业执照及个体演员证。

2) 演出经营情况

团队组建以来先后在荥阳、新密、新郑、尉氏、上蔡、许昌、济源、漯河、安徽临泉等地演出。演出剧种为豫剧传统戏曲和现代戏剧。2014 年 7 月以来演出毛利润 40 万至 50 万元。

3) 新密演出及活动情况

团队活动地点在新密市白寨镇韦沟村文化广场,该广场由村民韦某军出资建设,2012 年 6 月动工,8 月建成,投资 25 万元。为两层穿顶式建筑,一层戏台,二层简易房子。房屋内有散落的衣服、皮箱、鞋子及毛巾等物品,有打地铺居住和生活痕迹。该团队先后在新密市超化镇、曲梁镇、白寨镇以及新密市西环路等地演出,演出均未向新密市文化主管部门申请许可。白寨镇韦沟村文化广场为演出前后集中活动场所。

4) 荥阳演出情况

2015 年 2 月 26 日至 3 月 2 日(农历正月初八至十二)18 时许,荥阳市贾峪镇党委副书记通过中介人赵某顺,联系田某伟到该镇演出,分别在北沟小区、龙卧凹小区、槐林小区、楼李小区和群众广场演出 5 天 10 场,演出资金 7 万元,由个体企业出资。支付田某伟演出费 4.5 万元,赵某顺中介费 2 万元,水电费 5 000 元。未签订演出合同,演出未向荥阳市文化主管部门提出许可请求,赵某顺从事经纪人活动未办理工商营业执照和个体演出经纪人资格证。

5) 林州演出情况

2014 年 2 月 11 日(农历正月十二),田某伟的哥哥田某带领演出团队在林州市临淇镇前寨村演出,田某伟以演员身份参加了这次演出。

2015 年 3 月 2 日(农历正月十二)在荥阳贾峪镇演出后,直接乘坐豫 AL××××大型客车赴林州市临淇镇演出,行至林州境内五龙镇发生交通事故。演出由经纪人孙某娣、任某海联系,田某伟冒用"郑州市豫剧团"与林州市临淇镇前寨村会计田某拴、村民郝某仓签订演出合同,约定在 3 月 2 日演出,演出 4 天 8 场,每场 11 500 元,共计 92 000 元,按 10%支付给孙某娣、任某海中介费。资金来源是村民集资,边唱边集资,已集资 7 000 多元。上述演出活动未向林州市文化主管部门提出许可申请,经纪人孙某娣、任某海未办理工商营业执照和个体演出经纪人资格证。

(3) 事故相关单位情况

1) 郑州浩磊机动车检测有限公司,法定代表人闫某磊,经营范围机动车安全技术检验、汽车尾气检测。2014年10月29日获得河南省质量技术监督局颁发的机动车安全技术检验机构检验资格许可证。限制范围:大型车检测线1条、小型车检测线3条。2014年12月4日,郑州浩磊机动车检测有限公司对豫AL××××大型客车进行了检测,未发现制动性能不符合技术要求。

2) 河南商鼎汽车服务有限公司,法人代表张某,公司原办公地址农业路沙口路。主要从事汽车租赁业务。现有14台客车,其中3台自行报废,11台车正常运行。河南商鼎汽车服务有限公司为豫AL××××大型客车营转非前登记所有人。

3) 郑州公共交通总公司及其五分公司

郑州市公共交通总公司法人代表巴某东,国有公交企业,下辖6个运营分公司,运营车辆6297台,常规公交线路295条,定制服务专线21条。

五公司隶属于郑州市公共交通总公司,属于租赁经营性质的城市公交运输企业,现有28条公交线路,经营公交车辆390台,每条线路都属于租赁经营。519线路起点为汽车总站,终点是银基商贸城,有20辆公交车,聘任驾驶员36名,其中替班驾驶员7名,包括宋某申、宋某根。租赁人与五公司签订有车辆租赁合同,合同期限一般为3到4年,公司收取线路费、管理费和代缴税收,每月共计2 000元。

(4) 事故路段情况

事故发生地点位于S226翟阳线K45+700,S226翟阳线为山岭重丘区二级公路技术标准,其中K44+300—K47+300为越岭路段,双向2车道,平纵指标未达到山岭重丘区二级公路技术标准。经实测:事故点纵坡设计值为11.747%,规范规定设计速度为20 km/h时最大纵坡为10%;该路段平均纵坡设计值为7.439%,规范值为5.5%。K44+300标高为396.0米,K47+300标高为635.6米,相对高差239.6米,两点直线距离1 420米,纵向坡度达16.9%。原有道路为砂石路面等外路,若按山岭重丘区二级公路平纵线型指标设计,需展线长度约4 792米,展线系数约3.38。因沿路两侧山体陡峻,局部地段接近直立,展线地形条件特别困难,因此施工图设计采用沿既有线路布线,远期考虑隧道穿山方案。为保障行车安全,设计时采用了水泥混凝土抗滑路面,设置限速、急弯、陡坡等安全行车标志。该项目于2003年由中交通力公路勘察设计工程有限公司〔工程勘察综合类甲级、公路行业(公路)甲级设计资质〕设计,2004年由安阳市交通局委托河南省交通厅专家咨询委员会进行了经济及技术综合论证,认为此设计方案可行,并批准后进行建设(安交计〔2004〕28号文《关于省道S226翟阳线马家庄至东岩段改建工程一阶段施工图设计的批复》)。

翟阳线安保工程由河南省交通运输厅公路管理局以豫公路养〔2012〕369号文《关于转发交通运输部2012年河南省干线公路建设项目(安保工程、灾害防治)投资计划的通知》批复立项,设计单位为河南中原公路勘察设计有限公司。2013年安阳市公路管理局进行了公开招投标,中标单位为林州市红旗渠公路养护工程有限公司,监理单位为河南省洹润公路工程咨询中心。安保工程共增设了波形梁护栏3 857米,其中临崖路段增设加强型波形梁护栏(防撞等级A级)2 700米,增加各种安全标志40块、施划路面标线3 955平方米。2013年底安阳市公路管理局组织了验收,经检测工程质量合格。

翟阳线建成通车后,林州市公路管理局对急弯路段加宽硬化路肩,将有效另一面由原来的7米加宽至8.5~11米,在事故路段前后3公里内设置弯道、连续弯道、限速20公里、陡坡、慢行、落石等标志43块,弯道处设有反光凸镜3个,诱导标43个。该路段道路轮廓线清晰,中间标线有磨损现象。

2015年3月10日,河南省交通规划勘察设计院工程检测加固有限公司对事故路段进行了检测:路面状况良好,标志标线齐全,安保设施完善;纵坡、超高、转弯半径、抗滑能力、护栏等各项检测指标符合设计批复要求。

2015年5月12日,交通运输部公路科学研究所司法鉴定中心对事故路段进行了鉴定(交公司鉴〔2015〕建鉴字第1号):

河南省省道S226线改建工程K45+700 m处事故路段设计方案中利用原有公路局部路段改建时合理变动技术指标的处理方式,属于农村、山区公路改建受特殊条件限制时的通行处理方式,符合我国农村、山区公路的建设实际,不违反《公路工程技术标准》(JTJ 001—97)和《公路路线设计规范》(JTJ 011—94)等交通行业标准规范的相关规定。

河南省省道S226线改建工程K45+700 m处事故路段工程,属于利用现有公路局部路段进行的改建,受到沿路两侧山体陡峻、局部地段接近直立、展线地形条件特别困难的条件限制。河南省省道S226线改建工程K45+700 m处事故路段设计方案中的纵坡坡度、纵坡坡长、合成陡坡、平均纵坡指标突破《公路路线设计规范》(JTJ 011—94)第8章的相关规定,经过了综合分析和技术经济论证,属于合理变动,符合《公路工程技术标准》(JTJ 001—97)第1.0.1条和《公路路线设计规范》(JTJ 011—94)第1.0.2条的规定,不违反交通行业相关标准规范要求。

(5) 检验鉴定情况

1) 驾驶人体内酒精含量情况。经检验鉴定,肇事驾驶人宋某申血样,结果为0 mg/ml,排除酒驾嫌疑。

2) 车辆检验鉴定情况。河北津实司法鉴定中心对豫AL××××大型普通客车做车辆行驶速度、转向系统技术状况、车辆行车制动系统技术状况、灯光和事故形成原因分析鉴定,鉴定结论为:

A. 豫AL××××宇通牌大型普通客车制动前的行驶速度41 km/h,坠落山崖时的瞬时车速为63 km/h。

B. 豫AL××××宇通牌大型普通客车在事故发生时转向性能良好,转向横拉杆的弯折变形为坠落后撞击石块所致。

C. 豫AL××××宇通牌大型普通客车制动鼓出现凹凸现象,不符合《汽车鼓式制动器修理条件》(GB/T 18274—2000)中"4.4.1.5 制动鼓出现任何裂纹、凸凹和变形现象时,应更换"的规定。

D. 豫AL××××宇通牌大型普通客车灯光处于近光灯位置,车辆线路因损坏严重无法进行灯光测试,故不具备进行灯光鉴定的条件。

E. 2015年3月2日23时许,宋某申驾驶豫AL××××宇通牌大型普通客车在226省道45公里700米处因连续弯道、坡度较大、连续制动造成制动系统过热并且制动鼓磨损严重未更换,使得制动效能降低的客观原因,以及过弯道时车速过快的主观原因,使得客车在过弯道时离心力过大,过弯半径增大冲出护栏翻下山坡。

(6) 豫AL××××客车行驶状况及警务安排情况

1) 行车轨迹。2015年3月2日18时许,宋某申驾驶豫AL××××号大型普通客车从荥阳市贾峪镇出发,19时43分从郑州市绕城高速西南口上高速,20时18分从郑州市连霍高速花园路口下站,沿107国道行驶,20时39分经过黄河大桥继续行驶,20时51分经过107国道新乡县南辛庄,21时30分经过107国道卫辉市汲城段,21时43分上省道226线向林州方向行驶,21时59分经过省道226线卫辉市岗曹段,23时许,行驶至省道226线林州市五龙镇小虎山路段发生事故。

2) 沿途交通安全执法服务站情况。

A. 郑少高速执法服务站。郑少高速执法服务站执法工作由郑州市交警支队郑少高速大队负责。3月2日19时43分,豫AL××××号客车经过该站,该站未按规定检查登记。

B. 黄河桥执法服务站。黄河桥执法服务站执法工作由郑州市交警支队五大队负责,具体负责检查登记由北向南从新乡进入郑州市的客运车辆。豫AL××××号客车3月2日20点39分由南向北行驶,不属于该站检查登记范围。

C. 新乡市平原新区执法服务站。新乡市平原新区执法服务站执法工作由新乡市平原新区公安分局交通巡防大队负责,3月2日20时39分,豫AL××××号客车途经该站,该站未按规定检查登记。

D. 新乡县执法服务站。新乡县执法服务站执法工作由新乡县交警大队负责,具体负责西半幅由北向南方向行驶车辆的安全检查登记。豫AL××××号大型普通客车3月2日20点51分从南向北行驶,不属于该站检查登记范围。

E. 卫辉市执法服务站。卫辉市执法服务站的执法工作由卫辉市交警大队负责,豫AL××××号大型普通客车21时43分,沿107国道左转进入226省道,未经过该站。

3) 事故路段勤务安排情况。

事故地点在226省道林州市交警大队临淇中队管辖区,该中队负责茶店镇、临淇镇、五龙镇三个镇的日常巡逻、秩序管理和接处警工作,现有民警3人、协管员6人,分两个班组,每组4人,实施24小时勤务模式。事故发生时,林州市公安局交警大队临淇中队民警谭某珠班组当班,驾驶豫E××××警车在省道228线茶店镇路段进行巡逻,与事故路段距离约20公里。另一组在单位备勤。

(7) 天气情况

2015年3月2日23时许,事故发生地天气为晴天,能见度良好,最大风速2.4 m/s,无雾。

2. 事故发生经过及应急处置情况

(1) 事故发生经过

2015年3月2日23时许,驾驶人宋某申无证驾驶豫AL××××号大型普通客车沿226省道由卫辉向林州方向行驶至45公里700米处弯道时,因车速过快,操作不当,撞断公路右侧波形防撞护栏,翻下山坡,造成豫AL××××号大型普通客车内20人死亡,13人受伤。

(2) 应急处置情况

2015年3月2日23时08分,林州市公安局指挥中心接到群众报警后,林州市公安局交警大队公路巡警临淇中队、林州市公安局五龙派出所民警前往现场救援,林州市消防大队随后赶到现场参加救援。接到事故报告后,林州市迅速启动应急预案,公安、卫生、消防、民政、安监和162师装甲团驻林州152名训练官兵迅速赶到事故现场参加救援。9家医疗机构12辆救护车和41名医护人员参与伤员救治。随后,安阳市委、市政府、河南省政府和国家安监总局、公安部、交通运输部有关负责同志赶赴事故现场,指导抢险救援和事故调查工作。3月3日凌晨4时50分,伤员全部送往医院救治,现场救援结束,交通秩序恢复正常。

(3) 善后处理情况

事故中13名受伤人员分别送到省、市、县三级医疗机构救治,林州市政府先期垫付1 005.7万元,用于遇难人员善后赔偿。

3. 原因分析及性质认定

(1) 直接原因

豫AL××××号大型普通客车驾驶人宋某申遇情况采取措施不当、超速行驶、无证驾驶、肇事车辆制动性能不符合要求,是事故发生的直接原因。

(2) 间接原因

1) 田某伟带领的演出团队非法营业性演出。该演出团队未注册登记、未办理营业执照,未办理营业性演出许可证,长期通过无证照经纪人联系演出业务。

2) 郑州、新乡市公安交警部门履行路面执法管控职责不力。郑州市公安局交警支队郑少高速大队、新乡市公安局平原分局交通巡防大队贯彻执行春运期间严格检查7座以上客运车辆的规定不力,没有对经过辖区执法服务站的豫AL××××号大型普通客车进行检查登记,存在漏检事故车辆问题。

3) 新密、荥阳、林州文化主管部门履行演出市场监管职责不到位。新密市文化广电旅游局对非法营业性演出活动巡查、检查不力,没有发现田某伟演出团队在辖区内多次集中排练和非法演出活动。荥阳市文化广播电视新闻出版局对非法营业性演出巡查、检查不力,没有发现辖区内的非法营业性演出活动。林州市文化市场综合执法大队未严格按照规定开展文化市场检查巡查活动,没有发现辖区内的非法营业性演出活动。

4) 新密、荥阳、林州市工商行政管理部门履行营业性演出监督管理职责不力。新密市工商局白寨工商所、荥阳市工商局贾峪工商所、林州市工商局临淇工商所对无照经营活动监管不力,没有发现辖区内的非法营业性演出活动。

5) 有关地方政府履行文化市场监督职责不到位。新密市白寨镇政府履行文化市场监督职责不力,没能发现田某伟非法演出团队在辖区内的演出活动和演出前后的多次集中活动。荥阳市贾峪镇政府履行文化市场监督职责不力,违反规定通过无证经纪人联系田某伟非法演出团队进行演出活动。

6) 郑州公交总公司五分公司交通安全管理责任落实不到位。郑州公交总公司五分公司对驾驶员资格审查把关不严,长期聘用无证人员上岗,存在重大安全隐患;没有严格按照有关制度和程序聘用、管理、使用驾驶员,未及时发现宋某申冒用其兄宋某根的有关证件驾驶公交车;驾驶员教育管理不到位。

(3) 事故性质

经调查认定,安阳市林州"3·2"重大道路交通事故是一起责任事故。

4. 责任认定和处理建议

(1) 司法机关已采取措施人员

1) 宋某申,豫AL××××号大型普通客车驾驶人,2015年3月3日,宋某申被林州市公安局立案侦查,重症监护室治疗。3月4日,以涉嫌交通肇事罪被林州市公安局监视居住。

2) 李某乐,豫AL××××号大型普通客车车主,2015年3月6日,以涉嫌重大责任事故罪被林州市公安局刑事拘留。

3) 田某伟,演出团队负责人,2015年3月3日,以涉嫌重大责任事故罪被林州市公安局刑事拘留。

4) 孙某娣,个体演出经纪人,长期从事非法经纪活动,假冒郑州市豫剧团与林州市临淇镇前寨村签订演出合同。2015年3月5日,以涉嫌招摇撞骗违法行为被林州市公安局行政拘留10日。

5) 任某海,个体演出经纪人,长期从事非法经纪活动,假冒郑州市豫剧团与林州市临淇镇前寨村签订演出合同。2015年3月5日,以涉嫌招摇撞骗违法行为被林州市公安局行政拘留10日。

6) 王某,中共党员,郑州市公安局郑少高速大队执法服务站民警。2015年5月6日,因涉嫌玩忽职守罪被林州市检察院立案侦查。

7) 郭某超,中共党员,新乡市公安局平原分局交通巡防大队民警。2015年5月6日,因涉嫌玩忽职守罪被林州市检察院立案侦查。

8) 周某君,中共党员,新乡市公安局平原分局交通巡防大队负责人。2015 年 5 月 6 日,因涉嫌滥用职权罪被林州市检察院批准逮捕。

以上人员属中共党员或行政监察对象的,待司法机关作出处理后,由当地纪检监察机关或有管辖权的单位及时给予相应的党政纪处分。

(2) 其他建议

郑州公共交通总公司五公司 519 线路站务管理员戚某娟、一车队队长薛某、五公司经理助理李某泉(兼任运安科科长)、五公司经理张某新,落实安全管理制度不力,聘用驾驶员驾驶证审核把关不严,对驾驶员宋某申冒用他人驾驶证驾驶 519 线路 5320 号公交车问题失察,建议郑州市政府依法依规作出处理,处理结果报省政府安委会办公室。

5. 事故防范措施建议

(1) 加强"营转非"车辆管理。针对"营转非"车辆存在的管理漏洞和安全隐患,建议由公安机关牵头,交通运输、安全监管、旅游等部门配合,对全省范围内"营转非"车辆逐一排查、逐一审核,对手续不全、存在安全隐患的车辆强制封存,对已到报废年限的强制报废,杜绝隐患车辆流入客运市场。建议由公安机关牵头,研究制定"营转非"车辆监督管理规章制度,加强对"营转非"车辆日常管理、维护维修的监督,出台达到营运年限的客车强制要求报废的规定。

(2) 加强路面巡查和执法服务站的管理。全省各级公安机关要加强节假日重点时段和临水临崖等事故多发性路段交通管控,严厉打击客车超速行驶等违法行为。要认真落实省、市、县际公安交通安全执法服务站要求,明确交通安全执法服务站职责,重点查纠 7 座以上客运车辆、危险化学品运输车辆,逐车进行检查登记,严格落实"六必查"措施,严厉查处高速公路、国省道超员、疲劳驾驶、无证驾驶等违法违规行为。要加强对执法服务站执法情况的监督和检查,督促执法服务站认真做好执法和检查工作。

(3) 加强全省营业性演出市场管理。各省辖市文化、公安、工商部门要加强协作,建立完善执法协作机制,密切配合,各司其职,建立良好的联合协作机制,形成执法合力。要加大演出市场检查巡查力度,重点加强对城乡结合部、乡镇街道、庙会等流动性演出活动和经纪活动的查处。要健全制度,构建社会监管体系,完善演出市场监督举报制度,公布 12318 文化市场监督举报电话,建立文化市场义务监督员队伍。要充分发挥乡、村两级政府的监督作用,不断健全完善市、县、乡(镇)街三级文化市场管理工作机制,加强信息沟通。同时要加强文化市场法律法规的宣传力度,增强抵制和举报非法营业性演出的意识和自觉性。

(4) 加强重点路段道路安全整治。全省各级道路交通运输部门要会同公安、安全监管等部门,结合国务院办公厅下发的《关于实施公路安全生命防护工程的意见》,开展公路安全生命防护工程建设专项整治,改善道路交通条件和管理条件,加大公路维护力度。对临水临崖等危险路段、事故多发路段,要安装金属波形防护栏。在转弯半径较小的路段,要安装警示标志、红色警示灯和红白相间的标志水泥桩,及时提醒司机注意。要将排查确定的危险路段、事故多发路段,通过报纸、电视等媒体向社会公告,以引起运输企业和司机的关注。

省政府"3.2"重大道路交通事故调查组管理组
2015 年 9 月 28 日

(二) 鉴定

《××××司法鉴定中心建设工程质量鉴定意见书》(编号:交公司鉴〔20××〕建鉴字第××号,摘选)

1. 简要案情

根据司法鉴定委托协议书:2015 年 3 月 2 日,一辆大客车在河南省省道 S226 线改建工程 K45+700 m 处发生道路交通事故,造成 20 人死亡、13 人受伤。

2. 鉴定委托事项

(1) 对河南省省道 S226 线改建工程 K45+700 m 处事故路段设计方案中利用原有公路的局部路段改建时变动技术指标的处理方式是否违反交通行业相关标准规范的要求进行鉴定。

(2) 对河南省省道 S226 线改建工程 K45+700 m 处事故路段设计方案中的纵坡坡度、纵坡坡长、合成坡度、平均纵坡指标是否违反交通行业相关标准规范的要求进行鉴定。

3. 鉴定材料

(1) 省道 S226 翟阳线马家庄至东岩段改建工程可行性研究报告。

(2) 关于《省道 S226 翟阳线马家庄至东岩段改建工程可行性研究报告》审查意见的函。

(3) 关于《翟(曲)阳(村)公路马家庄至东岩段改建工程可行性研究报告》的评估报告。

(4) 关于省道 S226 翟阳线马家庄至东岩段公路改建工程可行性研究报告的批复。

(5) S226 翟阳线马家庄至东岩段改建工程一阶段施工图设计。

(6) 关于《省道 S226 翟阳线马家庄至东岩段改建工程一阶段施工图设计》的审查意见。

(7) 安阳市交通局关于《省道 S226 翟阳线马家庄至东岩段改建工程一阶段施工图》设计的批复。

(8) 省道 S226 翟阳线马家庄至东岩段改建工程第五合同段交工验收质量检测意见。

(9) 交工验收报告:省道 S226 翟阳线马家庄至东岩段改建工程。

(10) 关于安阳林州省道 S226 重大交通事故公路基本情况的说明。

4. 鉴定过程

××××司法鉴定中心受理案件后,指派两名司法鉴定人承担本案鉴定工作,并邀请交通行业标准规范《公路路线设计规范》《公路工程技术标准》的起草人作为专家为鉴定工作提供专业技术咨询支持。2015 年 5 月 13 日,司法鉴定人及咨询专家查阅了河南省省道 S226 线改建工程 K45+700 m 处事故路段的可行性研究和设计阶段相关资料,并赴河南省省道 S226 线改建工程 K45+700 m 处事故路段开展了相关勘查及检测工作。

（1）河南省省道 S226 线改建工程 K45＋700 m 处事故路段基本情况

根据鉴定材料(10)，河南省省道 S226 翟阳线改建工程位于林州市马家庄至东岩段，全长 54.445 公里，其中马家庄至东姚段 19 公里为 20 世纪 70 年代修建的三级沥青路，路基宽 8.5 米，为安阳公路局管养的重要县级公路；东姚至后阳段 25 公里为上世纪末修建，少部分路段为水泥、沥青路，大部分为砂石路面，路基宽 7～8 米，为村道；向阳至终点段 10.5 公里为砂石路面，路基宽 7～8 米，为村道。2001 年河南省路网调整时，为彻底解决林州东南部的交通出行问题，该线路调整为省道。根据 2003 年 8 月 10 日河南省政府"全省干线及县乡公路建设会议"精神及沿线群众的迫切需要，林州市政府会同沿线乡镇群众完成该线的路基清表和土石方储备工作，被河南省发改委和交通厅列为 2003 年第一批干线公路拓宽改造项目。该路段 2003 年项目立项，2004 年底开始建设，2006 年建成通车。按山岭重丘区二级公路设计标准，设计行车速度 40 公里/小时。K0＋000～K22＋400 段，路基宽 12 米，路面宽 9 米；K22＋400～K54＋498 段，路基宽 8.5 米，路面宽 7 米。

（2）河南省省道 S226 线改建工程 K45＋700 m 处事故路段道路线形设计情况

河南省省道 S226 线改建工程 K45＋700 m 处事故路段的施工图设计文件中，K45＋620～K45＋770 段设计纵坡为 10.1％，K45＋770～K45＋880 段设计纵坡为 11.7％，坡长 260 米，最大合成坡度为 11.9％，K44＋300～K47＋300 越岭路段相对高差约 240 米，道路长度 3 000 米，平均纵坡约 7.9％，弯道段超高设计 5％，圆曲线半径 25 米。

根据鉴定材料(1)，路线在 K44＋000～终点段通过鸡冠山，根据鸡冠山地形、地貌及地质特征及公路发展趋势，该段道路考虑近期及远期两个方案。近期老路改造方案工程投资 2 382.76 万元。远期隧道方案工程投资 14 139.08 万元。

（3）河南省省道 S226 线改建工程 K45＋700 m 处事故路段安全设施情况

河南省省道 S226 线改建工程事故路段采用了水泥混凝土路面，临崖一侧设置有波形梁护栏。事故路段道路标志标线清晰，前后 3 公里内共设置有弯道、连续弯道、陡坡、慢行、落石等标志 40 牌块，限速 20 公里/小时标志牌 3 块，弯道处设有反光凸镜 3 个，线形诱导标 43 个，该路段波形梁上设有反光条诱导设施。在事故地点 193 米前设有限速 20 千米/小时标志和连续弯路标志；在事故地点 136 米前设有减速带；在事故地点 118 米前设有向左急弯路警告标志；在事故地点 102 米前设有连续弯路标志和连续下坡标志，在事故地点处设有线形诱导标和凸镜。

5. 分析说明

（1）事故路段设计方案中利用原有公路的局部路段改建时变动技术指标的处理方式是否违反交通行业相关标准规范的要求《公路工程技术标准》(JTJ 001—97) 第 1.0.1 条规定，本标准适用于新建和改建公路。新建公路，必须按本标准执行。改建公路，当利用现有公路的局部路段受条件限制时，经过技术经济比较，可作合理变动；对于改线路段，应符合本标准的规定。《公路工程技术标准》(JTGB 01—2003) 第 1.0.9 条规定，改建公路，当利用现有公路的局部路段，因提高设计速度可能诱发工程地质病害时，经论证并报主管部门批准,该局部路段的设计可维持原设计速度,但其长度不宜大于相应公路等级的设计路段长度。《公路工程技术标准》(JTGB 01—2014)第1.0.8条规定,公路改扩建时,应对改扩建方案和新建方案进行论证比选。采用改扩建方案时,应符合下列规定:利用现有公路局部路段因地形地物限制,提高设计速度将诱发工程地质病害、大幅增加工程造价或对保护环境、文物有较大影响时,该局部路段的设计可维持原设计速度,但其长度高速公路不宜大于 15 km,一、二级公路不宜大于 10 km。

《公路路线设计规范》(JTJ 011—94)第1.0.2条规定,本规范适用于新建和改建公路的路线设计。新建公路必须按本规范规定的技术指标进行设计。改建公路应遵照利用与改造相结合的原则,按规定公路等级的技术指标,合理、充分地利用原有工程。对利用现有公路的局部路段,若条件受限制时,个别技术指标经过综合分析和技术经济论证后,可作合理变动;对改线路段,则应按新建公路标准执行。《公路路线设计规范》(JTGD 20—2006)第1.0.12条规定,改建公路应遵照利用与改造相结合的原则,按规定公路等级的技术指标,合理、充分地利用原有工程。利用原公路的路段,因提高设计速度可能诱发工程地质病害时,经论证该局部路段可以维持原设计指标。改线路段,则应按新建公路标准执行。

根据以上标准制修订情况,交通行业标准规范要求改建公路遵照利用与改造相结合的原则,合理、充分地利用原有工程。利用原有公路的局部路段改建工程,受地形地物、大幅增加建设成本等条件限制或可能诱发工程地质病害时,经过技术经济比较,技术指标可作合理变动。利用原有公路的局部路段改建的工程,通过设置限速和安全设施,保障行车安全,节约建设资金,符合我国农村、山区的公路建设实际,对推动农村地区的公路建设具有积极作用。

在国务院发布的公路改造相关文件中,针对我国公路状况差异及处理方式作了相关说明。《国务院办公厅关于实施公路安全生命防护工程的意见》(国办发〔2014〕55号)中指出,我国幅员辽阔,公路点多、线长、面广,各地交通环境差异较大。要根据公路状况、事故特征、交通流量等实际,科学判断改造需求,制定切实可行的工程改造方案,注重整条路线的规模效益,科学有序组织实施。着重研究修订低等级公路技术标准,结合农村、山区实际情况,确定线形指标及安全设施设置等相关技术要求,提高技术标准的针对性和实用性。

河南省省道 S226 线改建工程 K45+700 m 处事故路段设计方案中利用原有公路的局部路段改建时变动技术指标,经过了综合分析和技术经济论证,采用水泥混凝土抗滑路面,并设置限速、急弯、陡坡等安全行车标志,属于合理变动。

综合以上分析,河南省省道 S226 线改建工程 K45+700 m 处事故路段设计方案中利用原有公路的局部路段改建时合理变动技术指标的处理方式,属于农村、山区公路改建受特殊条件限制时的通行处理方式,符合我国农村、山区公路的建设实际,不违反《公路工程技术标准》(JTJ 001—97)和《公路路线设计规范》(JTJ 011—94)等交通行业标准规范的相关规定。

(2) 设计方案中的纵坡坡度、纵坡坡长、合成坡度、平均纵坡指标是否违反交通行业相

关标准规范的要求

根据鉴定材料(5)～(7),河南省省道 S226 线改建工程 K45＋700 m 处事故路段设计文件的编制日期为 2004 年 1 月,则河南省省道 S226 线改建工程 K45＋700 m 处事故路段设计适用的技术标准规范为交通行业标准《公路工程技术标准》(JTJ 001—97)和《公路路线设计规范》(JTJ 011—94)。

《公路路线设计规范》(JTJ 011—94)第 8 章规定,等级公路的最大纵坡为 9％;山岭重丘区四级公路,纵坡坡度为 9％时,最大坡长为 200 米;二、三、四级公路当连续纵坡大于 5％时,应在不大于规定的长度处设缓和坡段,缓和坡段的纵坡应不大于 3％,其长度应符合规定;二、三、四级公路的最大容许合成坡度为 10％;二、三、四级公路越岭路线的平均纵坡,任一连续 3 000 m 路段范围内的平均纵坡不宜大于 5.5％。

河南省省道 S226 线改建工程 K45＋700 m 处事故路段的施工图设计文件中,K45＋620～K45＋770 段设计纵坡为 10.1％,K45＋770～K45＋880 段设计纵坡为 11.7％,坡长 260 米,最大合成坡度为 11.9％,K44＋300～K47＋300 越岭路段相对高差约 240 米,道路长度 3 000 米,平均纵坡约 7.9％,弯道段超高设计 5％,圆曲线半径 25 米。该设计方案中的纵坡坡度、纵坡坡长、合成坡度、平均纵坡指标突破了《公路路线设计规范》(JTJ 011—94)第 8 章的相关规定,突破原因是存在以下特殊条件限制:原有道路为砂石路面等外路,受地形影响,若该项目按山岭重丘区二级公路平纵线型指标设计,需展线长度约 4792 米。但是沿路两侧山体陡峻,局部地段接近直立,展线地形条件特别困难。因其存在特殊条件限制,应适用《公路工程技术标准》(JTJ 001—97)第 1.0.1 条和《公路路线设计规范》(JTJ 011—94)第 1.0.2 条的规定,经综合分析和技术经济论证后进行合理变动。

河南省省道 S226 线改建工程,在工程可行性研究阶段,针对路线在 K44＋000～终点段的近期老路改造方案和远期隧道方案进行了经济分析,近期老路改造方案工程投资较远期隧道方案工程投资节约建设资金 11 756.32 万元。

根据鉴定材料(6),2004 年 2 月 13 日至 2 月 15 日,受安阳市交通局委托,河南省交通厅专家咨询委员会组织有关专家对《省道 S226 翟阳线马家庄至东岩段改建工程一阶段施工图设计》进行了审查,审查过程中对该设计方案进行综合分析和技术经济论证,给出了审查意见:K44＋300～K47＋300 越岭路段,两点相对高差 239.6 米,而两点的直线距离仅有 1 420 m,纵向坡度达 16.9％,设计单位设计中,展线方案和隧道方案均为旧路不能利用,路基工程量巨大。结合当地的地形、地物及旧路的现状,设计采用了沿既有路线布线,局部路段平纵线形指标达不到山岭重丘区二级公路标准,为确保行车安全,设计采用水泥混凝土抗滑路面,并设置限速、急弯、陡坡等安全行车标志,以利行车安全。审查认为这种设计方案是可行的,但要求平曲线半径最小必须达到等级公路的极限值(15 米)。

综上,河南省省道 S226 线改建工程 K45＋700 m 处事故路段工程,属于利用现有公路局部路段进行的改建,受到沿路两侧山体陡峻、局部地段接近直立、展线地形条件特别困难的条件限制。河南省省道 S226 线改建工程 K45＋700 m 处事故路段设计方案中的纵坡坡度、纵坡坡长、合成坡度、平均纵坡指标突破《公路路线设计规范》(JTJ 011—94)第8章的相关规定,经过了综合分析和技术经济论证,属于合理变动,符合《公路工程技术标准》(JTJ 001—97)第1.0.1条和《公路路线设计规范》(JTJ 011—94)第1.0.2条的规定,不违反交通行业相关标准规范的要求。

6. 鉴定意见

根据上述分析,得出如下鉴定意见:

(1) 河南省省道S226线改建工程K45+700 m处事故路段设计方案中利用原有公路的局部路段改建时合理变动技术指标的处理方式,属于农村、山区公路改建受特殊条件限制时的通行处理方式,符合我国农村、山区公路的建设实际,不违反《公路工程技术标准》(JTJ 001—97)和《公路路线设计规范》(JTJ 011—94)等交通行业标准规范的相关规定。

(2) 河南省省道S226线改建工程K45+700 m处事故路段工程,属于利用现有公路局部路段进行的改建,受到沿路两侧山体陡峻、局部地段接近直立、展线地形条件特别困难的条件限制。河南省省道S226线改建工程K45+700 m处事故路段设计方案中的纵坡坡度、纵坡坡长、合成坡度、平均纵坡指标突破《公路路线设计规范》(JTJ 011—94)第8章的相关规定,经过了综合分析和技术经济论证,属于合理变动,符合《公路工程技术标准》(JTJ 001—97)第1.0.1条和《公路路线设计规范》(JTJ 011—94)第1.0.2条的规定,不违反交通行业相关标准规范的要求。

上述案例中,鉴定方法为JTJ 001—97《公路工程技术标准》和JTJ 011—94《公路路线设计规范》,当时SF/T 0099—2021《道路交通设施安全技术状况鉴定》尚未发布实施。SF/T 0099—2021《道路交通设施安全技术状况鉴定》规定了道路交通设施安全技术状况鉴定的一般要求、鉴定方法和鉴定意见。该文件适用于道路交通事故相关区域内交通设施的检验鉴定,包括公路、城市道路、林区道路、厂矿道路及乡村道路等。其他案件的鉴定和调查参照执行。

SF/T 0099—2021《道路交通设施安全技术状况鉴定》的规范性引用文件包括:GB 5768(所有部分)《道路交通标志和标线》、GB/T 39424.1《道路车辆交通事故分析第1部分:术语》、GB 50688《城市道路交通设施设计规范》、GB 51038《城市道路交通标志和标线设置规范》、GBJ 124《道路工程术语标准》、CJJ 36《城镇道路养护技术规范》、CJJ 37《城市道路工程设计规范》、CJJ 193《城市道路路线设计规范》、JTG 2182《公路工程质量检验评定标准第二册机电工程》、JTG 3450《公路路基路面现场测试规程》、JTG 5210《公路技术状况评定标准》、JTGB 01《公路工程技术标准》、JTGB 05—01《公路护栏安全性能评价标准》、JTGD 20《公路路线设计规范》、JTG/TD 70《公路隧道设计细则》、JTG/TD 70/2—01《公路隧道照明设计细则》、JTG/TD 71《公路隧道交通工程设计规范(附条文说明)》、JTGD 81《公路交通安全设施设计规范》、JTG/TD 81《公路交通安全设施设计细则》、JTGD 82《公路交通标志和标线设置规范》、JTGF 80/01《公路工程质量检验评定标准第一册土建工程》、

JTGH 10《公路养护技术规范》、JTGH 12《公路隧道养护技术规范》、JTGH 30《公路养护安全作业规程》、SF/T 0072—2020《道路交通事故痕迹物证鉴定通用规范》。

SF/T 0099—2021《道路交通设施安全技术状况鉴定》的参考文献包括：GB/T 37234—2018《文件鉴定通用规范》、GB/T 39424.1—2020《道路车辆交通事故分析第 1 部分：术语》、GB 50026《工程测量标准》、GBJ 124—1988《道路工程术语标准》、CH/Z 3017《地面三维激光扫描作业技术规程》、GA/T 41《道路交通事故现场痕迹物证勘查》、GA/T 49《道路交通事故现场图绘制》、GA/T 50《道路交通事故现场勘查照相》、RB/T 219—2017《检验检测机构资质认定能力评价司法鉴定机构要求》《中华人民共和国道路交通安全法》（修订时间 2021 年 4 月 29 日）、《司法鉴定程序通则》（中华人民共和国司法部令第 132 号）、《检验检测机构资质认定管理办法》（国家质量监督检验检疫总局令第 163 号）、《司法部关于印发〈物证类司法鉴定执业分类规定〉〈声像资料司法鉴定执业分类规定〉的通知》（司规〔2020〕5 号）、《司法部关于印发〈法医类物证类声像资料司法鉴定机构登记评审细则〉的通知》（司规〔2021〕2 号）。

SF/T 0099—2021《道路交通设施安全技术状况鉴定》在 5.2 鉴定方法的选择中 5.2.5 作出了《司法鉴定程序通则》中关于该专业领域多数专家认可的技术方法的具体要求，表述如下："若以上鉴定方法无法满足要求，可选择使用该专业领域多数专家认可的技术方法，进行试验或模拟仿真。使用该专业领域多数专家认可的技术方法前应将其文件化，并选择有效的方法进行确认。该专业领域多数专家认可的技术方法的使用应符合有关法律法规、实验室认可或资质认定的要求，使用前应告知委托人并征得委托人的书面同意。"这是符合交通设施安全技术状况鉴定实际的，也为其他鉴定项目遇到此种情况如何选择、确认等提供了参考。并且从上述调查报告和鉴定意见书也可以发现，道路交通事故的后果非常严重，引发的交通设施安全技术状况鉴定一般较为复杂，相对应的鉴定方法也非常多，鉴定机构和鉴定人务必高度重视，端正态度，务求精益求精，一份科学的鉴定意见至关重要，对还原事实真相、厘清责任，维护人民群众生命财产安全发挥着极其重要的作用。

至于上述鉴定意见书的标题关于"建筑工程质量"的表述，是否属于交通事故痕迹物证鉴定范围，由于该鉴定意见是 2015 年出具，当时《司法部关于印发〈物证类司法鉴定执业分类规定〉〈声像资料司法鉴定执业分类规定〉的通知》（司规〔2020〕5 号）、《司法部关于印发〈法医类物证类声像资料司法鉴定机构登记评审细则〉的通知》（司规〔2021〕2 号）均未出台，且相关上位文件也没有明确规定。从鉴定方法上，是针对委托事项等进行选择的，并且鉴定过程充分体现了现场勘查的重要性，得出的鉴定意见与委托事项进行对应，属于符合性判断。

同时，对开展交通事故痕迹物证鉴定业务的鉴定机构进行评查、扩项评审，以及对从事交通事故痕迹物证鉴定的鉴定人准入、评查等活动中，目前有关细则中，尚未明确对鉴定人专业技术能力更为细化的指标，比如鉴定人需要具备驾驶员资格与否？需要获得准驾车型 A、B、C 等？鉴定机构至少需要几名从事交通事故痕迹物证鉴定（具备 021101—05 资格）

鉴定人有驾驶员资格以及准驾车型为 A 的？这已经是除教育背景以外对于技能的具体要求，是否具有合理性、可行性、科学性？但是，在交通事故痕迹物证鉴定中，没有汽车修理工中级以上职业资格、没有一名准驾车型 A 的鉴定人或者鉴定助理，有一些比如车辆零部件拆检、汽车列车和大客车等车辆的动态检验等项目将无法正常开展，那是不是应该从准入时就进行严格规定呢？需要进一步调研论证。

第三节　交通事故痕迹鉴定方法

　　道路交通事故痕迹鉴定是交通事故痕迹物证鉴定中最容易与之相混淆的鉴定项目之一。在过去二十多年的鉴定实践中，往往将以上两种包含与被包含关系的鉴定项目认为是一种鉴定项目的两种不同称呼。在明确其相互之间的关系后，道路交通事故痕迹鉴定则成为交通事故痕迹物证鉴定中的一项具体项目。

　　道路交通事故痕迹鉴定是道路交通事故调查取证阶段的重要程序，也是公安机关交通管理部门对道路交通事故处理、检察机关对交通肇事犯罪嫌疑人起诉和人民法院对道路交通事故审理的关键技术依据。道路交通事故痕迹鉴定是以传统刑事技术痕迹知识为基础，结合力学、车辆工程及道路工程等多学科综合的鉴定类型，在司法实践中发挥着极其重要的作用。其中，车体痕迹鉴定是道路交通事故痕迹鉴定中最为常见的鉴定项目，也是开展道路交通事故痕迹物证鉴定其他鉴定项目的基础。

　　2022 年 5 月 1 日实施的 GA/T 1087—2021《道路交通事故痕迹鉴定》是 GA/T 1087—2013 年版的修订，其对交通事故痕迹鉴定的定义描述为：对道路交通事故中的地面痕迹、车体痕迹、人体痕迹及其他痕迹进行勘查、比对、分析、判断，并作出鉴定意见的活动，这种调整主要是与 GA/T 41—2019《道路交通事故现场痕迹物证勘查》常用勘查标准的适应或匹配。

　　鉴定过程的具体流程包括通过对涉案车辆唯一性检查（识别或者认定身份），对涉案车辆（被鉴定对象）、交通设施（被鉴定对象或者相邻有关的设施环境）、人员及穿戴物（也包括携带物）等为承痕客体或者造痕客体（也可以既是造痕客体又是承痕客体）的痕迹和整体分离痕迹（刑事科学技术工程学层面的杆件、壳体、块状物等）进行检验分析等，在以上勘验检查和分析评判的基础上，必要时，结合微量物证鉴定、法医学鉴定等意见，分析判断交通事故痕迹的形成过程、形成原因（如是否发生过接触碰撞、接触碰撞部位和形态等）。这里，接触碰撞部位和形态是指被鉴定车辆发生碰撞的具体部位和发生碰撞后被鉴定车辆发生偏转、倒地、位移最终停止的位置等客观状态。在道路交通事故痕迹物证鉴定实践中，道路交通事故痕迹鉴定是与传统痕迹鉴定吻合度最高的鉴定项目。既继承了传统痕迹鉴定的方法,又将动态痕迹检验鉴定技术进一步深化,还是对工具痕迹(含交通工具痕迹)、特殊痕迹中轮胎痕迹等的进一步拓展。根据交通事故处理的需要和痕迹鉴定的标准规范需求,一般鉴定委托事项表述为"对××车辆与××车辆的碰撞部位和形态进行鉴定""对××车辆与××车辆的碰撞部位进行鉴定""对××车辆与××车辆的碰撞形态进行鉴定""对××车辆与××车辆是否发生过接触碰撞进行鉴定""对××车辆事发时是否与其他客体(如车辆、人体等)发生过接触碰撞进行鉴定""对××(客体)与××车辆某一部件是否为同一整体所分离进行鉴定"等。

一、唯一性鉴定

(一) 概述

涉案车辆唯一性检查是指对被鉴定车辆(一般为机动车,也可能是非机动车)的号牌号码和类型、品牌和型号、车辆识别代号(也称为车架钢印号,或整车出厂编号)、发动机号码(或电动机号码),还有车身主体颜色和外形进行检查,以确认被鉴定车辆的唯一性,通俗地说就是"验明正身",避免"张冠李戴",实际上就是被检车辆的同一性认定。涉案车辆唯一性检查适用技术标准主要是 GB 16735《道路车辆车辆识别代号(VIN)》和 GA/T 952《法庭科学机动车发动机号码和车架号码检验规程》。这种具体鉴定内容中,还会涉及车架钢印号等号码的显现这种化学方法,与车辆管理部门有关车辆档案内的车架钢印号等号码拓印件进行比对检验,这里与文书鉴定有一定交叉,一般应采用与档案中相同的采集号码的方式,比如拓印。需要注意的是套牌车辆的甄别。

(二) 案例

> 案例一

1. 鉴定委托事项

"鄂E×××××"小型普通客车的车辆识别代号和发动机号是否经过篡改。

2. 鉴定材料

(1) "鄂E×××××"小型普通客车(以下简称小客车)

(2) 同品牌新车原厂车辆识别代号(以下简称原厂车辆识别代号)

3. 鉴定方法

GA/T 952—2011《法庭科学机动车发动机号码和车架号码检验规程》。

4. 检验所见

(1) 小客车:该车为黑色"梅赛德斯-奔驰"小型普通客车。

该车现有车辆识别代号位于副驾驶座椅前方,经辨认车辆识别代号为:LE40G4KB7HL111988,号码附近表面可见重新喷漆痕迹。该车现有发动机号位于发动机后部,经辨认发动机号为:27492010564991,号码平台表面可见明显的人工打磨、腐蚀痕迹。

(2) 用于比对的原厂车辆识别代号为:LE40B8BB0LL450378,号码附近表面未见重新喷漆痕迹。

(3) 将小客车现有的车辆识别代号与原厂车辆识别代号相比对:小客车现有的车辆识别代号中字母"E"上部横画比下部横画长,数字"4"竖画转折较尖锐,数字"0"两侧为直线形,字母"B"中部有缺口,数字"7"下端转折较尖锐,数字"8"中部较圆滑。原厂车辆识别代号中字母"E"上部横画与下部横画长度相同,数字"4"竖画转折较圆滑,数字"0"两侧为弧形,字母"B"中部无缺口,数字"7"下端转折较圆滑,数字"8"中部较尖锐。

5. 分析说明

(1) 小客车现有车辆识别代号位于副驾驶座椅前方,经辨认车辆识别代号为:LE40G4KB7HL111988,号码附近表面可见重新喷漆痕迹,且号码字型与原厂车辆识别代号字型存在多处细节特征差异点,其差异点数量多,质量高,不符合原厂车辆识别代号的特征。因此,小客车车辆识别代号经过篡改。

(2) 小客车现有发动机号位于发动机后部,经辨认发动机号为:27492010564991,号码平台表面可见明显的人工打磨、腐蚀痕迹,不符合原厂发动机号的特征。因此,小客车发动机号经过篡改。

6. 鉴定意见

"鄂E×××××"小型普通客车的车辆识别代号和发动机号均经过篡改。

> **案例二**

1. 鉴定委托事项

悬挂号牌"鄂F××××挂"重型低平板半挂车的车辆识别代号与该号牌所属车辆在湖北省××市公安局交通警察支队车辆管理所备案的车辆识别代号拓印号是否相符。

2. 鉴定材料

(1) 悬挂号牌"鄂F××××挂"重型低平板半挂车的车辆识别代号(以下简称JC);

(2) "鄂F××××挂"号牌所属车辆在湖北省××市公安局交通警察支队车辆管理所备案的车辆识别代号拓印号(复制件)(以下简称YB)。

(以上材料均由湖北省××县公安局交通警察大队提供)

3. 基本案情

据湖北省××县公安局交通警察大队委托称:为查明悬挂号牌"鄂F××××挂"重型低平板半挂车涉嫌套用号牌一案,要求鉴定:JC与YB是否相符。

4. 鉴定标准

中华人民共和国GA/T 952—2011《法庭科学机动车发动机号码和车架号码检验规程》。

5. 鉴定设备

(1) 车架号拓印卡。

（2）PhotoshopCs6 图像处理软件。

6. 检验所见

检验 JC：打刻于悬挂号牌"鄂 F××××挂"重型低平板半挂车车架大梁右侧前部。经辨认，号码为"LA99TDL3×7JY×F003"。整体特征：JC 号码自左向右直线排列，其笔画粗细均匀，上下端平齐，字间距适中，字形较长且较窄。细节特征：数字"9"下端向左下方运笔，数字"3"上端笔画呈直线状，上端转折处较尖锐。

检验 YB：经辨认，号码为"LA99TDL3×7JY×F003"。整体特征：YB 号码自左向右直线排列，其笔画粗细均匀，上下端平齐，字间距适中，字形较短且较宽。细节特征：数字"9"下端呈弧状运笔，数字"3"上端笔画呈弧状，上端转折处较圆滑。

7. 分析说明

经对 JC 与 YB 比较检验分析：JC 与 YB 字形特征、文字笔画特征明显不同（尤其是数字"9""3"笔画的细节特征有较大差异），以上不同点数量多，质量高，为不同冲刻系统的本质反映。因此，JC 与 YB 不相符。

8. 鉴定意见

悬挂号牌"鄂 F××××挂"重型低平板半挂车的车辆识别代号与该号牌所属车辆在湖北省××市公安局交通警察支队车辆管理所备案的车辆识别代号拓印号不相符。

二、碰撞部位和形态鉴定

（一）概述

对涉案车辆（被鉴定对象）、交通设施（被鉴定对象或者相邻有关的设施环境）、人员及穿戴物（也包括携带物）等为承痕客体或者造痕客体（也可以既是造痕客体又是承痕客体）的痕迹和整体分离痕迹（刑事科学技术工程学层面的杆件、壳体、块状物等）进行检验分析，在以上勘验检查和分析评判的基础上，必要时，结合微量物证鉴定、法医学鉴定等意见，分析判断交通事故痕迹的形成过程、形成原因（如是否发生过接触碰撞、接触碰撞部位和形态等）。这种具体鉴定内容，特别是接触碰撞部位和形态的理解，以往一般表述为碰撞形态鉴定等，鉴定目标是被鉴定车辆具体碰撞部位，但按照碰撞部位和形态的表述，应该为被鉴定车辆具体碰撞部位及发生碰撞后被鉴定车辆的不同状态，如倒地滑移到最终位置的状态等，这里就需要考虑道路交通事故现场图、现场照片、勘查笔录等载体中所体现出的被鉴定车辆之间相互位置关系，以及被鉴定车辆最终位置、地面有关痕迹等。而必要时结合法医学、微量物证意见，进一步明确了交通事故痕迹鉴定应坚持以痕迹同一认定原理为依据，法医学对人体等以及微量物证对物质种属分析作出的意见是其中重要辅助手段。

(二) 案例

案例一

1. 鉴定委托事项

根据案件调查需要,对××号牌小型普通客车(甲车)与××号牌台铃牌电驱动两轮车(乙车)的碰撞部位和形态进行鉴定。

2. 鉴定材料

(1) 被鉴定的甲乙两车。

(2) 道路交通事故现场图(复制件)。

3. 鉴定方法

根据 GA/T 1087—2021《道路交通事故痕迹鉴定》、GA/T 41—2019《道路交通事故现场痕迹物证勘查》及 SF/T 0072—2020《道路交通事故痕迹物证鉴定通用规范》有关条款及检验方法,对甲乙两车的痕迹进行检验,并结合道路交通事故现场图所示情况,作出鉴定意见。

4. 检验所见

(1) 甲车

车辆识别代号为××××××××××××××××××。

应对前保险杠前侧中部(前号牌下方)痕迹的部位、类型及形态、加减层等情况进行描述(要点:刮擦痕迹,左部见密集纵向条纹,方向从下向上,白色、绿色、黑色加层,银灰色减层等);应对前号牌字母"F"处及数字"7"右侧痕迹的部位、类型及形态、加减层等情况进行描述(要点:刮擦痕迹,两者边缘近呈弧形,方向从右向左,白色、蓝色减层,两者间距等);应对前号牌数字"5"处痕迹的部位、类型及形态、加减层等情况进行描述(要点:刮擦痕迹,痕迹形态,方向从左向右及从下向上,白色、蓝色减层等);应对发动机舱盖前沿处痕迹的部位、类型及形态、加减层等情况进行描述(要点:刮擦痕迹,痕迹形态,多处,方向从前向后,黑色加层等);应对车辆前侧其他部位未检见新近形成的异常痕迹进行表述。

应对车辆左前部未检见新近形成的异常痕迹进行表述。

应对车辆左侧未检见新近形成的异常痕迹进行表述。

应对车辆左后部未检见新近形成的异常痕迹进行表述。

应对车辆后侧未检见新近形成的异常痕迹进行表述。

应对车辆右后部未检见新近形成的异常痕迹进行表述。

应对右前门处痕迹的部位、类型及形态、加减层等情况进行描述(要点:刮擦痕迹,条状,方向从前向后,黑色物质、无色物质加层等)。

应对车辆右前部未检见新近形成的异常痕迹进行表述。

(2) 乙车

车架钢印号为×××××××××××××××××。

应对车辆前侧未检见新近形成的异常痕迹进行表述。

应对左车把外端处痕迹的部位、类型及形态、加减层等情况进行描述（要点：刮擦痕迹，较陈旧、点片状，多方向，银色减层等）。应对车辆左侧前中部其他部位未检见新近形成的异常痕迹进行表述。

应对左后部金属护栏后外侧痕迹的部位、类型及形态、加减层等情况进行描述（要点：刮擦痕迹，方向从右后向左前及纵向，蓝色、白色加层，泥灰减层等）。

应对车辆后轮挡泥板后侧处痕迹的部位、类型及形态、加减层等情况进行描述（要点：刮擦痕迹，痕迹局部呈密集竖向条纹，方向从上向下，黑色物质、文字处绿色及白色物质减层等）；应对车辆后号牌下沿处痕迹的部位、类型及形态、加减层等情况进行描述；应对后号牌上方两枚固定螺栓（含黄色垫圈）处痕迹的部位、类型及形态、加减层等情况进行描述（要点：刮擦痕迹、左侧一枚固定螺栓黄色垫圈破损，两者边缘为圆形，方向从左向右，白色、蓝色加层，两枚螺栓间距）；应对后工具箱处痕迹的部位、类型及形态、加减层等情况进行描述（要点：刮擦痕迹、破损，方向从左后向右前，箱体主色为黑色等）。

应对车辆右后部未检见新近形成的异常痕迹进行表述（除后工具箱外）。

应对车辆右侧多处凸出部件见倒地挫痕进行表述，如后座右侧脚踏支架、后工具箱右侧、右侧金属护栏、右车把外端、右制动握把外端等部位；应对右后视镜镜片缺失进行表述；应对车辆右侧除倒地挫痕外，未检见新近形成的其他异常痕迹进行表述。

（3）道路交通事故现场图

应对甲乙两车在现场中的位置关系及乙车右侧倒地进行描述。

5. 分析说明

将甲车前保险杠前侧中部（前号牌下方）与乙车后轮挡泥板后侧处所检见痕迹，从部位、类型及形态、方向、加减层及痕迹形成机理等方面比对、分析，两者上述部位痕迹吻合，可以形成互为承痕客体与造痕客体的关系。

将甲车前号牌字母"F"处及数字"7"右侧痕迹与乙车后号牌上方两枚固定螺栓（含黄色垫圈）所检见痕迹，从部位、类型及形态、间距、加减层及痕迹形成机理等方面比对、分析，两者上述部位痕迹吻合，可以形成互为承痕客体与造痕客体的关系。

将甲车前号牌数字"5"处痕迹与乙车左后部金属护栏后外侧所检见痕迹，从部位、类型及形态、方向、加减层及痕迹形成机理等方面比对、分析，两者上述部位痕迹吻合，可以形成互为承痕客体与造痕客体的关系。

将甲车发动机舱盖前沿痕迹与乙车后工具箱处所检见痕迹，结合乙车后工具箱左后部向右前方移位情况，从部位、类型及形态、方向、加减层及痕迹形成机理等方面比对、分析，两者上述部位痕迹吻合，可以形成互为承痕客体与造痕客体的关系。

甲乙两车上述对应痕迹的距地高度虽存在一定差异，但考虑甲乙两车发生碰撞时，甲车存在"制动点头"的情况，故此差异点可以得到合理解释。

将甲车右前门横向刮擦痕迹与乙车左车把外端所检见痕迹，从部位、类型及形态、加减层及痕迹形成机理等方面比对、分析,除两者高度相近外,其他方面均不能相互吻合,即两者上述部位不能形成互为承痕客体与造痕客体的关系,乙车其他部位亦未检见能形成甲车右前门处痕迹的造痕客体,可以排除甲车右前门所检见的刮擦痕迹系与乙车发生刮擦所形成的可能性。

甲乙两车上述各组相对应的痕迹,从空间分布关系上分析亦相吻合。甲车痕迹主要分布于其前侧中部(或正面中部),乙车痕迹主要位于其后侧及左侧后部,结合两车上述部位受力情况分析,甲车主要受力部位应位于其前侧中部中偏左的区域,乙车主要受力部位应位于其左后部区域,符合甲车前侧中部与乙车左后部发生碰撞所形成的形态特征。

乙车右侧多部件见倒地挫痕,结合现场图中所示甲乙两车的位置关系,从部位、类型及形态、加减层及痕迹形成机理等方面分析,符合甲乙两车发生碰撞后乙车向右倒地滑移时其凸出部位与地面挫擦所形成的形态特征。

甲乙两车所检见的其他痕迹无对应关系。

综上所述,甲车前侧中部(或正面中部)与乙车左后部发生碰撞可以成立;两车碰撞时,甲车存在"制动点头"的情况,碰撞后,乙车向右倒地并滑移至最终位置。

6. 鉴定意见

××号牌小型普通客车前侧中部(或正面中部)与××号牌台铃牌电驱动两轮车左后部发生碰撞可以成立;两车碰撞时,该客车存在"制动点头"的情况,碰撞后,该电驱动两轮车向右倒地并滑移至最终位置。

案例二

1. 鉴定委托事项

根据案件调查需要,对甲车:沪F×××××红岩牌重型自卸货车、乙车:悬挂上海××××××两轮电动自行车号牌派乐牌电驱动两轮车的碰撞形态进行鉴定。

2. 鉴定材料

(1) 甲乙两车

(2) 事故现场附近监控视频二段(复制件)

3. 鉴定方法

参照 SF/T 0072—2020《道路交通事故痕迹物证鉴定通用规范》、GA/T 1087—2021《道路交通事故痕迹鉴定》、GA/T 41—2019《道路交通事故现场痕迹物证勘查》、SF/T 0119—2021《声像资料鉴定通用规范》、SF/T 0124—2021《录像过程分析技术规范》及 GA/T 1020—2013《视频中事件过程检验技术规范》有关条款及检验方法,对委托事项进行鉴定。

4. 检验所见

(1) 甲车

车架钢印号为×××××××××××××××××。前保险杠右转角距地高 74 cm~

91 cm 范围见刮擦痕迹。前下部防护横梁距地高 46~48 cm、距其右端 99~203 cm 范围见刮擦痕迹,表层铁锈及泥灰呈减层,局部黏附白色物质。

(2) 乙车

车架钢印号为××××××××××××××。右后视镜偏转移位。鞍座后部脱位。后轮左侧护板破损。后工具箱左后部距地高 74~92 cm 范围见刮擦痕迹,表层黑色涂层呈减层。右后转向灯脱落呈悬吊状。车辆右侧车身凸出部位多处检见倒地挫划痕迹。

(3) 事故现场附近监控视频一

视频文件名为"570240963 古浪祁连山东向西 HG_15DB6AC8_1672624277_1",文件格式为 mp4,哈希值(MD5)为 F69D8AB1F88D19A326FBF07D968034E4。监控视频图像上显示"2023-01-02""××××××古浪/祁连山(东向西)HG"等字样。视频图像连续,视频图像显示以下内容:

08:02:26 许,甲车位于画面所示道路最右侧机动车道内,由下向上行驶至画面上部路口处,乙车位于甲车右侧相邻非机动车道内,由下向上行驶。

随后,甲车进入上述路口,并右转弯行驶。

08:02:30~08:02:31 时,甲车右前转角与乙车左后部发生碰撞,之后,乙车向右倒地。

(4) 事故现场附近监控视频二

视频文件名为"17024316 祁连山古浪东南 1HG_15DCA908_1672624376_1",文件格式为 mp4,哈希值(MD5)为 7B1581152DF79BD6FEA7DB0777803A90。监控视频图像上显示"2023-01-02""××××××祁连山/古浪东南 1HG"等字样。视频图像连续,视频图像显示以下内容:

08:02:30 许,甲乙两车均出现在画面左侧上部位置,乙车位于甲车车身正面右部的前方,同时,乙车向右侧倾倒地。

08:02:31~08:02:34 时段,甲车继续向下右转弯行驶,乙车当事人从甲车前侧下部进入甲车车下,乙车遭甲车前下部防护装置向右侧推挤至甲车左侧。

5. 分析说明

根据甲车前保险杠右转角及车辆正面下部所检见的痕迹、乙车左后部所检见的痕迹,结合事故现场附近监控视频所示分析,符合甲车右前部与乙车左后部发生碰撞后,乙车向右倒地并遭甲车正面下部碰撞所形成的特征。

6. 鉴定意见

沪F×××××红岩牌重型自卸货车右前部与悬挂上海×××××××两轮电动自行车号牌派乐牌电驱动两轮车左后部发生碰撞后,该电驱动两轮车向右倒地并遭该重型自卸货车正面下部碰撞过可以成立。

三、是否发生过碰撞鉴定

(一) 概述

是否发生过碰撞鉴定,是对道路交通事故中涉案车辆之间是否发生过接触碰撞进行分析判断的活动。

此类鉴定,以甲乙两车是否发生过接触碰撞为例,一般有如下要求:检验所见中应体现甲乙两车关键痕迹的对应关系及其他无关痕迹的描述,要求描述痕迹的形态、部位、受力方向、物质交换等要素。除对甲乙两车发生碰撞所形成的痕迹进行检验外,应对甲乙两车是否存在与甲乙两车以外其他车辆发生过碰撞接触的痕迹进行检验。分析说明的任务首先是对鉴定过程中所检见的痕迹进行解释说明,然后对无关痕迹进行说明并予以排除,最后对甲乙两车可以相互印证的痕迹说明认定理由,特别要求对痕迹的形成机理进行分析,在关键痕迹检验及分析过程中,要求从痕迹的形态、部位、受力方向和痕迹形成机理等方面进行说明。同时,应对存在其他车辆所反映的特征点分别与甲乙两车之间的对应关系进行详细的说明。鉴定过程和分析说明是道路交通事故痕迹鉴定的核心内容,是作出科学客观鉴定意见的关键。鉴定意见书中鉴定过程和分析说明部分应体现溯源的原则,包括标准的溯源和痕迹基础知识的溯源。分析说明要与鉴定过程相对应。鉴定意见应与委托要求准确对应,鉴定意见表述中应体现甲乙两车的碰撞形态,且简练准确,同时,判断是否存在其他车辆,如果存在其他车辆,并判断其的车辆类型。

(二) 案例

1. 鉴定委托事项

根据事故调查需要,对××号牌小型普通客车(甲车)与未悬挂号牌自行车(乙车)是否发生过碰撞进行鉴定。

2. 鉴定材料

(1) 被鉴定的甲乙两车。

(2) 道路交通事故现场图。

3. 资料摘要

经微量物证鉴定,乙车车锁右侧黏附的蓝色物质与甲车前号牌的蓝色材料属于同种类物质;甲车发动机舱盖右部黏附的黑色物质与乙车车把右把套的黑色材料属于同种类物质。除上述两组同种类物质外,甲乙两车上未发现其他可以种属认定或者同一认定的检材(含生物检材)。

4. 鉴定方法

参照 GA/T 41—2019《道路交通事故现场痕迹物证勘查》、GA/T 1087—2021《道路交通事故痕迹鉴定》有关条款及检验方法,对甲乙两车的痕迹进行检验,并结合道路交通事故现场图所示情况以及委托人提供的其他材料等,作出鉴定意见。

5. 检验所见

(1) 甲车

车辆识别代号为××××××××××××××××××。

应对前保险杠及其上方进气栅脱位等情况进行描述。应对前保险杠前侧右部(前号牌右侧)五处痕迹的部位、类型及形态、加减层等情况进行描述,局部痕迹应对其受力方向、新旧程度等情况进行描述;应对前保险杠中部(前号牌下方)一处刮擦痕迹的部位、类型及形态、受力方向、加减层等情况进行描述;对前号牌右上部、右上部固定扣及其上方相邻前保险杠处痕迹的部位、类型及形态、加减层、受力方向等情况进行描述,其中应对固定扣的形貌、直径等进行描述;应对前号牌上方相邻前保险杠处横向黑色加层痕迹的部位、类型及形态、加减层、受力方向等情况进行描述;应对前保险杠前侧左部(前号牌左侧)痕迹的部位、类型及形态、加减层等情况进行描述。应对发动机舱盖右部一处刮擦痕迹的部位、类型及形态、加减层、受力方向及周边未见硬刮痕等情况进行描述,可对受力方向进行分析;应对发动机舱盖右前部擦痕及凹陷变形痕迹的部位、范围、类型等情况进行描述。应对前风窗玻璃右部两处碎裂痕迹的部位、类型及范围等情况进行描述,应对两处碎裂中心进行定位;应对右A柱痕迹的部位、范围、类型及形态、加减层等情况进行描述。

应对车辆左侧未见新近形成的异常痕迹进行表述。

应对车辆后侧未见新近形成的异常痕迹进行表述。

应对车辆右后视镜壳体痕迹的部位、类型及形态、加减层等情况进行描述,应对车辆右侧其他部位未见新近形成的异常痕迹进行表述。

(2) 乙车

未见车架钢印号。

应对车辆前侧未见新近形成的异常痕迹进行表述。

应对车辆车把左把套痕迹的部位(距地高、上侧)、类型及形态、加减层等情况进行描述。应对鞍座顺时针偏转情况进行描述;应对鞍座左后部痕迹部位、范围、类型及形态、加减层等情况进行描述。应对后货架左侧后上部痕迹部位、类型及形态、加减层、方向等情况进行描述。

应对车辆后侧反射器缺损、挡泥板凹陷变形等情况进行描述。

应对车辆链条防护罩外侧"笑脸"状痕迹的部位、类型及形态、加减层等情况进行描述;应对车辆链条防护罩"笑脸"状痕迹后部多条条状刮擦痕迹的部位、类型及形态、加减层等情况进行描述。应对车锁外形、质地及右侧痕迹部位、类型及形态、加减层等情况进行描述。应对右前叉痕迹部位、类型及形态、加减层等情况进行描述。应对车辆车把右把套(距地高、上侧)痕迹的部位、类型及形态、加减层、受力方向等情况进行描述。应对车辆右手闸痕迹的部位、类型及形态、加减层等情况进行描述。

(3) 道路交通事故现场图

应对现场位置、道路走向进行描述,对乙车位置及倒地方向进行描述,对现场未发现散落物进行描述。

6. 分析说明

应对甲车前保险杠处痕迹(除前号牌右上部、右上部固定扣及其上方相邻前保险杠处痕迹外)与乙车从部位、形态及类型、加减层、新旧程度、受力方向及痕迹形成机理等方面比对,并依据资料摘要中所述"除上述两组同种类物质外,甲乙两车上未发现其他可以种属认定或者同一认定的检材(含生物检材)"分析,判断甲车前保险杠(除前号牌右上部、右上部固定扣及其上方相邻前保险杠处痕迹外)所检见的加层痕迹均非与乙车接触所形成,乙车车体未检见能形成甲车前保险杠上减层痕迹(除前号牌右上部、右上部固定扣及其上方相邻前保险杠处痕迹外)的造痕部件。

应对甲车前号牌右上部、右上部固定扣及其上方相邻前保险杠处的痕迹与乙车车锁右侧从部位、形态及类型、材质、加减层、痕迹形成机理等方面比对、分析,判断乙车车锁不具备形成甲车该部位痕迹的条件,乙车车锁右侧黏附的蓝色物质与甲车前号牌的蓝色材料虽属于同种类物质,但仅属于种类认定,无相应痕迹支撑,不能认定甲车上述部位痕迹系乙车车锁所形成,乙车车体其他部位未检见能形成甲车该部位痕迹的造痕部件。

应对甲车发动机舱盖右部刮擦痕迹与乙车车把把套(左右)痕迹从部位、形态及类型、加减层、方向、周边部件情况及痕迹形成机理等方面比对,结合车闸位置及痕迹情况,分析乙车车把不能形成甲车发动机舱盖右部刮擦痕迹,虽甲车发动机舱盖右部黏附的黑色物质与乙车车把右把套的黑色材料属于同种类物质,但仅属于种类认定,无相应痕迹支撑,故不能认定甲车该部位痕迹系乙车车把所形成。

应对甲车发动机舱盖右前部擦痕及凹陷变形痕迹、前风窗玻璃右部碎裂痕迹、右A柱痕迹从部位、形态及类型、痕迹形成机理等方面进行分析,符合与软质客体(如人体)发生碰擦所形成,结合资料摘要所述"甲乙两车上未发现其他可以种属认定或者同一认定的检材(含生物检材)",故不能认定乙车与甲车上述部位发生过碰撞。

应对乙车链条防护罩外侧痕迹及右前叉痕迹与甲车从部位、形态及类型、加减层、新旧程度、受力方向及痕迹形成机理等方面比对,表述甲车车体未检见能形成乙车该处痕迹的造痕部件。

应对乙车鞍座左后部痕迹及后货架左侧后上部痕迹部位、类型及形态、加减层及痕迹形成机理等方面进行分析,判断该处痕迹符合与粗糙平面(如地面)挫划所形成的特征,表述与甲车车体发生接触难以形成。

乙车后侧反射器缺损、挡泥板凹陷变形等痕迹,甲车上未检见与乙车该处痕迹相关的痕迹,结合甲车损毁部件的分布情况及现场未发现散落物的情况,不能认定乙车后侧反射器缺损、挡泥板凹陷变形痕迹系与甲车碰撞所形成。

甲乙两车其他部位亦未检见能形成互为承痕客体与造痕客体的关系,道路交通事故现场图中未发现与甲车相关的痕迹(如散落物、车轮印等)。

综上所述,不能认定甲车与乙车发生过碰撞。

7. 鉴定意见

否定的鉴定意见,可表述为但不限于以下表述:不能认定××号牌小型普通客车(甲车)与未悬挂号牌自行车(乙车)发生过碰撞。

碰撞部位及是否发生过碰撞鉴定综合案例

1. 鉴定委托事项

根据案件调查需要,对甲车:沪C×××××五菱牌小型面包车与乙车:沪AT×××学斯柯达牌小型轿车的碰撞形态,以及丙车:悬挂上海×××××××两轮电动自行车号牌帝豹牌电动自行车事发时是否与甲车或乙车发生过碰撞进行鉴定。

2. 鉴定材料

(1) 被鉴定的甲乙丙三车。

(2) 道路交通事故现场图及现场照片(复制件)。

(3) 事故现场监控视频一段(复制件)。

3. 鉴定方法

参照 GA/T 1087—2021《道路交通事故痕迹鉴定》、GA/T 41—2019《道路交通事故现场痕迹物证勘查》及 SF/T 0072—2020《道路交通事故痕迹物证鉴定通用规范》的有关条款及鉴定方法,对甲乙丙三车的痕迹进行检验,并结合委托人提供的其他材料,对委托事项作出鉴定意见。

4. 检验所见

(1) 甲车

车辆识别代号为××××××××××××××××。

前保险杠脱位、左部缺损,其左部前侧距地高28 cm～61 cm范围内见刮擦痕迹,表层灰色物质呈减层,并附着白色物质及木屑类物质。左纵梁前部距地高29 cm～60 cm范围内见刮擦痕迹,表面附着白色物质及木屑类物质。左前轮向后、向左偏转移位,其轮胎失压。左前照灯缺损。左前翼子板变形、移位。发动机舱盖左部距地高71 cm～100 cm范围内向后变形,呈类弧状,伴刮擦痕迹,表层银灰色涂层呈减层,并附着白色物质及木屑类物质。前风窗玻璃碎裂。左后视镜缺失。车身左侧中部向右变形,其外侧距地高137 cm以下、距车前侧70 cm～245 cm范围内见刮擦痕迹,表层银灰色涂层呈减层,局部附着白色物质。左侧及后侧车窗玻璃碎落。车辆其他各部未见新近形成的可疑碰撞痕迹。

(2) 乙车

车辆识别代号为××××××××××××××××。

前保险杠脱落、碎裂,其前侧见刮擦痕迹,表层白色涂层呈减层,局部附着银灰色物质。前号牌脱落。前进气格栅脱落、碎裂。前横梁向后变形。右纵梁前端变形。散热器右部距地高 28 cm～42 cm 范围内见类弧状凹陷变形,其前侧附着白色物质。发动机向后移位。发动机舱盖变形,其上侧距其右边缘 26 cm～131 cm 范围内见刮擦痕迹,表层白色涂层呈减层,局部附着银灰色物质。前风窗玻璃碎裂。右前轮向后移位,其右侧见喷溅状疑似血迹。右前翼子板向后变形,其外侧距地高 89 cm 以下范围内见刮擦痕迹,并见喷溅状疑似血迹。右前门外侧距地高 77 cm 以下、距其前边缘 0～30 cm 范围内见刮擦痕迹,表层白色物质及黑色物质呈减层,局部附着银灰色物质,并见喷溅状疑似血迹。右后视镜破损。右前门窗玻璃碎落。驾驶员安全气囊及前排右侧乘员安全气囊展开。车辆其他各部未见新近形成的可疑碰撞痕迹。

(3) 丙车

车架钢印号为××××××××××××。

车辆前下部黑色饰罩左部距地高 50 cm～56 cm 范围内破损。前照灯固定脱位,其前侧距地高 64 cm～67 cm 范围内见刮擦痕迹。前照灯上侧黑色饰罩左部距地高 85 cm～87 cm 范围内见横向刮擦痕迹,方向为左右方向,表层黑色物质呈减层。车把前侧饰罩缺损,该饰罩余部断缘符合由右向左受力形成的特征。右制动握把前侧距地高 98 cm～103 cm 范围内见刮擦痕迹。左后视镜镜片缺失。右后视镜镜片碎裂。车辆其他各部未见新近形成的可疑痕迹。

(4) 道路交通事故现场图及现场照片

委托人提供的道路交通事故现场图及现场照片示,甲车呈头西尾东状停于路口北侧路段上,甲车左、右前轮距道路西侧的距离分别为 175 cm、350 cm;甲车前侧一棵行道树靠近甲车一侧见撞击痕迹,其树皮局部缺损,其表层涂有的白色物质呈减层;乙车呈头北偏西尾南偏东状停于路口西北侧,其北侧见一根白色路灯杆,该路灯杆下段朝北偏西方向弯曲变形,并伴刮擦痕迹,表层白色物质呈减层;丙车呈头南尾北状右倒于乙车右前轮东侧路面上,丙车后轮轮心距道路西侧的距离为 50 cm,丙车后轮轮心距甲车左前轮的距离为 2 230 cm;丙车北侧路面上见由北向南延伸至丙车后部的挫划印;丙车与乙车右前轮之间路面上见范围为 70 cm×60 cm 的新鲜血迹。

(5) 事故现场监控视频

视频文件名为"××卫网格化硬盘录像 9_××卫镇张桥村 20 组十字路口_20220118081300_20220118081359_.dav",文件大小为 22.0 MB,文件哈希值(SHA256)为166adaeff5b56a56f965485eac213c4cb4b3457239bd7b2d439956b47198f51f。使用"视侦通"播放器播放,视频图像上显示"2022-01-18"及"××卫镇张桥村 20 组十字路口"等字样,视频图像连续。根据视频所示时间,显示以下内容:

08:13:09,甲车从视频图像下侧右部进入画面,并由下向上行驶;

08:13:10,乙车开始从视频图像左上部进入画面,并由左向右行驶;

08:13:11,甲乙两车发生碰撞,随后,甲乙两车朝视频图像右上部行驶;

08:13:12,甲车朝视频图像右侧上部驶出画面,乙车前部碰撞靠近视频图像右侧上部的白色立杆；

08:13:13 第 8 帧图像中,乙车停于上述白色立杆的左侧,并且乙车右前轮右侧路面上未见可疑物体,随后,一深色物体从视频图像右侧上部由右向左沿路面滑动至乙车车右前轮的右侧。

5. 分析说明

根据甲乙两车检验所见,将甲车左侧与乙车正面所检见痕迹,从部位、形态、受力方向及附着物等方面比对、分析,两者上述部位可以形成互为承痕客体与造痕客体之间的关系,符合甲车左侧与乙车正面相碰撞所形成的特征。结合事故现场监控视频、道路交通事故现场图及现场照片所示内容,甲车左侧与乙车正面发生过碰撞可以成立；甲车左前部(如前保险杠左部、左纵梁前部、发动机舱盖左部等)所检见痕迹符合与事故现场行道树发生碰撞所形成的特征；乙车正面右部(如散热器右部)所检见痕迹符合与事故现场路灯杆发生碰撞所形成的特征。

根据甲乙丙三车检验所见,未检见丙车与甲车或乙车发生碰撞所形成的特征性痕迹,结合事故现场监控视频、道路交通事故现场图及现场照片所示内容综合分析,甲车左侧与乙车正面发生碰撞后,甲车朝路口北侧移动,乙车朝路口西北侧移动,在乙车停于路口西北侧后,丙车由北向南倒地滑行至乙车东侧路面上,且乙丙两车的停止位置之间仍有间隔,可以排除事发时丙车与乙车发生碰撞的可能性,但不能排除事发时丙车与甲车发生碰撞的可能性。

6. 鉴定意见

沪 C×××××五菱牌小型面包车左侧与沪 AT×××学斯柯达牌小型轿车正面发生过碰撞可以成立；可以排除悬挂上海××××××两轮电动自行车号牌帝豹牌电动自行车事发时与沪 AT×××学斯柯达牌小型轿车发生碰撞的可能性,但不能排除该电动自行车事发时与沪 C×××××五菱牌小型面包车发生碰撞的可能性。

四、鉴定标准

(一) 适用标准

目前常用鉴定方法主要是技术标准。主要包括但不限于以下标准,一是普遍适用的 GA/T 1087—2021《道路交通事故痕迹鉴定》、GA/T 41—2019《道路交通事故现场痕迹物证勘查》、SF/T 0072—2020《道路交通事故痕迹物证鉴定通用规范》等；二是选择性适用的 GB 16735《道路车辆车辆识别代号(VIN)》、GA/T 952《法庭科学机动车发动机号码和车架号码检验规程》、GA/T 1450《法庭科学车体痕迹检验规范》、GA/T 1497《法庭科学整体分离痕迹检验术语》、GA/T 1508《法庭科学车辆轮胎痕迹检验技术规范》、GA/T 49《道路交通事故现场图绘制》、GA/T 50《道路交通事故现场勘查照相》、GA/T 268《道路交通事故尸体检验》、GA/T 944《道路交通事故机动车驾驶人识别调查取证规范》、SF/ZJD0101001《道路交通事故涉案者交通行为方式鉴定》、GB/T 12979《近景摄影测量规范》等；三是设备管理性适用标准，如 GA/T 853—2009《痕迹勘查箱通用配置要求》、GA/T 945—2011《道路交通事故现场勘查箱通用配置要求》等；四是可以参照适用、但需要评估超范围执业风险的，如 GA/T 1207—2014《基于数字影像的机动车特征技术鉴定》等。

(二) 关于 GA/T 1087 修订解读

道路交通事故痕迹鉴定是对道路交通事故中地面痕迹、车体痕迹、人体痕迹及其他痕迹进行勘查、比对、分析、判断，并作出鉴定意见的活动。2020 年 6 月 23 日，司法部印发了《物证类司法鉴定执业分类规定》(以下简称《规定》)，正式将"交通事故痕迹物证鉴定"明确归为"痕迹鉴定"，同时，明确"交通事故痕迹鉴定"为"交通事故痕迹物证鉴定"的五个具体项目内容之一。《规定》第二十七条中指出，交通事故痕迹鉴定包括对涉案车辆唯一性进行检查，对涉案车辆、交通设施、人员及穿戴物等为承痕体、造痕体的痕迹和整体分离痕迹进行检验分析，必要时结合交通事故微量物证鉴定、法医学鉴定等结果，判断痕迹的形成过程和原因(如是否发生过接触碰撞、接触碰撞部位和形态等)。2021 年 11 月 29 日，GA/T 1087—2021《道路交通事故痕迹鉴定》(以下简称"2021 年版")正式发布，并于 2022 年 5 月 1 日开始实施。2021 年版是对 GA/T 1087—2013《道路交通事故痕迹鉴定》(以下简称"2013 年版")的修订，修订后更加适用道路交通事故痕迹鉴定，并为其他相关案事件痕迹鉴定提供参照。

1. 标准修订背景

据公安部统计，2021 年全国机动车保有量达 3.95 亿辆，其中汽车 3.02 亿辆。2021 年全国新注册登记汽车 2 622 万辆，比 2020 年增加 198 万辆，增长 8.16%，其中载货汽车新注册登记 404 万辆，比 2020 年减少 12 万辆，下降 2.88%，呈下降趋势；摩托车新注册登记 1 005 万辆，比 2020 年增加 179 万辆，增长 21.67%，近三年保持快速增长。机动车驾驶人达 4.81 亿人，其中汽车驾驶人 4.44 亿人。2021 年全国新注册登记机动车 3 674 万辆，比 2020 年增加 346 万辆，增长 10.38%；比 2019 年增加 460 万，增长 14.31%。新领证驾驶人(驾龄不满 1 年)数量达 2 750 万人，占全国机动车驾驶人总数的 5.72%，比 2020 年增加 519 万人，增长 23.25%。同时，近五年，新注册登记新能源汽车数量从 2017 年的 65 万辆到 2021 年的 295 万辆，呈高速增长态势。从以上数据来看，经济发展态势稳中求进，人民对出行需求持续提升，交通环境出现更多新情况，交通管理压力持续增大，为交通事故痕迹鉴定提出了外部宏观规范化要求。

2021 年 6 月 15 日，司法部印发了《法医类物证类声像资料司法鉴定机构登记评审细则》(以下简称《细则》)，《细则》第三条中指出，物证类司法鉴定评审专业领域分为文书鉴定、痕迹鉴定(不含交通事故痕迹物证鉴定)、交通事故痕迹物证鉴定、微量物证鉴定。《细则》具体规定了物证类司法鉴定机构登记评审的评分标准、专业能力要求、实验室和仪器设备配置要求等,其中包括了交通事故痕迹物证鉴定,为交通事故痕迹鉴定提出了内部微观标准化要求。

再有,随着交通事故痕迹物证鉴定新技术、新方法的发展,对道路交通事故痕迹鉴定的内容和方法提出了更高动态化要求。主要体现在:与道路交通事故痕迹鉴定相关的法规、规章及标准也进行了大范围的制(修)订和发布,如:《道路交通事故处理程序规定》(公安部第146号令)、《道路交通事故处理工作规范》、《道路交通事故现场勘查要则》等法规和规章,特别是《道路交通事故现场勘查要则》中的部分内容也为本次修订提供很好的参考和借鉴。涉及鉴定技术的相关标准,如:GA/T 1508《法庭科学车辆轮胎痕迹检验技术规范》、GA/T 1450《法庭科学车体痕迹检验规范》、SF/T 0072《道路交通事故痕迹物证鉴定通用规范》等提出了新的要求和方法;涉及交通事故现场勘查取证的相关标准,如:GA/T 41《道路交通事故现场痕迹物证勘查》、GA/T 49《道路交通事故现场图绘制》、GA/T 50《道路交通事故现场勘查照相》、SF/ZJD0101001《道路交通事故涉案者交通行为方式鉴定》等;特别是GA/T 41《道路交通事故现场痕迹物证勘查》在2019年修订以后,部分内容与2013年版存在不相适应的情况,而在道路交通事故痕迹鉴定开展过程中,一般这两个标准配套使用;因外延扩展、技术创新而需要引用的相关国家标准,如GB/T 12979《近景摄影测量规范》;或因术语与定义需要参照而需要引用的来源,如GB/T 37234—2018《文件鉴定通用规范》等。

最后,交通事故痕迹鉴定从2001年起步经过二十多年的发展和积累,通过实践认识再实践,对交通事故痕迹鉴定提出更为科学化的要求。比如:在综合评判部分,在具体鉴定实践过程中,发现痕迹特征相符合或者不相符合的表述并列关系在一定程度上并不适用于较为复杂道路交通事故痕迹鉴定的综合分析。在鉴定意见上,认定或者否定的鉴定意见,并不能完全包括随着新型事故形态需要而产生的大多数鉴定意见表述;不确定的鉴定意见一直客观存在,并不是无法判断的退卷说明,需要进一步明确2013年版所表述的"出具书面意见,说明不能明确鉴定的原因"具体评判的标准及意见的表述,为此类鉴定意见的出具和表述提供参考。

鉴于上述原因,有必要对2013年版《道路交通事故痕迹鉴定》进行相应调整和修订完善,以便更好地适应新形势下道路交通事故痕迹鉴定的各方面要求。

2. 主要修订内容解读

(1) 更改了适用范围

交通事故痕迹物证鉴定的具体项目内容与痕迹鉴定其他具体项目内容的不同在于,传统痕迹鉴定项目一般以造痕体命名,比如手印鉴定(手为造痕体)、足迹鉴定(足为造痕体)、工具痕迹鉴定(工具为造痕体)、枪弹痕迹(枪弹为造痕体)、人体特殊痕迹鉴定(唇、牙齿等为造痕体)等,而交通事故痕迹物证鉴定是以案事件命名,交通事故或者交通意外,是一个事件,这个事件可以是民事案件也可以是刑事案件或者同时既是民事案件又是刑事案件。还有,交通事故痕迹物证鉴定起步较晚,相应的鉴定标准尚不够完善,有些案事件需要进行司法鉴定时,可能存在没有鉴定标准可以作为鉴定依据的情况,所以将"道路以外的交通事故"更改为"其他相关案事件痕迹鉴定",表述更为科学准确,扩大了标准的适用范围,也降低了司法鉴定人在无鉴定标准可以参照的情况下超范围进行有关司法鉴定的风险。

(2) 更改、增加或删除了术语和定义

① 更改了"道路交通事故痕迹鉴定"的定义

2013年版道路交通事故痕迹鉴定的定义是基于"人、车、路、法、环"交通五大常态要素,主要关注被鉴定对象,"现场、车辆、人体及相关物体上的痕迹"与2021年版"地面痕迹、车体痕迹、人体痕迹及其他痕迹"没有本质意义上的区别,进行更改主要是考虑与相关标准GA/T 41—2019《道路交通事故现场痕迹物证勘查》的配合度,以免给标准使用者产生误导,破坏了专业领域的统一性。

② 增加了"客体、造痕客体、承痕客体、变形、损坏"的术语和定义

"客体"的来源是GB/T 37234—2018《文件鉴定通用规范》,但有变动,强调了"交通案事件"和"客观存在",与"造痕客体(造痕体)""承痕客体(承痕体)"都是痕迹学这门学科典型术语,也是形成立体痕迹必须具备三个基本要素"造痕客体、承痕客体、作用力"和形成平面痕迹必须具备四个基本要素"造痕客体、承痕客体、介质(亦称为中介质)、作用力"中的组成要素。

"变形"是交通事故痕迹中最常见的痕迹类型,由于造痕客体和承痕客体材质、硬度、形状等不同,在不同方向、大小作用力的作用下,会发生不同形状和尺寸的改变,不限于呈现凹陷变形、弯折变形、弯曲变形、扭曲变形、挤压变形、褶皱变形等。

"损坏"是客体在外力、火、水等作用下形成的原有形态的改变。比2013年版"缺损"的范围更广,更符合交通工具痕迹的特征,其通常包括但不限于脱位、剥脱、破裂、离断、孔洞、缺失、熔断、水渍等,基本覆盖了交通事故痕迹中有关"损坏"的呈现形态。

③ 删除了"凹陷变形、弯折变形、扭曲变形、缺损、整体分离痕迹"的术语和定义

"凹陷变形、弯折变形、扭曲变形、缺损"无法呈现交通工具痕迹全部代表性的痕迹形态,如果是道路交通事故痕迹鉴定术语的标准,就是适合的,但作为道路交通事故痕迹鉴定标准的术语和定义部分就不够全面了,所以进行了删除处理。

鉴于GA/T 1497《法庭科学整体分离痕迹检验术语》已经对"整体分离痕迹"进行了比较全面准确的定义,而从鉴定技术的角度来讲,整体分离痕迹进行同一认定的条件最好,鉴定人理解和认可程度较高,所以进行了删除处理。

④ 更改了"刮擦痕迹"的定义

"物体"不包括人体,范围相对较窄,更改为"客体"更为精准,也符合痕迹学表述惯例。"痕迹"更改为"印痕或印迹",比较全面,且避免了用痕迹解释痕迹。

⑤ 更改了"减层痕迹"的定义

2013年版"减层痕迹"的定义不够全面,且不太明确,仅体现了表面介质减少,减层痕迹应该包括自身或介质减少痕迹形态。介质是形成平面痕迹的必需物质,而交通事故痕迹中平面痕迹较多,平面痕迹是造痕客体与承痕客体在接触过程中,附着其表面的一些物质发生转移,从而形成痕迹。介质在造痕客体与承痕客体之间转移的方向决定了平面痕迹加

层、减层性质。介质本身的物质成分、密度、黏度、色调等直接影响痕迹的形成及特征反映。

(3) 更改了痕迹鉴定

2021年版对这部分内容进行了较大幅度的变动,更改为"一般规定和方法"。总体上,遵循"统一性、协调性、适用性、一致性、规范性"的大原则,遵从道路交通事故痕迹鉴定实际和发展规律,对与GA/T 41《道路交通事故现场痕迹物证勘查》和《道路交通事故现场勘查要则》重合的部分内容进行了删除,对符合一般规定和方法的条款进行了保留并进行了一定更改。

① 明确了类型及具体项目内容

道路交通事故痕迹鉴定包括同一性鉴定、种属鉴定、综合鉴定三种基本类型,从大概念上确定了这一新型专业领域与痕迹鉴定以及交通事故痕迹物证鉴定之间的密切联系。可分为是否发生过碰撞、碰撞部位和形态、碰撞位置、整体分离痕迹、客体唯一性标识、痕迹形成客体、痕迹种类、痕迹形成方式、痕迹形成过程等具体鉴定项目,为鉴定委托人、鉴定人、鉴定其他参与人提供了具体委托鉴定项目指引,避免随意扩大道路交通事故痕迹鉴定的内涵及外延,影响司法公正。

② 明确了原则及步骤

道路交通事故痕迹鉴定应遵循"合法、安全、及时、客观、全面、科学"的原则,这是与《道路交通事故现场勘查要则》所遵循的原则的统一,也符合痕迹鉴定一贯以现场痕迹检验为根基的实际。可分为准备阶段、检验阶段、分析阶段和作出鉴定意见阶段,为鉴定人开展道路交通事故痕迹鉴定划定了鉴定框架和基本布局。

③ 明确了各阶段有关规定

准备阶段要求应从委托人处获取交通事故发生的基本信息、现场勘查调查情况及其他相关信息,这是了解基本情况,而不是让鉴定人先入为主。特别强调了制定痕迹鉴定计划,并确定痕迹勘查的重点,这是提高鉴定质效的重要举措,避免盲目。

检验阶段是开展道路交通事故痕迹鉴定最为关键的环节,从现场勘验顺序、勘查记录及物证提取处理、照相、涉及涉案者交通行为方式鉴定、涉及现场图绘制、痕迹固定记录五个方面作出相应规定,特别是记录痕迹物证所处部位时,可选取GA/T 49—2019 附录A现场定位方法。采用现场定位方法,可表述为"该痕迹距地高××厘米(cm)至××厘米(cm)、距参照客体的某一边缘××厘米(cm)至××厘米(cm)"。这是道路交通事故痕迹鉴定实践积累的必然产物,有很强的针对性和指导意义。

分析阶段是开展道路交通事故痕迹鉴定最为重要的环节,体现了鉴定人知识储备和综合评判能力,能否从复杂多样的痕迹中找出内在联系性,并针对性研判委托事项提出的问题,找到解决问题的方法。

作出鉴定意见阶段是委托人及相关人最为关注的,所以表述一定要简练、准确,并与委托事项相对应。

"一般规定"中关于"痕迹鉴定应当勘查实物痕迹,对于实物痕迹物证已经失灭,无法再行勘验和检查的,可视情参考有效的现场勘查笔录、现场照片等案件信息"是至关重要的规定,体现了痕迹鉴定以实物痕迹为核心的理念,文证审查鉴定只能是极个别特殊情况才可以进行,不到现场进行痕迹检验,在道路交通事故痕迹鉴定中几乎是被禁止的。

④ 明确了鉴定方法

提出了观察法、测量法、模拟实验法、理化及生物学检验法、综合检验法五种方法及针对痕迹形态、类型和使用的一般设备,以及涉及轮胎检验、机动车发动机号码和车架号码检验方法指引,有些设备比如多波段光源是《细则》里要求的必备设备。观察法是最基础的一种鉴定方法,每个鉴定人都应该掌握并善用这个方法;模拟实验法在2021年版特别提出,是对鉴定人的一种警醒,要高度重视并积极使用这一痕迹鉴定常用鉴定方法,进一步提升道路交通事故痕迹鉴定的能力;综合检验法是比较特殊且对鉴定人要求较高的一种鉴定方法,可以解决疑难复杂的鉴定委托事项。

(4) 更改了综合评判

把将"认定""否定""不确定"更改为"要点""鉴定意见的种类及综合评判的标准",将2013年版的有关内容更改后纳入。

要点部分,主要基于道路交通事故痕迹鉴定同一性鉴定、种属鉴定和综合鉴定三种类型,分别对不同鉴定类型的分析要点进行了具体阐述,明确了综合评判的重点。其中,同一性鉴定是对应性最好的、也是证据力最强的,强调了不仅要对符合点进行分析,而且要对差异点进行分析,特别注重对痕迹对、痕迹组的符合点和差异点的综合分析评判。综合鉴定是较为疑难复杂的,应基于痕迹特征及有关信息,对碰撞接触时车辆、人体或者其他有关客体在客体上所处的位置、痕迹形成方式、痕迹形成过程等进行综合分析评判。

提出鉴定意见的种类及综合评判的标准部分,主要是2013年版"认定、否定、不确定"对应的情形存在歧义,比如认定中,痕迹特征符合下列情形之一的,为痕迹特征相符"b)存在特定性的物质交换,即造痕体与承痕体可以自身或介质的交换",可能会造成只要有物质交换,就可以认定同一的歧义。继续保留"认定、否定、不确定"三种鉴定意见,主要是几乎所有痕迹鉴定包括手印、足迹、工具痕迹、枪弹痕迹等都是一样的,有利于统一规范。另外,比较大的一个变化是,删除了"不确定"中不具备鉴定条件的情况,在多次征求意见过程中,大家一致认为不具备鉴定条件应该不受理鉴定委托,根据需要出具退卷说明,不是一种鉴定意见,即使作出不受理决定的过程可能花费的时间和精力比鉴定一个案件更多,也不能将其列为一种鉴定意见。在这个部分多次出现"合理解释",主要是基于"存在即为合理"的客观表现,是符合痕迹鉴定基本要求的,且不存在歧义。

(5) 更改了鉴定意见

将"鉴定意见"更改为"意见的表述",将2013年版的有关内容更改后纳入。

一般要求部分,主要是考虑到车体痕迹鉴定意见的表述与GA/T 1450有关意见的表述、轮胎痕迹鉴定意见的表述与GA/T 1508有关意见的表述、机动车发动机号码和车架号码鉴定意见的表述与GA/T 952有关意见的表述的统一性,由于分属于全国刑事技术标准化委员会和全国道路交通管理标准化委员会发布标准,适用范围、使用群体、应用案事件性质等均存在一定差异,为提高融合度,便于标准使用人实际采标使用便捷、准确,真正发挥标准指挥棒作用,在一般要求部分提出了相关参照。关于鉴定意见书格式,充分考虑司法鉴定机构和公安机关鉴定的不同需求,所以要求应符合司法鉴定文书格式或者公安机关鉴定文书有关规定。

"认定、否定、不确定"的鉴定意见部分,基于道路交通事故痕迹鉴定类型和常见具体鉴定项目内容,比如碰撞部位鉴定和是否发生过碰撞鉴定,在认定的鉴定意见中同一性鉴定时表述为"客体X的某个部位与客体Y的某个部位发生过碰撞可以成立"和在否定的鉴定意见中同一性鉴定时表述为"可以排除客体X与客体Y发生过碰撞的可能性",以列举的方式进行了规范性意见表述,为鉴定人提供了不可或缺的参考。

3. 结语

本标准规定了道路交通事故痕迹鉴定的一般规定和方法、综合评判和意见的表述,适用于交通事故处理中,解决痕迹鉴定专门性问题的规范,交通警察在交通事故现场勘查及痕迹鉴定委托过程中,可参照本标准。本标准为鉴定机构(包括公安机关内设的鉴定机构)规范进行道路交通事故痕迹鉴定提供了科学依据。同时,本标准还可以为申报警务技术序列交通事故痕迹专业的交通警察提供专业技术培训的参考资料和培训教程,因此具有广泛的适用性。

五、案例解析

案例一

(一) 简要案情

20××年××月××日××时××分许,苏A×××××金杯牌小型普通客车(以下简称甲车)与沪A××××××蔚来牌小型普通客车(以下简称乙车)在××外侧40.2 km处发生交通事故。

(二) 鉴定委托事项

根据案件调查需要,对甲车与乙车的碰撞形态进行鉴定。

(三) 鉴定标准

参照SF/T 0072—2020《道路交通事故痕迹物证鉴定通用规范》、GA/T 1087—2021《道路交通事故痕迹鉴定》及GA/T 41—2019《道路交通事故现场痕迹物证勘查》有关条款及检验方法,对甲乙两车的痕迹进行检验,并对委托事项作出鉴定意见。

检验所见

1. 甲车

车辆识别代号为××××××××××××××××××。

车辆前侧距地高约120 cm以下范围内见撞击刮擦痕迹,伴向后凹陷变形,局部缺损,表层白色涂层呈减层,表面黏附另一种白色物质。前挡风玻璃及右前车门窗玻璃碎落,右前门弯折变形。

2. 乙车

车辆识别代号为××××××××××××××。

车辆后侧距地高约 129 cm 以下范围内见撞击刮擦痕迹,伴向前凹陷变形,局部脱位,表层白色涂层呈减层,表面黏附另一种白色物质。

(四)分析说明

甲车前侧所检见痕迹与乙车后侧所检见痕迹,在部位、高度、形态、附着物及痕迹形成机理等方面存在造痕客体与承痕客体的对应关系,符合甲车前侧与乙车后侧发生碰撞所形成的特征。

(五)鉴定意见

苏A×××××金杯牌小型普通客车前侧与沪A×××××蔚来牌小型普通客车后侧发生过碰撞可以成立。

案例二

(一)基本案情

20××年××月××日 16 时 45 分许,甲车:悬挂上海A×××××两轮电动自行车号牌金箭牌电驱动两轮车与乙车:悬挂上海D×××××两轮电动自行车号牌小刀牌电驱动两轮车在××南路进××路南约 150 米处发生道路交通事故。

(二)鉴定委托事项

根据案件调查需要,对甲车:悬挂上海A×××××两轮电动自行车号牌金箭牌电驱动两轮车、乙车:悬挂上海D×××××两轮电动自行车号牌小刀牌电驱动两轮车的碰撞形态进行鉴定。

(三)鉴定材料

1. 甲乙两车

2. 事故现场附近监控视频二段(复制件)

(四)鉴定方法

参照 SF/T 0072—2020《道路交通事故痕迹物证鉴定通用规范》、GA/T 1087—2021《道路交通事故痕迹鉴定》、GA/T 41—2019《道路交通事故现场痕迹物证勘查》、SF/T 0119—2021《声像资料鉴定通用规范》、SF/T 0124—2021《录像过程分析技术规范》及 GA/T 1020—2013《视频中事件过程检验技术规范》有关条款及检验方法,对委托事项进行鉴定。

(五)检验所见

1. 甲车

车架钢印号为×××××××××××××××。右把手保暖护套前外侧距地高95~98.5 cm范围见刮擦痕迹,局部黏附黑色物质。右后视镜壳、前轮挡泥板右前部、右侧后部饰罩邻近前缘等凸出部位检见与粗糙表面发生刮擦所形成的痕迹。右侧后部饰罩距地高37~52 cm范围见多处杂乱刮擦痕迹,表层红色涂层呈减层。右侧前部饰罩下侧检见与粗糙表面发生刮擦所形成的由前向后痕迹。鞍座前坐垫右后角表层包布撕裂。后工具箱盖右后转角距地高87~88 cm范围、右侧前部凸棱距地高85~86 cm范围见刮擦痕迹,表层红色涂层呈减层。车辆其他各部均未检见新近与其他车辆发生碰撞所形成的痕迹。

2. 乙车

车架钢印号为××××××××××××××。左把手端部前下侧距地高104~107 cm范围见刮擦痕迹,表层黑色物质呈减层。左制动握把端部、左制动握把支架前侧、前网篮左侧、车辆左侧前踏板支架前端、后踏板外侧等凸出部位检见与粗糙表面发生刮擦所形成的痕迹。车辆其他各部均未检见新近与其他车辆发生碰撞所形成的痕迹。

3. 事故现场附近监控视频一

视频文件名为"680330059-新元南-浩歌3HG-2022-11-18-16-08-54-2022-11-18-16-11-24",文件格式为mkv,哈希值(MD5)为5BE846C247E138CC2CF26FFE8706BDF8。监控视频图像上显示"2022-11-18""×××泥城新元南/浩歌3HG"等字样。视频图像连续,视频图像显示以下内容:

16:09:48许,甲乙两车(均含当事人)位于视频画面上侧中部偏右位置,均沿非机动车道向左下方行驶,其中,甲车位于右侧,乙车位于左侧。

16:09:49~16:09:51时段,甲乙两车被其他车辆遮挡。

16:09:52许,乙车倒地,甲车位于乙车右侧。

4. 事故现场附近监控视频二

视频文件名为"×××派出所-680350179-新元南路两港大道南(南向北)HG-2022-11-18-16-17-34-2022-11-18-16-19-40",文件格式为mkv,哈希值(MD5)为69BC3374CDF0FA6A5FDDC44960DCE1B8。监控视频图像上显示"2022-11-18""××××芦潮港新元南路两港大道南(南向北)HG"等字样。视频图像连续,视频图像显示以下内容:

16:18:21许,乙车(含其当事人)出现在视频画面上侧左部位置,沿非机动车道向左下方行驶。

16:18:24许,甲车(含其当事人)出现在视频画面上侧左部位置,沿非机动车道向左下方行驶。

16:18:34许,甲乙两车行驶至视频画面左侧中部位置,两车接近并排行驶状态,其中,甲车在右侧,乙车在左侧。

随即,甲乙两车均由左侧中部驶出视频画面。

（六）分析说明

对甲乙两车所检见的痕迹从部位、附着物及痕迹形成机理等方面进行比对分析，未检见能直接构成两者间承痕体与造痕体对应关系的对应痕迹，不能认定甲乙两车是否发生过碰撞，另结合事故现场附近监控视频所示内容分析，不能排除甲乙两车存在与对方当事人身体及双方当事人身体之间发生碰撞的可能性。

（七）鉴定意见

不能认定悬挂上海 A×××××××两轮电动自行车号牌金箭牌电驱动两轮车与悬挂上海 D×××××××两轮电动自行车号牌小刀牌电驱动两轮车是否发生过碰撞。

（八）讨论与解析

开展道路交通事故痕迹鉴定，在了解案情部分，主要关注发生事故的道路情况，车辆现场处理情况、运送到停车场过程情况等可能影响车辆痕迹的所有情形，现场照片、现场笔录、现场图等第一手材料，为制定鉴定方案打好基础。

在鉴定方法部分，上述案例一对于 GA/T 1087—2021《道路交通事故痕迹鉴定》完全可以用"根据"，这是目前精准对应的鉴定标准。而对于 SF/T 0072—2020《道路交通事故痕迹物证鉴定通用规范》和 GA/T 41—2019《道路交通事故现场痕迹物证勘查》在前序案例中均进行过相应分析，此处不再赘述。而案例二的鉴定方法包括：SF/T 0072—2020《道路交通事故痕迹物证鉴定通用规范》、GA/T 1087—2021《道路交通事故痕迹鉴定》、GA/T 41—2019《道路交通事故现场痕迹物证勘查》、SF/T 0119—2021《声像资料鉴定通用规范》、SF/T 0124—2021《录像过程分析技术规范》及 GA/T 1020—2013《视频中事件过程检验技术规范》，可以看出，在碰撞形态鉴定中，参照了 SF/T 0119—2021《声像资料鉴定通用规范》、SF/T 0124—2021《录像过程分析技术规范》及 GA/T 1020—2013《视频中事件过程检验技术规范》三个本应归属于"声像资料类"司法鉴定范畴的鉴定标准，这里用"参照"较符合实际，参与鉴定的鉴定人可能尚不具备"声像资料类"司法鉴定资格，但对于本案例来讲，鉴定委托事项是碰撞形态鉴定，且并不存在对视频真伪进行鉴定的情况，只是对委托方提供的视频资料中反映的被鉴定车辆的形态特征进行提取和描述。当然，如果鉴定人同时可以获得交通事故痕迹物证鉴定和声像资料鉴定的资格更好，或者鉴定机构具有这两方面的执业类别范围，超范围执业的风险应对可能更为有效些。

在检验所见部分，是根据 GA/T 1087—2021《道路交通事故痕迹鉴定》和参照 GA/T 41—2019《道路交通事故现场痕迹物证勘查》进行的，主要还是要现场勘查时全面并做好原始记录，在形成鉴定意见书时应重点突出、表述准确到位。

在分析说明和鉴定意见部分，应完全对应鉴定委托事项，对检验所见的痕迹特征进行分析，得出科学客观的鉴定意见，鉴定意见的表述可参 GA/T 1087—2021《道路交通事故痕迹鉴定》。

第四节　车辆速度鉴定方法

道路交通事故涉案车辆速度鉴定是指根据事故形态、现场痕迹物证等对道路交通事故车辆行驶速度进行分析计算，并作出鉴定意见的活动。从定义来看，车辆速度鉴定同样不同于一般计算或者其他检测类鉴定的，还是鉴定人综合分析计算的过程体现。具体包括运用运动学、动力学、经验公式、模拟实验、重建等方法，根据道路交通事故现场的痕迹和有关资料、视频图像、车辆行驶记录的信息等，分析计算事故瞬间速度（如碰撞、倾覆或坠落等瞬间的速度），采取避险措施时的速度（如采取制动、转向等避险措施时的速度），在某段距离、时间或过程的平均行驶速度及速度变化状态等。鉴定实践中，多应用现场制动痕迹、视频中被鉴定车辆及有关客体的痕迹（轨迹）等进行分析和计算，鉴定标准是 GB/T 33195—2016《道路交通事故车辆速度鉴定》，一般鉴定委托事项表述为"对被鉴定车辆事发时的速度进行鉴定"。这里容易形成歧义的是对"事发时"的理解，关键还是看鉴定条件和案件需要而制定鉴定方案，确定"事发时"速度是事故瞬间速度，或是驾驶人采取避险措施时的速度，或是在某段距离、时间或过程的平均行驶速度及速度变化状态等。

一、基于现场痕迹和材料的车辆速度鉴定

（一）概述

根据现场痕迹和资料对被鉴定车辆的速度进行鉴定，一般依据被鉴定车辆制动过程中在地面留下的制动拖印，是一种传统方法且较为可靠，在"a"值的确定上，结合车辆动态安全技术状况检验的结果比较准确。但由于科技的发展，这种拖印在小客车事故中已经不易留下，还受限于现场测量的精确程度，在未来，可能会逐渐减少。

（二）案例

案例一

1. 鉴定委托事项

根据案件调查需要，对鲁R-×××××飞碟牌轻型仓栅式货车事发时（制动痕迹起点时）的速度进行重新鉴定。

2. 鉴定材料

（1）道路交通事故现场图及现场照片（复制件）。

(2) 被鉴定车辆。

3. 鉴定方法

参照 GB 7258—2017《机动车运行安全技术条件》、GB/T 33195—2016《道路交通事故车辆速度鉴定》、SF/T 0072—2020《道路交通事故痕迹物证鉴定通用规范》及 GA/T 41—2019《道路交通事故现场痕迹物证勘查》有关条款及检验方法，对被鉴定车辆进行检验，并结合委托方提供的其他相关材料，对委托事项进行重新鉴定。

4. 检验所见

(1) 道路交通事故现场图及现场照片

道路交通事故现场图及现场照片示，事发路段东西走向；干燥沥青路面；被鉴定车辆大体呈头东尾西状左倒于事发路口东北侧；被鉴定车辆东侧路面上见多条制动痕迹，其中有两条较长的、大体呈东向西延伸、长约 3 730 cm 的连续制动滑移痕迹；被鉴定车辆倒地位置南侧临近路面见挫划痕；被鉴定车辆货厢内装载物部分散落在被鉴定车辆西北侧路面；被鉴定车辆左前转角见刮擦痕迹伴凹陷变形，其表面蓝色涂层呈减层；一辆右倒地的二轮车及其当事人被压在被鉴定车辆左侧后部下方；上述二轮车左侧后部护栏见弯折变形，伴刮擦痕迹，其外侧黏附有蓝色物质。

(2) 被鉴定车辆路试检验

被鉴定车辆车辆识别代号为××××××××××××××××××。被鉴定车辆制动装置各部连接未见异常。在事故现场路段对被鉴定车辆进行动态制动测试，检验时车辆空载，路面为干燥沥青路面，制动试验仪器为 MBK-01(Ⅲ)B 型便携式制动性能测试仪(编号：1700093S)。当初速度为 55.2 km/h 时制动试验，测得制动协调时间为 0.130 s，充分发出的平均减速度为 7.27 m/s²，车辆不跑偏。

5. 分析说明

根据委托方提供的道路交通事故现场图及现场照片所示情况分析，被鉴定车辆在由东向西行驶的过程中，与一辆二轮车发生事故，在事发过程中，被鉴定车辆采取了制动措施，并在制动过程中发生滑移侧翻。根据功能原理，在被鉴定车辆制动过程中，有下式成立：

$$\frac{1}{2}mv_1^2 - \frac{1}{2}mv_2^2 = mas + E_{crash} \tag{1}$$

式中，m 为被鉴定为车辆事发时的质量；v_1 为被鉴定车辆在制动痕迹起点时的速度；v_2 为被鉴定车辆在制动滑移痕迹终点时的速度，由于被鉴定车辆在制动滑移痕迹终点处尚未停止运动，而是经侧翻、旋转滑移后才停下，则 $v_2 > 0$；s 为制动滑移痕迹长度；a 为被鉴定车辆的制动减速度；E_{crash} 为被鉴定车辆发生碰撞损失的能量(由于被鉴定车辆的质量远大于被碰撞二轮车及其当事人的质量，两车碰撞时被鉴定车辆的能量损失可忽略不计，即 $E_{crash} \approx 0$)。

根据式(1)及上述参数说明，有：

$$v_1 > \sqrt{2as} \tag{2}$$

根据被鉴定车辆在事故现场路试检验结果及道路交通事故现场图、现场照片所示内容，取制动减速度 a 为 7.27 m/s^2、制动滑移痕迹长度 s 为 37.30 m。将参数并代入式（2）计算被鉴定车辆在制动痕迹起点时的速度 v_1：

$$v_1 > \sqrt{2as} \approx \sqrt{2 \times 7.27 \times 37.30} \approx 23.29 \text{ m/s} \approx 83.84 \text{ km/h}$$

考虑到事故中被鉴定车辆在制动滑移痕迹终点至其停止位置的过程中发生侧翻、旋转、滑移等所损失的能量，以及该车在制动痕迹产生前的制动过程中所损失的动能，被鉴定车辆事发时（制动痕迹起点时）的速度应大于 83 km/h。

6. 鉴定意见

鲁 R-×××××飞碟牌轻型仓栅式货车事发时（制动痕迹起点时）的速度大于 83 km/h 可以成立。

案例二

1. 鉴定委托事项

根据事故调查需要，对甲车：苏 F-N×××L 东风日产牌 DFL7162AAC2 小型轿车、乙车：未见悬挂号牌雅迪牌电驱动两轮车事故发生时甲车的速度进行鉴定。

2. 鉴定材料

（1）甲乙两车。

（2）道路交通事故现场图及现场照片（复制件）。

（3）甲车行驶证及其他相关材料（复制件）。

3. 鉴定方法

参照 GA/T 1087—2021《道路交通事故痕迹鉴定》及 GA/T 41—2019《道路交通事故现场痕迹物证勘查》有关条款及检验方法，对委托方提供的鉴定材料进行检验，并参照 GB/T 33195—2016《道路交通事故车辆速度鉴定》、GB/T 5910—1998《轿车质量分布》有关条款及方法，对甲车事故发生时的速度进行分析计算。

4. 检验所见

（1）甲车

车辆识别代号为×××××××××××××××××。左前翼子板前部见 25 cm×52 cm 范围凹陷变形。前保险杠距地高 19~60 cm、距其左端 0~67 cm 范围见刮擦痕迹，局部凹陷变形，表层灰色涂层呈减层，局部黏附白色、黑色物质。左前轮外侧局部见刮擦痕迹，表层黑色物质及铝合金物质呈减层。

（2）乙车

车架钢印号为××××××××××××××××。未检见左、右后视镜。右侧前部护栏向左弯曲变形，其内侧护腿挡板破损，该部位距地高 32~58 cm 范围见刮擦痕迹，表层黑色物质、白色物质呈减层，局部黏附灰色物质。车辆右侧后部脚踏板前部破损，其相邻车架部位距地高 15~25 cm 范围见刮擦痕迹,局部凹陷变形,黏附黑色物质及银色铝合金物质。

对乙车进行称重,乙车质量约为 69.60 kg。

(3) 道路交通事故现场图及现场照片

事发现场为一处十字路口,潮湿沥青路面,其中南北向道路宽 5.50 m,东西向道路位于路口西侧路段宽 3.20 m。甲车头北偏东尾南偏西位于路口北侧,其左前轮、左后轮分别距南北向道路西侧边缘 2.90 m、2.60 m,其右前轮、右后轮分别距路口东南角路灯杆 12.50 m、10.00 m。乙车头东偏南尾西偏北左倒于甲车西北侧,其前轮距甲车左前轮 8.10 m,乙车前、后轮分别距南北向道路西侧边缘 1.00 m、2.00 m。乙车以南路面见其留有挫划痕迹,该挫划痕迹长 15.60 m,挫划痕迹起点位于路口内,距南北向道路西侧边缘 2.00 m。甲乙两车事发时均各有 1 名乘员。

(4) 事故现场复勘

对事故现场进行复勘,将甲车按其事发现场位置定位,其左、右前轮分别距东西向道路位于路口西侧路段南边缘延长线 9.85 m、9.20 m。

(5) 甲车行驶证

甲车行驶证示其品牌型号为东风日产牌 DFL7162AAC2 小型轿车,经查询,整备质量为 1 200 kg。

5. 分析说明

(1) 事故过程分析

根据甲乙两车所检见的痕迹,结合道路交通事故现场图及现场照片所示情况分析,符合甲车在由南向北行驶过程中其左前部与由西向东行驶的乙车右侧发生碰撞后,乙车向左倒地并向路口北侧滑移至最终位置所形成的事故特征。

(2) 速度计算

本次鉴定从事故车辆的最终停止位置开始,依据碰撞形态和车辆运动过程,利用功能转换原理和动量守恒定律,逐步反推甲车事故发生时的速度。

对乙车倒地后的滑行过程进行分析,由功能原理有下式成立:

$$\frac{1}{2}m_2 v_{21}^2 = m_2 g \varphi_2 s_2 \tag{1}$$

其中,m_2 为乙车质量(含车上乘员),v_{21} 为乙车在倒地滑行痕迹起点时的速度,φ_2 为乙车倒地滑移附着系数,s_2 为倒地滑行距离,g 为重力加速度。

根据道路交通事故现场图,s_2 为 15.60 m,参照文献《电动两轮车侧翻倒地滑动摩擦系数实验研究》中研究数据,φ_2 取值约为 0.40~0.55。将参数代入上式整理计算得:

$$v_{21} = \sqrt{2g\varphi_2 s_2} \geqslant \sqrt{2 \times 9.8 \times 0.40 \times 15.60} \approx 11.06 \text{ m/s} \approx 39.82 \text{ km/h}$$

$$v_{21} = \sqrt{2g\varphi_2 s_2} \leqslant \sqrt{2 \times 9.8 \times 0.55 \times 15.60} \approx 12.97 \text{ m/s} \approx 46.69 \text{ km/h}$$

对甲乙两车的碰撞过程进行分析,根据动量守恒定律有下式成立:

$$m_1 v_{10} + m_2 v_{20} = m_1 v_{11} + m_2 v_{21} \tag{2}$$

其中,m_1 为甲车的质量(含车内乘员),v_{10}、v_{20} 分别为碰撞前甲乙两车的速度,v_{11}、v_{21} 分别为碰撞后的速度。由事故案情及甲乙两车质量信息,m_1 约为 1 268 kg(参照 GB/T 5910—1998《轿车质量分布》,乘员质量取值 68 kg),m_2 约为 137.60 kg(参照 GB/T 5910—1998《轿车质量分布》,乘员质量取值 68 kg)。根据事故形态分析,碰撞后甲乙两车近似以共同速度由南向北运动。

根据以上分析,将(2)式向甲车行驶方向投影,并将参数代入整理计算得:

$$v_{10} = \frac{m_1 \vec{v}_{11} + m_2 \vec{v}_{21} - m_2 \vec{v}_{20}}{m_1}$$

$$v_{10} = \frac{(m_1 + m_2) v_{21} - m_2 v_{20}}{m_1} \geq \frac{(1\,268 + 137.60) \times 39.82 - 0}{1\,268} \approx 44.14 \text{ km/h}$$

$$v_{10} = \frac{(m_1 + m_2) v_{21} - m_2 v_{20}}{m_1} \leq \frac{(1\,268 + 137.60) \times 46.69 - 0}{1\,268} \approx 51.76 \text{ km/h}$$

根据以上计算结果,甲车碰撞前瞬时速度约介于 44 km/h~52 km/h 之间。

6. 鉴定意见

苏 F-N×××L 东风日产牌 DFL7162AAC2 小型轿车碰撞前瞬时速度约介于 44 km/h~52 km/h 之间。

二、基于视频图像的车辆速度鉴定

(一) 概述

根据视频图像对被鉴定车辆的速度进行鉴定,是目前较为常见且分析计算结果相对准确的一种车速鉴定方式。具体鉴定程序和方法等可以参照 GA/T 1133—2014《基于视频图像的车辆行驶速度技术鉴定》。在这类鉴定中,负责交通事故车辆速度的鉴定人一般不对视频图像的真实性负责,但如果鉴定人同时具备声像资料和电子数据有关专业领域的鉴定资格是比较完美的状态。鉴定人主要是采集视频图像中被鉴定车辆车身特征点、地面标志标线或者其他参照物,利用时间距离速度经典物理公式分析计算被鉴定车辆的速度,对于畸变因素需要重点考虑,以免影响鉴定意见。

(二) 案例

1. 鉴定委托事项

根据案件调查需要,对沪 AA×××××荣威牌小型轿车在视频中的行驶速度进行鉴定。

2. 鉴定材料

(1) 事故现场附近监控视频二段(复制件)

(2) 被鉴定车辆

3. 鉴定方法

参照 GB/T 33195—2016《道路交通事故车辆速度鉴定》、GA/T 1133—2014《基于视频图像的车辆行驶速度技术鉴定》、GA/T 41—2019《道路交通事故现场痕迹物证勘查》及 SF/T 0072—2020《道路交通事故痕迹物证鉴定通用规范》有关条款及检验方法,对委托事项作出鉴定意见。

4. 检验所见

(1) 事故现场附近监控视频一

视频文件名为"EmbeddedTerminalServer_10.118.177.180_5_20230324090300_20230324090500_1679623067197.mp4",文件大小为 117 MB,文件哈希值(SHA256)为 5cc8f90b32aab874218af127eb8ef05e8ed601e41c328abbe616ef51f99b9962。使用"视侦通"播放器播放,视频图像上显示"20××年 03 月 24 日星期五""××路惠南梅花路西约 20 米"等字样。视频图像连续,视频总帧数为 2 993,视频帧率为 25 fps(帧每秒)。逐帧播放视频,显示以下内容:

在第 1 226 帧图像(视频显示时间为 09:03:48)上,被鉴定车辆沿路口上侧左转导向箭头所在车道向下直行至路口上侧左部由下向上数第二个左转导向箭头的上方。

在第 1 278 帧图像(视频显示时间为 09:03:50)上,设与被鉴定车辆左前轮接地点重合的图像中一点为参照点 P1。

在第 1 286 帧图像(视频显示时间为 09:03:50)上,参照点 P1 位于被鉴定车辆左后轮接地点的前方。

在第 1 287 帧图像(视频显示时间为 09:03:50)上,参照点 P1 位于被鉴定车辆左后轮接地点的后方。此时,被鉴定车辆沿上述车道向下直行至上述第二个左转导向箭头的下方。

在第 1 343 帧图像(视频显示时间为 09:03:53)上,设与被鉴定车辆左前轮轮辋前端重合的图像中一点为参照点 P2。此时,被鉴定车辆左前轮位于路口上侧人行横道线上。

在第 1 348 帧图像(视频显示时间为 09:03:53)上,参照点 P2 位于被鉴定车辆左后轮轮心与轮辋后端之间。此时,被鉴定车辆左侧前、后轮均位于路口上侧人行横道线上。

随后,被鉴定车辆驶出视频画面。其间未见被鉴定车辆制动灯亮起。

(2) 事故现场附近监控视频二

视频文件名为"EmbeddedTerminalServer_10.118.177.180_4_20230324090300_20230324090500_1679621597636.mp4",文件大小为 117 MB,文件哈希值(SHA256)为 0d038b6aa724177d6092de851080ec4e32c0e6ebd89a9acfbc6476a9271ff8fe。使用"视侦通"播放器播放,视

频图像上显示"20××年03月24日星期五""××路惠南梅花路东约20米"等字样。视频图像连续,视频总帧数为2 999,视频帧率为25 fps(帧每秒)。逐帧播放视频,显示以下内容:

在第1 341帧图像(视频显示时间为09:03:52)上,被鉴定车辆位于视频图像下侧中部,并朝视频图像右上部行驶。

在第1 393帧图像(视频显示时间为09:03:54)上,设与被鉴定车辆右前轮轮辋前端重合的图像中一点为参照点P3。此时,被鉴定车辆前部与一辆两轮车发生碰撞。

在第1 397帧图像(视频显示时间为09:03:54)上,参照点P3位于被鉴定车辆右后轮轮心与轮辋后端之间。

随后,被鉴定车辆驶出视频画面。其间未见被鉴定车辆制动灯亮起。

(3) 被鉴定车辆

车辆识别代号为×××××××××××××××××。经测量,被鉴定车辆轴距约为266.5 cm,轮辋半径约为22 cm。

5. 分析说明

(1) 在视频一中(视频显示时间为09:03:50)的行驶速度

利用速度-时间-位移关系式,求解被鉴定车辆左侧前、后轮通过参照点P1时的行驶速度v_{P1},公式如下:

$$v_{P1} = \frac{l_{P1}}{t_{P1}} \tag{1}$$

根据上述视频一所示内容及被鉴定车辆测量数据,被鉴定车辆左侧前、后轮通过上述参照点时的行驶距离l_{P1}及所用时间t_{P1}分别为:

$$l_{P1} \approx 2.665 \text{ m}$$

$$\left[(1\,286 - 1\,278) \times \frac{1}{25}\right]\text{s} < t_{P1} < \left[(1\,287 - 1\,278) \times \frac{1}{25}\right]\text{s}$$

将参数代入式(1)整理计算得:

$$v_{P1} = \frac{l_{P1}}{t_{P1}} < \frac{2.665}{(1\,286 - 1\,278) \times \frac{1}{25}} \approx 8.33 \text{ m/s} \approx 29.99 \text{ km/h}$$

$$v_{P1} = \frac{l_{P1}}{t_{P1}} > \frac{2.665}{(1\,287 - 1\,278) \times \frac{1}{25}} \approx 7.40 \text{ m/s} = 26.64 \text{ km/h}$$

根据以上分析计算,结合上述视频一所示内容,被鉴定车辆沿路口上侧左转导向箭头所在车道直行时(视频显示时间为09:03:50)的行驶速度约介于26~30 km/h之间。

(2) 经过路口上侧人行横道线时的行驶速度

利用速度-时间-位移关系式，求解被鉴定车辆在第 1 343～1 348 帧图像之间的行驶速度 v_{P2}，公式如下：

$$v_{P2}=\frac{l_{P2}}{t_{P2}} \tag{2}$$

根据上述视频一所示内容及被鉴定车辆测量数据，被鉴定车辆在第 1 343～1 348 帧图像之间的行驶距离 l_{P2} 及所用时间 t_{P2} 分别为

$$(2.665+0.22)\text{m}<l_{P2}<(2.665+0.22\times2)\text{m}$$

$$t_{P2}\approx\left[(1\,348-1\,343)\times\frac{1}{25}\right]\text{s}$$

将参数代入式(2)整理计算得：

$$v_{P2}=\frac{l_{P2}}{t_{P2}}>\frac{2.665+0.22}{(1\,348-1\,343)\times\frac{1}{25}}=14.425\text{ m/s}=51.93\text{ km/h}$$

$$v_{P2}=\frac{l_{P2}}{t_{P2}}<\frac{2.665+0.22\times2}{(1\,348-1\,343)\times\frac{1}{25}}=15.525\text{ m/s}=55.89\text{ km/h}$$

根据以上分析计算，结合上述视频一所示内容，被鉴定车辆经过路口上侧人行横道线时(视频显示时间为 09:03:53)的行驶速度约介于 51～56 km/h 之间。

(3) 碰撞两轮车时的行驶速度

利用速度-时间-位移关系式，求解被鉴定车辆在第 1 393～1 397 帧图像之间的行驶速度 v_{P3}，公式如下：

$$v_{P3}=\frac{l_{P3}}{t_{P3}} \tag{3}$$

根据上述视频二所示内容及被鉴定车辆测量数据，被鉴定车辆在第 1 393～1 397 帧图像之间的行驶距离 l_{P3} 及所用时间 t_{P3} 分别为

$$(2.665+0.22)\text{m}<l_{P3}<(2.665+0.22\times2)\text{m}$$

$$t_{P3}\approx\left[(1\,397-1\,393)\times\frac{1}{25}\right]\text{s}$$

将参数代入式(3)整理计算得：

$$v_{P3}=\frac{l_{P3}}{t_{P3}}>\frac{2.665+0.22}{(1\,397-1\,393)\times\frac{1}{25}}\approx18.03\text{ m/s}\approx64.91\text{ km/h}$$

$$v_{P3} = \frac{l_{P3}}{t_{P3}} < \frac{2.665+0.22\times 2}{(1\,397-1\,393)\times \frac{1}{25}} \approx 19.41 \text{ m/s} \approx 69.88 \text{ km/h}$$

根据以上分析计算,结合上述视频二所示内容,被鉴定车辆碰撞两轮车时(视频显示时间为 09:03:54 时)的行驶速度约介于 64～70 km/h 之间。

6. 鉴定意见

沪AA×××××荣威牌小型轿车沿路口上侧左转导向箭头所在车道直行时(视频显示时间为 09:03:50 时)的行驶速度约介于 26～30 km/h 之间;该小型轿车经过路口上侧人行横道线时(视频显示时间为 09:03:53 时)的行驶速度约介于 51～56 km/h 之间;该小型轿车碰撞两轮车时(视频显示时间为 09:03:54 时)的行驶速度约介于 64～70 km/h 之间可以成立。

三、其他鉴定

(一) 概述

根据车辆行驶记录信息对被鉴定车辆的速度进行鉴定,这种记录通过设备读取获得车辆的速度信息,较为方便且准确。提出注意,利用车速表内车速指针与表盘接触形成痕迹分析判断车辆的速度,是一种辅助方式,或者应用多种方式,相互比对,才能保证得出的车辆速度更接近于客观事实。

(二) 案例

第一,车辆行驶记录仪记录的视频

1. 鉴定委托事项

根据事故调查需要,对皖 P-J××××众泰牌小型普通客车事发时的速度进行鉴定。

2. 鉴定材料

事发时被鉴定车辆后方车辆行驶记录仪记录的视频(以下简称"视频")(复制件)

3. 鉴定方法

参照 GA/T 1133—2014《基于视频图像的车辆行驶速度技术鉴定》、GB/T 33195—2016《道路交通事故车辆速度鉴定》、GA/T 1999.1—2022《道路交通事故车辆速度鉴定方法第 1 部分:基于汽车行驶记录仪》有关条款及检验方法,结合视频所示内容及事发地点复勘情况,对委托事项作出鉴定意见。

4. 检验所见

(1) 视频

视频文件名为"李某胜案视频.MP4";哈希值(SHA-1)为 5AB309798508F73170F9615

15534F0CBF858B933,分辨率1 920×1 080像素,时长约5分钟。

视频图像上显示"2018/08/07"等字样。视频图像连续,按时间顺序,视频图像依次显示以下内容:

07:42:17~07:42:22许,被鉴定车辆从中央隔离带以西第一车道变道进入第二车道行驶;

07:42:34第48帧图像,被鉴定车辆行驶在中央隔离带以西第二车道内。此时,其后轮着地点近似到达事发路口人行横道以北第一条白色分道线段的北边缘延长线(设为参考线A);

07:42:36许,电动车由东向西行驶,出现在被鉴定车辆左前方位置;

07:42:37第47帧图像,电动车的影像部分被被鉴定车辆的影像遮挡。此时,被鉴定车辆后轮着地点近似到达事发路口人行横道以北停车线的南边缘(设为参考线B);

07:42:38许,被鉴定车辆与电动车发生碰撞。

07:42:34、07:42:36各有51帧图像,07:42:35、07:42:37各有49帧图像。

(2) 被鉴定车辆

车辆识别代号为×××××××××××××××××。车辆已部分拆解。前保险杠左部局部断裂,伴刮擦痕迹。发动机舱盖左部凹陷变形。

(3) 电动车

电机号为×××××××××××××。车身扭曲变形。脚踏板右侧下饰板后部断裂,伴刮擦痕迹。后叉右部及后轮挡泥板右前部见刮擦痕迹。车身左侧检见与地面接触形成的挫印。

(4) 事发地点勘验

经测量,事发路口人行横道以北停车线南边缘(参考线B)距其以北第一条白色分道线段北边缘延长线(参考线A)的距离约为58.5 m。

5. 分析计算

利用时间-速度-位移关系式,求解被鉴定车辆后轮着地点通过参考线A、B的速度,公式如下:

$$v = \frac{l}{t} \tag{1}$$

经测量,参考线A、B之间的距离l约为58.5 m,被鉴定车辆后轮着地点通过参考线A、B的时间计算如下:

$$t = \frac{3}{51} + \frac{49}{49} + \frac{51}{51} + \frac{47}{49} \approx 3.02 \text{ s}$$

将参数代入(1)式整理计算得:

$$v = \frac{l}{t} \approx \frac{58.5}{3.02} \approx 19.37 \text{ m/s} \approx 69.73 \text{ km/h}$$

根据上述计算结果,被鉴定车辆通过参考线 A、B 时的速度约为 70 km/h。

6. 鉴定意见

皖 P-J××××众泰牌小型普通客车事发时的速度约为 70 km/h。

第二,汽车事件数据记录系统

1. 鉴定委托事项

根据案件调查需要,对苏 F-×××××凯迪拉克牌小型普通客车事发时的速度进行鉴定。

2. 鉴定方法

参照 GB/T 33195—2016《道路交通事故车辆速度鉴定》、GA/T 1999.2—2022《道路交通事故车辆速度鉴定方法第 2 部分:基于汽车事件数据记录系统》、GA/T 41—2019《道路交通事故现场痕迹物证勘查》有关条款及鉴定方法,根据被鉴定车辆安全气囊模块中记录的数据,对委托事项进行鉴定。

3. 检验所见

(1) 被鉴定车辆

车辆识别代号为××××××××××××××××××。前号牌挤压变形。前保险杠右部破损。右前照灯破损。右前翼子板向后挤压变形。发动机舱盖右前部向后挤压变形。驾驶员安全气囊及前排右侧乘员安全气囊展开。

(2) 提取数据

利用 CDR(CRASH DATARET RIEVAL SYSTEM)读取被鉴定车辆安全气囊模块中记录的数据,部分数据截图(图 1～图 4)如下:

System Status at Time of Retrieval

Dynamic Deployment Event Counter	1
Multi-Event, Number of Events (Dynamic Event Counter)	1
Dynamic OnStar Notification Event Counter	1
Driver Frontal Stage 2 Commanded after Event End for Event Record #1	No
Passenger Frontal Stage 2 Commanded after Event End for Event Record #1	No
Driver Frontal Stage 2 Commanded after Event End for Event Record #2	No
Passenger Frontal Stage 2 Commanded after Event End for Event Record #2	No
Driver Frontal Stage 2 Commanded after Event End for Event Record #3	No
Passenger Frontal Stage 2 Commanded after Event End for Event Record #3	No
Longitudinal Accelerometer Range (g)	100
Lateral Accelerometer Range (g)	100
Dynamic PedPro Deploy Event Counter	0
Dynamic PedPro Event Counter	0
Vehicle Identification Number (VIN)	LSGNB83L0LA055474
System Type	Continental SDM40 with integrated IMU
Ignition Cycle, Download (Ignition Cycles at Investigation)	998

图 1 读取时系统状态数据截图

System Status at Event (Record 1)

Complete File Recorded (Event Recording Complete)	Yes
Event Record Type	Deployment
Crash Record Locked	Yes
OnStar Deployment Status Data Sent	Yes
OnStar SDM Recorded Vehicle Velocity Change Data Sent	Yes
High Voltage Disable Notification Sent	Yes
Deployment Commanded in Energy Reserve Mode	No
Deployment Event Counter	1
Multi-Event, Number of Events (Event Counter)	1
OnStar Notification Event Counter	1
Algorithms Active - Frontal	Yes
Algorithms Active - Side	Yes
Algorithms Active - Rollover	No
Algorithms Active - Rear	Yes
Ignition Cycle, Crash (Ignition Cycles at Event)	985

图 2　记录 1 的事发时系统状态数据截图(部分)

Deployment Command Data (Record 1)

Driver 1st Stage Deployment Loop Commanded	Yes
Passenger 1st Stage Deployment Loop Commanded	Yes
Driver Pretensioner Deployment Loop #1 Commanded	Yes
Frontal Air Bag Deployment, Time to 1st Stage Deployment, Driver (Driver 1st Stage Time From Time Zero to Deployment Command Criteria Met) (msec)	32
Frontal Air Bag Deployment, Time to 1st Stage Deployment, Right Front Passenger (Passenger 1st Stage Time From Time Zero to Deployment Command Criteria Met) (msec)	32

图 3　安全气囊展开命令数据截图(部分)

Pre-Crash Data -5.0 to -0.5 sec (Record 1) - Table 1 of 2

Time (sec)	Accelerator Pedal Position, % Full (Accelerator Pedal Position) (%)	Service Brake (Brake Switch Circuit State)	Engine RPM (Engine Speed) (RPM)	Engine Throttle, % Full (Throttle Position) (%)	Speed, Vehicle Indicated (Vehicle Speed) (MPH [km/h])	System Power Mode Status	System Backup Power Mode Status
-5.0	0	Off	1,216	14	50.3 [81]	Run	Run
-4.5	2	Off	1,152	9	49.7 [80]	Run	Run
-4.0	10	Off	1,216	21	49.7 [80]	Run	Run
-3.5	0	Off	1,152	8	49.1 [79]	Run	Run
-3.0	0	On	1,152	12	49.1 [79]	Run	Run
-2.5	0	On	1,152	11	48.5 [78]	Run	Run
-2.0	0	On	1,152	10	47.8 [77]	Run	Run
-1.5	0	On	1,152	10	47.2 [76]	Run	Run
-1.0	0	On	1,088	9	47.2 [76]	Run	Run
-0.5	0	On	1,088	9	46.6 [75]	Run	Run

图 4　记录 1 碰撞前数据截图(部分)

4. 分析说明

被鉴定车辆安全气囊模块记录的数据显示,该车安全气囊模块中只记录了 1 个事件(Record1);该事件中驾驶员安全气囊及前排右侧乘员安全气囊展开;事发时的点火循环为 985;该车碰撞前 5.0 秒的制动开关电路状态为 off,速度约为 81 km/h;该车碰撞前 4.5 秒的制动开关电路状态为 off,速度约为 80 km/h;该车碰撞前 4.0 秒的制动开关电路状态为 off,速度约为 80 km/h;该车碰撞前 3.5 秒的制动开关电路状态为 off,速度约为 79 km/h;该车碰撞前 3.0 秒的制动开关电路状态为 on,速度约为 79 km/h;该车碰撞前 2.5 秒的制动开关电路状态为 on,速度约为 78 km/h、前 2.0 秒的制动开关电路状态为 on,速度约为 77 km/h;该车碰撞前 1.5 秒的制动开关电路状态为 on,速度约为 76 km/h;该车碰撞前

1.0秒的制动开关电路状态为on,速度约为76 km/h;该车碰撞前0.5秒的制动开关电路状态为on,速度约为75 km/h。

本次数据读取时的点火循环为998。结合被鉴定车辆检验情况(如驾驶员安全气囊及前排右侧乘员安全气囊展开)分析,被鉴定车辆安全气囊模块中事件Record1的数据为本次事故的数据。

综上所述,被鉴定车辆事发时(开始制动时)的速度约为79 km/h。

5. 鉴定意见

苏F-×××××凯迪拉克牌小型普通客车事发时(开始制动时)的速度约为79 km/h可以成立。

四、鉴定标准

目前常用鉴定方法主要是技术标准。主要是但不限于以下:一是普遍适用性标准。如:GB/T 33195—2016《道路交通事故车辆速度鉴定》等。二是选择性适用标准。如:GA/T 1133—2014《基于视频图像的车辆行驶速度技术鉴定》、GA/T 1999.1—2022《道路交通事故车辆速度鉴定方法第1部分:基于汽车行驶记录仪》、GA/T 1999.2—2022《道路交通事故车辆速度鉴定方法第2部分:基于汽车事件数据记录系统》等。

五、案例解析

(一) 案例一

1. 鉴定委托事项

根据案件调查需要,利用视频对悬挂上海××××××××两轮电动自行车号牌依莱达牌电驱动两轮车碰撞前的速度进行鉴定。

2. 鉴定材料

案发现场附近监控视频(复制件)

3. 鉴定方法

参照 GB/T 33195—2016《道路交通事故车辆速度鉴定》、GA/T 1133—2014《基于视频图像的车辆行驶速度技术鉴定》、GA/T 41—2019《道路交通事故现场痕迹物证勘查》、GA/T 1087—2021《道路交通事故痕迹鉴定》及 SF/T 0072—2020《道路交通事故痕迹物证鉴定通用规范》有关条款及检验方法,结合视频所示内容及案件发生地相关数据,作出鉴定意见。

4. 检验所见

(1) 案发现场附近监控视频

视频文件名为"510379073-改-晨阳西-江绣H-2022-12-01-17-16-26-2022-12-

01-17-17-08.mkv",文件哈希值(MD5)为 B1083EA86717FE47024A006DEC86113D。视频画面上显示"2022-12-01""××××江镇晨阳西/江绣 H"等字样。视频画面连续,按时间顺序,视频画面依次显示以下内容:

设画面中上部停车线上沿所在直线为参考线 A;画面中下部见一窨井盖,过该窨井盖上沿作一条与参考线 A 平行的直线,设该直线为参考线 B;

在 17:16:32 第 10 帧图像上,被鉴定车辆位于画面中上部,从上向下行驶,其前轮接地点位于参考线 A 上;

17:16:32 共有 25 帧图像;

在 17:16:35 第 15 帧图像上,被鉴定车辆前轮接地点位于参考线 B 上;

17:16:35 共有 24 帧图像。

17:16:36 许,被鉴定车辆与一辆小型轿车发生碰撞。

(2) 案件发生地

经测量,参考线 A 与参考线 B 之间的距离约为 2 362 cm。

5. 分析说明

利用时间-速度-位移关系式,求解被鉴定车辆通过参考线 A 与参考线 B 之间距离时的速度,公式如下:

$$v=\frac{l}{t} \tag{1}$$

参考线 A 与参考线 B 之间的距离 $l≈23.62$ m,被鉴定车辆通过上述距离时所用时间 $t=(25-10)×\frac{1}{25}s+2s+15×\frac{1}{24}s$,将参数代入(1)式整理计算得:

$$v=\frac{l}{t}≈\frac{23.62}{(25-10)×\frac{1}{25}+2+15×\frac{1}{24}}≈7.32 \text{ m/s}≈26.35 \text{ km/h}$$

根据以上分析计算,被鉴定车辆通过参考线 A 与参考线 B 之间距离时的速度约为 26 km/h。

6. 鉴定意见

悬挂上海××××××两轮电动自行车号牌依莱达牌电驱动两轮车碰撞前的速度约为 26 km/h 可以成立。

(二) 案例二

1. 鉴定委托事项

根据案件调查需要,对沪AD×××××特斯拉小型轿车驶出监控视频画面时的速度进行鉴定。

2. 鉴定材料

(1) 事发时现场附近监控视频一段(复制件)

(2) 被鉴定车辆

3. 鉴定方法

参照 SF/T 0072—2020《道路交通事故痕迹物证鉴定通用规范》、GA/T 1087—2021《道路交通事故痕迹鉴定》、GA/T 41—2019《道路交通事故现场痕迹物证勘查》、GB/T 33195—2016《道路交通事故车辆速度鉴定》、GA/T 1133—2014《基于视频图像的车辆行驶速度技术鉴定》有关条款及检验方法，对委托事项进行鉴定。

4. 检验所见

(1) 事发时现场附近监控视频

视频文件名为"17013010 江宁路桥 HG_162470A8_1671673176_1"，文件格式为 mp4，哈希值（MD5）为 8AFE5095890AFB27D00ECF93D6DD63EF。监控视频图像上显示"2022-12-20""××××中山江宁路桥 HG"等字样。视频图像连续，视频图像显示以下内容：

12:45:18 许，被鉴定车辆出现在视频画面上侧左部位置，向左下方行驶。

视频中 12:45:20 共有 24 帧画面，在 12:45:20 第 18 帧画面上，设与被鉴定车辆左前轮中心重合的空间中的一点为参考点。

在 12:45:20 第 22 帧画面上，被鉴定车辆左后轮轮辋前端与上述参考点近似重合。

在 12:45:20 第 24 帧画面上，被鉴定车辆向左侧下部驶出监控视频画面。

(2) 被鉴定车辆

被鉴定车辆车辆识别代号为×××××××××××××××××。对被鉴定车辆进行测量，其左前轮中心距左后轮轮辋前端约为 263 cm。

5. 分析说明

利用速度-时间-位移关系式，求解被鉴定车辆通过上述参考点时的速度，公式如下：

$$v = \frac{l}{t}$$

根据被鉴定车辆测量数据，有：

$$l \approx 2.63 \text{ m}$$

将参数代入上式整理计算得：

$$v = \frac{l}{t} \approx \frac{2.63}{4 \times \frac{1}{24}} = 15.78 \text{ m/s} \approx 56.81 \text{ km/h}$$

根据以上分析计算，被鉴定车辆通过上述参考点时的速度约为 57 km/h。

6. 鉴定意见

沪AD×××××特斯拉小型轿车驶出监控视频画面时的速度约为57 km/h可以成立。

(三) 讨论

从上述案例中可以发现,车辆速度鉴定方法中直接出现"鉴定"的标准主要包括:GB/T 33195—2016《道路交通事故车辆速度鉴定》、GA/T 1133—2014《基于视频图像的车辆行驶速度技术鉴定》、GA/T 1999.1—2022《道路交通事故车辆速度鉴定方法第1部分:基于汽车行驶记录仪》、GA/T 1999.2—2022《道路交通事故车辆速度鉴定方法第2部分:基于汽车事件数据记录系统》。

GB/T 33195—2016《道路交通事故车辆速度鉴定》是车辆速度鉴定的总体标准。该文件规定了道路交通事故车辆速度鉴定的要求和方法,适用于道路交通事故车辆速度的鉴定,其他情况需要鉴定车辆速度的可参照执行。

GB/T 33195—2016《道路交通事故车辆速度鉴定》的规范性引用文件包括:GB/T 19056《汽车行驶记录仪》、GA/T 41《道路交通事故现场痕迹物证勘查》(现行有效的版本)、GA/T 1013《道路交通事故车辆状况现场测试仪》、GA/T 1133《基于视频图像的车辆行驶速度技术鉴定》。两个资料性附录(附录A和附录B),在鉴定实践中发挥重要参考作用。

笔者认为,在车辆速度鉴定中应注意以下方面:一是车辆速度鉴定对于鉴定委托事项,在合同评审过程中一定要仔细斟酌后确认,比如上述案例(一)和(二)就有所不同,所运用的载体包括汽车行驶记录仪、汽车事件数据记录系统,而汽车事件数据记录系统有不同的表现形式,在提取过程中可能会遇到修复的问题,在解析的过程中可能会遇到截取、选择的问题。二是应特别关注,基于视频图像进行车辆速度鉴定时,取点一定要准确,充分考虑畸变等隐性问题,无法达到经过分析计算可以回应鉴定委托事项条件的,一定不能强行鉴定,后续会产生极大风险。如果可以运用多种方法(包括多种采点方式)相互印证的,建议采取多种方法。三是车辆数据的采集。特别强调现场勘查的重要性,对于关键性技术参数,一定要到现场进行采集,对被鉴定车辆、现场参照物距离等进行实地测量,委托方提供或者网络上获取的数据作为辅助手段,并进行对照,不一致时,应对结果进行复核,排除不一致假阳性情况,确实不一致的情况下,应及时向委托方提出,拟定下一步工作方案。

第五节　交通事故痕迹物证综合鉴定方法

道路交通事故痕迹物证综合鉴定是在以上道路交通事故痕迹物证鉴定项目的检验鉴定结果的基础上,必要时,应当结合道路交通事故微量物证鉴定、声像资料鉴定、法医学鉴定等意见,综合分析判断涉案人、涉案车辆、相关交通设施等交通要素在事故过程中的状态、痕迹物证形成过程及原因等,包括事发时涉案者交通行为方式、交通信号灯指示状态、涉案车辆起火原因、轮胎破损原因等。交通事故痕迹物证鉴定从某种意义上来讲,是一种综合鉴定类型,涉及多学科交叉和合作,对鉴定人和鉴定机构综合能力要求较高。而在鉴定实践中,交通事故痕迹物证综合鉴定较为疑难复杂,无论是涉案者交通行为方式鉴定,还是事故车辆起火原因鉴定,都是非常考验鉴定人综合素质及鉴定机构综合水平的。

一、涉案者交通行为方式鉴定

(一) 概述

涉案者交通行为方式鉴定是根据案情,对与事故相关的现场、车辆、伤亡人员进行勘验后,依据勘查结果进行综合分析,并做出涉案者在事故发生时所处行为状态书面意见的过程。具体内容是对道路交通事故发生时道路交通事故涉案者所处的行为状态进行鉴定,如驾驶、乘坐、骑行、推行车辆或在道路上处于直立、蹲坐、倒卧(仰卧或俯卧)等。在鉴定实践中,一般委托事项表述为"对涉案者事发时的交通行为方式进行鉴定",这一鉴定项目对鉴定人要求较高,需要与法医类鉴定人紧密配合。

(二) 案例

案例一

1. 鉴定委托事项

根据事故调查需要,对甲车:沪D-×××××江淮牌重型特殊结构货车与乙车:未见悬挂号牌五星牌人力三轮车的碰撞形态及乙车当事人张某霞事发时的交通行为方式(骑行或者推行)进行鉴定。

2. 鉴定材料

(1) 被鉴定的甲乙两车

(2) 事故现场附近监控视频(复制件)

3. 鉴定方法

根据SF/T 0162—2023《道路交通事故涉案者交通行为方式鉴定》、GA/T 1087—2021《道路交通事故痕迹鉴定》、GA/41—2019《道路交通事故现场痕迹物证鉴定》有关条款及检验方法,对甲乙两车的痕迹进行检验,并结合事故现场附近监控视频显示内容,对委托事项作出鉴定意见。

4. 检验所见

(1) 甲车

车架钢印号为☆×××××××××××××××××☆。右前转角距地高63~

71 cm 范围内见刮擦痕迹,局部伴凹陷变形,表层白色涂层呈减层,局部黏附蓝色物质。

(2) 乙车

未检见车架钢印号。货箱左侧扶手上外侧距地高 61~64 cm,距其前端 3~55 cm 范围内见刮擦痕迹,表层蓝色涂层呈减层,局部黏附白色物质。货箱前扶手左部后外侧距地高 66~71 cm 范围内见刮擦痕迹,表层蓝色涂层呈减层,局部黏附白色物质。

(3) 事故现场附近监控视频

视频文件名为 15.216.89.201_6_20150104132400;格式为 MP4;哈希值(MD5)为 2E0A151EDD8B3673A7AA060F0ED10425。

监控视频画面上显示"2015 年 1 月 2 日星期五"及"××/张漕"等字样。视频画面连续,按时间顺序,视频画面依次显示以下内容:

16:25:55 许起,甲车在画面右部停车等待通行,此时张某霞推着乙车在画面中部从上向右下方行进;

16:26:07~16:26:08,张某霞推行乙车至甲车右前部,此时乙车左侧后部紧挨着甲车右前部,甲车发动起步,甲乙两车均从画面右部驶出画面。

5. 分析说明

(1) 甲乙两车所检见的痕迹,在部位及附着物等方面可以相互印证,符合甲车右前部与乙车左侧后部碰撞所形成的特征。

(2) 根据视频显示内容,张某霞推行乙车至甲车右前部的同时,甲车开始起步,结合甲乙两车碰撞形态分析,碰撞时,张某霞仍呈推行乙车姿态。

6. 鉴定意见

沪 D-×××××江淮牌重型特殊结构货车右前部与未见悬挂号牌五星牌人力三轮车左侧后部发生过碰撞,事发时,该三轮车当事人张某霞呈推行该车姿态可以成立。

案例二

1. 鉴定委托事项

根据事故调查需要,对甲车:新 B-×××××丰田小型轿车、乙车:未见悬挂号牌百鸟王 26 英寸女式自行车的碰撞形态及乙车当事人潘某海事发时的交通行为方式(骑行还是推行)进行鉴定。

2. 鉴定材料

(1) 甲乙两车。

(2) 事故档案图文材料(复制件)。

3. 鉴定方法

根据 SF/T 0162—2023《道路交通事故涉案者交通行为方式鉴定》、GA/T 1087—2021《道路交通事故痕迹鉴定》、GA/41—2019《道路交通事故现场痕迹物证鉴定》有关条款及检验方法,对提供材料进行检验、并作出鉴定意见。

4. 检验所见

(1) 甲车

车辆未见挂有牌照,车辆识别代号为×××××××××××××××××。

前保险杠高度距地 20~60 cm(局部可达 73 cm);前号牌底座距地 39~51 cm,其上沿在距左端 5 cm、9 cm、33 cm 处见多处撞击刮擦痕迹,其下沿在距左端 6 cm、12 cm、35 cm 见多处撞击刮擦痕迹,表层白色物质呈减层,局部黏附褐色铁锈类物质,其中距其上沿左端 5 cm 处为一条上下纵向的撞击刮擦痕迹,其下端位于前号牌底座下沿,略向右偏斜;距其下沿左端 12 cm 处向右上方为一条斜向撞击刮擦痕迹。左前雾灯饰框略向内移位,其上部相邻的前保险杠下边沿豁裂,局部黏附青灰色物质。前保险杠距地 47~53 cm、距车左端 20 cm 见纵向漆皮爆裂。左前照灯灯罩向后脱位。发动机舱盖左前角见 7 cm×4 cm 凹陷变形,相邻左前翼子板前部变形。前保险杠左端与周边部件衔接错位(鼓出)。前风窗玻璃距其下边沿 38 cm、距其左边沿 2 cm 为中心呈放射状碎裂,相邻左侧 A 柱见 5 cm×3 cm 凹陷变形。

(2) 乙车

车架钢印号为××××××××××。

车架中部略向左弯折(后部向右),转向把顺时针偏转约 10°,鞍座略呈左高右低状。中轴距地 26 cm,传动链脱落,主动链轮护板局部缺损。后书包架左侧支撑杆距地 42~54 cm 向内扭曲变形伴刮擦痕迹,表层褐色铁锈类物质呈减层,局部黏附白色物质。后轮挡泥板后部向右歪斜。踏脚板置于最高位时的平面距地约 43 cm,其青灰色材料外边缘见刮擦痕迹。

(3) 道路交通事故现场图及现场照片

事故现场位于 S303 线 447 km+600 m 处,天气晴,路面性质为沥青。甲车头北尾南停在由南向北的左起第一车道,其左侧前、后轮分别距道路中心黄线 40 cm,其左、右轮下方地面向后分别见 1 030 cm、1 040 cm 两条制动痕迹。在甲车左前角西北方向 200 cm 处的道路中心黄线内见面积为 15 cm×50 cm 的血迹。在由北向南的第一、第二车道内见一条东南-西北的乙车倒地挫划痕迹,长 460 cm,乙车向左倒地位于该挫划痕迹的西北端,其前、后轮分别距由北向南第一、第二车道分道线 310 cm、290 cm。在乙车的西侧 350 cm 处有一只左鞋。

(4) 事故现场测量

道路中心(双)黄线总宽 50 cm,由北向南第一车道内宽 295 cm,第二车道内宽 297 cm,车道间分道线宽 15 cm。

(5) 潘某海尸体检验照片

左踝外侧见一处纵向条状皮肤擦挫伤(距足底约 7~10 cm),皮瓣形成方向由前向后;左内踝青紫肿胀,伴有点状擦伤。右下肢前内侧自踝骨起向上约 10 cm 范围见散在擦挫伤、伴局部皮下出血,皮瓣形成方向由上向前下。

5. 资料摘要

潘某海法医学尸体检验鉴定报告:(木)公(物)鉴(尸)字〔20××〕××号

尸长175 cm。双眼肿胀青紫,呈熊猫眼征。右枕部可见10.5 cm×12.0 cm范围头皮剥脱,左颞顶部有一条纵行长5.2 cm的头皮挫裂创,创缘不整,有组织间桥。左肩肿胀,活动正常,左肩峰处可见6 cm×10 cm范围青紫,青紫区上缘可见2.5 cm×2.0 cm范围擦挫伤。右肩胛处有1 cm×0.5 cm范围擦挫伤。右侧按压可闻及骨擦音,触及骨擦感及捻发感。右手食指掌指关节上可见1.8 cm×1.5 cm范围青紫。左脚踝处可见5.0 cm×1.0 cm范围擦挫伤,右小腿前侧中下段可见4.5 cm×2.5 cm范围擦挫伤,右足背及脚踝处散在范围表皮剥脱。

6. 分析说明

(1) 甲乙两车所检见的痕迹,在部位、附着物等方面均可以互相印证,符合甲车正面与乙车左侧中后部碰撞形成的特征;甲车左前雾灯处可以检见到疑似与乙车左踏脚板碰撞形成的痕迹,在其上方又形成与潘某海身体碰撞的痕迹,这种现象当潘某海位于乙车左侧推行乙车时很难形成。

(2) 乙车当事人潘某海法医学尸体检验鉴定报告中对其损伤情况的描述,符合其身体左侧与甲车碰撞所致的特征;其左外踝照片显示,擦伤位置较低,并具有向前运动的速度存在,该损伤在站立行走中与甲车碰撞不易形成,故可以排除潘某海事发时呈推行乙车的姿态。

(3) 潘某海右下肢损伤位于前内侧,其位置及受力方向,不符合其肢体右侧与其他物体(含其所携自行车)接触形成,结合其左内踝的损伤分析,符合潘某海呈骑跨自行车时被甲车碰撞形成的特征。

(4) 根据现场乙车的倒地位置,结合事故形态分析,乙车倒地瞬间具有一定由东向西方向的分速度,在推行状态下不易形成,符合乙车当事人潘某海事发时呈骑行乙车状态下形成的特征。

7. 鉴定意见

未见悬挂号牌丰田小型轿车(新B-×××××)正面与未见悬挂号牌百鸟王26英寸女式自行车左侧中后部发生过碰撞可以成立,事发时,潘某海呈骑跨未见悬挂号牌百鸟王26英寸女式自行车状态可以成立。

二、交通信号灯指示状态鉴定

(一) 概述

交通信号灯指示状态鉴定是鉴定人对由红色、黄色和绿色灯(红灯表示禁止通行,绿灯表示准许通行,黄灯表示警示)采取不同组合组成的信号装置处于何种指示状态进行分析判断的过程。具体鉴定流程、鉴定方法等可以参见 SF/T 0073—2020《基于视频图像的道路交通事故信号灯状态鉴定规范》。在鉴定实践中,一般委托事项表述为"对事发时交通信号灯指示状态进行鉴定",这一鉴定项目往往与车辆速度鉴定密不可分。

(二) 案例

案例一

1. 鉴定委托事项

事故发生前,在××市××区何家湖村周寺嘴路口处,"鄂A×××××"小型普通客车行驶方向和无号牌"新大洲牌"两轮车行驶方向对应的交通信号灯工作状态。

2. 鉴定材料

(1) 文件名/格式为"3267318781_20180531080200_20180531081359.AV×"的视频文件(以下简称视频文件①)。

(2) 文件名/格式为"3267318781_20180620143000_20180620150000.AV×"的视频文件(以下简称视频文件②)。

(3) "鄂A×××××"小型普通客车(以下简称小客车)。

(4) 无号牌"新大洲牌"两轮车(以下简称两轮车)。

(1)~(4)材料均由委托人提供。

(5) 文件名/格式为"MVI_8200.mov"的视频文件(该文件为鉴定人员现场实际勘验拍摄的视频文件,以下简称视频文件③)。

3. 基本案情

据××市公安局××区分局交通巡逻民警大队委托称:20××年5月31日8时2分许,在××市××区何家湖村周寺嘴路口处,"鄂A×××××"小型普通客车与无号牌"新大洲牌"两轮车发生一起道路交通事故。

4. 鉴定方法

根据 SF/T 0073—2020《基于视频图像的道路交通事故信号灯状态鉴定规范》、GAT 1133—2014《基于视频图像的车辆行驶速度技术鉴定》、GA/T 50—2019《道路交通事故现场勘查照相》。

5. 检验所见

(1) 经动态检测,视频文件①、②、③的每帧图像中车辆动作连贯、自然,景物及光照强度一致,无删除、添加、篡改、编辑等特征,可确认视频文件的完整性。

(2) 检视视频文件①:

A. 该视频文件大小:358.64 MB;文件时长:00:12:13;哈希值 MD5:6D1C743D929E77ACF3A1C6B5FA7B6E51;分辨率:1 920×1 080;帧速率:25 fps;画面右上部有日期时间显示,右下部有"××××××何家湖村周寺嘴Y字路口"字样显示。

B. 根据视频文件显示时间"20××年5月31日8时2分22秒"第5帧时,小客车由南向北行驶整车出现于画面中,小客车行驶方向对应的停止线清晰可见,此时小客车对向行驶道交通信号灯已处于绿灯工作状态;时间"20××年5月31日8时2分18秒"第21帧时,两轮车由西向东行驶整车出现于画面中,"20××年5月31日8时2分24秒"第2帧时两轮车整车处于人行横道上,此时由西向东路口西侧人行横道信号灯处于红灯工作状态。

(3) 检视视频文件②:

A. 该视频文件的播放软件:视诊通;文件大小:803.02 MB;文件时长:00:30:13;哈希值 MD5:B6D53BA469908C919EA155F5E437489C;分辨率:1 920×1 080;画面右上部有日期时间显示,右下部有"××××江夏何家湖村周寺嘴Y字路口"字样显示。

B. 该视频文件与视频文件①为同一监控设备摄录,且为本中心鉴定人于20××年6月20日14时49分许前往本次事故现场勘验拍摄的视频文件;本中心两名鉴定人员分别站立于本次事故现场东西走向西侧路口的停止线两端,并以京广铁路涵洞施工警示牌作为参照物。

(4) 检视视频文件③:

A. 该视频文件用佳能相机,型号为 I×US185 录制;文件大小:220 MB;文件时长00:02:06;哈希值 MD5:5FD8017013AEC977E31B693F05817BAB;分辨率:1 280×720。

B. 该视频为现场实际勘验,本次事故现场的道路为南北走向与东西走向丁字路口,经勘验该丁字路口南北和东西两侧的信号灯工作状态不相同,由西向东路口的信号灯比由南向北的信号灯时差快3秒(即红、黄、绿灯时间不相同、频率不相同)。

(5) 因视频文件①与视频文件②为同一监控设备摄录的同一地点,因此对两者截取的图像进行重合比对;截取视频文件①画面右上部显示"2018-05-318:2:24"第6帧时小客车处于停止线处(即绿灯状态)的图像,并进行半透明处理,将其与视频文件②画面右上部显示"2018-06-2014:49:26"时截取的图像进行重合比对;经检验发现,两轮车整车已越过其行驶方向的停止线(即本中心鉴定人员站立位置间的连线和参照物)。

6. 分析说明

(1) 根据视频文件①和视频文件②显示内容及图像进行重合比对分析:

A. 视频文件①显示,小客车还未出现画面时,时间"20××-05-318:2:17"第7帧时,其行驶道交通信号灯由红灯转换为绿灯,小客车在"20××-05-318:2:24"第6帧时,其处于停止线处行驶道交通信号灯仍然处于绿灯状态。

B. 视频文件①与视频文件②为同一监控设备摄录,经重合比对,两者固定物画面可完全重合;视频文件①画面右上部显示"20××-05-318:2:24"第6帧时,小客车处于停止线处,行驶道交通信号灯的工作状态为绿灯,而两轮车时间"20××-05-318:2:24"第2帧时,整车已处于事故现场路口西侧人行横道处,且已越过其行驶方向的停止线(即本中心鉴定人员站立位置间的连线和参照物)。

(2) 根据现场实际勘验分析:

事故现场南北和东西走向两侧的信号灯工作状态不相同,由西向东路口的信号灯比由南向北的信号灯时差快3秒,由此说明,小客车由南向北行驶道交通信号灯处于绿灯状态时,此时由西向东行驶道交通信号灯应处于红灯状态。

7. 鉴定意见

事故发生前,在××市××区何家湖村周寺嘴路口处,"鄂A×××××"小型普通客车行驶方向对应的交通信号灯为绿灯,无号牌"新大洲牌"两轮车行驶方向对应的交通信号灯为红灯。

案例二

1. 鉴定委托事项

根据事故调查需要,利用视频对行人汪某侬进入事故路口时对应的信号灯指示状态进行鉴定。

2. 鉴定材料

事故路口监控视频两段(复制件)。

3. 鉴定方法

根据SF/T 0073—2020《基于视频图像的道路交通事故信号灯状态鉴定规范》、GA/T 1133—2014《基于视频图像的车辆行驶速度技术鉴定》有关条款及检验方法,根据视频内容所示,结合事故现场勘查情况及其他鉴定材料,对委托事项进行鉴定。

4. 检验所见

(1) 事故现场附近监控视频一

监控视频显示"2018-12-27""××/××西北2HG"等字样及时间变化。视频画面连续,视频画面依次显示以下内容:

06:25:29许,图像左上部(路口东北角)由西向东人行信号灯已变为红灯;

06:25:29~06:25:36,行人(汪某侬)沿人行道由东向西行走至事发路口东侧边缘,此时段内,图像左上部(路口东北角)由西向东人行信号灯持续为红灯;

06:25:36~06:25:40,行人(汪某侬)踏入事发路口北侧人行横道线并继续由东向西行走,并在视频画面左侧走出画面,此时段内,图像左上部(路口东北角)由西向东人行信号灯持续为红灯。

(2) 事故现场附近监控视频二

监控视频显示"20××年12月27日星期四""××路桥下西侧G"等字样及时间变化。视频画面连续,视频画面显示以下内容:

06:25:40许,行人(汪某侬)与一辆大型普通客车发生碰撞。

(3) 事发路口勘查

事发路口西向东人行信号灯与东向西人行信号灯保持一致。

5. 分析说明

事发路口北侧人行横道线东段位于事发路口监控视频一的拍摄范围之内。事发路口监控视频一中,06:25:29许,图像左上部(路口东北角)由西向东人行信号灯已变为红灯;06:25:29~06:25:40,行人(汪某侬)沿人行道由东向西行走至事发路口东侧边缘,踏入事发路口北侧人行横道线并继续由东向西行走,并在视频画面左侧走出画面,此时段内,图像左上部(路口东北角)由西向东人行信号灯持续为红灯。事故现场附近监控视频二中,06:25:40许,行人(汪某侬)与一辆大型普通客车发生碰撞。结合路口西向东人行信号灯与东向西人行信号灯保持一致分析,行人汪某侬进入事发路口时对应的交通信号灯指示状态应为红灯。

6. 鉴定意见

行人汪某侬进入事故路口时对应的信号灯指示状态应为红灯。

三、车辆火灾鉴定

(一) 概述

事故车辆起火原因鉴定是鉴定人根据检见的痕迹,可结合物证分析结果综合分析,对火焰形成过程以及判断是否为起火点等委托要求作出鉴定意见的过程。具体鉴定流程、鉴定方法等可以参见 SF/T 0100—2021《车辆火灾痕迹物证鉴定技术规范》。在鉴定实践中,一般委托事项表述为"对事故车辆起火原因进行鉴定",这一鉴定项目需要鉴定人对车辆结构和运行系统较为熟悉,基础还是交通事故痕迹鉴定,鉴定人应具有火灾现场勘查的能力,做好现场防护,确保安全。

(二) 案例

案例一

1. 鉴定委托事项

"鄂A×××××"小型轿车起火的原因。

2. 鉴定方法

SF/T 0100—2021《车辆火灾痕迹物证鉴定技术规范》。

3. 检验所见

该车为黑色"马自达牌"小型普通客车,车辆识别代号为:×××××××××××××××××。

该车车身整体烧毁,且车身右侧的烧损程度较左侧严重;发动机舱内的烧损程度呈后重前轻,右重左轻的特点;四个轮胎均烧毁,其轮辋不同程度烧损,右前轮轮辋的烧损程度呈后重前轻,内重外轻的特点;左前轮轮辋的烧损程度呈内重外轻的特点;后左、右轮轮辋的烧损程度均呈前重后轻、上重下轻的特点;该车底盘下部可见大面积浓重的烟熏痕迹,且排气管三元催化器与中间消声器连接处对应的车厢底板可见片状清洁燃烧痕迹,该痕迹周围的烟熏痕迹呈右重左轻的特点;排气管中间消声器前部下端可见大量油菜梗及油菜籽炭化残留物。

4. 分析说明

根据对轿车受损部位痕迹的检验情况,结合事故形态分析:

轿车车身整体烧毁,且车身右侧的烧损程度较左侧严重;发动机舱内的烧损程度呈后重前轻,右重左轻的特点;四个轮胎均烧毁,其轮辋不同程度烧损,右前轮轮辋的烧损程度呈后重前轻、内重外轻的特点;左前轮轮辋的烧损程度呈内重外轻的特点;后左、右轮轮辋的烧损程度均呈前重后轻、上重下轻的特点,由此说明,轿车的起火部位应位于发动机舱后部与后左、右轮前部之间的区域,且由右向左,由中间向前、后两端蔓延。

轿车底盘下部可见大面积浓重的烟熏痕迹,符合可燃物在空气流通不畅的环境下阴燃起火所形成的痕迹特征;排气管三元催化器与中间消声器连接处对应的车厢底板可见片状清洁燃烧痕迹,应是该部位在火灾初期形成的烟熏痕迹,被火焰进一步燃烧干净所致,说明轿车的起火点应位于底盘下部的排气管三元催化器与中间消声器连接处。

轿车排气管中间消声器前部下端可见大量油菜梗及油菜籽炭化残留物,说明轿车起火时,该部位有大量油菜梗堆积。排气管三元催化器和中间消声器工作时温度均在500℃以上,而油菜梗及富含油脂的油菜籽的燃点在340℃左右,因此,当大量油菜梗堆积在排气管三元催化器与中间消声器连接处时,极易被烤燃,引发火灾。

综上所述,轿车起火的原因是:轿车行驶在铺有油菜梗的道路上,导致大量油菜梗堆积在排气管三元催化器与中间消声器连接处,造成油菜梗及富含油脂的油菜籽被高温的排气管三元催化器和中间消声器烤燃,引发火灾。

5. 鉴定意见

"鄂A×××××"小型轿车行驶在铺有油菜梗的道路上,导致大量油菜梗堆积在排气管三元催化器与中间消声器连接处,造成油菜梗及富含油脂的油菜籽被高温的排气管三元催化器和中间消声器烤燃,引发火灾。

案例二

1. 鉴定委托事项

涉案"斗山牌"挖掘机起火的原因。

2. 鉴定方法

SF/T 0100—2021《车辆火灾痕迹物证鉴定技术规范》、GB/T 16840.1—2008《电气火灾痕迹物证技术鉴定方法 第1部分:宏观法》。

3. 检验所见

检验挖掘机:该挖掘机为黄色"斗山牌 DH150LC-7型"液压式挖掘机,系列号:26366。

该挖掘机整体严重烧损,但前部的大、小臂及铲斗均较为完好,其烧损程度呈后重前轻、上重下轻、右重左轻的特点;转台右侧外表面的烧损程度呈前、后重,中间燃油箱附近轻的特点,燃油箱的烧损程度呈左重右轻的特点,其右侧外表面可见"n"形热阴影痕迹;驾驶室的烧损程度呈后重前轻、右重左轻的特点;大臂及大臂油缸的烧损程度呈后重前轻、右重左轻的特点;蓄电池位于燃油箱与工具箱之间,已被烧毁,其左侧的电源线附近发现一根后视镜支架及若干带有熔珠的导线;蓄电池前方的工具箱内发现燃油泵过滤网、导线、导线夹及斗齿销等物品;燃油箱左侧的先导电磁阀严重烧损,阀体部分熔化,并向下坠落;发动机舱位于燃油箱后方,其烧损程度呈前重后轻、上重下轻的特点。

对检材外观进行检验:在检材中共发现五颗熔珠,且均位于熔断导线的中部;熔珠附近的细铜线熔化并粘连在一起,很难分开;在熔珠内有未被完全熔化的间隙孔。根据GB/T 16840.1—2008《电气火灾痕迹物证技术鉴定方法 第1部分:宏观法》相关内容,检材中的五颗熔珠均符合火烧熔珠的特征。

对检材金相组织进行检验:从检材中提取两颗熔珠作为试样,并截取一段远离熔珠的铜导线作为对照,经过镶嵌、磨制、抛光、浸蚀等工序后,经金相显微镜观察,两颗熔珠的金相组织呈粗大的等轴晶,铜导线的金相组织呈多边形等轴孪晶组织。根据GB/T 16840.1—2008《电气火灾痕迹物证技术鉴定方法 第4部分:金相法》相关内容,试样均符合火烧熔珠的特征。

4. 分析说明

根据对挖掘机及检材的检验情况分析:

挖掘机整体严重烧损,但前部的大、小臂及铲斗均较为完好,其烧损程度呈后重前轻、上重下轻、右重左轻的特点,根据热辐射原理及烟气流动方向分析,起火部位应位于挖掘机转台右侧。

挖掘机燃油箱的烧损程度呈左重右轻的特点;驾驶室的烧损程度呈后重前轻、右重左轻的特点;大臂及大臂油缸的烧损程度呈后重前轻、右重左轻的特点;燃油箱左侧的先导电磁阀严重烧损,阀体部分熔化,并向下坠落;发动机舱位于燃油箱后方,其烧损程度呈前重后轻、上重下轻的特点,根据热辐射原理及烟气流动方向分析,起火点应位于燃油箱左侧,驾驶室、大臂及大臂油缸右后方,发动机舱前方的区域内,燃油箱左侧的先导电磁阀位于该区域内。

挖掘机转台右侧外表面的烧损程度呈前、后重,中间燃油箱附近轻的特点,燃油箱的烧损程度呈左重右轻的特点,其右侧外表面可见"n"形热阴影痕迹,根据热阴影原理,起火点应位于燃油箱左侧的先导电磁阀附近。

挖掘机蓄电池位于燃油箱与工具箱之间,已被烧毁,其左侧的电源线附近发现一根后视镜支架及若干带有熔珠的导线;蓄电池前方的工具箱内发现燃油泵过滤网、导线、导线夹及斗齿销等物品,由于蓄电池及附近导线距起火点较远,且经外观及金相组织检验,检材中的熔珠均属于火烧熔珠,均是在起火后形成,因此,挖掘机起火不是由于蓄电池及附近导线短路引起。

挖掘机燃油箱左侧的先导电磁阀严重烧损,阀体部分熔化,并向下坠落,其烧损程度在起火区域内最为严重,说明该部位的燃烧时间最长,并以此部位为中心向四周蔓延。在起火区域内未发现引火物及助燃剂,可排除外部火源引发火灾的可能性。因此,挖掘机起火应是由于先导电磁阀故障引起,并向四周蔓延。

5. 鉴定意见

涉案"斗山牌"挖掘机起火是由于先导电磁阀故障引起,并向四周蔓延。

四、轮胎破损原因鉴定

(一) 概述

轮胎破损原因鉴定是鉴定人根据检见的轮胎破损痕迹、车体痕迹、地面痕迹、人体痕迹及其他痕迹,可结合有关仪器对轮胎内部结构变化情况进行检测结果综合分析,对轮胎破损原因进行分析评判的活动。其中,判断现场轮胎印痕是否被鉴定车辆某一轮胎所遗留可以参见 GA/T 1508—2018《法庭科学车辆轮胎痕迹检验技术规范》,实际上,这一鉴定项目应归入交通事故痕迹鉴定中。作为综合鉴定类型,一般委托事项表述为"对涉案车辆(或被鉴定车辆)轮胎破损原因进行鉴定""对涉案车辆(或被鉴定车辆)轮胎破损及其与事故之间的关系进行鉴定"等,主要是解决轮胎破损的发生是在事发前、事故中,还是事发后,分析得出轮胎破损与事故发生之间的关系,从这个角度来讲,与车辆安全技术状况鉴定有一定交叉。

(二) 案例

1. 鉴定委托事项

根据案件调查需要,对"贵A×××××"自卸货车涉案轮胎的爆炸原因。

2. 鉴定材料

"贵A×××××"自卸货车的涉案轮胎(以下简称涉案轮胎)。

3. 基本案情

20××年08月19日08时许,杨某斌驾驶肖某所有的"贵A×××××"自卸货车在陶某成经营的轮胎修理店装配涉案轮胎并充气时,涉案轮胎发生爆炸,造成随车人员罗某华死亡。

4. 鉴定方法

GB 7258—2017《机动车运行安全技术条件》、GB/T 9768—2017《轮胎使用与保养规程》。

5. 检验所见

检验涉案轮胎:该轮胎为"胜业牌"全钢丝子午线轮胎,规格为 12.00R20,生产日期为 2018 年第 35 周,最大气压 830 kPa。

轮胎内侧胎壁可见长约 430 mm 的周向弧形裂口,裂口边缘钢丝断点整齐,裂口中间位置可见一处深达钢丝帘布层的刺伤,刺伤部位钢丝陈旧性断裂,刺口宽约 5.86 mm,长约 15.59 mm,刺伤部位对应的裂口呈锯齿状,并有慢速拉伸痕迹,其两侧为快速撕裂痕迹;内胎沿周向撕裂,裂口边缘平整;轮胎胎面花纹为横向块状花纹,胎面中部异常磨损,花纹深度在 12.70~17.12 mm 之间,胎面外侧可见长约 600 mm 的割伤;内外两侧胎壁均可见周向缺气碾压痕迹;外侧胎壁可见两处修补痕迹,面积分别为 100 mm×140 mm、100 mm×140 mm;轮辋完好,未见变形、裂纹及焊缝不平痕迹。

6. 分析说明

根据对涉案轮胎相关部位痕迹的检验情况分析:

(1) 涉案轮胎内侧胎壁可见长约 430 mm 的周向弧形裂口,裂口边缘钢丝断点整齐,裂口中间位置可见一处深达钢丝帘布层的刺伤,刺伤部位钢丝陈旧性断裂,刺口宽约 5.86 mm,长约 15.59 mm,刺伤部位对应的裂口呈锯齿状,并有慢速拉伸痕迹,其两侧为快速撕裂痕迹;内外两侧胎壁均可见周向缺气碾压痕迹。涉案轮胎内侧胎壁的刺伤及内外两侧胎壁的缺气碾压伤,会导致该部位胎壁强度降低,比其他部位更薄弱,充气时轮胎内压力分布不均匀,内侧胎壁刺伤处出现鼓包现象,随后从较为薄弱的内侧胎壁刺伤处发生爆炸。因此,涉案轮胎在装配及充气前,内侧胎壁的刺伤及内外两侧胎壁的缺气碾压伤是造成涉案轮胎充气时爆炸的原因之一。

(2) 涉案轮胎胎面花纹为横向块状花纹,胎面中部异常磨损,花纹深度在 12.70~17.12 mm 之间,胎面外侧可见长约 600 mm 的割伤;外侧胎壁可见两处修补痕迹,面积分别为 100 mm×140 mm、100 mm×140 mm。根据 GB 7258—2017《机动车运行安全技术条件》第 9.1.7 及 9.1.8 条规定:轮胎不应有影响使用的缺损、异常磨损和变形;轮胎的胎面和胎壁上不应有长度超过 25 mm 或深度足以露出帘布层的破裂和割伤。由此说明,涉案轮胎存在胎面异常磨损、超长割伤、内侧胎壁深达帘布层的刺伤、周向缺气碾压伤及外侧胎壁多次修补等影响轮胎安全使用的情况,应属于报废轮胎。

(3) 根据 GB/T 9768—2017《轮胎使用与保养规程》第 6.1.8 条规定:轮胎安装前应对外胎、垫带、内胎、轮辋进行全面检查。对涉案轮胎这种严重损伤的报废轮胎不应继续进行装配及充气。陶某成对严重损伤的涉案轮胎进行装配及充气,也是造成涉案轮胎充气时爆炸的原因之一。

综上所述,涉案轮胎在装配及充气前,已属于严重损伤的报废轮胎,不应继续进行装配及充气,陶某成对严重损伤的涉案轮胎进行装配及充气,造成涉案轮胎从较为薄弱的内侧胎壁刺伤处爆炸。

7. 鉴定意见

"贵A×××××"自卸货车涉案轮胎在装配及充气前,已属于严重损伤的报废轮胎,不应继续进行装配及充气,陶某成对严重损伤的涉案轮胎进行装配及充气,造成涉案轮胎从较为薄弱的内侧胎壁刺伤处爆炸。

五、鉴定标准

目前常用鉴定方法主要是技术标准。主要是但不限于以下（基本需要选择性适用）：SF/T 0162—2023《道路交通事故涉案者交通行为方式鉴定》、SF/T 0100—2021《车辆火灾痕迹物证鉴定技术规范》、GB/T 16840.1—4《电气火灾痕迹物证技术鉴定方法第1—4部分》、GB 518《摩托车轮胎》、GB/T 519《充气轮胎物理性能试验方法》、GB 1796.1—7《轮胎气门嘴第1—7部分》、GB/T 6326《轮胎术语及其定义》、GB 7037《载重汽车翻新轮胎》、GB 9743《轿车轮胎》、GB 9744《载重汽车轮胎》、SF/T 0073—2020《基于视频图像的道路交通事故信号灯状态鉴定规范》、GA/T 496《闯红灯自动记录系统通用技术条件》、GA/T 497《公路车辆智能监测记录系统通用技术条件》、GA 504《阻燃装饰织物》、GA 500《气溶胶灭火剂》、GB 14886《道路交通信号灯安装规范》、GB 14887《道路交通信号灯》、GA/T 508《道路交通信号倒计时显示器》等。

六、案例解析

案例一

（一）鉴定委托事项

根据案件调查需要，对未见悬挂号牌GIANT牌26英寸自行车发生碰撞时其车头（前轮）在地面的位置进行鉴定。

（二）鉴定材料

(1) 被鉴定车辆。

(2) 事发时现场附近监控视频（复制件）。

（三）鉴定方法

参照SF/T 0072—2020《道路交通事故痕迹物证鉴定通用规范》、GA/T 1087—2021《道路交通事故痕迹鉴定》、GA/T 41—2019《道路交通事故现场痕迹物证勘查》、SF/T 0119—2021《声像资料鉴定通用规范》、SF/T 0124—2021《录像过程分析技术规范》及GA/T 1020—2013《视频中事件过程检验技术规范》有关条款及检验方法，对委托事项进行鉴定。

（四）检验所见

(1) 被鉴定车辆

未检见车架钢印号。车辆为一辆黑色26英寸自行车，车辆前部带一个白色网筐。车辆前轮挡泥板后部向右歪斜。对被鉴定车辆进行测量，其外廓长约为173 cm，轴距约为108 cm，车轮直径约为64 cm。

(2) 事发时现场附近监控视频

视频文件名为"02000001663000000",文件格式为 mp4,哈希值(MD5)为 6F5232D7293EA0C3D398000B600D3D66。采用 Aegisub3.2.2.软件进行播放,监控视频画面上显示"20××-11-30""(小区)×××路 215 弄大门-出 HG"等字样。视频长度为 0:35:11.020,解码器为 FFmpegSource,视频图像显示以下内容:

0:29:27(画面水印时间为 10:27:54)许,被鉴定车辆当事人出现在视频画面下侧左部位置。

0:29:29(画面水印时间为 10:27:56)许,被鉴定车辆及其当事人位于视频画面下侧中部位置。

0:29:29~0:29:33 时段(画面水印时间为 10:27:56~10:28:00)内,被鉴定车辆(含其当事人)向右上方(北)行驶。

0:29:34(画面水印时间为 10:28:01)许,被鉴定车辆前部左侧与一辆电动自行车发生碰撞,碰撞地点左侧见一顶红色帐篷,该帐篷撑脚底座右(东)边缘位于画面所示通道左(西)侧停车位右侧红色边线向右数第 9 列与第 10 列白色地砖接缝处。此时,被鉴定车辆车头(前轮)在地面的位置位于画面所示通道左(西)侧停车位右侧红色边线向右数第 25 列白色地砖右侧区域。

随后,被鉴定车辆及其当事人向右倒地。

(3) 事故地点复勘

事故地点通道为南北走向,地面均匀铺设白色方块地砖,局部见蓝色方块地砖点缀,通道两侧设停车位,停车位边线为红色方块地砖,地砖规格一致,均为约 $10\text{ cm} \times 10\text{ cm}$。通道两侧停车位红色边线横向间距约为 381 cm,通道两侧停车位红色边线间有 33 列地砖。

(五) 分析说明

以事故地点两侧停车位红色边线之间的范围为通道宽度,该通道宽度约为 381 cm,通道中间一列地砖为由左向右数(或由右向左数)第 17 列,结合事发时现场附近监控视频所示分析,被鉴定车辆碰撞时,其前轮在地面的位置位于通道左(西)侧停车位右侧红色边线向右数第 25 列白色地砖右侧区域,即被鉴定车辆碰撞时,其车头(前轮)在地面的位置位于通道中线右(东)侧区域。

考虑事发时现场的红色帐篷的位置情况,以该红色帐篷底座右(东)边缘与右(东)侧停车位左侧红色边线之间的范围为通道宽度,该通道宽度约为 24 列地砖宽度(约 278 cm),则通道中线应为通道左(西)侧停车位右侧红色边线向右数第 21 列地砖与第 22 列地砖接缝线,被鉴定车辆碰撞时,其车头(前轮)在地面的位置位于通道中线右(东)侧区域。

(六) 鉴定意见

以事故地点两侧停车位红色边线之间的范围为通道宽度或以事发时现场红色帐篷底座右(东)边缘与右(东)侧停车位左侧红色边线之间的范围为通道宽度时,未见悬挂号牌 GIANT 牌 26 英寸自行车发生碰撞时其车头(前轮)在地面的位置均位于通道中线右(东)

侧区域可以成立。

案例二

(一) 鉴定委托事项

根据事故调查需要,对苏F×××××东风牌重型普通货车(以下简称被鉴定车辆)货箱后侧左部是否可以造成涉案墙体的损坏进行鉴定。

(二) 鉴定材料

(1) 被鉴定车辆。

(2) 道路交通事故现场图及事故现场照片(复制件)。

(3) 涉案墙体部分碎落物。

(三) 鉴定方法

参照 SF/T 0072—2020《道路交通事故痕迹物证鉴定通用规范》、GA/T 41—2019《道路交通事故现场痕迹物证勘查》、GA/T 1087—2021《道路交通事故痕迹鉴定》有关条款及检验方法,对被鉴定车辆及涉案墙体部分碎落物的痕迹进行检验,并结合其他鉴定材料,对委托事项作出鉴定意见。

(四) 检验所见

(1) 被鉴定车辆

车架钢印号为××××××××××××××××。货箱高度约为100～182 cm。货箱左后角立柱向左移位,致后栏板左上部锁止销不能嵌入上述立柱上部的锁止销凹槽内。后栏板左下部铰链的左部向前弯折变形,伴刮擦痕迹,局部黏附疑似石灰类物质。货箱后侧左部漆面坑洼不平整,局部漆面色泽较明亮,局部漆面色泽较暗淡(将部分涂层作为备检材料1)。货箱后侧左上部反光板、后侧左部纵向白色反光条表面多处破损。

(2) 道路交通事故现场图及事故现场照片

事故地点位于一公司的门口,该门口南侧安装的移动门(呈收缩状态的)外侧墙体由砖块砌成,墙面贴有红色瓷砖。移动门及其外侧墙体的北部向东北方扭转移位,其西侧及北侧地面见碎落物。涉案墙体位于移动门西侧,其西侧面北上部破损,局部砖块缺损。破损处距地高200 cm以下范围内局部见砖块裸露。

(3) 涉案墙体部分碎落物

委托人提供的涉案墙体部分碎落物由1个标记为1号的物证袋、2片分别标记为2号、3号的瓷砖碎片、1块标记为4号的碎砖块组成。1号物证袋内装有小碎石块,2号、3号瓷砖碎片表面局部黏附红色物质,4号碎砖块表面局部黏附红色物质。将2号碎落物作为备检材料2。

(4) 微量物证鉴定

将备检材料1、2送具有微量物证鉴定资质的机构进行微量物证鉴定,并形成编号为"××"鉴定意见书,鉴定意见书中的检材为2号碎落物上提取的红色附着物,样本为被鉴定车辆后栏板左部色泽较暗淡的红色漆片,摘录其中"鉴定过程及分析说明"的内容如下:本鉴定依据 SF/ZJD0203006—2018《微量物证鉴定通用规范》和 SF/T 0118—2021《油漆物证鉴定规范》进行。经在 DV4 体视显微镜下检验:检材为红色附着物,质韧。样本为单层红色油漆,质韧。经比较检验,检材与样本的外观特征一致。经 iN10 显微红外光谱仪检验:检材与样本的红外光谱一致。经 Quanta650-Apollo×扫描电镜/×射线能谱仪检验:检材与样本中检出的主要元素一致。根据上述检验结果,经综合分析认为:检材与样本是同种类油漆。

(五)分析说明

涉案墙体的损坏主要位于其西侧面北上部,将墙体视为承痕体,从空间高度上分析,被鉴定车辆货箱后侧具备作为造痕体的条件。被鉴定车辆货箱后侧左部多处(货箱左后角立柱、后栏板左下部铰链、货箱后侧左上部反光板、后侧左部纵向白色反光条)检见碰撞痕迹,从痕迹的范围、附着物、痕迹形成机理等方面分析,被鉴定车辆货箱后侧左部与墙体类客体碰撞可以形成上述碰撞痕迹。结合 2 号碎落物上的附着物与被鉴定车辆后栏板左部色泽较暗淡的红色漆片的微量物证鉴定结果综合分析,被鉴定车辆货箱后侧左部可以造成涉案墙体的损坏。

(六)鉴定意见

苏F×××××东风牌重型普通货车货箱后侧左部可以造成涉案墙体的损坏。

(七)讨论与解析

1. SF/T 0162—2023《道路交通事故涉案者交通行为方式鉴定》

SF/T 0162—2023《道路交通事故涉案者交通行为方式鉴定》规定了道路交通事故涉案者事发时交通行为方式鉴定的总体要求、一般要求、鉴定方法、典型交通行为方式的鉴定以及鉴定意见种类和要求。

该文件适用于道路交通事故涉案者事发时交通行为方式的鉴定。车辆在道路以外通行时发生的事故及其他案事件中涉案者交通行为方式的鉴定参照执行。

该标准的规范性引用文件包括:GA/T 41《道路交通事故现场痕迹物证勘查》、GA/T 147《法医学尸体检验技术总则》、GA/T 150《法医学机械性窒息尸体检验规范》、GA/T 168《法医学机械性损伤尸体检验规范》、GA/T 268—2019《道路交通事故尸体检验》、GA/T 944—2011《道路交通事故机动车驾驶人识别调查取证规范》、GA/T 1087《道路交通事故痕迹鉴定》、GA/T 1450《法庭科学车体痕迹检验规范》、SF/T 0072《道路交通事故痕迹物证鉴定通用规范》、SF/T 0111《法医临床检验规范》。

该标准参考文献包括:GB/T 40991《微量物证的提取、包装方法》、GA/T 148《法医学病理检材的提取、固定、取材及保存规范》、GA/T 1162《法医生物检材的提取、保存、送检规范》。

通过对道路交通事故涉案者交通行为方式鉴定案例的分析,笔者认为应注意以下方面:一是鉴定委托事项。因为涉案者交通行为方式包括驾驶车辆、乘坐车辆、骑行或推行车辆以及行人处于直立、蹲踞或倒卧等状态,要充分进行合同评审,评估鉴定机构执业范围及鉴定人能力,涉及法医学比如病理、临床等多方面,鉴定机构是否有多专业联合、攻克鉴定难题的综合实力并能解决委托方提出的鉴定要求,还是说要采取分包的方式?是否清楚分包的有关规定以及注意事项?二是资料摘要部分。是对提供的法医学鉴定意见归入资料摘要部分,还是同一个鉴定人具有法医学、交通事故痕迹物证鉴定双重鉴定资格开展鉴定,或者多名不同鉴定资格的鉴定人共同开展鉴定并均署名,如果是后面的两种情况,则应体现在检验所见部分。三是检验所见部分。容易出现问题的是把分析说明部分的分析评判在检验所见部分体现,关于交通事故痕迹物证鉴定人是否可以对人体的体表损伤进行检验还存在争议,交通事故痕迹物证鉴定人在具备综合鉴定资格以后,从痕迹学的角度,对体表损伤的形态学特征进行检验并表述,似乎也不存在不妥当的地方,但对致伤方式进行评判,应该不属于痕迹鉴定人的能力范围。交通事故痕迹物证鉴定人对当事人事发时所穿衣物及其携带物进行痕迹检验,势必会与人体损伤有相对应的检验来分析致伤物,这些致伤物在交通事故中一般来自车体、装载货物、其他参与客体等,比如车辆遭受碰撞后变形的前保险杠支架穿过行人衣物再穿透人体肌肉甚至骨骼,鉴定人在检验过程中必然会对人体损伤进行关注。四是分析说明部分。一定不能出现"讲故事"的情况,在司法鉴定意见书上的文字均应有事实根据,类似为保护子女安全、抢夺方向盘等等来判断事故发生时驾驶员是谁的主观性表述,均不应"简单"出现在司法鉴定意见书中,这与痕迹鉴定的基本原则相违背。五是鉴定意见部分。在对应鉴定委托事项的同时,表述上应精准,比如"骑行"和"骑跨"的表述,是否存在区别呢?还有"推着""推行""推扶"的表述等,同一家鉴定机构、不同的鉴定人出具的同一鉴定委托事项的鉴定意见书应该保持统一规范表述,当然,首先是基于检验所见部分进行的分析评判。

2. SF/T 0100—2021《车辆火灾痕迹物证鉴定技术规范》

SF/T 0100—2021《车辆火灾痕迹物证鉴定技术规范》规定了车辆火灾痕迹物证鉴定的总体要求以及车辆火灾鉴定、物证提取方法和鉴定结果的要求。该文件适用于具有相应执业资格的鉴定人进行车辆火灾鉴定,其他情况下火灾鉴定参照执行。

该标准的规范性引用文件包括:GB/T 5907.4—2015《消防词汇第4部分:火灾调查》、GB/T 20162《火灾技术鉴定物证提取方法》、GA/T 41《道路交通事故现场痕迹物证勘查》、GA/T 50《道路交通事故现场勘查照相》、GA/T 1087《道路交通事故痕迹鉴定》、SF/T 0072《道路交通事故痕迹物证鉴定通用规范》、XF/T 812—2008《火灾原因调查指南》。

车辆火灾鉴定是较为复杂疑难的鉴定项目之一,其目的是找准起火点、分析起火原因等,在交通事故中,还需要厘清与事故之间的关系。需要对车辆履历情况、车辆运行情况、火灾发生前车辆情况、火灾发生前驾驶员行为表现、火灾发生时车辆状况、发生火灾后驾驶员和相关人员行为进行了解,比如火灾发生时车辆状况包括:发生火灾时车辆位置、车速、当时的路面状况;发动机处于工作状态还是停止状态;车内驾驶员的状况(驾驶中、睡眠中);发生火灾时间,首先出现异味、烟雾或火焰的位置;发生火灾时烟雾或火焰的颜色,有无爆炸或异响;发生火灾时发动机、车身以及其他部位有无异常;发生火灾时车辆周围相关人员的目击信息。需要开展此项鉴定项目的鉴定机构可组织相关鉴定人学习《汽车火灾原因调查》这本专著。

3. SF/T 0073—2020《基于视频图像的道路交通事故信号灯状态鉴定规范》

SF/T 0073—2020《基于视频图像的道路交通事故信号灯状态鉴定规范》规定了基于视频图像的道路交通事故信号灯状态鉴定的鉴定步骤、鉴定方法、记录和鉴定意见的要求。该文件适用于司法鉴定领域中的基于视频图像的道路交通事故信号灯状态鉴定。

该标准的规范性引用文件包括：GB/T 31418—2015《道路交通信号控制系统术语》、GA/T 50《道路交通事故现场勘查照相》、GA/T 527.1—2015《道路交通信号控制方式第一部分：通用技术条件》、GA/T 1133《基于视频图像的车辆行驶速度技术鉴定》。

关于此种鉴定项目，笔者认为应注意以下方面：一是事故发生时间。信号灯设置有分时段情况的，在鉴定过程中，应充分问询并比对，在不能提供配时方案的，应在事故发生时间现场拍摄，在对配时方案有疑问的情况下，也应采取现场拍摄的方式来进行验证，确定准确的信号灯配时方案。二是在鉴定方法上，还应考虑增加GA/T 1999.1—2022《道路交通事故车辆速度鉴定方法 第1部分：基于汽车行驶记录仪》，存在从汽车行驶记录仪提取视频资料进行信号灯状态鉴定的可能。三是信号灯状态鉴定，在一般情况下，可能是与车辆行驶速度鉴定相结合开展的，对于"停车线"到碰撞点的位置，是无法越过速度、时间、距离这个经典物理公式的。这也充分印证了开展交通事故痕迹物证综合鉴定对鉴定机构和鉴定人的高要求，是非常有必要的。

对于轮胎破损原因鉴定，虽然目前尚未出台以"鉴定"为名的鉴定标准，但是相信不会等得太久。总体上来讲，轮胎破损原因鉴定与车辆安全技术状况鉴定存在必然联系，在轮胎痕迹检验上，目前有的鉴定方法是GA/T 1508—2018《法庭科学车辆轮胎痕迹检验技术规范》，但运用时，应考虑刑事案件与交通事故案件的部分差异，刑事案件中是通过轮胎印痕追踪作案交通工具，而交通事故案件除了追踪逃逸的交通工具以外，更多的考虑是车辆碰撞形态、是否发生过接触碰撞以及轮胎损坏与事故之间的关系。

交通事故痕迹物证综合鉴定除了以上几种典型的综合鉴定项目外，上述案例中的鉴定委托事项也可归入交通事故痕迹物证综合鉴定项目，采用的鉴定方法跨不同的具体鉴定项目，或者说在《物证类执业分类规定》中尚未明确注明的具体鉴定项目内容，也无法完全对应到车辆安全技术状况鉴定、交通设施安全技术状况鉴定、交通事故痕迹鉴定（第二个案例或许有较大关联度）、车辆速度鉴定4个鉴定项目。

综上，交通事故痕迹物证鉴定综合鉴定是紧紧围绕人民日益增长的美好生活需要加强公共法律服务的生动实践，要进一步与律师、公证、调解、仲裁、法律援助统筹整合法律服务资源，健全司法公信力第三方评估机制，推动科技创新手段，细化深化实化鉴定标准，坚决防止无根据、不科学甚至明显错误的鉴定意见被发出，影响诉讼中全面、客观判断鉴定意见的证明力。

第三章

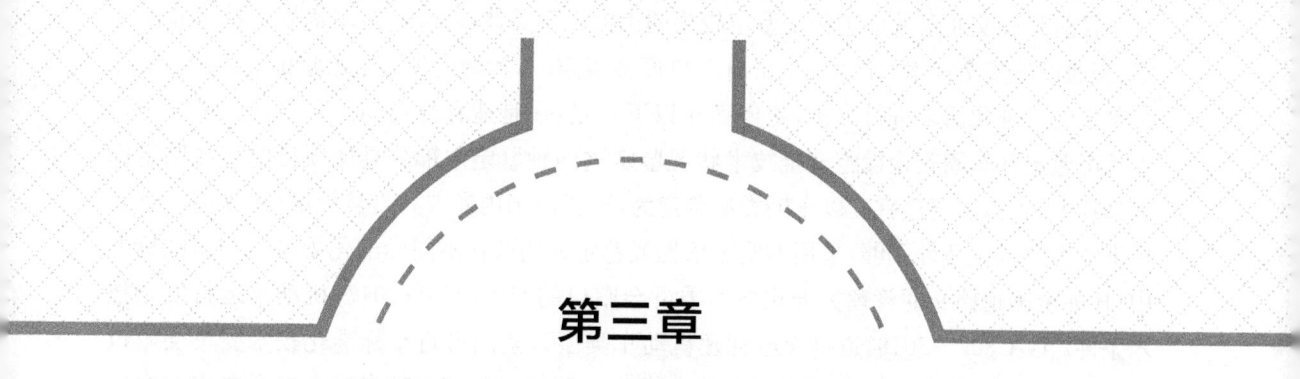

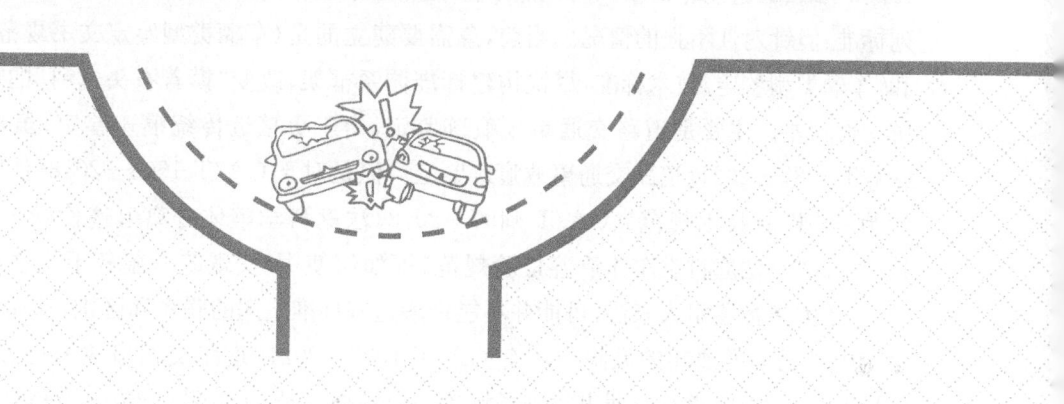

交通事故痕迹物证鉴定方法思考与展望

一、交通事故痕迹物证鉴定方法现状

目前开展交通事故痕迹物证鉴定较为明确的以下具体项目内容:车辆安全技术状况鉴定、交通设施安全技术状况鉴定、交通事故痕迹鉴定、车辆速度鉴定、交通事故痕迹物证综合鉴定的标准化活动进行分析,主要存在以下不足:一是适宜性较弱。主要是车辆安全技术状况鉴定和车辆安全设施安全技术状况鉴定这两种鉴定中部分具体项目内容在鉴定标准选择上,难以实现适宜。以车辆类型鉴定为例,目前国内尚未有直接标准,建立起一整套标准体系的基础条件不够,采用的鉴定依据或鉴定方法散在不同标准化委员会归口的标准中,比如全国道路交通管理标准化技术委员会归口的 GB 7258—2017《机动车运行安全技术条件》、GA 802—2019《道路交通管理机动车类型》;全国自行车标准化技术委员会归口的 GB 17761—2018《电动自行车安全技术规范》、GB 3565—2005《自行车安全要求》;全国残疾人康复和专用设备标准化技术委员会归口的 GB 12995—2006《机动轮椅车》、GB/T 12996—2012《电动轮椅车》等,只是某些条款规定适用于其中的部分技术参数,往往造成罗列标准、但针对性不强的情况。当前,急需要建立的是《车辆类型鉴定文书规范》管理标准和《车辆类型鉴定》技术标准,尽快构建标准体系框架,改变"摸着石头过河"的现状。二是统一性较差。主要是道路交通事故痕迹鉴定,由于更接近传统痕迹鉴定,虽然已经有了 GA/T 1087—2021《道路交通事故痕迹鉴定》,但是对于 GA/T 1508—2018《法庭科学车辆轮胎痕迹检验技术规范》、GA/T 1497—2018《法庭科学整体分离痕迹检验术语》、GA/T 1450—2017《法庭科学车体痕迹检验规范》等如何使用,实现统一服务于交通事故痕迹鉴定,对于大多数鉴定人来讲,可能并不能理解这些标准之间的联系和区别,从而导致在具体鉴定中出现不可预知的风险。还有 GA/T 1087—2021《道路交通事故痕迹鉴定》通常与 GA/T 41—2019《道路交通事故现场痕迹物证勘查》、SF/T 0072—2020《道路交通事故痕迹物证鉴定通用规范》配套使用,"参照"还是"根据"?用的是这些标准或规范的哪一个具体条款?使用这些条款具体作用是什么?对没有真正去理解这些标准或规范的鉴定人来讲也是非常有难度的。三是交叉性较强。主要是交通事故痕迹物证综合鉴定无论是涉及的学科、专业领域等教育背景和培养环境,还是跨司法鉴定大类的情况,与其他四种鉴定项目相互交叉,又不尽相同。比如 SF/T 0077—2020《汽车电子数据检验技术规范》与 SF/T 0073—2020《基于视频图像的道路交通事故信号灯状态鉴定规范》,鉴定人在鉴定过程中,如何防止跨范围执业风险,因为专技人员毕竟是大多数,而"全能选手"毕竟是极少数。四是空白点较多。五个项目都存在诸多空白点,主要还是受限于交通事故痕迹物证鉴定起步较晚,人才队伍建设和学科建设方面还没有专门对应的专业类别,基本是边学边干的状态,特别是在火灾痕迹方面,接触的案例较少,与刑事科学技术交叉的领域,基本得不到具体案件的锻炼,尚处于初级阶段,与公安消防、军队等的合作也多是"点"的层面,还未形成"线"、更别说"面"了,还有一个长期磨合探索的过程。

二、思考与讨论

针对上述的不足和困境,笔者做了以下思考:一是加大调研交通事故痕迹物证鉴定标准需求力度,深度研究制定标准必要性和成熟度,加强基础标准的研制,比如术语等基础标准,在管理标准研制方面也要加快进度,比如鉴定人员能力、质量控制与考核等方面的标准,科学及时形成标准,指导鉴定实践。二是要加快建立更加精细科学的交通事故痕迹物证鉴定标准体系框架。不同于一些已经相当成熟的鉴定类型,比如痕迹鉴定,提出了完整的标准体系框架,近来,对于管理标准的呼声甚至高于技术标准,这是国家法制化进程中必然产物,程序规范往往决定了证据效力的发挥。只有更快建立起交通事故痕迹物证鉴定的标准体系框架,明确标准化发展目标和方向,才能更快地把目前正在蓬勃发展的五种鉴定项目推上更加规范高效的高质量发展通道。三是加强标准宣贯力度和标准适用性解读。在一定范围内,还存在重标准立项、结项,轻标准使用的现象;在使用标准的过程中,把标准当鉴定意见书"门面""摆设"的情况也时有发生,从本质上来讲,还是不能完全理解标准制定的初衷或者修订的出发点,这些都是可以通过培训、详细解读分析来让更多鉴定人接受、理解到完全掌握,并运用自如的。开展经常性的标准宣贯工作是规范化建设中重要举措之一,要高度重视、持续强化。四是加强新技术新方法的研究。要创造一切条件,鼓励和支持鉴定人开展新技术新方法的研究,这是交通事故痕迹物证鉴定标准化建设的必由之路,也是基础。比如在道路交通事故痕迹鉴定中,描述痕迹形态的术语部分,五花八门、百花齐放,还存在南北方的差异,没有实现完全统一,存在理解上的误差。又比如,在没有火灾、爆炸、枪弹等实际案件的情况下,要保持鉴定能力素质,必须通过实验方案设计、实验室间比对等方式,保持研究新技术新方法、攻克鉴定难题的持续动力。

交通事故痕迹物证鉴定是一种较为疑难复杂的综合鉴定类型,其目前在开展的五种具体鉴定内容在标准化建设方面有共同点,也存在诸多不同,但总体目标都是一致的,以标准助推创新发展,标准引领时代进步,高质量需要高标准,要尽快填补标准空白,进一步提升标准编制质量,增强标准的科学性、权威性和适用性,首先做好"立"的工作,是当前最重要的工作。

三、讨论案例

段某强与北京市人民政府等××××一审行政××××
审理法院:北京市××××
案　　号:(2021)京××××行初 1193 号
裁判日期:2022.05××××
案　　由:行政/行政行为/行政复议 2021 年 8 月 4 日,开发区管委会作出京技司鉴答

〔2021〕001号《北京经济技术开发区管理委员会关于段某强投诉北京××交通事故司法鉴定所鉴定人任某业、李某松问题的答复》(以下简称《001号答复》),主要内容为:……二、关于投诉事项。(一)关于原告段某强在落款为2021年3月8日的《投诉书》中投诉事由第1项中反映:"鉴定人任某业在京龙【2019】交鉴字第05164号《司法鉴定意见书》(以下简称《05164号鉴定意见书》)中表述是任某业、李某松在2019年5月22日去宁晋县公安局交通警察大队(以下简称宁晋县交警队)事故停车场对×××号欧曼牌重型半挂牵引车/×××号福玺牌重型仓栅式半挂车(以下简称A车)和康尔斯牌电动三轮车(以下简称B车)进行了检验鉴定,这属于虚假表述、虚假鉴定。《05164号鉴定意见书》中鉴定材料里有A车和B车也属于任某业的虚假表述。任某业制作的《交通事故车辆检验鉴定记录单》证实任某业伪造证据进行鉴定,因为A车和B车在2018年已经放行,未停在宁晋县交警队事故停车场里,任某业、张××、张×1三人也就不可能2019年在停车场里对A车和B车进行检验、测量、拍照。《交通事故车辆检验鉴定记录单》只有薛某中一人签名,不合法。任某业制作的记录单内容显示是张××进行检验,张×1拍照,任某业记录,而实际上任某业在鉴定中使用的检验照片完全是杨××、林××、张××三人在2018年检验拍摄的照片,且该检验照片不是由宁晋交警队提供给任某业,任某业不是根据宁晋交警队提供的检材进行鉴定,鉴定程序不合法"的问题。1.针对"鉴定人任某业在《05164号鉴定意见书》中表述是任某业、李某松在2019年5月22日去宁晋县交警队事故停车场对A车和B车进行了检验鉴定,这属于虚假表述、虚假鉴定。《05164号鉴定意见书》中鉴定材料里有A车和B车也属于任某业的虚假表述"的问题。开发区管委会向鉴定人任某业进行调查,任某业答复称,本次鉴定属于合法合规的鉴定。在鉴定书中,鉴定地点、鉴定人、鉴定时间都有单独的表述,具体表述方式与段某强所主张的方式不一致。《05164号鉴定意见书》所载的鉴定日期是2019年5月22日,由当日开始做鉴定,至5月29日出具《05164号鉴定意见书》。鉴定地点是宁晋县交警队事故停车场、北京××交通事故司法鉴定所(以下简称××鉴定所),之所以有两个鉴定地点是因为任某业及张×1、张××于2019年5月22日至宁晋县交警队接受委托,事故车辆均已放行,引用的检验照片来源于2018年受理的车速鉴定所拍摄的检验照片,照片的拍摄地点在宁晋县交警队事故停车场,所以鉴定地点有关于宁晋县交警队事故停车场的表述。《05164号鉴定意见书》中将×××号欧曼牌重型半挂牵引车/×××号福玺牌重型仓栅式半挂车简称A车、康尔斯牌电动三轮车简称为B车,是为了鉴定意见书中下文叙述简便,属于鉴定人员个人习惯问题,也可以简称为甲车、乙车,或一车、二车,或c车、d车,都可以,没有具体标准。开发区管委会就该问题向鉴定人李某松进行调查,李某松《陈述说明》中称,其认为投诉人段某强提出的"虚假表述、虚假鉴定"是不成立的。

本次鉴定与上次车速重新鉴定为同一个案件,仅委托事项不同,受理本次鉴定委托时事故车辆已经放行,故李某松及任某业依据××鉴定所之前的检验照片进行的鉴定,《05164号鉴定意见书》中将×××号欧曼牌重型半挂牵引车/冀××××挂号福玺牌重型仓栅式半挂车简称为A车、康尔斯牌电动三轮车简称为B车,是为了《05164号鉴定意书》中下文叙述简便,不存在虚假表述、虚假鉴定,而且鉴定过程符合法律规定。这是鉴定过程中常用的表述方法,为了叙述方便,《05164号鉴定意见书》中将×××号欧曼牌重型半挂牵引车/×××号福玺牌重型仓栅式半挂车简称A车,将康尔斯牌电动三轮车简称为B车。同样可以把两车分别确定为甲车、乙车。开发区管委会就该问题向××鉴定所负责人雷某玉进行调查,其答复称,段某强提出的"虚假表述、虚假鉴定"是不成立的。当时任某业等人已经去过宁晋县交警队,任某业和李某松在宁晋县交警队办理的委托手续。当事车辆均已放行,任某业等人在宁晋县交警队与办案民警共同对鉴定检材进行了确认。不存在虚假表述、虚假鉴定的问题。雷某玉在复核本次鉴定时,《05164号鉴定意见书》第一页对于本次鉴定的地点、时间、鉴定人都分别有单独的表述,并且雷某玉与李某松、任某业就相关情况核实过。这种表述方式就是鉴定意见书的格式,不存在虚假表述、虚假鉴定。开发区管委会就该问题相关情况向宁晋县交警队进行调查,其书面答复称,A车扣押地点为宁晋县交警队事故停车场,扣押时间为事发之日2018年10月2日,于2018年12月14日放行,有强制措施凭证、返还物品凭证为证。根据现有调查情况,《05164号鉴定意见书》中关于对鉴定地点的表述,是任某业、李某松对鉴定过程以及检验照片拍摄地点的客观记录;关于"鉴定检材"中"A车"和"B车",是任某业、李某松依据检验照片所作的表述。因此,开发区管委会无法认定任某业、李某松存在虚假表述、虚假鉴定的情况。2.针对"任某业制作的《交通事故车辆检验鉴定记录单》证实任某业伪造证据进行鉴定,因为A车和B车在2018年已经放行,未停在宁晋县交警队事故停车场里,任某业、张××、张×1三人也就不可能2019年在宁晋县交警队事故停车场里对A车和B车进行检验、测量、拍照"的问题。开发区管委会对鉴定人任某业进行调查,其答复称,在2019年5月22日,任某业与张××、张×1在宁晋县交警队制作《交通事故车辆检验鉴定记录单》,对照片进行浏览,对照片当中所反映的车体痕迹进行描述记录,三人共同对照片所反映的车体情况进行记录、检验。《交通事故车辆检验鉴定记录单》的表格是制式表格。开发区管委会就该问题向鉴定人李某松进行调查,李某松《陈述说明》中称,任某业、张××、张×1去的宁晋县交警队受理案件,收集资料,李某松是在××鉴定所对该案件进行的鉴定,参与了案件分析讨论、会鉴、审核等过程。《05164号鉴定意见书》中没有"任某业、李某松在2019年5月22日去宁晋县交警队事故停车场对A车和B车进行了检验鉴定"的表述,但是《05164号鉴定意见书》中记载了鉴定日期、鉴定地点及鉴定人。开发区管委会就该问题向××司法鉴定所负责人雷某玉进行调查,其答复称,2019年5月22日,任某业、张××、张×1三人确实去过宁晋县交警队,办理的委托手续,所以《交通事故车辆检验鉴定记录单》也是在宁晋县制作的,因此不可能是伪造的,更不是虚假表述。开发区管委会就该问题向宁晋县交警队进行调查,其书面答复称,该《交通事故车辆检验鉴定记录单》上的"薛某中"的签字是薛某中本人签的。由于本次委托鉴定时事故车辆已经放行,且委托车速重新鉴定时鉴定人员已经对事故车辆进行了检验拍照,故鉴定人员依据之前的检验照片、检验记录,结合事故现场照片及车辆信息,对事故车辆进行了检验记录,薛某中在场见证并签字。同时,开发区管委会就该问题向北京司法鉴定业协会就段某强反映的投诉事由提出了论证请求。经北京司法鉴定业协会组织专家论证后回函称,虽然牵引车和半挂车有两个行驶证,但是硬连接在一起,实际上为一个整体,故此简称为A车没有违反相关的规定。且此为技术上的问题,此投诉意见属于对鉴定意见的异议。根据前述调查情况,《交通事故车辆检验鉴定记录单》是由任某业等人员于2019年5月22日在宁晋县交警队依据检验照片制作,并按照《交通事故车辆检验鉴定记录单》格式填写。因此,开发区管委会无法认定任某业、李某松存在"伪造证据进行鉴定"的情形。3.针对"记录单只有薛某中一人签名,不合法"的问题,开发区管委会向鉴定人任某业进行调查,其答复称,2019年5月22日当天,任某业与张××、张×1三人在宁晋县交警队办公室,三人共同进行鉴定照片筛选、记录、检验,由薛某中进行在场见证,制作完成《交通事故车辆检验鉴定记录单》后由薛某中本人签字。记录单只有薛某中一人签名是属实的,也是合法的。开发区管委会就该问题向鉴定人李某松进行调查,李某松《陈述说明》中称,任某业、张××、张×1去的宁晋县交警队,《交通事故车辆检验鉴定记录单》就是在宁晋县交警队形成的,薛某中在场见证并签字。且没有相关规定明确要求见证人为几人。开发区管委会就该问题向××鉴定所负责人雷某玉进行调查,其答复称,没有相关规范对见证人有几人进行规定,交警也属于中立第三方,作为办案单位,与本案当事人无利害关系,不存在违法的问题。开发区管委会就该问题向宁晋县交警队进行调查,其书面答复称,《交通事故车辆检验鉴定记录单》上的"薛某中"的签字是薛某中本人签的。由于本次委托鉴定时事故车辆已经放行,且委托车速重新鉴定时鉴定人员已经对事故车辆进行了检验拍照,故鉴定人员依据之前的检验照片、检验记录,结合事故现场照片及车辆信息,对事故车辆进行了检验记录,薛某中在场见证并签字。《司法鉴定程序通则》第二十四条第二款亦未对在场见证人员数量作出明确规定。根据前述调查情况,开发区管委会无法认定"记录单只有薛某中一人签名"违反法律规定。4.针对"任某业制作的记录单内容显示是张××进行检验,张×1拍照,任某业记录,而实际上任某业在鉴定中使用的检验照片完全是杨××、林××、张××三人在2018年检验拍摄的照片,且该检验照片不是由宁晋交警队提供给任某业,任某业不是根据委托人提供的检材进行鉴定,鉴定程序不合法"的问题。开发区管委会就该问题向鉴定人任某业进行调查,其答复称,本次鉴定所依据的照片一部分来源于2018年××鉴定所进行速度鉴定时在宁晋县交警队事故停车场所拍摄的照片,另一部分来源于宁晋县交警队提供的事故现场照片。本次鉴定中使用2018年检验拍摄照片,依据《司法鉴定程序通则》第二十四条的规定,鉴定人可以调取鉴定所需的案件材料,程序合法。开发区管委会就该问题向鉴定人李某松进行调查,李某松《陈述说明》中称,本次鉴定检材中有宁晋县交警队提供的2018年做车速重新鉴定时的事故现场照片,也有2018年检验鉴定时××鉴定所鉴定人在宁晋县交警队事故停车场拍摄的照片。司法鉴定人有权了解进行鉴定所需要的案件材料,可以查阅、复制相关资料,在本次鉴定中使用2018年检验鉴定照片,程序合法、符合规范要求。开发区管委会就该问题向××鉴定所负责人雷某玉进行调查,其答复称,鉴定检材中有宁晋县交警队给向其提供的2018年做速度鉴定时的事故现场照片,也有

2018年速度鉴定时鉴定人杨××等在宁晋县交警队事故停车场所拍摄的照片。在本次鉴定中使用2018年检验拍摄照片，是依据《司法鉴定程序通则》第二十四条的规定，鉴定人依法调取的鉴定检材，也就是2018年做速度鉴定时的照片，程序合法、符合规范要求。开发区管委会就该问题向宁晋县交警队进行调查，其书面答复称，委托本次鉴定时宁晋县交警队向××鉴定所提供了本案的事故现场照片50多张及视频资料6段，本案的事故现场照片是宁晋县交警队办案人员出警到达本案事故现场后拍摄的。调查过程中，宁晋县交警队向开发区管委会提交了存有本案事故现场照片52张，视频资料6段的电子光盘一份，经与××鉴定所向开发区管委会提交的鉴定卷宗材料进行核查比对，××鉴定所鉴定卷宗材料中亦收录有前述现场照片和视频资料。关于段某强在该项投诉事由中所提及的"而实际上任某业在鉴定中使用的检验照片完全是杨××、林××、张××三人在2018年检验拍摄的照片"，与段某强向北京市大兴区司法局（以下简称大兴司法局）提交的落款日期为2019年7月25日《投诉书》所涉及投诉内容相类似。针对上述内容，大兴司法局作出的(2020)京司鉴投01号《大兴区司法局关于段某强投诉北京××交通事故鉴定所鉴定人任某业、李某松问题的答复》（以下简称《01号答复》）中已经予以答复，且相应答复内容亦经由生效的(2020)京0112行初408号行政判决书、(2021)京03行终54号行政判决书依法予以维持。根据前述调查情况，开发区管委会无法认定被投诉人鉴定程序存在"不合法"的情形。综上，针对《投诉书》中投诉事由第1项内容，开发区管委会经调查后认为，根据现有调查情况，开发区管委会无法认定任某业、李某松存在虚假表述、虚假鉴定、鉴定程序不合法的情况；无法认定任某业、李某松存在"伪造证据进行鉴定"的情形；无法认定"记录单只有薛某中一人签名"违反法律规定。李某松、任某业依据宁晋县交警队提供的鉴定材料以及依法调取的鉴定检材进行鉴定并无不当，开发区管委会未发现二鉴定人存在虚假表述、虚假鉴定，伪造证据，鉴定程序不合法的情形。根据《全国人民代表大会常务委员会关于司法鉴定管理问题的决定》第十一条的规定，在诉讼中，当事人对鉴定意见有异议的，经人民法院依法通知，鉴定人应当出庭作证。《司法鉴定执业活动投诉处理办法》第十五条规定，有下列情况之一的，不予受理：(三)仅对鉴定意见有异议的。段某强所反映的关于"意见书中鉴定材料里有A车和B车"问题，属于对鉴定意见的异议，不属于司法鉴定执业活动投诉的受理范围，段某强可通过申请鉴定人出庭作证等法律途径解决此类问题。关于"意见书中鉴定材料里有A车和B车"问题，依据《司法鉴定程序通则》第二十条第一款之规定"委托人委托鉴定的，应当向司法鉴定机构提供真实、完整、充分的鉴定材料，并对鉴定材料的真实性、合法性负责。"该问题亦属于对鉴定材料的异议。该份鉴定材料是由宁晋县交警队提供，任某业、李某松依据宁晋县交警队提供的鉴定材料进行鉴定并无不当，建议就鉴定材料问题向宁晋县交警队反映。

关于段某强在落款为2021年3月8日的《投诉书》中投诉事由第2项中反映："根据GB/T 331952016《道路交通事故车辆速度鉴定》（以下简称《速度鉴定》）7.1规定'资料检材主要包括道路交通事故现场图、道路交通事故现场勘查笔录、询问笔录、事故现场照片、机动车行驶证、相关检验鉴定报告、医院诊断书等',由此可知任某业做本次鉴定时鉴定材料缺乏现场勘查笔录、冀××××挂车的安全技术检验报告,而现场勘查笔录明确记录路面痕迹情况,是做本次鉴定不可缺的资料,挂车的检验报告是 A 车制动参数选取必要的资料,故任某业是在鉴定材料不充分的情况下违规鉴定。由于宁晋县交警队向任某业提供了×××车的安全技术检验报告,而任某业却未把它列入鉴定材料里,且在计算过程中也未引用此报告中的数据,但该报告中的数据又是任某业做此项鉴定不可缺的、必要的数据,因此任某业是在鉴定材料不完整、不充分的情况下违规鉴定。由于委托人向任某业提供了挂车的安全技术检验报告,该报告又是必要的,而鉴定人却不把它列入鉴定材料,故任某业、李某松涉嫌故意不采纳此检验报告做虚假鉴定"的问题。开发区管委会就该问题向鉴定人任某业进行调查,其答复称,本次鉴定检材充分,宁晋县交警队提供过"×××车的安全技术检验报告",但是否提供过"现场勘查笔录"记不清了,是否具有"现场勘查笔录"对鉴定意见没有影响。在鉴定分析过程中充分考虑了"×××车的安全技术检验报告"内容,只是《05164 号鉴定意见书》的计算过程中没用到挂车安全技术检验报告中的数据,只是在鉴定意见书中未体现。关于鉴定材料是否充分属于专业技术判断问题,在鉴定能力范围之内,本次鉴定检材是完整充分的。冀××××挂车的安全技术检验报告委托单位已经送检,在《05164 号鉴定意见书》出具前的案件分析论证过程中充分考虑了本案的鉴定材料,只是《05164 号鉴定意见书》的计算过程中没有用到挂车安全技术检验报告中的数据,并非任某业、李某松故意不采纳。如何运用鉴定检材进行鉴定,也属于专业技术问题。开发区管委会就该问题向鉴定人李某松进行调查,李某松《陈述说明》中称,宁晋县交警队将本案案卷交由××鉴定所前往受理案件、收集资料的鉴定人员,鉴定人员进行挑选、拍照收集,道路交通事故现场勘查笔录并非本案鉴定必需的鉴定材料,×××车的安全技术检验报告拍照收集了,在本次司法鉴定意见书出具前的案件分析论证过程中充分考虑了该鉴定材料,只是本次司法鉴定意见书的计算过程中没有用到挂车安全技术检验报告中的数据。至于确定检材是否完整充分,并无明确法律规定,本次鉴定的检材是充分的。且在本次司法鉴定意见书出具前的案件分析论证过程中充分考虑了本案的鉴定材料。×××车的安全技术检验报告是在空载状态下在检测线上检测的,与车辆满载状态下(事发时车载有货物)行驶的是不一致的,并非故意不采纳。开发区管委会就该问题向××鉴定所负责人雷某玉进行调查,其答复称,本次的鉴定检材是充分的完整的。宁晋县交警队向××鉴定所提供过"×××车的安全技术检验报告"这一材料,"现场勘查笔录"对本次鉴定意见没有影响,事故现场照片已经体现了本次鉴定需要参考的各种因素。《05164 号鉴定意见书》中虽然没有直接引用挂车安全技术检验报告中的数据,作为复核人雷某玉已经向李某松、任某业进行核实,本次鉴定没有超过××鉴定所鉴定人员的鉴定能力范围,本次鉴定检材是完整的,计算过程没有问题,这些都是技术问题,不属于程序问题。×××车的安全技术检验报告是在空载状态下在检测线上检测的,和路面满载状态下行驶的是不一致的,所以任某业、李某松没有直接引用×××车的安全技术检验报告中的数据,并非任某业、李某松故意不采纳,我们对此问题做了充分的分析,这个问题也属于专业技术问题,不属于程序问题。开发区管委会就该问题向宁晋县交警队进行调查,其书面答复称,宁晋县交警队向××鉴定所提供了本案的整套文本卷宗,其中包括"现场勘查笔录""××××挂车的安全技术检验报告",鉴定人员对文本卷宗进行了拍照采集,不清楚他们是否完全采集了卷宗中的内容。经核查××鉴定所向开发区管委会提交的鉴定卷宗材料,开发区管委会未发现"现场勘查笔录"相关记录。开发区管委会向北京司法鉴定业协会就段某强反映的事项提出了论证请求。经北京司法鉴定业协会组织专家论证后回函称,现场勘查笔录、×××车的安全技术检验报告不是不可或缺的材料,未发现被投诉人存在违反《速度鉴定》的情况。鉴定检材是否充分、完整,鉴定人如何选取鉴定检材为鉴定人的专业技术判断问题,此投诉意见为段某强对鉴定意见的异议。未发现任某业、李某松存在虚假鉴定的情形。综上,针对段某强《投诉书》中投诉事由第2项内容,开发区管委会经调查后,未发现任某业、李某松存在违规鉴定、虚假鉴定的情形,未发现任某业、李某松存在违反《速度鉴定》的情况。鉴定检材是否充分、完整,鉴定人如何选取鉴定检材为鉴定人的专业技术判断问题,该项投诉事由系对鉴定意见的异议。根据《全国人民代表大会常务委员会关于司法鉴定管理问题的决定》第十一条的规定,在诉讼中,当事人对鉴定意见有异议的,经人民法院依法通知,鉴定人应当出庭作证。根据《司法鉴定执业活动投诉处理办法》第十五条规定,有下列情况之一的,不予受理:(三)仅对鉴定意见有异议的。因此,段某强《投诉书》中投诉事由第2项反映的问题,属于对鉴定意见的异议,不属于司法鉴定执业活动投诉的受理范围,段某强可通过申请鉴定人出庭作证等法律途径解决此类问题。

  关于段某强在落款为2021年3月8日的《投诉书》中投诉事由第3项中反映:"任某业引用的附照4-1-6、4-1-7中的血迹和轮胎擦痕在拍摄时都没有遵守规定放置比例尺,照片不符合鉴定检材标准,GA 41—2014《道路交通事故痕迹物证勘验》(以下简称《痕迹物证勘验》,现行有效版本为GA/T 41—2019《道路交通事故现场痕迹物证勘查》)标准中6.2.1规定,车体上各种痕迹的长度、宽度、凹陷深度;痕迹上、下边缘距离地面的高度,痕迹与车体一侧的距离"的问题。开发区管委会就该问题向鉴定人任某业进行调查,其答复称:《05164号鉴定意见书》中附照4-1-6、4-1-7是宁晋县交警队送检的事故现场照片,并非任某业所拍摄的检验鉴定照片。不能以《痕迹物证勘验》标准衡量宁晋县交警队是否符合操作规范,且该问题与鉴定行为无关。两张照片并非用于选取参数,只是用于反映车辆相应部位的痕迹特征,不影响鉴定结果。开发区管委会就该问题向鉴定人李某松进行调查,李某松《陈述说明》中称:《05164号鉴定意见书》中附照4-1-6、4-1-7是宁晋县交警队送检的事故现场照片,并非李某松所拍摄的检验鉴定照片。《痕迹物证勘验》标准中相应规范适用于本案鉴定过程。附照4-1-6、4-1-7是对车辆轮胎局部情况的反映,不影响鉴定结果。开发区管委会就该问题向××司法鉴定所负责人雷某玉进行调查,其答复称:这两张照片雷某玉看了,只是对车辆轮胎局部情况的反映,不会对鉴定结果产生影响,与段某强所说的问题没有关系。开发区管委会就该问题向宁晋县交警队进行调查,其书面答复称:

《05164号鉴定意见书》中第6页附照4-1-6、4-1-7是宁晋县交警队提供给××鉴定所的事故现场照片，该照片是宁晋县交警队办案人员在本案事故现场对A车右前轮及第二桥右侧车轮拍摄的痕迹照片。开发区管委会就该问题向北京司法鉴定业协会就段某强反映的事项提出了论证请求。经北京司法鉴定业协会组织专家论证后回函称：只有需要反映距离特征的照片才需放置比例标尺，未发现违反《痕迹物证勘验》标准的情形，不会影响本案鉴定结果。综上，针对段某强《投诉书》中投诉事由第3项内容，开发区管委会经调查后认为，并不是所有的现场照片都要放置比例尺。鉴定人列示附照4-1-6、4-1-7并非用于选取参数，只是用于反映车辆相应部位的痕迹特征而非距离特征，不会对鉴定结果产生影响。经北京司法鉴定业协会论证，亦未发现任某业、李某松存在违反《痕迹物证勘验》标准中6.2.1规定的情形。另，依据《司法鉴定程序通则》第二十条第一款之规定，该份鉴定材料是由宁晋县交警队提供，任某业、李某松依据宁晋县交警队提供的鉴定材料进行鉴定并无不当，建议就鉴定材料问题向宁晋县交警队反映。

关于段某强在落款为2021年3月8日的《投诉书》中投诉事由第4项中反映："任某业在《05164号鉴定意见书》中第5页（三）1.表述'×××号欧曼牌重型半挂车牵引车/冀×××挂号福玺牌重型仓栅式半挂车（简称A车）'，即任某业把牵引车和挂车两车简称为A车，任某业把A车的整车制动率取值直接采用牵引车的整车制动率44.6%，取值过程明显错误，任某业应结合牵引车和挂车检验报告中的数据确定A车制动性能，但任某业却未把挂车检验报告列入鉴定材料，也未引用挂车检验报告中的数据进行计算，显然不当。任某业直接采用44.6%作为附着系数的修正值更是错误的计算方法，因为整车制动率合格则修正值为1，并不是整车制动率为100%修正值才为1"的问题。1.针对"任某业在《05164号鉴定意见书》中第5页（三）1.表述'冀××××号欧曼牌重型半挂车牵引车/×××号福玺牌重型仓栅式半挂车（简称A车）'，即任某业把牵引车和挂车两车简称为A车，任某业把A车的整车制动率取值直接采用牵引车的整车制动率44.6%，取值过程明显错误，任某业应结合牵引车和挂车检验报告中的数据确定A车制动性能，但任某业却未把挂车检验报告列入鉴定材料，也未引用挂车检验报告中的数据进行计算，显然不当"的问题。开发区管委会就该问题向鉴定人任某业进行调查，其答复称：本次鉴定未引用"冀×××挂车的安全技术检验报告"的数据进行计算并无不当，其不是直接采用牵引车的整车制动率44.6%，而是经过分析论证校核取值，44.6%作为A车整车制动率下限值，通过理论计算与A车的行驶记录仪数据进行分析校对，这些问题都不属于鉴定程序问题，是对鉴定过程或者鉴定意见的异议。段某强可以向宁晋县交警队反映，申请重新鉴定。从专业技术的角度讲，任某业认为计算过程、计算方法、取值过程没有问题。开发区管委会就该问题向鉴定人李某松进行调查，李某松《陈述说明》中称：本次鉴定委托事项为事故过程还原，并非速度鉴定，《05164号鉴定意见书》分析过程中的速度计算仅为参考数据。44.6%为A车上线检测的整车制动率的下限，《05164号鉴定意见书》中44.6%为A车滑动附着系数的下限值，在《05164号鉴定意见书》出具前的案件分析论证过程中任某业、李某松充分考虑了挂车检验报告。计算方法及取值过程无误。开发区管委会就该问题向××鉴定所负责人雷某玉进行调查,其答复称:这是段某强对鉴定意见的错误理解,从专业的角度,雷某玉作为复核人认为鉴定人的该种计算方法没有问题。这个问题属于专业技术问题,不是程序问题。开发区管委会就该问题向北京司法鉴定业协会就段某强反映的事项提出了论证请求。经北京司法鉴定业协会组织专家论证后回函称:虽然牵引车和半挂车有两个行驶证,但是硬连接在一起,实际上为一个整体,故此简称为A车没有违反相关的规定。且此为技术上的问题,此投诉意见属于对鉴定意见的异议。2.针对"任某业直接采用44.6%作为附着系数的修正值更是错误的计算方法,因为整车制动率合格则修正值为1,并不是整车制动率为100%修正值才为1"的问题。开发区管委会就该问题向鉴定人任某业进行调查,其答复称:从专业技术角度上说,整车制动率合格与修正值为1没有直接必然关系。44.6%为A车上线检测的整车制动率的下限,《05164号鉴定意见书》中44.6%为A车滑动附着系数的下限值,并非单纯选取A车牵引车整车制动率44.6%作为A车滑动附着系数的修正值。在鉴定过程中经过分析,将整车制动率44.6%与车辆的滑动附着系数相乘,作为整车附着系数的下限值。开发区管委会就该问题向鉴定人李某松进行调查,李某松《陈述说明》中称:44.6%为A车上线检测的整车制动率的下限,《05164号鉴定意见书》中44.6%为A车滑动附着系数的下限值,并非单纯选取A车牵引车整车制动率44.6%作为A车滑动附着系数的修正值。开发区管委会就该问题向××鉴定所负责人雷某玉进行调查,其答复称:雷某玉认为这是投诉人对鉴定意见的错误理解,从专业的角度,雷某玉作为复核人认为鉴定人的该种计算方法没有问题。这个问题属于专业技术问题,不是程序问题。开发区管委会就该项投诉事由向北京司法鉴定业协会提出了论证请求。经北京司法鉴定业协会组织专家论证后回函称:如何取值是鉴定人的专业判断,为鉴定的技术问题,此投诉意见属于对鉴定意见的异议。综上,针对段某强《投诉书》中投诉事由第4项内容,开发区管委会经调查后认为,如何取值、采用何种计算方法以及相应取值、计算方法是否存在错误,是鉴定人的专业技术判断,此投诉事由属于对鉴定意见的异议,根据《全国人民代表大会常务委员会关于司法鉴定管理问题的决定》第十一条的规定,在诉讼中,当事人对鉴定意见有异议的,经人民法院依法通知,鉴定人应当出庭作证。根据《司法鉴定执业活动投诉处理办法》第十五条规定,有下列情况之一的,不予受理:(三)仅对鉴定意见有异议的。段某强所反映的此类问题,属于对鉴定意见的异议,不属于司法鉴定执业活动投诉的受理范围,段某强可通过申请鉴定人出庭作证等法律途径解决此类问题。(五)关于段某强在落款为2021年3月8日的《投诉书》中投诉事由第5项中反映:"任某业A车取值检验数据为44.6和A车最后制动附着系数取值0.25这两者之间不存在对应关系。0.446×0.53=0.236,要是按照四舍五入近似取值,那也应该是取值0.24,任某业取值0.25显然不合理,任某业应遵守《速度鉴定》的规定明确表述0.25的取值依据。××鉴定所在2020年8月19日情况说明中叙述通过A车在事故发生时30秒内的速度峰值为59.4 km/h,通过该速度验证事发时的滑动附着系数为0.26,再根据滑动附着系数精度为0.05,综合分析确定取值0.25,但任某业在《05164号鉴定意见书》第10页中表述无法确定A在事故发生的时间在30秒内变化，那为何他能确定在30秒内速度峰值为59.4 km/h？又为何能用59.4 km/h作为半挂车开始制动时的速度验证滑动附着系数为0.26？前后矛盾，鉴定过程、方法错误"的问题。

1. 针对"任某业A车取值检验数据为44.6和A车最后制动附着系取值0.25这两者之间不存在对应关系。0.446×0.53＝0.236，要是按照四舍五入近似取值，那也应该是取值0.24，任某业取值0.25显然不合理，任某业应遵守《速度鉴定》4.2.6b规定明确表述0.25的取值依据"的问题。开发区管委会就该问题向鉴定人任某业进行调查，其答复称：0.25的取值是合理的。44.6%与附着系数取值0.25有关联性，但不是段某强所说的对应关系，也不是段某强所说的四舍五入的取值过程，具体鉴定取值如下：计算所得A车事故时的行驶速度为58.18 km/h，该速度计算选取的滑动附着系数为0.236。根据临城途顺运输服务有限公司×××号车车载行驶记录仪后台数据查询表中记载：A车在事故发生时30秒范围内的速度峰值为V_{a_m}＝59.40 km/h＝16.50 m/s，通过该速度验证A车事发时的滑动附着系数为0.260 606。《速度鉴定》附表B.1中规定的滑动附着系数精度为0.05，故综合分析确定A车在事发时的滑动附着系数为0.25。开发区管委会就该问题向鉴定人李某松进行调查，李某松《陈述说明》中称：44.6%为A车上线检测的整车制动率的下限，0.53为A车事故处于满载状态，根据《速度鉴定》和无锡交通科研所与黑龙江工程学院联合实验数据的综合取值φ_{a_0}＝0.53，此附着系数为A车滑动附着系数的上限，该附着系数与GB 7258—2017《机动车运行安全技术条件》（以下简称《安全技术条件》）中规定印证（满载的汽车列车充分发出的平均制动减速度≥4.5 m/s²）。44.6%＝0.236为A车滑动附着系数的下限值。《速度鉴定》中规定的滑动附着系数精度为0.05，故综合分析确定A车在事发时的滑动附着系数为0.25。开发区管委会就该问题向××鉴定所负责人雷某玉进行调查，其答复称：这一问题也是专业技术问题，不是程序问题。事故车辆A车没有满载实际测试，车辆空载状态下，且制动符合标准，附着系数为0.53。××鉴定所把0.446×0.53＝0.236仅作为参照。另外，《速度鉴定》附表B.1中规定的滑动附着系数精度为0.05，与段某强主张的四舍五入是两回事，这也是专业问题。依据现场路面情况和车辆的装载情况，取0.25也是结合××鉴定所与黑龙江工程学院和公安部公安交通管理科学技术研究所（无锡）联合进行的课题研究成果——大型货车重载情况下附着系数选取的课题研究（已经结题）综合作出的充分分析，具有专业性和权威性，取值不存在错误。2. 针对"××鉴定所在2020年8月19日情况说明中叙述通过A车在事故发生时30秒内的速度峰值为59.4 km/h，通过该速度验证事发时的滑动附着系数为0.26，再根据滑动附着系数精度为0.05，综合分析确定取值为0.25，但任某业在《05164号鉴定意见书》第10页中表述无法确定A在事故发生的时间在30秒内变化，那为何任某业能确定在30秒内速度峰值为59.4 km/h？又为何能用59.4 km/h作为半挂车开始制动时的速度验证滑动附着系数为0.26？前后矛盾，鉴定过程、方法错误"的问题。开发区管委会对鉴定人任某业进行调查，其答复称：不存在矛盾。A车行驶记录仪后台数据显示A车在事故发生时30秒内的速度峰值为 59.4 km/h,由于无法确定 A 车在事故发生的时间在 30 秒内的变化,因此按照 A 车滑动附着系数的下限值及 A 车在现场路面遗留轮胎痕迹的长度取值进行理论计算校核;通过理论计算所得 A 车事故时的行驶速度为 58.18 km/h,符合《05164 号鉴定意见书》中前款数据设定和分析,理论上不存在矛盾。鉴定过程、鉴定方法不存在错误。开发区管委会就该问题向鉴定人李某松进行调查,李某松《陈述说明》中称:A 车行驶记录仪后台数据显示 A 车在事故发生时 30 秒内的速度峰值为 59.4 km/h,由于无法确定 A 车在事故发生的时间在 30 秒内变化,因此按照 A 车滑动附着系数的下限值及 A 车在现场路面遗留轮胎痕迹的长度取值进行理论计算校核;通过理论计算所得 A 车事故时的行驶速度为 58.18 km/h,符合《05164 号鉴定意见书》中前款数据设定和分析。鉴定过程、鉴定方法无误。开发区管委会就该问题向××鉴定所负责人雷某玉进行调查,其答复称:上述问题属于专业技术问题,不属于程序问题,是经过鉴定人专业分析的,不存在矛盾,作为复核人雷某玉认为任某业、李某松鉴定过程、鉴定方法不存在错误。同时,开发区管委会就该项投诉事由向北京司法鉴定业协会提出了论证请求。经北京司法鉴定业协会组织专家论证后回函称:取值检验数据为 44.6 和 A 车最后制动附着系数取值 0.25 属于合理范围,并无不妥,未发现鉴定人存在违反《速度鉴定》要求的情况。且该投诉意见属于对鉴定意见的异议。GPS 记录数据的时间间隔为 30 秒,但是两个 30 秒之间速度是如何变化的不能体现出来,故二者不存在矛盾,且"无法确定 A 车在事故发生的时间在 30 秒内变化"为客观表述。另,关于段某强在该项投诉事由中所提及的"但任某业在鉴定意见书第 10 页中表述无法确定 A 在事故发生的时间在 30 秒内变化"投诉事由,系段某强向大兴司法局提交的落款日期为 2019 年 7 月 25 日《投诉书》所涉及投诉内容。针对上述内容,大兴司法局作出的《01 号答复》中已经予以答复,且相应答复内容亦经由生效的(2020)京 0112 行初 408 号行政判决书、(2021)京 03 行终 54 号行政判决书依法予以维持。综上,针对段某强《投诉书》中投诉事由第 5 项内容,开发区管委会经调查后未发现任某业、李某松存在违反《速度鉴定》规定的情形,鉴定人对检验数据的取值、表述是鉴定人的专业技术判断,鉴定人关于"无法确定 A 车在事故发生的时间在 30 秒内变化"的表述,为客观表述。该项投诉事由属于对鉴定意见的异议,根据《全国人民代表大会常务委员会关于司法鉴定管理问题的决定》第十一条的规定,在诉讼中,当事人对鉴定意见有异议的,经人民法院依法通知,鉴定人应当出庭作证。另,根据《司法鉴定执业活动投诉处理办法》第十五条规定,有下列情况之一的,不予受理:(三)仅对鉴定意见有异议的。段某强所反映的该项投诉事由,属于对鉴定意见的异议,不属于司法鉴定执业活动投诉的受理范围,段某强可通过申请鉴定人出庭作证等法律途径解决此类问题。同时,根据《司法鉴定执业活动投诉处理办法》第十五条之规定"有下列情形之一的,不予受理:(一)投诉事项已经司法行政机关处理,或者经行政复议、行政诉讼结案,且没有新的事实和证据的",亦不属于投诉的受理范围。

(六)关于段某强在落款为 2021 年 3 月 8 日的《投诉书》中投诉事由第 6 项中反映:"编号 201811178 会鉴记录单(以下简称会鉴记录单)中显示任某业、李某松参加了会鉴,且认可杨××依据监控视频,参考 GA/T 1133—2014《基于视频图像的车辆行驶速度技术鉴定》(以下简称《速度技术鉴定》)作出的 A 车在事故发生时的行驶速度约为 48 km/h。任某业为何不在本次鉴定中采用监控视频依据《速度技术鉴定》标准确定 A 车在事故发生时的车速?难道是杨××作出的鉴定结论误差大,不可信?那任某业为何在会鉴记录单中又认可 48 km/h 呢?任某业既然认可 48 km/h,为何又作出车速为 58.18 km/h,两数值相差太多,明显矛盾不合理,任某业涉嫌故意做虚假鉴定"的问题。开发区管委会就该问题向鉴定人任某业进行调查,其答复称:会鉴记录单参加人员包括任某业与李某松,仅能表明任某业、李某松参加了该次会议。因为选取鉴定检材和鉴定方法不同,48 km/h 是根据监控视频为鉴定检材作出的,选取在视频中能明确观测到 A 车车辆特征的时间段计算得出的 A 车行驶速度;58.18 km/h 是根据现场痕迹情况计算得出的 A 车在制动痕迹起点的速度,两者针对的时间节点不同。如同前述所答,本次鉴定委托事项为事故过程还原,并非速度鉴定,《05164 号鉴定意见书》分析过程中的速度计算仅为参考数据。开发区管委会就该问题向鉴定人李某松进行调查,李某松《陈述说明》中称:会鉴记录单参加人员包括李某松与任某业,仅能表明李某松、任某业人参加了该次会鉴。本次鉴定委托事项为事故过程还原,并非速度鉴定,《05164 号鉴定意见书》分析过程中的速度计算仅为参考数据。两个数据之间不具有必然关联性。开发区管委会就该问题向××鉴定所负责人雷某玉进行调查,其答复称:这个问题是段某强对《05164 号鉴定意见书》的错误理解。本次鉴定是对事故过程的再现,是对事故过程的还原鉴定,而不是速度鉴定。因此 48 km/h 与 58.18 km/h 两个数值鉴定方法、鉴定检材均不同,不具有必然关联性。这也是专业技术性问题。针对该项投诉事由中段某强提出的"两者数值相差太多,明显矛盾不合理,任某业涉嫌故意做虚假鉴定"的问题开发区管委会向北京司法鉴定业协会就该问题提出了论证请求。经北京司法鉴定业协会组织专家论证后回函称:参与讨论不代表对鉴定意见的认可或对鉴定意见负责。根据视频进行速度鉴定与根据痕迹进行速度鉴定的对象和时间节点并不相同,不能据此认为"两者数值相差太多,明显矛盾不合理,任某业涉嫌故意做虚假鉴定"。综上,针对段某强《投诉书》中投诉事由第 6 项内容,开发区管委会经调查后认为,无法查实任某业、李某松存在故意做虚假鉴定的情形,该项投诉事由属于对鉴定意见的异议。根据《全国人民代表大会常务委员会关于司法鉴定管理问题的决定》第十一条的规定,在诉讼中,当事人对鉴定意见有异议的,经人民法院依法通知,鉴定人应当出庭作证。另,根据《司法鉴定执业活动投诉处理办法》第十五条规定,有下列情况之一的,不予受理:(三)仅对鉴定意见有异议的。段某强所反映的该项投诉事由,属于对鉴定意见的异议,不属于司法鉴定执业活动投诉的受理范围,段某强可通过申请鉴定人出庭作证等法律途径解决此类问题。

(七)关于段某强在落款为 2021 年 3 月 8 日的《投诉书》中投诉事由第 7 项中反映:"任某业在现场 CAD 比例示意图中篡改现场图中的标识把 2 430 cm 画成双实线,双实线即轮胎拖印标识,而拖印代表是制动痕迹,但交警在现场图中 2 430 cm 绘制的是双虚线,任某业篡改现场图中标识,伪造证据进行鉴定。事故过程还原鉴定包含速度鉴定,车辆行驶状态鉴定,涉案者交通行为方式鉴定等,段某强向宁晋交警队申请鉴定想查明的问题是半挂车在29米拖印末端是否停止以及行驶2 430 cm的车辆行驶状态,从任某业做出的鉴定结论可以确定宁晋县交警队想查明的问题是半挂车在事故中的行驶状态,而任某业篡改现场图标识,直接把2 430 cm作为轮胎拖印,即制动距离,再进行鉴定,鉴定方法错误,假设两段距离都是制动距离,那车就肯定不会在中间停止,停止了也就不会再有后段制动距离,也肯定会全程处于制动状态,那为何还要做鉴定?"的问题。1. 针对"任某业在现场CAD比例示意图中篡改现场图中的标识把2 430 cm画成双实线,双实线既轮胎拖印标识,而拖印代表是制动痕迹,但交警在现场图中2 430 cm绘制的是双虚线,任某业篡改现场图中标识,伪造证据进行鉴定"的问题。开发区管委会就该问题向鉴定人任某业进行调查,其答复称:现场图是宁晋县交警队提供的。宁晋县交警队提供的现场图中2 430 cm不是完整的虚线或实线。任某业在CAD图中用实线表示A车的运动轨迹及痕迹长度,并不是将图中线型标识作为鉴定意见。因此客观上不会对鉴定意见产生影响。开发区管委会就该问题向鉴定人李某松进行调查,李某松《陈述说明》中称:《05164号鉴定意见书》的现场CAD比例示意图中绘制的2 900 cm及2 430 cm双实线,是根据事故现场情况通过CAD制图软件绘图对A车在现场路面遗留轮胎痕迹的轨迹及长度的客观描述,并没有用图中的线型标识作为鉴定意见。开发区管委会就该问题向××鉴定所负责人雷某玉进行调查,其答复称:虚线和实线只是个人表述的习惯问题,仅表示车辆运动轨迹的长度,虚线或实线的长度没有改变,并不是篡改,不会对鉴定意见产生影响。2. 针对"事故过程还原鉴定包含速度鉴定,车辆行驶状态鉴定,涉案者交通行为方式鉴定等,段某强向宁晋县交警队申请鉴定想查明的问题是半挂车在29米拖印末端是否停止以及行驶2 430 cm的车辆行驶状态,从任某业做出的鉴定结论可以确定宁晋县交警队想查明的问题是半挂车在事故中的行驶状态,而任某业篡改现场图标识,直接把2 430 cm作为轮胎拖印,既制动距离,再进行鉴定,鉴定方法错误"的问题。开发区管委会就该问题向鉴定人任某业进行调查,其答复称:本次鉴定在CAD图中用实线表示A车的运动轨迹及痕迹长度,并不是将图中线型标识作为鉴定意见。CAD图是鉴定过程中制作的示意图,不是现场图,所以不存在篡改的问题,鉴定方法也是正确的。开发区管委会就该问题向鉴定人李某松进行调查,李某松《陈述说明》中称:实线虚线是画图习惯,只是对路面痕迹的轨迹及长度进行客观描述,不存在投诉人提出的篡改现场图标识的问题,鉴定方法无误。开发区管委会就该问题向××鉴定所负责人雷某玉进行调查,其答复称:这属于专业技术问题,实线虚线是画图习惯,只是对痕迹长度进行标识,对2 430 cm痕迹性质的认定没有影响。任某业、李某松不存在段某强提出的篡改现场图标识的问题,鉴定方法也是正确的。开发区管委会就该问题向宁晋县交警队进行调查,其书面答复称:道路交通事故现场图是宁晋县交警队提供给××鉴定所的鉴定检材;图中2 430 cm标识系A车左侧轮胎压印,路面可见,路面外被人踩踏,印迹断续;图中实线是制动拖印均表示该车的行驶轨迹及运行距离。同时,开发区管委会就该项投诉事由向北京司法鉴定业协会提出了论证请求。经北京司法鉴定业协会组织专家论证后回函称:示意图并不要求与现场情况完全一致。未发现存在篡改现场图中标识、伪造证据进行鉴定,鉴定方法错误的情形,属于对鉴定意见的异议。综上,针对段某强《投诉书》中投诉事由第 7 项内容,开发区管委会调查后未发现任某业、李某松存在篡改现场图中标识、伪造证据进行鉴定的情形,段某强该项投诉事由中反映的"鉴定方法错误"的问题属于对鉴定意见的异议。根据《全国人民代表大会常务委员会关于司法鉴定管理问题的决定》第十一条的规定,在诉讼中,当事人对鉴定意见有异议的,经人民法院依法通知,鉴定人应当出庭作证。另,根据《司法鉴定执业活动投诉处理办法》第十五条规定,有下列情况之一的,不予受理:(三)仅对鉴定意见有异议的。段某强该项投诉事由所反映的问题,属于对鉴定意见的异议,不属于司法鉴定执业活动投诉的受理范围,段某强可通过申请鉴定人出庭作证等法律途径解决此类问题。(八)关于段某强在落款为 2021 年 3 月 8 日的投诉书中投诉事项第 8 项中反映:"据任某业依据的鉴定检材,既发生事故时的监控视频,视频可以显示整个事故过程用时 21 秒(监控时间 05:54:42~05:55:03),而根据任某业选取的参数进行计算,匀减(加)速运动公式 $V=V_0+at$,$V=58 km/h=16.11$ 米/秒,V_0 是减(加)速后的速度。减速度 $a=\mu kg$。μ 是路面滑动附着系数 0.53,k 是修正值 0.446,$g=9.8$,通过计算可知制动时间是 6.95 秒,假设 29 米和 24.3 米都作为制动距离,根据计算可知制动用时不会超过 7 秒钟,这与事实(实际用时 21 秒)明显不符,说明任某业选取的参数或认定事实错误,鉴定过程、方法错误"的问题。开发区管委会就该问题向鉴定人任某业进行调查,其答复称:任某业认为这是段某强个人理解错误。段某强所谓的 21 秒(监控时间 05:54:42~05:55:03)是 A 车从驶入监控视频画面至其最终停止运行的总时间段,A 车驶入监控视频画面后运行至监控视频画面左上方位置发生事故,并非整个事故过程用时 21 秒,在监控视频中不能确定 A 车制动起点位置。我们认为整个鉴定过程中选取的参数或认定事实、鉴定过程、方法均不存在错误。两个系数取值属于专业技术问题,我们认为不存在错误。A 车事故处于满载状态,根据《速度鉴定》和无锡交通科研所与黑龙江工程学院联合实验数据的综合取值 0.53,此附着系数为 A 车滑动附着系数的上限,该附着系数与《技术条件》中规定印证(满载的汽车列车充分发出的平均制动减速度 $\geq 4.5 m/s^2$)。$\varphi_{a_0} \times 44.6\% = 0.236$ 为 A 车滑动附着系数的下限值。0.446 的取值,如同前述内容。关于鉴定方法,我们认为不存在错误,我们的专业性意见是不存在换算关系,本次鉴定不存在换算的问题。开发区管委会就该问题向鉴定人李某松进行调查,李某松《陈述说明》中称:段某强所谓的 21 秒(监控时间 05:54:42~05:55:03)是 A 车从驶入监控视频画面至其最终停止运行的总时间段,A 车驶入监控视频画面后运行至监控视频画面左上方位置发生事故,并非整个事故过程用时 21 秒,在监控视频中不能确定 A 车制动起点位置。段某强的个人理解有误。我们的鉴定过程及方法无误。开发区管委会就该问题向××鉴定所负责人雷某玉进行调查,其答复称:这是段某强自己杜撰的,段某强也没有鉴定资格,段某强以 7 秒及 21 秒作为自己的计算依据是错误的。我们作出的鉴定意见不存在认定事实错误、鉴定意见鉴定方法错误,这也是技术问题,段某强有异议,建议段某强向办案单位提出,可以按照正规程序申请重新鉴定。同时,开发区管委会就该项投诉事由向北京司法鉴定业协会提出了论证请求。经协会组织专家论证后回函称：如何取值是鉴定人的专业判断，为鉴定的技术问题，此投诉意见属于对鉴定意见的异议。综上，针对段某强《投诉书》中投诉事由第 8 项内容，开发区管委会调查后认为该项投诉事由属于对鉴定意见的异议。根据《全国人民代表大会常务委员会关于司法鉴定管理问题的决定》第十一条的规定，在诉讼中，当事人对鉴定意见有异议的，经人民法院依法通知，鉴定人应当出庭作证。另，根据《司法鉴定执业活动投诉处理办法》第十五条规定，有下列情况之一的，不予受理：(三)仅对鉴定意见有异议的。段某强该项投诉事由所反映的问题，属于对鉴定意见的异议，不属于司法鉴定执业活动投诉的受理范围，段某强可通过申请鉴定人出庭作证等法律途径解决此类问题。(九)关于段某强在落款为 2021 年 3 月 8 日的投诉书中投诉事项第 9 项中反映："根据任某业依据的鉴定检材，既牵引车行驶记录仪记录的×××位置明细，可知牵引车在 GPS 时间 05：42：22 时速度为零，停止于段木庄村东南方向 541.10 米，车头方向东北，牵引车在 GPS 时间 05：42：52 时速度为零，停止于段木庄村东南方向 538.50 米，车头方向正北，可知牵引车在事故发生后在 52 秒时最终停止熄火于距离段木庄村 538.5 米处，而在 22 秒时还有过一次速度为零，即停止过程，任某业显然未正确依据案件事实证据，作出了与事实不符的虚假鉴定"的问题。开发区管委会就该问题向鉴定人任某业进行调查，其答复称：×××号车行驶记录仪后台数据显示 GPS 时间 05：42：22，速度为零，地理位置段木庄村东南方向 541.10 米；GPS 时间 05：42：52，速度为零，地理位置段木庄村东南方向 538.50 米。段某强所谓的 GPS 时间 05：42：22 与 GPS 时间 05：42：52 之间 30 秒内车辆地理位置显示有变化(2.6 米)，但是车辆速度均显示为零。该问题请段某强询问该车行驶记录仪厂家或定位系统相关部门。但是我们的鉴定方法、取值过程是没有问题的。开发区管委会就该问题向鉴定人李某松进行调查，李某松《陈述说明》中称：×××号车行驶记录仪后台数据显示 GPS 时间 05：42：22，速度为零，地理位置段木庄村东南方向 541.10 米；GPS 时间 05：42：52，速度为零，地理位置段木庄村东南方向 538.50 米。段某强所谓的 GPS 时间 05：42：22 与 CPS 时间 05：42：52 之间 30 秒内车辆地理位置显示有变化(2.6 米)，但是车辆速度均显示为零。该问题请段某强询问该车行驶记录仪厂家或定位系统相关部门。开发区管委会就该问题向××鉴定所负责人雷某玉进行调查，其答复称：这个问题与××鉴定所 2021 年 6 月 8 日提交的情况说明对该问题的答复一致。作为复核人，雷某玉认为任某业、李某松的鉴定方法、取值过程是没有问题的。同时，开发区管委会就该项投诉事由向北京司法鉴定业协会就段某强反映的事项提出了论证请求。经北京司法鉴定业协会组织专家论证后回函称：GPS 记录为每 30 秒一次，存在一定的误差的可能性，不能仅仅依据 GPS 记录数据反推鉴定过程、鉴定方法的错误，未发现任某业、李某松存在虚假鉴定的情形，该投诉意见属于对鉴定意见的异议。综上，针对段某强《投诉书》中投诉事由第 9 项内容，开发区管委会未发现任某业、李岩松存在"作出了与事实不符的虚假鉴定"的情况，相应投诉事由属于对鉴定意见的异议。根据《全国人民代表大会常务委员会关于司法鉴定管理问题的决定》第十一条的规定，在诉讼中，当事人对鉴定意见有异议的,经人民法院依法通知,鉴定人应当出庭作证。根据《司法鉴定执业活动投诉处理办法》第十五条规定,有下列情况之一的,不予受理:(三)仅对鉴定意见有异议的。段某强该项投诉事由所反映的问题,属于对鉴定意见的异议,不属于司法鉴定执业活动投诉的受理范围,段某强可通过申请鉴定人出庭作证等法律途径解决此类问题。(十)关于段某强在落款为2021年3月8日的投诉书中投诉事项第10项中反映:"根据×××位置明细可知牵引车在05:41:52时速度为59.4 km/h,当前里程362 379.90公里,在05:42:22时速度为零,当前里程362 380.40公里,任某业认为牵引车最终在42:22时停止,根据监控视频可显示整个事故过程用时21秒,根据当前里程数可知牵引车在41:52时位置距离42:22时位置至少400米,也就是说根据任某业的鉴定方法,牵引车从05:41:52时行驶到开始制动时的距离内平均车速最低为(400－29－24.3)/(30－21)＝38.52米/秒＝138.68 km/h,这显然与事实不符,任某业的鉴定过程、方法错误,严重不负责任,涉嫌故意做虚假鉴定"的问题。开发区管委会就该问题向鉴定人任某业进行调查,其答复称:这也是段某强对21秒的个人理解错误。段某强所谓的21秒(监控时间05:54:42～05:55:03)是A车从驶入监控视频画面至其最终停止运行的总时间段,A车驶入监控视频画面后运行至监控视频画面左上方位置发生事故,并非整个事故过程用时21秒,因此,段某强基于错误的理解依据"平均车速最低为(400－29－24.3)/(30－21)＝38.52米/秒＝138.68 km/h"计算的数值结果是明显错误的。不能按照投诉人的理论来论证《05164号鉴定意见书》中的鉴定过程、方法错误。任某业认为整个鉴定过中选取的参数或认定事实,鉴定过程、方法均不存在错误。开发区管委会就该问题向鉴定人李某松进行调查,李某松《陈述说明》中称:A车从驶入监控视频画面至其最终停止运行的总时间段为21秒,并非整个事故过程用时21秒,《05164号鉴定意见书》中并未叙述A车停止运行的具体时刻。段某强所说的21秒是A车从驶入监控视频画面至其最终停止运行的总时间段,A车驶入监控视频画面后运行至监控视频画面左上方位置发生事故,并非整个事故过程用时21秒。段某强的个人理解及分析计算有误,不能按照段某强的理论来论证《05164号鉴定意见书》中的鉴定过程和鉴定方法。鉴定过程和鉴定方法均无误。开发区管委会就该问题向××鉴定所负责人雷某玉进行调查,其答复称:段某强个人理解存在错误。这是专业技术问题,不能按照段某强的错误意愿来评判我们的鉴定意见,这明显是对鉴定意见的异议,请段某强向办案单位反映。作为复核人,雷某玉认为整个鉴定过程中鉴定人选取的参数和认定事实及鉴定过程、方法均不存在错误。同时,开发区管委会就该项投诉事由向北京司法鉴定业协会提出了论证请求。经北京司法鉴定业协会组织专家论证后回函称:GPS记录为每30秒一次,存在一定的误差的可能性,不能仅仅依据GPS记录数据反推鉴定过程、鉴定方法的错误,未发现任某业、李某松存在虚假鉴定的情形,该投诉意见属于对鉴定意见的异议。综上,针对段某强《投诉书》中投诉事由第10项内容,开发区管委会未发现任某业、李某松存在严重不负责任,故意做虚假鉴定的情况,相应投诉事由属于对鉴定意见的异议。根据《全国人民代表大会常务委员会关于司法鉴定管理问题的决定》第十一条的规定,在诉讼中,当事人对鉴定意见有异议的,经人民法院依法通知,鉴定人应当出庭作证。根据《司法鉴定执业活动投诉处理办法》第十五条规定,有下列情况之一的,不予受理:(三)仅对鉴定意见有异议的。段某强该项投诉事由所反映的问题,属于对鉴定意见的异议,不属于司法鉴定执业活动投诉的受理范围,段某强可通过申请鉴定人出庭作证等法律途径解决此类问题。三、关于投诉请求。关于段某强提出的"依法确认被投诉人违法违规鉴定属实"及"依法依规对被投诉人作出处分"的投诉请求,根据调查情况、现有证据及专家论证结论,开发区管委会无法确认鉴定人任某业、李某松存在违法违规鉴定的行为,按照《司法鉴定执业活动投诉处理办法》第二十四条第一款第(三)项规定"投诉事项查证不实或者无法查实的,对任某业、李某松不做处理,并向段某强说明情况"。因此,段某强提出的对任某业、李某松做出处理的投诉请求,开发区管委会无法支持。关于段某强提出的"将投诉处理结果以书面形式告知投诉人",现开发区管委会以书面形式,对关于段某强的投诉内容进行回复。段某强不服,向市政府申请行政复议。2021年10月20日,市政府作出京政复字〔2021〕1119号《行政复议决定书》(以下简称《1119号复议决定书》),维持了大兴司法局作出的《001号答复》。原告段某强诉称,一、《001号答复》和《1119号复议决定书》认定事实不清,证据不足,适用法律错误,答复错误。任某业、李某松存在违反《司法鉴定程序通则》的行为,在鉴定过程中存在虚假表述、伪造证据、违反技术操作规范的情形,应当依法予以行政处分。1.开发区管委会未查明任某业是否在2019年5月22日在宁晋县交警队事故停车场里对A车和B车进行了测量、拍照、检验鉴定。开发区管委会未查明此问题并答复段某强属于认定事实不清、证据不足。需要注意的是宁晋县交警队事故停车场与宁晋县交警队是两个不同的地理位置,依据引用的检验照片对事故车辆进行检验鉴定与对事故车辆直接进行检验鉴定也是两个概念,不能混为一谈,任某业在《交通事故车辆检验鉴定记录单》中表述任某业、张×1、张××于5月22日在宁晋县交警队事故停车场里对事故车辆进行测量、拍照、检验鉴定,这显然属于虚假表述。任继业做鉴定时还引用了宁晋县交警队的交警在事故现场拍摄的照片,但不能证明鉴定地点为事故现场。任继业叙述其引用了杨××的检验照片,任某业根本就未对事故车辆进行测量、拍照,故不是任某业对事故车辆进行了检验鉴定。开发区管委会未查明鉴定材料里到底有没有A车和B车。宁晋县交警队并未向任某业提供A车和B车,任某业不是依据宁晋县交警队提供的鉴定材料进行鉴定,其在《05164号鉴定意见书》鉴定材料一栏叙述有A车和B车,是虚假表述。开发区管委会未查明此问题并答复段某强属于认定事实不清、证据不足。A车和B车与A车和B车的照片是两个概念,任某业在《05164号鉴定意见书》中表述鉴定材料里有A车和B车,而不是表述A车和B车的照片,是虚假表述。任某业是依据杨××拍摄的照片进行的鉴定,那么鉴定材料一栏只能写明是事故车辆的照片,而不能表述是事故车辆。此条投诉事项不属于仅对鉴定意见的异议,开发区管委会适用法律错误。2019年5月22日,任某业、张×1、张××未在宁晋县交警队事故停车场里对A车和B车进行测量、拍照、检验鉴定,但却制作了《交通事故车辆检验鉴定记录单》,这显然属于伪造事实、伪造证据进行鉴定。宁晋县交警大队与宁晋交警队事故停车场是两个不同的地理位置,依据事故车辆的照片对事故车辆进行检验鉴定与直接对事故车辆进行检验鉴定不能混为一谈,任某业引用的杨××拍摄的照片未在宁晋县交警大队存档,也未存档于案件卷宗中。2019年5月21日宁晋县交警队向张××、张×1提供了52张在事故现场拍摄的照片及6段视频资料,并未向其提供杨××在宁晋县交警队事故停车场里拍摄的照片,但在任某业作出的《05164号鉴定意见书》卷宗中鉴定材料接收登记表显示接收了53张照片及7段视频资料。任某业叙述是5月22日在宁晋县交警队里收到的鉴定材料,但接收登记表写的日期是5月21日。宁晋县交警队的答复未表述任某业在2019年5月22日去了宁晋县交警队,现在没有证据能证明任某业在当日去了宁晋县交警队,开发区管委会对此问题未查明。《道路交通事故处理程序规定》第二十七条规定,公安机关交通管理部门对道路交通事故进行调查时,交通警察不得少于二人。因此《交通事故车辆检验鉴定记录单》只有薛某中一人签名是不合法的,开发区管委会对于此问题的答复明显不当。薛某中作出的在场证明是指在宁晋县交警队事故停车场,而不是在宁晋县交警队办公室,这亦是与任某业作出的《交通事故车辆检验鉴定记录单》记载的事实严重不符,这说明《交通事故车辆检验鉴定记录单》存在严重不合法问题。李某松不能证明任某业、张××、张×1去了宁晋县交警队且《交通事故车辆检验鉴定记录单》就是在宁晋县交警队形成的,并且薛某中在场见证并签字。李某松当时不在现场。宁晋县交警队的答复含糊其词,未表述任某业、张××、张×1是在宁晋县交警队办公室里制作的《交通事故车辆检验鉴定记录单》,也未明确表述薛某中的在场证明所指向的现场。开发区管委会应向张××、张×1进行调查其是何时接收的鉴定材料,以及何时、何地对事故车辆进行的测量、拍照、检验鉴定,当时任某业是否在场。任某业制作的《交通事故车辆检验鉴定记录单》内容显示由张××进行的检验,张×1拍照,应该是由任某业检验,当时事故车辆都放行了,无法进行测量、拍摄,明显属于伪造证据进行鉴定。2.根据《速度鉴定》7.1的规定,任某业未把勘查笔录列入鉴定材料,明显违规鉴定。确定冀×××挂车的安全技术检验报告是不是进行本次鉴定时必不可缺的资料,需要先确定按照任某业选取的方法进行鉴定时确定A车的整车制动时是不是需要冀×××挂车的安全技术检验报告中的参数,如果需要,那么×××车的安全技术检验报告就是必要的、不可缺的资料。根据整车制动率公式,整车制动率等于各轮最大制动力之和/各轴静态轴荷之和×100%,由此可知,确定A车的整车制动率需要牵引车×××和×××车两车的安全技术检验报告中的数据。任某业把×××牵引车的整车制动率44.6%直接作为A车的整车制动率并进行计算,而未考虑×××车的整车制动率,明显取值、计算过程错误。任某业向开发区管委会叙述鉴定时充分考虑了挂车的安全技术检验报告内容,其应当将冀×××挂车的安全技术检验报告列入鉴定材料。第2条投诉事项不属于仅对鉴定意见的异议,开发区管委会适用法律错误。3.任某业进行鉴定时所依据的检材必须符合《痕迹物证勘验》标准规定,交警不按照GA 50《道路交通事故勘验照相》标准规定拍摄的照片不能作为鉴定检材,任某业明显违规进行鉴定。《05164号鉴定意见书》中附照4-1-7与附照5-1-4系同一个照片,任某业在鉴定过程中把附照5-1-4与附照5-1-3进行了高度、大小、宽度痕迹特征比对,但是附照5-1-4中痕迹没有尺寸大小,任某业无法进行比对。开发区管委会答复明显不当。4. 任某业在《05164号鉴定意见书》中第10页表述"1. A车事故时的制动参数选取(2)A车的制动性能,根据河北××汽车检测服务有限公司《机动车安全技术检验报告检验报告编号13052318100900071》的检验数据44.6合格为大于等于60%"。由此可知任某业在鉴定过程中把A车整车制动率直接采用牵引车的整车制动率进行计算,此收值过程、计算方法显然是错误的。A车的整车制动率可以根据×××和×××车两车的安全技术检验报告中的数据确定,且只有唯一的一个数值,不存在下限值、上限值。A车的整车制动率为(×××牵引车各轮最大制动力之和加上×××车各轮最大制动力之和)/(×××牵引车各轴静态轴荷加上×××车各轴静态轴荷)×100%。根据检测数据知A车的整车制动率为(3 946+3 500)×10/[(9 019+4 253)×9.8]×100%=57.2%。牵引车整车制动率为(3 946×10)/(9 019×9.8)×100%=44.6%。挂车的整车制动率为(3 500×10)/(4 253×9.8)×100%=84%。开发区管委会未查明任某业采用44.6%作为附着系数的修正值是不是错误的取值,取值过程是否错误,也未查明整车制动率合格修正值是1还是整车制动率为100%修正值才为1。开发区管委会未查明此问题并答复段某强属于认定事实不清、证据不足。《司法鉴定执业活动投诉处理办法》第二十条规定,接收委托的司法鉴定协会可以组织专家对投诉涉及的相关专业技术问题进行论证。而专家却未对修正值的取值、计算方法进行论证,明显不当,且第4条投诉事项不属于仅对鉴定意见的异议。开发区管委会适用法律错误。5. 开发区管委会未查明数值44.6与0.25是否存在对应关系并答复段某强,属于认定事实不清、证据不足。任某业和李某松对此问题的解释不一致,0.25应该有详细明确的取值过程,绝不能是鉴定人主观臆断的产物。若0.25、0.236、0.26、0.05这四者之间不存在关联,则无法解释0.236如何变成0.25。任某业对此问题的答复与事实不符,58.18 km/h的得出是根据0.25进行计算所得,而不是其说的根据0.236计算所得。第5条投诉事项不属于仅对鉴定意见的异议。开发区管委会适用法律错误。既然30秒内的速度变化无法确定,那任某业表述30秒内速度峰值为59.4 km/h(速度峰值是指30秒内的最高速度)就是错误的表述、错误的认定。根据汽车行驶记录仪标准的规定可知×××牵引车行驶记录仪数据显示的是牵引车在第30秒时的速度为59.4 km/h,并不是表述此速度为30秒内的速度峰值。开发区管委会未查明任某业是如何确定30秒内速度峰值为59.4 km/h,又如何能用该数值作为半挂车开始制动时的速度验证滑动附着系数为0.26,并答复段某强,属于认定事实不清、证据不足。任某业不能用59.4 km/h作为A车在事故发生时的速度验证滑动附着系数为0.26,因为30秒内的速度变化无法确定,不能随意取值验证,任某业为何不采用河北和胜隆食品公司门口的车速是48 km/h(杨××的鉴定意见)进行验证。此处距离事发地点仅有几十米距离,因此任某业鉴定过程、方法错误。根据《速度鉴定》附录B表B.1汽车滑动附着系数参考值可知0.25为冰路面参考值范围,难道A车在干燥的混凝土路面上滑动就等同于在冰路面滑动。取值明显不合理。6. 同一起交通事故,杨××作出A车在事故发生时的行驶速度约为

48 km,而任某业又作出 A 车在事故发生时的行驶速度为 58 km/h。数值相差巨大,严重不合理。第 6 条投诉事项不属于仅对鉴定意见的异议。开发区管委会适用法律错误。7. GA 49—2014 现场比例图的绘制(现行有效版本为 GA/T 49—2019《道路交通事故现场图绘制》)要求 6.9.1 规定现场比例图以现场记录图、现场实景图、现场勘查笔录所载的数据为基础和依据,以现场记录图中的基准点和基准线为基准,使用相应的图形符号,将现场所绘制的图形及数据比较严格地按比例绘制。由此可知比例图中使用的图形符号应与现场图保持一致。交警在现场图中绘制的 24.3 米为压印,是双虚线,而任某业在比例示意图中绘制的 24.3 米为制动拖印,是双实线,显然任某业在示意图中篡改现场图中标识,伪造证据,把 24.3 米作为制动拖印进行鉴定。开发区管委会答复明显不当。第 7 条投诉事项"鉴定方法错误"不属于仅对鉴定意见的异议。8. 监控时间(05:54:42～05:55:03)是 A 车在事发时向左转弯刹车至最终停止行驶的时间,并不是任某业所说的 A 车从驶入监控视频画面至最终停止运行的总时间段,这个事实也可以由杨××作出的鉴定意见书中第 5 页证明,A 车行驶到河北和胜隆食品有限公司门口的时间为 05:54:39 秒,此时还未发生事故,通过实际测量,当时 A 车车头距离事发地点仅有 30 米的距离,也就是 A 车行驶约 2 秒的路程。A 车在监控时间 05:54:39 时行驶到河北和胜隆食品有限公司门口,距离其最终停止位置是 30+29+24.3=83.3 米,由监控视频可知 A 车行驶此段距离用时 24 秒(05:54:39～05:55:03),根据任某业选取的参数进行计算可知 A 车行驶 29+24.3=53.3 米用时约 7 秒,那么 A 车行驶发生事故前 30 米的距离就应该是用时 24-7=17 秒,合 1.76 米/秒,合 6.33 km/h,这就是行人步行的速度,严重不合理,这说明任某业选取的参数或认定事实错误。第 8 条投诉事项不属于仅对鉴定意见的异议。开发区管委会未查明并答复段某强任某业选取的参数或认定事实、鉴定过程、方法错误是否错误,属于认定事实不清、证据不足。9. 做事故还原鉴定需要确定 A 车在 GPS 时间 05:42:22 时的具体位置,以及此时位置是不是最终停止位置。开发区管委会未查明任某业是如何确定 GPS 时间 05:42:22 是 A 车最终停止时间,以及 A 车在此时的具体位置,任某业连最基本的事故事实都没有查清。30 秒内车辆地理位置显示差距 2.6 米,并不是说这 30 秒内 A 车行驶了 2.6 米,而是说明 A 车在这两个地理位置距离段木庄村原点的距离差距是 2.6 米,30 秒内期间 A 车可能行驶距离是几米,也可能是几十米,也有可能是上百米,而这要通过以原点为中心,以 05:42:22 时距离原点的距离为半径画圆,圆弧与 A 车行驶轨迹相交的点既为 A 车在 GPS 时间 05:42:22 时的具体位置。第 9 条投诉事项不属于仅对鉴定意见的异议。10. 根据行驶记录仪里程数可知 A 车从 GPS 时间 05:41:52 行驶至 05:42:22 时,两者之间最短距离为 400 米,由监控视频可确定 A 车从河北和胜隆食品有限公司门口行驶至最终停止位置用时 24 秒(监控时间 05:54:39～05:55:03),任某业认为 A 车在 GPS 时间 05:42:22 时的位置为最终停止位置,再根据实际测量河北和胜隆食品有限公司门口至最终停止位置是 30+29+24.3=83.3 米,由此可知 A 车从 GPS 时间 05:41:52 时行驶至公司门口的最短距离是 400-83.3=316.7 米,A 车行驶这段距离用时 30-24=6 秒,则 A 车行驶 316.7 米的平均速度为52.78米/秒,合190 km/h,这显然与事实严重不符,任某业认定事实错误、鉴定过程错误、鉴定方法错误、涉嫌故意做虚假鉴定。第10条投诉事项不属于仅对鉴定意见的异议。开发区管委会适用法律错误、认定事实不清、证据不足。综上所述,开发区管委会的答复认定事实不清、证据不足、适用法律错误,市政府的行政复议认定明显不当,侵犯了段某强的合法权益。为维护自己的合法权益,段某强特向法院提起诉讼,请求撤销《001号答复》段某强与北京市人民政府等××××一审行政××××和《1119号复议决定书》,并要求开发区管委会针对段某强的投诉申请重新作出处理;本案诉讼费用由开发区管委会和市政府承担。原告段某强在举证期限内依法向本院提交了如下证据材料:1.《1119号复议决定书》;2.《001号答复》;证据1至2共同证明被诉行政行为认定事实不清,适用法律错误。被告开发区管委会辩称,开发区管委会依据法律、法规的规定,作出《001号答复》事实清楚,证据充分,适用依据正确,程序合法,段某强的起诉缺乏事实和法律依据。一、开发区管委会作为市政府的派出机构,依法管理北京经济技术开发区范围内的司法行政工作,具有依法受理司法鉴定执业活动投诉并调查处理的法定职责。根据《司法鉴定人登记管理办法》第四条、第二十五条、《司法鉴定机构登记管理办法》第四条、《司法鉴定执业活动投诉处理办法》第十条、《北京市司法局关于全面试行司法鉴定分级管理的通知》第二条第二款、《北京经济技术开发区条例》第九条以及《北京市人民政府关于由北京经济技术开发区管理委员会行使部分行政权力和办理部分公共服务事项的决定》第一条的规定,××鉴定所的住所地位于北京市经济技术开发区,故开发区管委会作为市政府的派出机构,具有对辖区内司法鉴定人违法行为投诉予以调查处理的法定职责。二、开发区管委会作出的《001号答复》程序合法,符合法定时限。符合《司法鉴定执业活动投诉处理办法》第二十五条的规定。三、开发区管委会作出的《001号答复》认定事实清楚、证据确凿,适用法律法规正确。开发区管委会针对段某强投诉事项和投诉请求,通过向任继业、李某松及××鉴定所进行调查,向宁晋县交警队进行调查,向北京司法鉴定业协会专家进行论证后,在充分调查基础上作出《001号答复》,认定事实清楚,并无不当。并且《001号答复》已被《1119号复议决定书》维持。四、段某强的诉讼请求无事实和法律依据。1.段某强《行政诉讼起诉状》事实与理由部分第一项中提出的"任某业在《交通事故车辆检验鉴定记录单》中表述任某业、张×1、张××5月22日在宁晋县交警队事故停车场里对事故车辆进行测量、拍照、检验鉴定这显然属于虚假表述","宁晋县交警队并未向任某业提供A车和B车,任某业不是根据宁晋县交警队提供的鉴定材料进行鉴定,其在《05164号鉴定意见书》鉴定材料一栏叙述有A车和B车,显然是虚假表述""任某业、张×1、张××未在宁晋交警队事故停车场里对A车和B车进行测量、拍照、检验鉴定,但却制作了《交通事故车辆检验鉴定记录单》,这显然属于伪造事实、伪造证据进行鉴定""《交通事故车辆检验鉴定记录单》只有薛某中一人签名是不合法的"等内容,开发区管委会就段某强反映的相应问题向鉴定人任某业、李某松、鉴定机构负责人雷某玉进行调查,委托宁晋县交警队进行协助调查,并经北京司法鉴定业协会组织专家论证,答辩人依据前述调查情况,在《答复》中对段某强予以答复,程序合法、事实清楚、证据充分、内容适当,不存在段某强诉讼主张的事实不清、证据不足、适用法律错误、答复明显不当等情形。就段某强《行政诉讼起诉状》事实与理由部分第一项中提出的"任某业叙述是5月22日在宁晋县交警队里收到的鉴定材料,为何此接收登记表写的日期是5月21日?"照片及视频资料"数目不一致"以及关于适用"《道路交通事故处理程序规定》第二十七条规定"等问题,在2021年3月8日的《投诉书》中并未提及,上述内容系段某强在行政复议、行政诉讼过程中提出的新的事实理由,不应作为审查被诉《001号答复》合法性的依据,不属于本案行政诉讼审查范围。2.就段某强《行政诉讼起诉状》事实与理由部分第二项中提出的"任某业未把勘查笔录列入鉴定材料,明显违规鉴定"的问题,开发区管委会就段某强反映的相应问题向鉴定人任某业、李某松、鉴定机构负责人雷某玉进行调查,委托宁晋县交警队进行协助调查,并经北京司法鉴定业协会组织专家论证,开发区管委会依据前述调查情况在《001号答复》中对段某强予以答复,程序合法、事实清楚、证据充分、内容适当。3.就段某强《行政诉讼起诉状》事实与理由部分第三项中提出的"任某业进行鉴定时所依据的检材必须符合《痕迹物证勘验》标准规定,交警不按照GA 50《道路交通事故勘验照相》(现行有效的标准为GA/T 50《道路交通事故现场勘查照相》)标准规定拍摄的照片不能作为鉴定检材,任某业明显违规鉴定"的问题,开发区管委会就段某强反映的相应问题向鉴定人任某业、李某松、鉴定机构负责人雷某玉进行调查,委托宁晋县交警队进行协助调查,并经北京司法鉴定业协会组织专家论证,开发区管委会依据前述调查情况,在《001号答复》中答复段某强"任某业、李岩松依据宁晋县交警队提供的鉴定材料进行鉴定并无不当,建议就鉴定材料问题向宁晋县交警队反映",相应答复程序合法、事实清楚、证据充分、内容适当。另,段某强《行政诉讼起诉状》事实与理由部分第三项中提出的"《05164号鉴定意见书》中附照4-1-7与附照5-1-4系同一照片"的问题,在2021年3月8日的《投诉书》中并未提及,上述内容系段某强在行政复议、行政诉讼过程中提出的新的事实理由,不应作为审查被诉《001号答复》合法性的依据,不属于本案行政诉讼审查范围。4.就段某强《行政诉讼起诉状》事实与理由部分第四项中提出的"取值过程、计算方法显然是错误的"等相关问题,开发区管委会就段某强反映的相应问题向鉴定人任某业、李某松、鉴定机构负责人雷某玉进行调查,并经北京司法鉴定业协会组织专家论证,开发区管委会依据前述调查情况,在《001号答复》答复段某强"如何取值、采用何种计算方法以及相应取值、计算方法是否存在错误,是鉴定人的专业技术判断,此投诉事由属于对鉴定意见的异议"相应答复程序合法、事实清楚、证据充分、内容适当。另,段某强《行政诉讼起诉状》事实与理由部分第四项中提出的"任某业在《05164号鉴定意见书》中第10页表述'1.A车事故时的制动参数选取(2)A车的制动性能,根据河北××汽车检测服务有限公司《机动车安全技术检验报告检验报告编号130523181000071》的检验数据:44.6 合格为≥60%'。由此可知任某业在鉴定过程中把A车的整车制动率直接采用牵引车的整车制动率进行计算,此取值过程、计算方法显然是错误的"等相应内容,客观上亦属于对"取值过程""计算方法"等鉴定意见的异议,且上述内容系段某强在行政复议、行政诉讼过程中提出的新的事实理由,不应作为审查被诉《001号答复》合法性的依据,不属于本案行政诉讼审查范围。5.就段某强《行政诉讼起诉状》事实与理由部分第五项中提出的关于"0.25应该有详细明确的取值过程,绝不能是鉴定人主观臆断的产物"相关问题,开发区管委会就段某强反映的相应问题向鉴定人任某业、李某松、鉴定机构负责人雷某玉进行调查,并经北京司法鉴定业协会组织专家论证,开发区管委会依据前述调查情况,在《001号答复》中对段某强予以答复,程序合法、事实清楚、证据充分、内容适当。段某强《行政诉讼起诉状》事实与理由部分第五项中提出的"既然30秒内的速度变化无法确定,那任某业表述30秒内速度峰值为59.4 km/h(速度峰值是指30秒内的最高速度)就是错误的表述、错误的认定"的问题,系段某强向大兴司法局提交的落款日期为2019年7月25日《投诉书》所涉及的投诉内容。大兴司法局作出的《01号答复》中已经予以答复,且相应答复内容亦经由生效的(2020)京012行初408号行政判决书、(202)京03行终54号行政判决书依法予以维持。另,段某强关于"开发区管委会未查明数值44.6与0.25是否存在对应关系并答复段某强,属于认定事实不清、证据不足"的诉讼主张,相应投诉内容,已经在大兴区司法局由(2020)京司鉴投02号《大兴区司法局关于段某强投诉北京××交通事故鉴定所任某业、李某松问题的答复》(以下简称《02号答复》)予以答复,且相关答复内容已经生效的(2021)京0112行初38号行政判决书、(2021)京03行终723号行政判决书依法予以维持。6.就段某强《行政诉讼起诉状》事实与理由部分第六项中提出的"数值怎能相差如此之大,严重不合理"的问题,开发区管委会就段某强反映的本项相关问题向鉴定人任某业、李某松、鉴定机构负责人雷某玉,并经北京司法鉴定业协会组织专家论证,开发区管委会依据前述调查情况,在《001号答复》中答复段某强"开发区管委会经调查后认为,无法查实鉴定人存在故意做虚假鉴定的情形,该项投诉意见属于对鉴定意见的异议"等内容,相应答复程序合法、事实清楚、证据充分、内容适当。7.就段某强《行政诉讼起诉状》事实与理由部分第七项至第十项中提出的"显然任某业在示意图中篡改现场图中标识,伪造证据""任某业选取的参数或认定事实、鉴定过程、方法错误""任某业连最基本的事故事实都没有查清""任某业认定事实错误、鉴定过程错误、鉴定方法错误、涉嫌故意做虚假鉴定"等问题,开发区管委会就段某强反映的上述几项相关问题向鉴定人任某业、李某松、鉴定机构负责人雷某玉、并根据案件情况,就相应投诉内容向宁晋县交警队进行调查、北京司法鉴定业协会组织专家论证,开发区管委会依据前述调查情况在《001号答复》对段某强进行答复,相应答复程序合法、事实清楚、证据充分、内容适当,应予维持。综上,开发区管委会认为,针对段某强的投诉,开发区管委会已经履行了法定职责,作出的《001号答复》证据确凿,适用法律、法规正确,符合法定程序,段某强的起诉没有事实和法律依据,请求法院依法驳回段某强的诉讼请求。被告开发区管委会在法定期限内依法向本院提交了如下证据材料和法律依据,其中证据材料为:1.《投诉书》;2.原告段某强身份证复印件;3.原告段某强提交的证据材料;4.原告段某强补充材料(含光盘);证据1至4共同证明原告段某强的投诉时间、投诉事项、投诉事实和理由、投诉请求及投诉材料,段某强在复议程序中提出的,超出投诉处理行政程序范围的,新的投诉事项和事实理由,不属于行政复议审查范围；5.2021年5月20日××鉴定所《陈述说明》、鉴定机构总受案号：201905164《卷宗》、司法鉴定人执业证、司法鉴定许可证、(2019)冀0528民初3431号民事判决书、(2020)冀05民终3733号民事判决书、(2021)京0112行初38号行政判决书、光盘、2021年6月8日××鉴定所《情况说明》；6.2021年5月20日任某业《情况说明》；2021年5月20日李某松《情况说明》、2021年6月8日李某松《情况说明》；证据5至7共同证明任某业、李某松及××鉴定所否认原告段某强反映的投诉问题，任某业、李某松及××鉴定所主张出具的《05164号鉴定意见书》事实清楚、证据充分、数据翔实、计算严谨，并主张如段某强对鉴定意见有异议，可通过申请重新鉴定的途径解决，鉴定所相关鉴定人具有执业资格；8.2021年5月21日与原告段某强《电话调查笔录》，证明为明确段某强的投诉事项、投诉事实与理由、投诉请求，开发区管委会于2021年5月21日电话联系段某强，进行谈话并制作《电话调查笔录》，送达段某强签字；9.2021年6月8日与任某业的《谈话笔录》，证明2021年6月8日开发区管委会就原告段某强投诉内容逐一对被投诉人任某业进行调查，并制作《谈话笔录》；10.2021年6月11日与雷某玉《谈话笔录》，证明2021年6月11日开发区管委会就原告段某强投诉内容逐一对被投诉人所在执业机构××鉴定所进行调查，并制作《谈话笔录》；11.2021年6月17日《调查通知书》、2021年6月22日李某松的《陈述说明》，证明2021年6月17日根据前期调查情况，开发区管委会就原告段某强投诉的相关问题向被投诉人李某松作出《调查通知书》，李岩松于2021年6月22日以《陈述说明》回复开发区管委会相应调查内容；12.2021年6月4日《协助调查函》、2021年6月17日《关于协助调查段某强投诉北京××交通事故司法鉴定所鉴定人李某松、任某业一案的答复函》(以下简称《交警队答复函》)、光盘，证明针对原告段某强投诉书内容，开发区管委会于2021年6月4日向宁晋县交警队以《协助调查函》形式就涉案车辆扣押放行情况、提供鉴定检材情况、《交通事故车辆检验鉴定记录单》形成情况等案件事实进行调查核实，宁晋县交警队于2021年6月17日以《交警队答复函》对相关调查内容进行回复；13.2021年6月29日《北京经济技术开发区管委会委托函》(以下简称《委托函》)、2021年7月9日《回函》，证明针对原告段某强的投诉内容，开发区管委会于2021年6月29日向北京司法鉴定业协会以《委托函》形式，向北京司法鉴定业协会提出专家论证请求，调查案件情况，2021年7月9日北京司法鉴定业协会就开发区管委会提出的专家论证请求作出《回函》；14.《转办函》；15.《关于编号1094594738533全球邮政特快专递派发情况的说明》；16.《司法鉴定执业活动投诉登记表》；17.《司法鉴定执业活动投诉受理呈批表》；18.三份《司法鉴定投诉受理通知书》(以下简称《受理通知书》)；19.三份2021年5月8日《调查通知书》；20.《司法鉴定执业活动投诉处理延期申请表》(以下简称《延期申请表》)；21.三份《司法鉴定投诉处理延期通知书》(以下简称《延期通知书》)；22.2021年6月2日《司法鉴定执业活动投诉处理调查申请表》；23.2021年6月16日《司法鉴定执业活动投诉处理调查申请表》；24.2021年6月25日《司法鉴定执业活动投诉处理调查申请表》；25.《司法鉴定执业活动投诉处理案件办理审批表》(以下简称《案件办理审批表》)；26.《001号答复》；27.原告段某强送达地址确认书；

28.授权委托材料;29.送达回证;30.EMS邮寄交寄单及邮件妥投查询页面截图;证据14至30共同证明结合以上证据,开发区管委会在法定时限内,按照法定程序,依据《司法鉴定执业活动投诉处理办法》的规定,针对原告段某强《投诉书》内容进行充分调查,作出答复并送达段某强,答复程序合法、事实清楚、证据充分、内容适当,适用法律法规正确,应当予以维持;31.《1119号复议决定书》,证明开发区管委会针对原告段某强投诉事项及请求作出答复,事实清楚,证据充分,适用依据正确,程序合法,应当依法予以维持;32.(2020)京0112行初408号行政判决书、(2021)京0112行初38号行政判决书、(2021)京03行终54号行政判决书、(2021)京03行终723号行政判决书,证明原告段某强行政起诉状事实与理由部分相应内容已经经过相关行政主体作出行政答复,且相应答复内容亦经生效的行政判决书予以维持。其中法律依据为:1.《司法鉴定人登记管理办法》第四条、第二十五条;2.《司法鉴定执业活动投诉处理办法》第五条第一款、第十条、第十四条第一款、第十五条第(三)项、第十七条、第十九条、第二十五条、第二十条;3.《北京市司法局关于全面试行司法鉴定分级管理的通知》第二部分第二款;4.《全国人民代表大会常务委员会关于司法鉴定管理问题的决定》;5.《司法鉴定程序通则》;6.《速度鉴定》;7.《速度技术鉴定》;8.GA/T 1087—2013《道路交通事故痕迹鉴定》(以下简称《痕迹鉴定》);9.《痕迹物证勘验》。被告市政府辩称,一、市政府具有作出《1119号复议决定书》的法定职权,根据《中华人民共和国行政复议法》(以下简称《行政复议法》)第三条、第十五条第一款第(一)项的规定,市政府作为设立开发区管委会的地方人民政府,具有对原告段某强不服其具体行政行为的行政复议申请依法予以受理,并作出复议决定的法定职权。二、市政府作出的《1119号复议决定书》事实清楚,证据确凿,适用法律、法规正确,符合法定程序,符合《行政复议法》第二十三条第一款的规定。综上,市政府作出的《1119号复议决定书》认定事实清楚,证据确凿,适用依据正确,程序合法。请求法院依法驳回段某强的诉讼请求。

被告市司法局在法定期限内依法向本院提交了如下证据和法律依据材料,其中证据材料为:1.《行政复议申请书》;2.邮寄信封及收文记录;证据1至2共同证明市政府收到原告段某强行政复议申请的情况;3.《行政复议答复通知书》(以下简称《答复通知书》)、送达回证,证明市政府通知开发区管委会答复;4.《行政复议答复书》、证据目录、依据清单,证明开发区管委会答复情况;5.《1119号复议决定书》、送达回证、EMS速递业务详情单及查询记录,证明市政府在法定期限内作出行政复议决定并向当事人送达;其中法律依据为:1.《行政复议法》第三条、第十五条第一款第(一)项、第二十三条第一款、第二十八条第一款第(一)项,证明市政府依法作出复议决定,认定事实清楚,程序合法,适用依据正确,证据充足。第三人任某业、李某松述称,不认可原告段某强的诉讼请求。第三人任某业、李某松在举证期限内未向本院提交证据材料。经庭审质证,双方当事人发表质辩意见如下:针对原告段某强提交的证据,开发区管委会、市政府、第三人任某业及李某松均认为证据1至2系被诉行政行为,不能作为证据使用,但上述证据可以证明段某强提出的投诉事项和请求已经经两级机关作出调查,相关事项均已答复,段某强的诉讼请求没有事实和法律依据。针对开发区管委会提交的证据,原告段某强对证据1至4、9至11、13至32的真实性认可,证明目的不认可;对证据5的真实性认可,合法性及证明目的不认可;对证据6至7的合法性及证明目的不认可,认为与事实不符;对证据8认可;证据12的真实性认可,证明目的不认可,其中《交警队答复函》形式不合法,没有制作人员的签名,也没有单位负责人签名,开发区管委会也没有提供原件;对法律依据1至9均认可。市政府以及第三人任某业、李某松对开发区管委会提交的证据和法律依据均认可。针对市政府提交的证据及法律依据,原告段某强对证据1至5真实性认可,证明目的不认可;对法律依据均认可。开发区管委会以及第三人任某业、李某松对市政府提交的证据及法律依据均认可。本院在听取了各方当事人的质辩意见并经评议后,对上述证据认证如下:原告段某强提交的证据、开发区管委会提交的证据26、31,市政府提交的证据5中的《复议决定书》系本案被诉行政行为,不能作为证据使用,本院不予认证。开发区管委会提交的其他证据内容真实,形式合法,与本案具备关联性,能够证明开发区管委会对涉案投诉事项履行了受理、调查、决定、送达等过程,本院予以采信。市政府提交的其他证据内容真实,形式合法,能够证明市政府针对段某强的复议申请履行了受理、调查、决定等程序,本院予以采信。开发区管委会和市政府提交的法律依据,本院予以采信。通过以上经过认证的证据及庭审查明的情况,本院确认如下事实:2021年3月8日,原告段某强向北京市司法局提交《投诉书》,反映××鉴定所鉴定人任某业、李某松在作出《05164号鉴定意见书》过程中存在违法违规行为,要求开发区管委会对任某业、李某松进行查处。《投诉书》中载明的投诉事项为:"1.鉴定人任某业在《05164号鉴定意见书》中表述是任某业、李岩松在2019年5月22日去宁晋县交警队事故停车场对A车和B车进行了检验鉴定,这属于虚假表述、虚假鉴定。《05164号鉴定意见书》中鉴定材料里有A车和B车也属于任某业的虚假表述。任某业制作的《交通事故车辆检验鉴定记录单》证实任某业伪造证据进行鉴定,因为A车和B车在2018年已经放行,未停在宁晋县交警队事故停车场里,任某业、张某某、张某1三人也就不可能2019年在宁晋县交警队停车场里对A车和B车进行检验、测量、拍照。《交通事故车辆检验鉴定记录单》只有薛某中一人签名,不合法。任某业制作的《交通事故车辆检验鉴定记录单》内容显示是张某某进行检验,张某1拍照,任某业记录,而实际上任某业在鉴定中使用的检验照片完全是杨某某、林某某、张某某三人在2018年检验拍摄的照片,且该检验照片不是由宁晋县交警队提供给任某业,任某业不是根据委托人提供的检材进行鉴定,鉴定程序不合法。2.根据《速度鉴定》7.1规定,'资料检材主要包括道路交通事故现场图、道路交通事故现场勘查笔录、询问笔录、事故现场照片、机动车行驶证、相关检验鉴定报告、医院诊断书等',由此可知任某业做本次鉴定时鉴定材料缺乏现场勘查笔录、×××车的安全技术检验报告,而现场勘查笔录明确记录路面痕迹情况,是做本次鉴定不可缺的资料,挂车的检验报告是A车制动参数选取必要的资料,故任某业是在鉴定材料不充分的情况下违规鉴定。由于委托人向任某业提供了×××车的安全技术检验报告,而任某业却未把它列入鉴定材料里,且在计算过程中也未引用此报告中的数据,但该报告中的数据又是任某业做此项鉴定不可缺的、必要的数据,因此任某业是在鉴定材料不完整、不充分的情况下违规鉴定。由于宁晋县交警队向任某业提供了挂车的安全技术检验报告,该报告又是必要的,而鉴定人却不把它列入鉴定材料,故任某业、李某松涉嫌故意不采纳此检验报告做虚假鉴定。3.任某业引用的附照4-1-6、4-1-7中的血迹和轮胎擦痕在拍摄时都没有遵守规定放置比例尺,照片不符合鉴定检材标准,《痕迹物证勘验》标准中6.2.1规定,车体上各种痕迹的长度、宽度、凹陷深度;痕迹上、下边缘距离地面的高度,痕迹与车体一侧的距离"。4.任某业在《05164号鉴定意见书》中第5页(三)1.表述'×××号欧曼牌重型半挂车牵引车/×××号福玺牌重型仓棚式半挂车(简称A车)',即任某业把牵引车和挂车两车简称为A车,任某业把A车的整车制动率取值直接采用牵引车的整车制动率44.6%,取值过程明显错误,任某业应结合牵引车和挂车检验报告中的数据确定A车制动性能,但任某业却未把挂车检验报告列入鉴定材料,也未引用挂车检验报告中的数据进行计算,显然不当。任某业直接采用44.6%作为附着系数的修正值更是错误的计算方法,因为整车制动率合格则修正值为1,并不是整车制动率为100%修正值才为1。5.任某业A车取值检验数据为44.6和A车最后制动附着系数取值0.25这两者之间不存在对应关系。0.446×0.53=0.236,要是按照四舍五入近似取值,那也应该是取值0.24,任某业取值0.25显然不合理,任某业应遵守《速度鉴定》4.2.6b规定明确表述0.25的取值依据。××鉴定所在2020年8月19日情况说明中叙述通过A车在事故发生时30秒内的速度峰值为59.4 km/h,通过该速度验证事发时的滑动附着系数为0.26,再根据滑动附着系数精度为0.05,综合分析确定取值为0.25,但任某业在《05164号鉴定意见书》第10页中表述无法确定A车在事故发生的时间在30秒内变化,那为何任某业能确定在30秒内速度峰值为59.4 km/h?又为何能用59.4 km/h作为半挂车开始制动时的速度验证滑动附着系数为0.26?前后矛盾,鉴定过程、方法错误。6.会鉴记录单中显示任某业、李某松参加了会鉴,且认可杨××依据监控视频,参考《速度技术鉴定》作出的A车在事故发生时的行驶速度约为48 km/h,任某业为何不在本次鉴定中采用监控视频依据《速度技术鉴定》标准确定A车在事故发生时的车速?难道是杨××作出的鉴定结论误差大,不可信?那任某业为何在会鉴记录单中又认可48 km/h呢?任某业既然认可48 km/h,为何又作出车速为58.18 km/h,两数值相差太多,明显矛盾不合理,任某业涉嫌故意做虚假鉴定。7.任某业在现场CAD比例示意图中篡改现场图中的标识把2 430 cm画成双实线,双实线既轮胎拖印标识,而拖印代表是制动痕迹,但宁晋县交警队的交警在现场图中2 430 cm绘制的是双虚线,任某业篡改现场图中标识,伪造证据进行鉴定。事故过程还原鉴定包含速度鉴定、车辆行驶状态鉴定、涉案者交通行为方式鉴定等,段某强向宁晋县交警队申请鉴定想查明的问题是半挂车在29米拖印末端是否停止以及行驶2 430 cm的车辆行驶状态,从任某业做出的鉴定结论可以确定宁晋县交警队想查明的问题是半挂车在事故中的行驶状态,而任某业篡改现场图标识,直接把2 430 cm作为轮胎拖印,既制动距离,再进行鉴定,鉴定方法错误,假设两段距离都是制动距离,那车就肯定不会在中间停止,停止了也就不会再有后段制动距离,也肯定会全程处于制动状态,那为何还要做鉴定?8.根据任某业依据的鉴定检材,即发生事故时的监控视频,视频可以显示整个事故过程用时21秒(监控时间05:54:42~05:55:03),而根据任某业选取的参数进行计算,匀减(加)速运动公式 $V=V_0+at$, $V=58$ km/h$=16.11$ m/s,V_0 是减(加)速后的速度。减速度 $a=\mu k g$,μ 是路面滑动附着系数0.53,k 是修正值0.446,$g=9.8$,通过计算可知制动时间是6.95秒,假设29米和24.3米都作为制动距离,根据计算可知制动用时不会超过7秒钟,这与事实(实际用时21秒)明显不符,说明任某业选取的参数或认定事实错误、鉴定过程、方法错误。9.根据任某业依据的鉴定检材,既牵引车行驶记录仪记录的×××位置明细,可知牵引车在GPS时间05:42:22秒时速度为零,停止于段木庄村东南方向541.1米,车头方向东北,牵引车在GPS时间05:42:52秒时速度为零,停止于段木庄村东南方向538.5米,车头方向正北,可知牵引车在事故发生后在52秒时最终停止熄火于距离段木庄村538.5米处,而在22秒时还有过一次速度为零,既停止过程,任某业显然未正确依据案件事实证据,作出了与事实不符的虚假鉴定。10.根据×××位置明细可知牵引车在05:41:52秒时速度为59.4 km/h,当前里程362 379.9公里,在05:42:22秒时速度为零,当前里程362 380.4公里,任某业认为牵引车最终在42:22秒停止,根据监控视频可显示整个事故过程用时21秒,根据当前里程数可知牵引车在41:52秒时位置距42:22秒时位置至少400米,也就是说根据任某业的鉴定方法,牵引车从05:41:52秒时行驶到开始制动时的距离内平均车速最低为(400−29−24.3)×(30−21)$=38.52$ m/s$=138.68$ km/h,这显然与事实不符,任某业的鉴定过程、方法错误,严重不负责任,涉嫌故意做虚假鉴定。"同时,该《投诉书》中载明的诉求为"一、依法确认被投诉人违法违规鉴定属实;二、依法依规对被投诉人作出处分;三、将投诉处理结果以书面形式告知投诉人"。2021年3月24日,市司法局作出《转办函》,通过邮寄方式将案件转办至北京市经济开发区平安建设办公室处理。由于电话号码错误,导致邮件积压。2021年4月28日,开发区管委会收到《转办函》及段某强的《投诉书》等材料。同日,开发区管委会作出《司法鉴定执业活动投诉登记表》。2021年5月8日,开发区管委会作出《司法鉴定执业活动投诉受理呈批表》,拟对段某强的投诉进行受理,将受理决定书书面告知段某强、任某业、李某松,并开展调查。同日,开发区管委会针对段某强、任某业、李某松分别作出《受理通知书》。同日,开发区管委会针对任某业、李某松及××鉴定所作出《调查通知书》。2021年5月21日,段某强提交了《对于〈投诉书〉第10项的解释》,载明"任某业认定肇事半挂车在事故发生后最终停止行驶时间为05:42:22秒是错误的。首先,根据监控视频可以确定肇事半挂车在事发时向左拐后刹车到最后停止在公路上的位置用时21秒(监控时间05:54:42~05:55:03),牵引车行车记录仪是每30秒记录次,记录的速度是第30秒的平均速度,根据位置明细可知牵引车在05:41:52秒时里程数为362 379.9公里,在05:42:22秒时里程数为362 380.4公里,由此可知牵引车从41:52秒行驶到42:22秒时最少行驶了400米,按照任某业的鉴定方法,牵引车从41:52秒行驶到开始制动用时30−21=9秒,此段距离内行驶速度最低为(400−29−24.3)/9$=138.68$ km/h,这明显与事实严重不符,因此任某业的鉴定过程、方法错误。"2021年5月20日,××鉴定所、任某业、李某松针对开发区管委会作出的《调查通知书》作出陈述说明，针对段某强的投诉事项逐一进行了答复，并将作出《05164号鉴定意见书》的卷宗材料一并提交至开发区管委会。2021年5月21日，开发区管委会通过电话方式联系段某强，并根据沟通情况形成了《电话调查笔录》，段某强表示其投诉事项、投诉请求和投诉事由以2021年3月8日《投诉书》中载明的为准，同时段某强对其第8项和第10项投诉事项进行了明确。2021年6月2日，开发区管委会作出《司法鉴定执业活动投诉处理延期申请表》，申请将案件延长办理时限30日。同日，开发区管委会作出《司法鉴定执业活动投诉处理调查申请表》，载明由于涉案鉴定系宁晋县交警队委托××鉴定所进行的，故需要向宁晋县交警队核实本案情况。2021年6月4日，开发区管委会针对段某强、任某业、李某松分别作出《延期通知书》，告知延长办理期限30日。同日，开发区管委会向宁晋县交警队发出《协助调查函》，针对涉案事项向宁晋县交警队进行核实。2021年6月8日，××鉴定所针对段某强的投诉事项再次作出情况说明。同日，开发区管委会与任某业进行谈话，并制作了《谈话笔录》，任某业针对段某强的诉求和投诉事项逐一进行了回答。2021年6月11日，开发区管委会与××鉴定所的授权委托人兼《05164号鉴定意见书》的复核人雷某玉进行谈话，并制作了《谈话笔录》，雷某玉针对段某强的诉求和投诉事项逐一进行了回答。2021年6月16日，开发区管委会作出《司法鉴定执业活动投诉处理调查申请表》，载明由于李某松不能前来进行谈话，故需要向李某松致函调查核实本案情况。2021年6月17日，开发区管委会再次向李某松作出《调查通知书》并附带了《调查问题清单》。2021年6月17日，宁晋县交警队作出《交警队答复函》，载明"1.关于A车扣押地点、扣押时间，是否放行？何时放行？答复：A车扣押地点为宁晋县交警队事故停车场，扣押时间为事发之日2018年10月2日，于2018年12月14日放行，有强制措施凭证、返还物品凭证为证。2.关于宁晋县交警队向××鉴定所提供的用于本次鉴定的鉴定检材的照片及视频资料有哪些？如有，请以光盘形式提供与上述材料核对无误的副本。请一并说明上述材料的拍摄主体、拍摄时间及拍摄地点等情况。答复：委托本次鉴定时宁晋县交警队向××鉴定所提供了本案的事故现场照片50多张及视频资料6段，本案的事故现场照片是宁晋县交警队办案人员出警到达本案事故现场后拍摄的。3.关于段某强《投诉书》第1项所涉及的显示鉴定日期为2019年05月22日的《交通事故车辆检验鉴定记录单》上的'薛某中'的签字情况，请协助开发区管委会与薛某中核实是否是其本人签署？如上述签字系薛某中本人签署，请就《交通事故车辆检验鉴定记录单》形成过程予以说明。答复：《交通事故车辆检验鉴定记录单》上的'薛某中'的签字是薛某中本人签署的。由于本次委托鉴定时事故车辆已经放行，且委托车速重新鉴定时鉴定人员已经对事故车辆进行了检验拍照，故鉴定人员依据之前的检验照片、检验记录，结合事故现场照片及车辆信息，对事故车辆进行了检验记录，薛振中在场见证并签字。4.关于段某强《投诉书》投诉事由中第2项所涉及的现场勘查笔录、×××车的安全技术检验报告，宁晋县交警队是否向××鉴定所提供？答复：宁晋县交警队向××鉴定所提供了本案的整套文本卷宗，其中包括现场勘查笔录、×××车的安全技术检验报告，鉴定人员对文本卷宗进行了拍照采集，不清楚他们是否完全采集了卷宗中的内容。5. 关于段某强《投诉书》第3项所对应的《05164号鉴定意见书》中第6页附照4-1-6、4-1-7,是否由宁晋县交警队提供？请一并书面说明上述材料的拍摄主体、拍摄时间及拍摄地点等情况。答复：《05164号鉴定意见书》中第6页附照4-1-6、4-1-7是宁晋县交警队提供给××鉴定所的事故现场照片,该照片是宁晋县交警队办案人员在本案事故现场对A车右前轮及第二桥右侧车轮拍摄的痕迹照片。6. 针对段某强《投诉书》投诉事由中第7项所涉及的道路交通事故现场图,宁晋县交警队是否向××鉴定所提供道路交通事故现场图作为鉴定检材？如宁晋县交警队提供上述材料给××鉴定所作为鉴定检材,请随附与原件无误的复印件并加盖公章。道路交通事故现场图中2 430 cm处绘制的标识是否为双虚线？若为双虚线标识,双虚线标识的含义是什么？该图中实线与双虚线代表的含义是否有区别？如有请说明。答复："道路交通事故现场图是宁晋县交警队提供给××鉴定所的鉴定检材；图中2 430 cm标识系A车左侧轮胎压印,路面可见,路面外被人踩踏,印迹断续；图中实线是制动拖印；均表示该车的行驶轨迹及运行距离。"2021年6月22日,李某松作出书面陈述说明,并针对《调查问题清单》中的事项逐一进行了答复。2021年6月25日,开发区管委会作出《司法鉴定执业活动投诉处理调查申请表》,载明由于涉案投诉涉及专业领域知识,故拟委托北京司法鉴定业协会进行专家论证。2021年6月29日,开发区管委会作出《委托函》,委托北京司法鉴定业协会对相关事项组织专家进行分析、研究、论证,委托的具体内容为"1. 请结合李某松、任某业的陈述说明,就显示鉴定日期为2019年5月22日的《交通事故车辆检验鉴定记录单》所载由张××进行检测,张×1拍照,任某业记录;《交通事故车辆检验鉴定记录单》只有薛某中一人签名等投诉人第1项投诉事由进行论证；任某业、李某松鉴定过程、《交通事故车辆检验鉴定记录单》只有薛振中一人签名,是否符合法律规定及相关鉴定操作规范要求？《交通事故车辆检验鉴定记录单》内容是否属于伪造证据,是否系虚假表述、虚假鉴定？任某业、李某松的鉴定程序是否合法？2. 段某强所主张的显示鉴定日期为2019年5月22日的《交通事故车辆检验鉴定记录单》中使用的检验照片'实际上任某业在鉴定中使用的检验照片完全是杨××、林××、张××三人在2018年检验拍摄的照片,且该检验照片不是由宁晋交警队提供给任某业',任某业、李某松的鉴定程序是否符合法律规定及相关鉴定操作规范要求？3. 针对段某强提出的任某业、李某松做本次鉴定时鉴定材料缺乏现场勘查笔录、×××车的安全技术检验报告的问题,上述两件材料是否是做本次鉴定不可缺的资料？任某业、李某松是否是在鉴定材料不充分的情况下违规鉴定？该鉴定行为是否符合《速度鉴定》的规定？段某强对鉴定材料是否充分的异议,是否属于对鉴定意见的异议？4. 段某强以'委托人向任某业提供了×××车的安全技术检验报告,而任某业却未把它列入鉴定材料里,且在计算过程中也未引用此报告中的数据'为由主张任某业、李某松'涉嫌故意不采纳此检验报告做虚假鉴定',是否成立？5. 针对段某强提出的《05164号鉴定意见书》中附照4-1-6、4-1-7显示的血迹和轮胎擦痕在拍摄时都没有遵守规定放置比例尺,是否符合《痕迹物证勘验》标准的要求？是否会影响本案鉴定结果？6. '任某业把牵引车和挂车两车简称为A车',是否符合法律规定及相关鉴定操作规范要求？段某强上述主张是否属于对鉴定意见的异议？7.'任某业把A车的整车制动率取值44.6%'及任某业、李某松'未把挂车检验报告列入鉴定材料,也未引用挂车检验报告中的数据进行计算'上述取值过程是否正确适当？是否符合法律规定及相关鉴定操作规范要求？任某业、李某松上述主张是否属于对鉴定意见的异议？8.段某强关于'任某业直接采用44.6%作为附着系数的修正值更是错误的计算方法'的主张,是否成立？段某强上述主张是否属于对鉴定意见的异议？9.A车取值检验数据为44.6和A车最后制动附着系数取值0.25这两者之间是否存在对应关系？段某强主张的'0.446×0.53＝0.236,要是按照四舍五入近似取值,那也应该是取值0.24,任某业取值0.25显然不合理'是否成立,任某业、李某松关于0.25的取值是否合理？《05164号鉴定意见书》内容是否符合《速度鉴定》4.2.6b的要求？段某强的上述主张是否属于对鉴定意见的异议？10.针对段某强提出的'××鉴定所在2020年8月19日情况说明中叙述通过A车在事故发生时30秒内的速度峰值为59.4 km/h'等相关内容与任某业、李某松在'《05164号鉴定意见书》第10页中表述无法确定A车在事故发生的时间在30秒内变化'的描述,二者是否存在矛盾？鉴定过程、鉴定方法是否错误？段某强的上述主张是否属于对鉴定意见的异议？11.杨××依据监控视频作出的事故发生时行驶速度为48 km/h(任某业参与会鉴),而本次鉴定任某业、李某松又作出车速为58.18 km/h的意见。段某强据此主张'两者数值相差太多,明显矛盾不合理,任某业涉嫌故意做虚假鉴定',是否成立？段某强上述主张是否属于对鉴定意见的异议？12.段某强提出的任某业、李某松在现场CAD比例示意图中篡改现场图中的标识把2 430 cm画成双实线,但交警在现场图中2 430 cm绘制的是双虚线,任某业、李某松是否存在篡改现场图中标识,伪造证据进行鉴定,鉴定方法错误的情形？2 430 cm实线与虚线是否对鉴定结果造成影响？段某强上述异议是否属于对鉴定意见的异议？13.段某强主张的任某业选取路面滑动附着系数μ 0.53和修正值k 0.446取值错误,是否成立？任某业、李某松选取的参数,认定事实,鉴定过程、方法是否有错误？段某强上述异议是否属于对鉴定意见的异议？14.段某强以'鉴定检材中既牵引车行驶记录仪记录的×××位置明细,可知牵引车在GPS时间05:42:22秒时速度为零,停止于段木庄村东南方向541.1米,车头方向东北,牵引车在GPS时间05:42:52秒时速度为零,停止于段木庄村东南方向538.5米,车头方向正北,可知牵引车在事故发生后在52秒时最终停止熄火于距离段木庄村538.5米处,而在22秒时还有过一次速度为零,既停止过程'为由,主张任某业、李某松'未正确依据案件事实证据,作出了与事实不符的虚假鉴定',是否成立？段某强上述主张是否属于对鉴定意见的异议？15.段某强以'根据×××位置明细可知牵引车在05:41:52秒时速度为59.4 km/h,当前里程362 379.9公里,在05:42:22秒时速度为零,当前里程362 380.4公里,任某业认为牵引车最终在42:22时停止,根据监控视频可显示整个事故过程用时21秒,根据当前里程数可知牵引车在41:52秒时位置距离42:22秒时位置至少400米,也就是说根据任某业的鉴定方法,牵引车从05:41:52秒时行驶到开始制动时的距离内平均车速最低为(400－29－24.3)/(30－21)＝38.52米/秒＝

138.68 km/h'为由,主张'这显然与事实不符,任某业的鉴定过程、方法错误,严重不负责任,涉嫌故意做虚假鉴定',是否成立?上述鉴定中任某业、李某松是否存在鉴定过程、方法错误?任某业、李某松是否涉嫌故意做虚假鉴定?段某强的上述异议是否属于对鉴定意见的异议?"2021年7月9日,北京司法鉴定业协会作出《回函》,载明"1.针对《委托函》的第1项、第2项,结合宁晋县交警队的相关情况说明,未发现存在虚假表述与虚假鉴定的情形。《交通事故车辆检验鉴定记录单》需要与委托单位核实。2.针对《委托函》第3项、第4项,现场勘查笔录、×××车的安全技术检验报告不是不可或缺的材料,未发现被投诉人存在违反《速度鉴定》的情况。鉴定检材是否充分、完整,鉴定人如何选取鉴定检材为鉴定人的专业技术判断问题,此投诉意见为投诉人对鉴定意见的异议。未发现被投诉人存在虚假鉴定的情形。3.针对《委托函》第5项,只有需要反映距离特征的照片才需放置比例标尺,未发现违反《痕迹物证勘验》标准的情形,不会影响本案鉴定结果。4.针对《委托函》第6项,虽然牵引车和半挂车有两个行驶证,但是硬连接在一起,实际上为一个整体,故此简称为A车没有违反相关的规定,且此为技术上的问题,此投诉意见属于对鉴定意见的异议。5.针对《委托函》第7项、第8项、第13项,如何取值是鉴定人的专业判断,为鉴定的技术问题,此投诉意见属于对鉴定意见的异议。6.针对《委托函》第9项,取值检验数据为44.6和A车最后制动附着系数取值0.25属于合理范围,并无不妥,未发现鉴定人存在违反《速度鉴定》4.2.6b要求的情况。且该投诉意见属于对鉴定意见的异议。7.针对《委托函》第10项,GPS记录数据的时间间隔为30秒,但是两个30秒之间速度是如何变化的不能体现出来,故二者不存在矛盾,且'无法确定A车在事故发生的时间在30秒内变化'为客观表述。8.针对《委托函》第11项,参与讨论不代表对鉴定意见的认可或对鉴定意见负责。根据视频进行速度鉴定与根据痕迹进行速度鉴定的对象和时间节点并不相同,不能据此认为'两者数值相差太多,明显-矛盾不合理,任某业涉嫌故意做虚假鉴定'。9.针对《委托函》第12项,示意图并不要求与现场情况完全一致。未发现存在篡改现场图中标识,伪造证据进行鉴定,鉴定方法错误的情形,属于对鉴定意见的异议。10.针对《委托函》第14项、第15项,GPS记录为每30秒一次,存在一定的误差的可能性,不能仅仅依据GPS记录数据反推鉴定过程、鉴定方法的错误,未发现被投诉人存在虚假鉴定的情形,该投诉意见属于对鉴定意见的异议。"2021年8月3日,开发区管委会作出《司法鉴定执业活动投诉处理案件办理审批表》,载明调查情况为无法确认任某业、李某松存在违法违规鉴定的行为。处理意见为对任某业、李某松不作处理。2021年8月4日,开发区管委会作出《001号答复》,并送达至段某强、任某业、李某松和××鉴定所。

原告段某强不服,向市政府申请行政复议。2021年8月23日,市政府收到段某强提交的复议申请材料。2021年8月25日市政府作出《答复通知书》,并送达至开发区管委会。2021年9月10日,开发区管委会作出《行政复议答复书》,并将作出《001号答复》的证据和法律依据一并提交至市政府。2021年10月20日,市政府作出《1119号复议决定书》,并送达至开发区管委会和段某强。段某强不服,提起本案行政诉讼。另查,2018年10月2日,在司宁线 10 km+490 m 处,A 车与 B 车发生涉案交通事故。2019 年 5 月 21 日,宁晋县交警队委托××鉴定所进行事故过程还原鉴定,2019 年 5 月 22 日,××鉴定所受理了宁晋县交警队的事故还原鉴定,并于 2019 年 5 月 29 日作出《05164 号鉴定意见书》,鉴定意见为"A 车以 58 km/h 行驶至事故地点,与 B 车发生接触,A 车制动并向左转向,当 A 车左侧车轮行驶至道路边缘外时又向右转向,转向时的速度为 43 km/h,辗轧人体后运动至停止位置。在事故发生过程中,A 车始终处于制动状态"。原告段某强认为《05164 号鉴定意见书》的鉴定人员任某业、李某松存在违法违规行为,曾向大兴司法局进行投诉。2020 年 3 月 25 日,大兴司法局作出《01 号答复》,段某强不服《01 号答复》,向市司法局提起行政复议,2020 年 7 月 7 日,市司法局作出京司复〔2020〕42 号《北京市司法局行政复议决定书》(以下简称《42 号复议决定书》),撤销了《01 号答复》的第二条第一项、第六项、第七项和第九项,维持了《01 号答复》的其他内容。段某强不服《42 号复议决定书》,向北京市通州区人民法院(以下简称通州法院)提起行政诉讼。2020 年 10 月 26 日,通州法院作出(2020)京 0112 行初 408 号行政判决书,驳回了段某强的诉讼请求。段某强不服,上诉至北京市第三中级人民法院(以下简称三中院)。三中院于 2021 年 1 月 26 日作出(2021)京 03 行终 54 号行政判决书,维持了一审判决。针对《42 号复议决定书》撤销的内容,大兴司法局于 2020 年 9 月 30 日作出《02 号答复》。段某强不服,向市司法局申请行政复议,市司法局于 2020 年 12 月 17 日作出京司复〔2020〕119 号《行政复议决定书》(以下简称《119 号复议决定书》),维持了《02 号答复》。段某强不服,向通州法院提起行政诉讼。2021 年 4 月 14 日,通州法院作出(2021)京 0112 行初 38 号行政判决书,驳回了段某强的诉讼请求。段某强不服,上诉至三中院。三中院于 2021 年 8 月 2 日作出(2021)京 03 行终 723 号

行政判决书,维持了一审判决。针对段某强反映的"《05164 号鉴定意见书》中使用的检验照片是 2018 年××鉴定所的杨××、林××、张××拍摄"以及"《05164 号鉴定意见书》第 10 页无法确定 A 车在事故发生的时间在 30 秒内变化"的问题,其曾以不同表述但实质上系相同事项向大兴司法局提起过投诉,大兴司法局作出的《01 号答复》对该问题进行了答复,且针对该问题的回复已被(2020)京 0112 行初 408 号和(2021)京 03 行终 54 号行政判决书所羁束。再查,××鉴定所的注册地位于北京市经济技术开发区经海四路 25 号。第三人任某业、李某松系××鉴定所的鉴定人。本院认为,依据《司法鉴定人登记管理办法》第二十五条、《司法鉴定执业活动投诉处理办法》第十条、《北京市司法局关于全面试行司法鉴定分级管理的通知》第二部分第二款之规定,北京市各区级司法行政部门负责对司法鉴定机构和司法鉴定人违法违纪的执业行为进行调查处理。任某业、李某松系北京经济技术开发区内的司法鉴定人员,开发区管委会作为该区域负责司法鉴定管理的部门,对本辖区内的司法鉴定人的司法鉴定执业活动具有接受投诉并依法调查处理的法定职权。依据《行政复议法》第十五条第一款第(一)项规定,对县级以上地方各级人民政府依法设立的派出机关的具体行政行为不服的,向设立该派出机关的人民政府申请行政复议。本案中,市政府作设立开发区管委会的人民政府,具有受理原告段某强的复议申请,进行审查并作

出决定的法定职责。针对原告段某强反映的投诉事项一中的"鉴定人任某业在《05164号鉴定意见书》中表述是任某业、李某松在2019年5月22日去宁晋县交警队事故停车场对A车和B车进行了检验鉴定,这属于虚假表述、虚假鉴定。《05164号鉴定意见书》中鉴定材料里有A车和B车也属于任某业的虚假表述"的问题,开发区管委会作出无法认定任某业、李某松存在虚假表述、虚假鉴定的情况的答复,并无不当。首先,开发区管委会对任某业、李某松、××鉴定所委托代理人雷某玉进行了调查,其均表示在接受涉案鉴定委托时,A车和B车均已放行,鉴定所引用的照片来源于2018年××鉴定所受理的车速鉴定所拍摄的照片,故鉴定地点处载明的是宁晋县交警队事故停车场和××鉴定所。将涉案车辆简称为A车、B车属于个人习惯,没有具体标准。其次,开发区管委会针对该项问题向宁晋县交警队进行了调查核实,宁晋县交警队书面答复称A车扣押地点为宁晋县交警队事故停车场,扣押时间为事发之日2018年10月2日,于2018年12月14日放行。最后,开发区管委会针对该问题委托北京司法鉴定业协会组织专家进行了论证,北京司法鉴定业协会书面回复称,将牵引车和半挂车作为一个整体,简称为A车,并未违反相关规定,结合委托方相关情况说明,未发现存在虚假表述与虚假鉴定的情形。综合上述情况,《05164号鉴定意见书》中对于鉴定地点的陈述,是任继业、李某松结合鉴定过程进行的客观记录,将涉案车辆简称为A车和B车亦非虚假表述,仅为了方便叙述。故本院认为开发区管委会作出的该项回复并无不当。针对原告段某强反映的投诉事项一中的"任某业制作的《交通事故车辆检验鉴定记录单》证实任某业伪造证据进行鉴定,因为A车和B车在2018年已经放行,未停在宁晋县交警队事故停车场里,任某业、张××、张×1三人也就不可能2019年在宁晋县交警队事故停车场里对A车和B车进行检验、测量、拍照""《交通事故车辆检验鉴定记录单》只有薛某中一人签名,不合法"的问题,开发区管委会作出无法认定任某业、李某松存在伪造证据进行鉴定的情形,亦不存在违法情况的答复,并无不当。首先,开发区管委会针对该问题向任某业、李某松及××鉴定所委托代理人雷某玉进行了调查,其表示《交通事故车辆检验鉴定记录单》是在宁晋县交警队浏览照片时对反映出的车体痕迹进行的描述。《交通事故车辆检验鉴定记录单》中"薛某中"的签字是其自己签署的,且并无法律规定《交通事故车辆检验鉴定记录单》中见证人的人数。其次,开发区管委会向宁晋县交警队进行了调查,宁晋县交警队书面回复称,《交通事故车辆检验鉴定记录单》中"薛某中"的签字是薛某中本人签署的,《交通事故车辆检验鉴定记录单》是鉴定人依据之前的检验照片、检验记录结合事故现场照片和车辆信息形成。最后,法律法规并未对提取鉴定材料时见证人的人数作出规定。综合上述情况,本院认为开发区管委会针对上述事项作出的回复并无不当。针对原告段某强反映的投诉事项一中的"任某业制作的记录单内容显示是张××进行检验,张×1拍照,任某业记录,而实际上任某业在鉴定中使用的检验照片完全是杨××、林××、张××三人在2018年检验拍摄的照片,且该检验照片不是由宁晋交警队提供给任某业,任某业不是根据委托人提供的检材进行鉴定,鉴定程序不合法"的问题,开发区管委会作出无法认定任某业、李某松鉴定程序存在不合法情形的答复并无不当。首先,开发区管委会对任某业、李某松及××鉴定所委托代理人雷某玉进行了调查,其表述称涉案鉴定中检验照片一部分时宁晋县交警队提供的事故现场照片,一部分是其依法调取的2018年速度鉴定时在宁晋县交警队事故停车场拍摄的照片。其次,开发区管委会向宁晋县交警队进行调查,宁晋县交警队书面答复称,其向××鉴定所提交了照片和视频光盘,涉案鉴定卷宗材料中亦收录了其提供的照片和视频。最后,针对涉案鉴定使用了2018年速度鉴定时拍摄的照片的问题,段某强曾向大兴司法局反映过该问题,大兴司法局作出的《01号答复》中认定任某业、李某松不存在伪造证据的情形,已生效的(2020)京0112行初408号和(2021)京03行终54号行政判决书亦对该项答复进行了维持。综合上述情况,大兴区司法局针对该项问题的答复并无不当。针对原告段某强反映的投诉事项三"任某业引用的附照4-1-6、4-1-7中的血迹和轮胎擦痕在拍摄时都没有遵守规定放置比例尺,照片不符合《痕迹物证勘验》6.2.1的规定,车体上各种痕迹的长度、宽度、凹陷深度;痕迹上、下边缘距离地面的高度,痕迹与车体一侧的距离"的问题,开发区管委会作出不存在照片违反《痕迹物证勘验》规定情形的答复,并无不当。首先,开发区管委会对任某业、李某松及××鉴定所委托代理人雷某玉进行了调查,其均答复称上述照片并非用于选取参数,只是用于反映车辆相应部位的痕迹特征,不影响鉴定结果。其次,开发区管委会向宁晋县交警队进行了调查,宁晋县交警队书面答复称,4-1-6、4-1-7是宁晋县交警队提供给××鉴定所的照片,是其办案人员在事故现场对A车右前轮及第二桥右侧车轮拍摄的痕迹照片。最后,开发区管委会针对该问题委托北京司法鉴定业协会组织专家进行了论证,北京司法鉴定业协会书面回复称只有反映距离特征的照片才需要放置比例标尺,未发现违反《痕迹物证勘验》标准的情形,不影响本案鉴定结果。综合上述情况,本院认为开发区管委会针对该事项作出的答复并无不当。针对原告段某强反映的投诉事项七中的"任某业在现场CAD比例示意图中篡改现场图中的标识把2430 cm画成双实线,双实线既轮胎拖印标识,而拖印代表是制动痕迹,但交警在现场图中2430 cm绘制的是双虚线,任某业篡改现场图中标识,伪造证据进行鉴定"问题,开发区管委会作出未发现第三人李某松、任某业存在篡改现场图中标识、伪造证据进行鉴定的答复,并无不当。首先,开发区管委会向任某业、李某松及××鉴定所委托代理人雷某玉进行了调查,其答复称CAD图中的实线表示A车的运动轨迹及痕迹长度,系示意图,并非现场图,且实线虚线是画图习惯,仅是对痕迹长度的客观描述,并不存在篡改现场图标识的问题,鉴定方法无误。其次,开发区管委会针对该问题委托北京司法鉴定业协会组织专家进行了论证,北京司法鉴定业协会书面回复称示意图并不要求与现场情况完全一致,未发现存在篡改现场图中标识,伪造证据进行鉴定的情形,综合上述情况,本院认为开发区管委会已经尽到了充分调查核实的职责,针对该事项作出的答复并无不当。针对原告段某强反映的其他投诉事项,即投诉事项二、投诉事项四至六、投诉事项七中的"事故过程还原鉴定包含速度鉴定,车辆行驶状态鉴定,涉案者交通行为方式鉴定等,段某强向宁晋县交警队申请鉴定想查明的问题是半挂车在29米拖印末端是否停止以及行驶2430 cm的车辆行驶状态,从任某业做出的鉴定结论可以确定宁晋县交警队想查明的问题是半挂车在事故中的行驶状态,而任某业篡改现场图标识,直接把 2 430 cm 作为轮胎拖印,既制动距离,再进行鉴定,鉴定方法错误"问题、投诉事项八至十,开发区管委会作出上述投诉事项属于对鉴定意见的异议,不属于司法鉴定执业活动投诉的受理范围,段某强可以通过申请鉴定人出庭作证等法律途径解决此类问题的答复,本院认为并无不当。首先,开发区管委会针对上述投诉事项,采取了向被投诉人任某业、李某松、××鉴定所委托代理人雷某玉、宁晋县交警队等主体进行过调查核实,亦委托北京司法鉴定业协会组织专家论证,未发现存在违规鉴定、虚假鉴定等问题,且经开发区管委会根据调查核实情况确认上述事项均属于对鉴定意见的异议。此外,针对投诉事项五中"《05164 号鉴定意见书》第 10 页无法确定 A 车在事故发生的时间在 30 秒内变化"的问题,段某强曾向大兴司法局提起过投诉,大兴司法局作出的《01 号答复》对该问题进行了答复,且针对该问题的回复内容已经由生效的(2020)京 0112 行初 408 号和(2021)京 03 行终 54 号行政判决书进行过审查,并无不妥之处。其次,《司法鉴定执业活动投诉处理办法》第十五条第(三)项规定,仅对鉴定意见有异议的,司法行政机关不予受理。故开发区管委会针对上述事项的答复符合法律法规的规定,并无不妥。针对原告段某强提出的"依法确认被投诉人违法违规鉴定属实"和"依法依规对被投诉人作出处分"的投诉请求,因根据现有证据、北京市司法鉴定业协会的专家论证及开发区管委会调查核实的情况,无法认定第三人李某松、任某业存在违法违规鉴定的行为,故开发区管委会对段某强提出的该项投诉请求,作出无法支持的回复,并无不当。针对段某强提出的"将投诉处理结果以书面形式告知投诉人"的投诉请求,开发区管委会已通过邮寄方式向段某强送达了《001 号答复》,履行了告知及送达义务,并无不妥。此外,开发区管委会针对原告段某强的投诉事项依法进行了重新调查、处理、告知等程序。市政府针对段某强的复议申请依法履行了告知、受理、决定、送达等程序,程序合法。综上,依照《中华人民共和国行政诉讼法》第六十九条、第七十九条的规定,判决如下:驳回原告段某强的诉讼请求。案件受理费人民币五十元,由原告段某强负担(已交纳)。如不服本判决,可在判决书送达之日起十五日内,向本院递交上诉状,并按对方当事人的人数提出副本,交纳上诉案件受理费人民币五十元,上诉于北京市第三中级人民法院。如在上诉期满后七日内未交纳上诉案件受理费的,按自动撤回上诉处理。

参考文献

[1] 陈瑞华.刑事证据法(第三版)[M].北京:北京大学出版社,2018.

[2] 卞建林.证据法学[M].北京:中国政法大学出版社,2000.

[3] 张保生.《人民法院统一证据规定》司法解释建议稿及论证[M].北京:中国政法大学出版社,2008.

[4] 张保生.证据法学[M].北京:中国政法大学出版社,2009.

[5] 张军.刑事证据规则理解与适用[M].北京:法律出版社,2010.

[6] 何家弘,刘品新.证据法学[M].北京:法律出版社,2004.

[7] 牛学军.道路交通事故现场勘查实务指南[M].北京:中国人民公安大学出版社,2013.

[8] 段清泉.诉讼精细化要件诉讼思维与方法[M].北京:中国法制出版社,2021.

[9] 初鲁宁,张春娟,张信林.道路交通事故纠纷诉讼实务与案例精解[M].北京:法律出版社,2019.

[10] 李丽莉.道路交通事故车体痕迹鉴定[M].北京:科学出版社,2017.

[11] 赵明辉,李丽莉,冯浩.道路交通事故涉案者交通行为方式鉴定[M].北京:科学出版社,2020.

[12] 冯浩,潘少猷.道路交通痕迹物证鉴定概论[M].北京:科学出版社,2020.

[13] 刘义祥,赵术学.火灾痕迹与检验[M].北京:中国石化出版社,2012.
[14] 霍宪丹,杜志淳,郭华.司法鉴定通论[M].北京:法律出版社,2013.
[15] 杜志淳.司法鉴定概论[M].北京:法律出版社,2018.
[16] 王成荣.痕迹物证司法鉴定实务[M].北京:法律出版社,2012.
[17] 刘建军,班茂森,丁丰,等.交通事故物证鉴定技术[M].北京:中国人民公安大学出版社,2001.
[18] 牛学军,张汉欣,李平凡.道路交通事故现场勘查[M].北京:中国人民公安大学出版社,2018.
[19] 洪浩.证据法学[M].北京:北京大学出版社,2005.
[20] 侯心一,李丽莉.道路交通事故痕迹鉴定,GA/T 1087—2021[S],2021.
[21] 应朝阳.机动车运行安全技术条件,GB 7258—2017[S],2017.
[22] 龚标.道路交通事故现场痕迹物证勘查,GA/T 41—2019[S],2019.
[23] 邓水泉.道路交通事故痕迹论——涉车痕迹图文集[M].上海:上海交通大学出版社,2013.
[24] 冯浩.道路交通事故痕迹物证鉴定通用规范,SF/T 0072—2020[S],2020.
[25] 龚标.道路交通事故车辆安全技术检验鉴定,GA/T 642—2020[S],2020.
[26] 孙巍.机动车安全技术检验项目和方法,GB 38900—2020[S],2017.
[27] 冯浩.基于视频图像的道路交通事故信号灯状态鉴定规范,SF/T 0072—2020[S],2020.
[28] 郭弘.汽车电子数据检验技术规范,SF/T 0077—2020[S],2020.
[29] 应朝阳.道路交通管理机动车类型,GA/T 802—2019[S],2019.
[30] 龚标.道路交通事故车辆速度鉴定,GB/T 33195—2016[S],2016.
[31] 龚标.道路交通事故车辆速度鉴定方法 第1部分:基于汽车行驶记录仪,GA/T 1999.1—2022[S],2022.
[32] 李毅.道路交通事故车辆速度鉴定方法 第2部分:基于汽车事件数据记录系统,GA/T 1999.2—2022[S],2022.
[33] 陈大纪.电动自行车安全技术规范,GA 17761—2018[S],2018.
[34] 冯浩.道路交通设施安全技术状况鉴定规范,SF/T 0099—2021[S],2021.
[35] 潘少猷.车辆火灾痕迹物证鉴定技术规范,SF/T 0100—2021[S],2021.
[36] 张志勇.道路交通事故非机动车制动系统检验鉴定规范,SF/T 0159—2023[S],2023.
[37] 冯浩.基于图像的道路交通事故重建技术规范,SF/T 0160—2023[S],2023.
[38] 潘少猷.道路交通事故汽车行车制动性能路试检验鉴定技术规范,SF/T 0161—2023[S],2023.
[39] 冯浩.道路交通事故涉案者交通行为方式鉴定规范,SF/T 0162—2023[S],2023.

[40] 罗翔. 刑法学讲义[M]. 云南：云南人民出版社，2020.
[41] 罗亚平，张绍雨. 刑事科学技术[M]. 北京：中国人民公安大学出版社，2015.
[42] 侯心一，李丽莉. 道路交通事故痕迹鉴定. GA/T 1087—2013[S]，2013.